マルクス解体

Marx in the Anthropocene

プロメテウスの夢とその先

斎藤幸平

講談社

マルクス解体——プロメテウスの夢とその先

凡例

- マルクスとエンゲルスの著作からの引用は基本的に『マルクス＝エンゲルス全集』（大月書店）から行い、その巻数と頁数を表記した。『資本論』の準備草稿については『マルクス資本論草稿集』（大月書店）を参照した。どちらも必要に応じて修正を加えている。また、翻訳のないものはＭＥＧＡ（*Marx-Engels-Gesamtausgabe* ＝新メガ）から訳出し、その巻数と頁数を表記している。
- マルクスとエンゲルスの未刊行の一次資料については、アムステルダムにある社会史国際研究所（IISG）に保管されている現物に付与された整理番号（Signatur）とその頁数を記載することとする。
- 原文でイタリック体で強調された箇所には傍点を附した。
- 訳者による訳語の補足・説明などは［　］とした。

目次

凡例 003
はじめに 007

第一部 マルクスの環境思想とその忘却 021

第一章 物質代謝論と環境危機 023
第一節 「マルクスのエコロジー」の抑圧 025
第二節 「マルクスのエコロジー」の再発見 029
第三節 物質代謝の亀裂の3つの次元 040
第四節 物質代謝の転嫁の3つの次元 050
第五節 ローザ・ルクセンブルクの物質代謝論とその忘却 060

第二章 マルクスとエンゲルスと環境思想 067
第一節 知的分業? 070
第二節 『資本論』の著者マルクスと編者エンゲルス 080
第三節 「支配」と「復讐」の弁証法 093
第四節 エンゲルスの抜粋ノートと経済学批判 099

第三章　ルカーチの物質代謝論と人新世の一元論批判　111
第一節　『歴史と階級意識』の曖昧さ　114
第二節　ルカーチの自然弁証法と科学的二元論　122
第三節　ルカーチの物質代謝論と存在論的一元論　132
第四節　環境危機批判としてのルカーチの恐慌論　141

第二部　人新世の生産力批判　149

第四章　一元論と自然の非同一性　151
第一節　人新世、資本新世、テクノ新世　153
第二節　一元論と自然の生産　157
第三節　人新世から資本新世へ　168
第四節　「形態」と「素材」の非デカルト的二元論　179
第五節　資本の弾力性と環境危機　190
第六節　良い人新世？　196

第五章　ユートピア社会主義の再来と資本の生産力　201
第一節　加速主義とポスト資本主義　205
第二節　「一般的知性」と人類の解放　212
第三節　労働の包摂と資本の生産力　216
第四節　資本主義的生産様式と史的唯物論　226
第五節　選挙主義とイデオロギーとしての技術　239

第三部　脱成長コミュニズムへ　247
第六章　マルクスと脱成長コミュニズム　249
——MEGAと1868年以降の大転換——
第一節　MEGAと晩期マルクス　253
第二節　史的唯物論の解体　258
第三節　ロシアとコミュニズムの新しい理念　281
第四節　マルクスのコミュニズムの展望における変容　293
第七章　脱成長コミュニズムと富の潤沢さ　321
第一節　経済的・生態学的な破局としての本源的蓄積　325
第二節　マルクスの「富」の概念と『資本論』の真の始まり　328
第三節　「否定の否定」とコミュニズムの潤沢さ　339
第四節　脱成長コミュニズムへの道　355
結論　367
日本語版あとがき　377
註　396
参考文献　409
著者略歴　411

はじめに

ギリシャ神話の神プロメテウスは、全知全能の神ゼウスの怒りによって火が奪われ、自然の猛威や寒さに喘ぐ人類に同情し、ゼウスを欺いて火を盗み、人間に与えた。はじめ、火を手に入れた人類は自然の力に打ち克ち、プロメテウスの願い通りに、技術や文明を発展させていく。ところが、豊かになっていく過程で人類は、火を使って兵器を作り、戦争で殺し合いを始めてしまう。さらなるゼウスの怒りを買ったプロメテウスは、罰として、コーカサス山の岩場に釘づけされ、半永久的に鷲に肝臓を啄まれ続けることになる。

兵器だけではない。人類は「プロメテウスの火」の力で、原子力のような自分達では制御できないリスクの大きい科学技術を発展させ、さらには大量の化石燃料を燃やすことで、地球そのものを気候変動の影響で燃やし尽くそうとしている。人類の擁護者であるプロメテウスの「夢」は、「自然支配」という人類の「夢」に転化した。だがまさにその夢が私たちの暮らす文明の危機を引き起こしているのだ。その結果、ソ連崩壊後にフランシス・フクヤマが宣言した「歴史の終わり」(Fukuyama 1992) は、当時はまったく想定されていなかったような終焉、つまり人類史の終わりを迎えようとしているのである。

実際、新自由主義とグローバリゼーションの席巻は、第二次世界大戦終結以降の人間活動による地球環境に対する負荷の急激な増大を加速させ——すべての主要な社会経済および地球システムにおける指標がホッケースティックのような上昇曲線を描く「大加速 Great Acceleration」(McNeil and Engelke 2016)の時代だ——、文明の物質的基盤を破壊しようとしている。現在のパンデミック、戦争、気候崩壊はすべてソ連崩壊後の「歴史の終わり」と資本主義のグローバル化がもたらした事態であり、民主主義、資本主義、生態系を慢性的な複合危機に陥れているのだ。

現在の生活様式が人類の破滅に向かっているという現実はもはや無視できないものになっているが、資本主義は終わりなき過剰生産と過剰消費に対する代替案を提供することはできていない。実際パリ協定が目指す1・5℃目標を達成しようとするなら、社会のほぼすべての領域における徹底的かつ急速なシステムの大転換が必要であるが、そのような動きはどこにも見られない。さまざまな形での警告、批判、反対の声があげられてきたにもかかわらず、化石燃料の消費量が今も増え続け、格差が拡大している現状を見れば、資本主義が現在の姿を大きく変えることができると信じるに足る理由もない。

だからこそ、資本主義の廃絶を掲げて直接行動をとる、よりラディカルな社会運動が世界中で現れ始めている(Extinction Rebellion 2019)。ゴッホの絵にトマト・スープをぶちまけた「ジャスト・ストップ・オイル」やフランス政府に解散命令を出された「大地の蜂起」に参加する若者たちを想起してほしい。そこでは、有限の惑星で無限の蓄積を目指す資本主義こそが気候崩壊の根本原因であると明言されるようにまでなっているのである。

若い世代を中心とした環境運動のラディカル化は、「歴史の終わり」の「終わり」をもたらす。そしてこれこそソ連崩壊後「死んだ犬」のように扱われてきたマルクス主義にとって新たな歴史的状況を意味する。

環境運動の側が現在の経済システムの破壊的性格や不合理性をはっきりと問題視するなかで、マルクスへの関心が高まりつつあるのだ。ここで、マルクス主義の側がより持続可能なポスト資本主義社会の具体的ビジョンを提示できれば、マルクス主義は復活できるかもしれない。しかしながら、いまのところ、そのような試みは十分に成功していない。それどころか、ソ連の失敗の後にマルクスの遺産を再び引き合いに出すことには反発がある。マルクスの思想は、今日ではもはや受け入れることのできない生産力主義や自民族中心主義に囚われていると、繰り返し批判されてきたからである。

惑星規模の環境危機に直面しながらも、グローバル・ノースを中心とした資本主義におけるさらなる生産力の発展が人類解放に向けた歴史の推進力として機能し続けると考えるのは、たしかに今日では、あまりにもナイーブだろう。事実、現在の状況はマルクスの時代とは決定的に異なっている。環境運動にとって、資本主義はもはや進歩的ではない。むしろ、社会の生産と再生産の一般的諸条件を破壊し、人間とその他の生命を深刻な脅威にさらしているのだ。資本主義が歴史的進歩をもたらすというマルクスの考え方は、絶望的なほど時代遅れに見えるのである。

それでもマルクス主義の再生を望むなら、その際の必須条件は、いわゆる「史的唯物論」という「生産力」と「生産関係」の間の矛盾を進歩の動力とする悪名高い歴史観に依拠するマルクス像を解体することではないか。これこそ本書に込めた想いである。そのうえで惑星規模の環境危機を前に人類の歴史を終わらせるような悲観主義や終末論に陥らずに、マルクス主義の観点から明るい別の未来を構想したい。

その際気候変動の問題を扱うのであれば、「自然」の問題を避けて通ることはできない。ビル・マッキベン（McKibben 1989）はかつて、グローバル資本主義は地球全体を大いに改変するため、近代世界が長きにわたって前提としてきた「手つかずの自然」は永久に失われると警告した［01］。マッキベンが描こうとした事態は近年では一般に「人新世 Anthropocene」という地質学の概念で呼ばれるようになっている。人類は巨大な科学技術力を持ち、惑星全体をかつてない規模で変化させる「地質学上の一大勢力」（Crutzen and Stroermer 2000: 18）になったというわけだ［02］。

しかし、人新世の現実は、自然の支配によって人間の解放を実現するという「プロメテウスの夢」の実現からはほど遠い。海面上昇、山火事、熱波、大洪水やパンデミックを伴う気候変動は、「自然の終焉」が弁証法的に「自然の回帰」（Foster 2020）に転じることを示している。その際には自然が疎遠な力として人間に対立し、人間を屈服させることさえある。

このような自然の制御不能性の増大に直面するなかで、人類と自然の関係を再考することが緊急の課題になっている（Rosa, Henning and Bueno 2021）。しかし、そこで主流になりつつあるのは社会的なものと自然的なもののハイブリッドを特徴とする一元論的アプローチであり（Latour 2014; Moore 2015）、彼らはマルクス主義に批判的な態度を取っている。それに対し、本書は、マルクスの物質代謝論に基づく「方法論的二元論」を展開することで、人新世における人間と自然の関係を独自の仕方で把握していく。

人新世の存在論は、実践的にも重要な意味を持つ。マルクスの方法論を正しく理解することで、ポスト資本主義をめぐる最近の議論にも、マルクスが独自の貢献を成すことが判明するからである。かつてマーク・フィッシャー（Fisher 2009）は、フレドリック・ジェイムソンの言である「資本主義の終わりよりも世界の終わりを想像する方がたやすい」を引き、この「資本主義リアリズム」の感覚が、私たちの政治的想像力を著しく制約し、私たちを資本の体制に屈服させる、と嘆いた。同様の傾向は環境保護主義にも見て取れる。

「資本主義の関係における実質的な変化を想像するよりも、地球上のすべての生命を終わらせる全面的な破局を想像する方がたやすい」(Žižek 2008: 334) というわけだ。しかし、経済、民主主義、ケア、環境といった多層的に絡まり合う複合危機が深まり、その危機が新型コロナウイルスの世界的流行とロシア・ウクライナ戦争によってさらに強められるにつれ、ラディカルな「システム変革」を求める声が左派のあいだで大きくなっている。スラヴォイ・ジジェク (Žižek 2020a) とアンドレアス・マルム (Malm 2020) はともに「戦時コミュニズム」を主張し、ジョン・ベラミー・フォスター (Foster 2020) やミシェル・レヴィ (Löwy 2015) も「環境社会主義 ecosocialism」の理念を打ち出しているのだ。

だがより注目に値するのは、マルクス主義者ではない学者の間でさえも、そのような議論が提起されるようになっているという事実だろう (Jackson 2021)。その典型は「社会主義の時が到来した」と断言するトマ・ピケティ (Piketty 2021) であるが、気候危機との関連でいえば、「環境社会主義」をはっきりと支持するナオミ・クラインの主張も重要である。

> この事実〔ソ連とベネズエラが非エコロジカルであること〕を認めた上で、強力な社会民主主義の伝統を持つ国々（デンマーク、スウェーデン、ウルグアイなど）が、世界でもっとも先見的な環境政策を持つことを指摘しておこう。社会主義はかならずしも環境保護を推進しないと結論づけることはできる。しかし、「民主的な環境社会主義」という新しい形態は、先住民の教えから未来世代への義務や生命の相互の結びつきを学ぶ謙虚さを持っており、人類が集団的に生存するためのベストな方法であるように見える。
> (Klein 2019: 251; 邦訳２９６頁、強調筆者)〔03〕

クラインはマルクス主義者ではないという事実を踏まえると、彼女が社会主義を擁護するようになっているという事実は特筆すべき変化である。かつてエレン・メイクシンス・ウッドは次のように述べていた。「平和と環境の問題は、強力な反資本主義勢力を生み出すのにあまり適していない。ある意味、問題はそれらの普遍性そのものである。平和と環境が社会的勢力を構成することがないのは、特定の社会的アイデンティティを端的に持たないせいなのだ」（Wood 1995: 266）。環境をめぐる今日の状況は、ウッドの時代とは大きく異なっている。それはまさに、惑星規模の環境危機が資本に抵抗する普遍的な政治的主体性を構成するための物質的基礎を提供するようになっているからだ。つまり、資本主義はグローバルな「環境プロレタリアート」（Foster, York and Clark 2010: 47）を生み出している。それだけ多くの人々の生活諸条件が無限の資本蓄積が引き起こす環境破壊によって著しく損なわれるようになっているのである。

より自由で平等で、さらには持続可能な生活のための想像力と創造力を育もうとする、クラインやピケティらの試みからも刺激を受けながら、本書はマルクスの理論を参照して、人新世にふさわしいポスト稀少性社会の姿を提示していきたい。もちろんそれは、ソ連型「社会主義」とはまったく異なる、新しい未来社会である。人新世という新しい地質学的概念を自然科学を超えて、経済学、民主主義、環境正義をめぐる現代の問題と結びつけることで、マルクスが構想していたエコロジカルなポスト資本主義の理念を現代に復活させることを目指すのだ。

その際、本書のプロジェクトは、*Marx-Engels-Gesamtausgabe*（MEGA）で初めて刊行された新資料を活用した近年のマルクス研究の成果に依拠している。とりわけMEGA第Ⅳ部門でマルクスの自然科学に関する研究ノートが刊行され、マルクスの環境への関心が従来の想定よりもはるかに広いことが判明してきている。これらのノートは長い間研究者によっても無視されてきたが、最近の研究では、マルクスは地質学、植物学、農芸化学の研究を通じて、気候変動や天然資源の枯渇（土壌養分、化石燃料、森林）、種の絶滅といった資本のさまざまな掠奪行為を分析していたことが示されているのだ（Saito 2017）。

その結果、マルクスの経済学批判のなかでも環境の領域こそが、人新世においてマルクスの知的遺産を再生させるための中心領域になっていると言っても誇張ではない。とりわけマルクスの「物質代謝の亀裂 metabolic rift」という概念は、現代資本主義が引き起こす環境問題に対する批判に不可欠な概念になっている（B. Clark 2002; Clark and York 2005; Longo, Clausen and Clark 2015; Holleman 2018）［04］。そこで本書第一部では、マルクス主義の理論的・方法論的基礎として物質代謝論を展開し、環境社会主義の基礎を準備する。その際には、マルクスだけではなく、フリードリヒ・エンゲルス、ローザ・ルクセンブルク、ルカーチ・ジェルジュ、メサーロシュ・イシュトヴァンといったマルクス主義者たちの議論を合わせて取り上げることで、「物質代謝 Stoffwechsel/metabolism」という概念がもつ理論的射程を明らかにしていきたい。

繰り返せば、このプロジェクトはたんにマルクスの物質代謝概念をより正しく理解するだけにとどまらない。「物質代謝の亀裂」という概念の展開に取り組む価値があるのは、環境危機に対するアプローチの仕方が異なれば、そこから出てくる危機への処方箋も異なるからである。つまり、特定の理論へのコミットメントは実践的帰結を伴うのである。

だからこそ「物質代謝の亀裂」の概念を批判する形で、人新世における人間と自然との関係を把握する「ポストマルクス主義」的な試みが現れてきている事実は、偶然ではない。その特徴は、哲学的な一元論への傾倒である。そして、一元論の支持者たちは、マルクス主義の「存在論的二元論」（Castree 2013: 177）が人新世における自然の存在論的地位を適切に理解できていないと批判する。資本主義が環境全体を徹底的に再構築するため、自然なるものはもはや存在しない。自然は資本主義の発展を通して「生産」されるものになっているというわけだ。そのような状況を前にして、一元論者は存在論的二元論を捨て、「ハイブリッド」や「ネットワーク」によって特徴づけられた関係的思考で置き換えることを主張するのである（Moore 2015）。

しかし、一元論は失敗したプロメテウス主義を人新世に蘇らせ、自然へのさらなる介入を正当化することになりかねない。このような「地球構築主義 geoconstructivism」のアプローチは、人新世においてはすでに自然に対する人間の介入が多くなり過ぎていると主張する（Neyrat 2019）。それゆえ、環境破壊を恐れて介入を止めようとする訴えは無責任であり、より酷い大惨事を招くというのだ。地球構築主義によれば、人間の解放につながるかはともかく、人類生存の唯一の道は、惑星全体をさらに徹底的に改変することによる地球のスチュワードシップしかないという。この新しいプロメテウス主義は、ポスト資本主義の未来像を刷新しようとするマルクス主義者たちにも影響を与えている（Mason 2015; Srnicek and Williams 2016; Bastani 2019）。そこで本書の第二部では、マルクスの「方法論的二元論」と「物質代謝の亀裂」を擁護しながら、人新世におけるさまざまな一元論とプロメテウス主義に応答していきたい。

現代の一元論とプロメテウス主義の理論的限界を批判的に検討したうえで、本書の第三部では晩期マルクスのポスト資本主義像をエコロジカルな視点から再検討していく。ＭＥＧＡ研究によって新たに浮かび上がってくるのは、マルクスが１８６８年以降、自然科学、人文科学、社会科学の学際的研究を通じて、理論的な大転換――アルチュセール的な意味での「認識論的切断」（Althusser 2005）――を成し遂げたという事実だ。

マルクスが最終的に獲得したポスト資本主義像は、「脱成長コミュニズム」と呼ぶべきものなのである。脱成長コミュニズムの理念は、「資本主義リアリズム」を克服することを可能にしてくれる。晩期マルクスに立ち返ることでこそ、人新世における未来社会の積極的な展望を提示することができるようになるのだ。これこそまさに、今日私たちがマルクスを読むべき理由である。

しかし、もし実際にマルクスが脱成長コミュニズムを提唱していたのなら、なぜこれまで誰も指摘しなかったのか、そしてなぜ、マルクス主義は生産力主義的な社会主義像を支持してきたのだろうか、と疑問に思うかもしれない。だが、実はその理由は簡単で、「マルクスのエコロジー」が長い間無視されてきたからである。

したがって、マルクスの脱成長コミュニズムを再構成するためには、まずマルクスのエコロジーの周縁化の歴史を系譜学的にさかのぼる必要がある。もちろん、この系譜はマルクス自身から始まる。第一章では、MEGAで公刊された自然科学に関するマルクスのノートを参照しつつ、「物質代謝の亀裂」の三つの次元と技術によって媒介される地球規模での時間的・空間的「転嫁」を展開していく。資本蓄積にとって自然の収奪が必須の前提だという洞察は、その後、ローザ・ルクセンブルクによって深められる。彼女は『資本蓄積論』において、資本主義の周縁部における人々や環境に対する破壊的作用を物質代謝論を用いて問題視していたのだ。

とはいえ、ルクセンブルクは「物質代謝」という概念を取り上げる際、それをマルクス批判として定式化したのだった。彼女の批判は、マルクスの物質代謝論が当時でさえも十分に正しく理解されていなかったことを示唆している。このような誤解は、マルクスの著作の多くが未公刊であり、ルクセンブルクもそれらを利用できなかったため、仕方のない側面もある。しかし、それだけが原因ではなく、労働者階級のための体系的な世界観として「マルクス主義」を確立しようとしたエンゲルスのマルクス解釈に端を発しているのだ。

そこで、第二章では、マルクスの物質代謝概念がどのように歪められていったかを辿るために、エンゲルスの編集した『資本論』とＭＥＧＡで公刊されたマルクスの経済学草稿、および抜粋ノートとを比較し、エンゲルスがマルクスの物質代謝論をどのように受容したかを明らかにしていく。この考察によって、マルクスとエンゲルスの間にはとりわけ物質代謝の扱いに関して、微妙ではあるが、しかし理論的には決定的となる相違があることが判明するだろう。そして、まさにこの違いのせいで、エンゲルスはマルクスの環境思想を正しく理解することができず、物質代謝の概念は、マルクスの死後に周縁化されることになってしまったのだ。

こうした周縁化の過程は、１９２０年代の西欧マルクス主義の理論的展開にもはっきりと記録されている。よく知られているように、西欧マルクス主義は、マルクスとエンゲルスを厳密に区別して両者の理論的差異を強調していた。その際には、エンゲルスが弁証法を自然の領域へ不合理に拡張したことが、ソ連正統派マルクス主義の機械論的社会分析の原因であると非難されたのである。しかし、エンゲルスに対する厳しい批判にもかかわらず、西欧マルクス主義者たちは、マルクスが自然についてほとんど論じていないという根本的な前提をソ連正統派マルクス主義と共有していた。まさにそのような思い込みによって、西欧マルクス主義はマルクスの物質代謝論と環境思想の重要性を無視する結果になってしまったのである。

けれども第三章で論じるように、西欧マルクス主義の創始者であるルカーチは、西欧マルクス主義の一面性を反省し、物質代謝の概念に着目した例外的な人物であった。たしかに『歴史と階級意識』のなかで、ルカーチはエンゲルスの自然の取り扱いを批判し、西欧マルクス主義に絶大な影響を与えた。だが、ルカーチは『追従主義と弁証法』という1925－26年に書かれた未発表草稿において自然の問題に取り組み、それを物質代謝論として展開したのである。この草稿は長い間知られていなかったため、『歴史と階級意識』におけるルカーチの意図は正しく理解されず、理論的一貫性の欠如や曖昧さを繰り返し批判されてきた。しかし『追従主義と弁証法』を読めば、ルカーチの人間と自然の関係の取り扱いには、社会的なものと自然的なものを区別するマルクスの「方法論的二元論」との連続性があることが判明する。ルカーチの物質代謝論は「形態」と「素材」が織りなす「非デカルト的」二元論であり、それは、現代の一元論とは一線を画す資本主義批判を可能にする。にもかかわらず、ルカーチの物質代謝論はソ連正統派マルクス主義と西欧マルクス主義の双方によって拒絶され、ここでも「マルクスのエコロジー」は周縁化されてしまったのである。

その結果マルクスの方法論的二元論が今日でも正しく理解されていないため、物質代謝の亀裂という概念は依然としてさまざまな批判に晒され続けている。第四章では、これらの批判に応答するために、ジェイソン・W・ムーアの「世界＝生態 world-ecology」や、ニール・スミスとノエル・カストリーの「自然の生産」に代表されるマルクス主義版の一元論を取り上げる。両者のアプローチには明確な理論上の違いはあるものの、これらの一元論的な資本主義理解が示すのは、マルクスの方法論に関する誤った理解が、生産力主義という問題含みの帰結を生み出すということである。

第五章で論じるように、マルクスの方法論に対する無理解は、近年のプロメテウス主義の復権にもつながっている。現代のユートピア・マルクス主義者は、マルクスの『経済学批判要綱』を引き合いに出して、情報通信技術（例えば人工知能（ＡＩ）、シェアリング・エコノミー、モノのインターネット（ＩｏＴ））と完全自動化を組み合わせた「第三次産業革命」（Rifkin 2014）によって、人間は労働の苦役から解放され、資本主義の市場メカニズムを廃棄できると主張する。けれども、技術が約束する夢のような未来社会を吹聴しながらも、その本質は、古いプロメテウス主義の反復に過ぎない。この根強いプロメテウス主義と決別するためには、１８５０年代に書かれた『要綱』ではなく、１８６０年代になってから使われるようになった「実質的包摂」概念に着目する必要がある。この概念に着目することで明らかになるのは、資本主義のもとでの技術発展に対するマルクスの見方に大きな転換があったという事実である。そのことがはっきり現れているのが、『資本論』における彼の「資本の生産力」に対する批判である。この批判によってマルクスは、資本主義における生産力の発展が、必ずしもポスト資本主義への物質的基盤を準備するものでは*ない*とはっきりと認識するようになったのである。

しかし、生産力の将来的発展に対する楽観的な支持を撤回したことによって、マルクスは新しい困難に直面することになった。生産力の増大が資本主義のもとで果たす進歩的な役割に疑問を呈し始めると、マルクスは必然的に自らのそれまでの進歩的な歴史観に異を唱えざるをえなくなったからだ。第六章では、晩期マルクスにおけるこの自己批判の過程を再構築していく。この理論的危機に着目することによってのみ、なぜマルクスが『資本論』の続刊を完成させようとするなかで、自然科学と前資本主義社会を同時に研究しなければならなかったかが明らかになるだろう。しかも、これら２つの領域を集中的に研究することで、ついにマルクスは１８６８年以降に、もう１つの決定的なパラダイムシフトを経験することになる。１８８１年にマルクスがヴェラ・ザスーリチに送った手紙はこうした観点から再解釈されなくてはならない。この手紙には彼の非生産力主義・非ヨーロッパ中心主義の未来社会像が刻印されており、それは、「脱成長コミュニズム」として特徴づけられるべきものなのである。

多くの人は脱成長コミュニズムという本書の結論に驚くに違いない。これまで、マルクスのポスト資本主義の展望をこのような形で提示した人物は誰もいなかったからだ。しかも、脱成長とマルクス主義は長いあいだ敵対関係にあったのでなおさらだ。しかし、もし晩期マルクスがラディカルに平等で持続可能な社会を求めて、定常経済や脱成長の理念を受け入れたとしたら、両者の間には新たな対話の空間が生まれる。そのような新たな対話を実りある形で始めるために、最終章では『資本論』や他の著作を脱成長の観点から再検討していく。つまり、第七章では、『資本論』を越えて先に進むための試みとして『資本論』を再解釈していく。そうすることで、これまでは生産力主義の表明だと見なされてきた箇所についても、まったく異なった新しい解釈を提示できるようになるだろう。とりわけ『ゴータ綱領批判』における「協働的富genossenschaftlicher Reichtum」の持つ「ラディカルな潤沢さ」は、ポスト稀少性経済における非消費主義的な新しい生活様式を示唆しており、それこそが人新世における地球規模の環境危機を前にして、安全かつ公正な社会を実現させるコミュニズムの基盤になるのである。

第一部

マルクスの環境思想とその忘却

第一章　物質代謝論と環境危機

マルクスの環境問題への関心については、マルクス主義者を自称するような人たちさえも長らく否定的であった。マルクスの社会主義思想は、自然の支配を目指す反エコロジー的なプロメテウス主義によって特徴づけられると非難されてきたのである。実際、少なからぬ20世紀のマルクス主義者たちも、環境保護主義を本質的に反労働者階級的で、上流中産階級のイデオロギーにすぎないと考え、さらなる技術革新と経済成長による労働者階級の物質的利害の促進を擁護してきたのであった。

一方、アラル海の環境破壊（綿花栽培等のための灌漑により、東北地方と同じくらいの面積のあった湖が10分の1にまで干上がり、20世紀最大の環境破壊といわれる）やチェルノブイリの原発事故に代表されるソ連体制下で生じた深刻な環境破壊を前に、環境保護主義者たちは「社会主義」では持続可能な社会を構築できないという確信を強めていった。その結果、20世紀後半には「赤」（社会主義陣営）と「緑」（環境運動陣営）の間に重大な対立が生じることになったのである。

しかし、21世紀に入り、こうした状況は変わりはじめている。「マルクスのエコロジー」（Foster 2000）への関心が高まりつつあるのだ。ソ連に実在した社会主義体制がどれほどの環境破壊を引き起こしたとしても、その崩壊と資本主義の「勝利」がもたらしたのは、さらに深刻な惑星規模の環境危機であった。しかも環境問題の解決を市場メカニズムに委ねようとするやり方が十分な効果を発揮せず、環境危機が深まり続けていることから、マルクス経済学を含めた異端派とされるアプローチに関心が集まるようになっているのだ（Burkett 2006）。また、ソ連が崩壊し、旧来のマルクス主義のドグマはその影響力を失っている。その結果、「党派的論争や分裂的な政治的忠誠によって閉ざされることなく、理論的・概念的問題を議論できる知的地平と省察の場が開かれた」（Therborn 2009: 90）のである。マルクス主義の内外におけるこのような状況が、21世紀におけるマルクスのエコロジーの「再発見」をもたらしたのだ（第一節）。

この再発見への道を固めたのは、ハンガリーのマルクス主義者メサーロシュ・イシュトヴァンの「社会的物質代謝」論であった。『資本を超えて』や『社会的制御の必要性』で展開されたメサーロシュの物質代謝論を検討することで、マルクスの環境思想の中心概念である「物質代謝の亀裂」を「経済学批判」との関連で、展開できるようになるだろう（第二節）。こうした作業を経れば、「物質代謝の亀裂」を三つの異なる次元に分類し、資本主義が引き起こす問題を多角的に分析できるようになる（第三節）。また、亀裂の三次元に対応する形で、物質代謝の亀裂を転嫁するやり方にも三つの次元があることが判明するだろう。この転嫁のおかげで、資本は経済危機や環境危機に直面しても、危機からの回復力を弾力的に発揮することができるのである。

しかし、「亀裂の転嫁」は、資本主義的蓄積の根深い矛盾を決して解決することはできない。むしろ、転嫁は新たな問題を生み出し、より広範な規模で矛盾を激化させるだけである（第四節）。そして、これこそローザ・ルクセンブルクが『資本蓄積論』（１９１３年）で問題視していた資本の限界であり、実際、彼女は物質代謝概念を使って、グローバルな不等価交換を分析したのだった。

興味深いことに、その際、ルクセンブルクはマルクスを批判しながら、この概念を導入している。けれども、実は、彼女の物質代謝論はマルクス自身の理解と重なるところが多いのだ。その意味でルクセンブルクの批判は、マルクスの物質代謝論が20世紀初頭にはすでに歪められていた事実を示唆しており、この概念がその後忘却されていく未来をすでに暗示しているのである(第五節)。

第一節 「マルクスのエコロジー」の抑圧

1970年代以降、マルクスの「プロメテウス的態度」(Giddens 1981: 60)は、繰り返し非難されてきた。「世界に対するマルクスの態度は、常にそのプロメテウス的推進力を保持し、人間が自然を征服することを称賛していた」(Ferkiss 1993: 108)というのである。こうした批判にはマルクス主義に精通する研究者たちも同調していた。例えば、マルクス主義の歴史に詳しいレシェク・コワコフスキは、「マルクスのプロメテウス主義における典型的な特徴は、自然的なものへの関心の欠如である」(Kolakowski 1978: 412)と述べている。コワコフスキのような批判者たちに言わせれば、マルクスは自然の限界を無視し、技術による自然の支配を追求していた。マルクスは「技術の産業的体系と人間の自然に対する支配のプロジェクトに対して、およそ無批判であった」(J. Clark 1984: 27)というのである。

さらに、資本主義のもとでの生産力の発展こそが人類解放のための物質的基盤を提供するという、「史的唯物論」の楽観的想定も問題視された。環境保護主義者たちは、現存社会主義のもとで起こった深刻な環境破壊を理由に、マルクスの「「生産力主義的」「プロメテウス的」歴史観」（Benton 1989: 82）はまったく受け入れられるものではないと非難したのだ［01］。当然のことながら、ソ連の崩壊は、マルクスへの批判の声を増幅しただけだった（Lipietz 2000）［02］。

結果として、マルクスが「生産力主義」だというイメージは今日でも広く残ったままである。ジェイムソンは、「マルクス自身が技術により合理化された未来に対して情熱的に肩入れしていた」（Jameson 2011: 150）と指摘する。ジェイムソンがそうした肩入れをむしろ肯定しているのに対して、アクセル・ホネットは、マルクス主義が「自然支配 Naturbeherrschung」を求めて生産力が単線的に発展することを前提する「技術決定論」（Honneth 2017: 45）である点を非難している。

また、「生産力主義」のせいで、マルクス主義において環境の問題が周縁化されてきたのも必然だと、ナンシー・フレイザーは考える。彼女によれば、「［マルクスの思想は］資本主義社会における不平等を構造化する原理・軸としてのジェンダー、環境、政治的力を体系的に考えることができない――もちろん、社会闘争の利害や前提として考えることができないのは言うまでもない」（Fraser 2014: 56）。スヴェン＝エリック・リードマンも、マルクスの伝記のなかで、彼は「現代的な意味で環境問題を意識した人物」ではなかったと結論づけたのだった（Liedman 2017: 480）［03］。

ただ、幸いなことに、このような見解がすべてではない。リードマンらの消極的評価の対極にあるのが、『マンスリー・レビュー』のポール・バーケット（Burkett 1999）とジョン・ベラミー・フォスター（Foster 2000）や、『資本主義 自然 社会主義』のジェームズ・オコナー（O'Connor 1998）やジョエル・コヴェル（Kovel 2007）、ミシェル・レヴィ（Löwy 2015）らによる議論である。この2つのジャーナルは、それぞれ「物質代謝の亀裂」

と「資本主義の第二の矛盾」という概念を軸として、マルクス主義のアプローチが環境危機を資本主義的生産様式の矛盾の現れとして理解するために有用であることを説得的に示したのである[04]。

とりわけ、フォスターとバーケットの研究は、マルクスがまさに「現代的な意味で環境を意識した人物」であった事実をはっきりと論証した点で、一般に高い評価が与えられている。具体的には、ドイツの化学者ユストゥス・フォン・リービッヒが『農芸化学』（1862年）で展開した掠奪農業論をマルクスがどのように受容したかを注意深く分析することによって、マルクスの物質代謝論の重要性を明らかにしたのだ[05]。フォスターらによると、マルクスは資本主義のもとでの「物質代謝の亀裂」を人間と自然の関係における疎外の現れとして把握すると同時に、自然の普遍的な物質代謝における深い裂け目を修復するためには、社会的生産の質的転換が必要であることを明示化したのである。

フォスターらの研究がなぜ重要かといえば、エコロジーがマルクスの資本主義批判の構成要素であると示すことで、マルクスのポスト資本主義社会像も「環境社会主義」として再解釈できるようになったからだ（Pepper 2002; Brownhill et al. 2022）。この「環境社会主義」の構想は、赤と緑の間にある長年の敵対関係の克服に向けた大きな希望をもたらした。だからこそ、「物質代謝」概念は一躍、「花形概念」（Fischer-Kowalski 1997: 122）として注目されるようになったのである。

フォスターらの議論を踏まえると――その有用性や科学的妥当性はひとまず横に置くとしても――少なくとも「マルクスのエコロジー」が存在していることはもはや明らかである。むしろ、マルクスの環境思想がこれほど長い間無視され、否定され続けてきたのが不思議なほどである。ひとまずここでは、そのような周縁化が生じた理由の一つを挙げておきたい[06]。

実は、マルクスの環境思想がこれほど長く無視されたのは、彼の経済学批判が未完であったことに関係がある。よく知られているように、マルクスは『資本論』第二部と第三部を生前に完成させることができなかった。そこで、マルクスの死後、エンゲルスが異なる時期に書かれたさまざまな草稿をもとに編集し、第二巻、第三巻をそれぞれ1885年と1894年に出版したのである。その際マルクス主義者たちは、エンゲルス版『資本論』がマルクス自身の考えを真に反映した決定版であると考えてしまったのだ。

だが、それは正しくない。マルクスは特に晩年、自然科学をかなり熱心に研究し、環境問題についてのさまざまな抜粋やコメントを記したノート群を大量に残したが、『資本論』草稿に新しい知見を取り込むことはできなかった。エンゲルス版の読者には、そんなことは、思いもよらなかっただろう。マルクスは1868年以降はほとんど著作を出版していないため、マルクスの環境問題についての洞察が記録されているのはこれらの抜粋ノートしかない。にもかかわらず、これらのノート群は近年になって刊行されるまで、アーカイヴで埃をかぶって眠ったまま、放置されてきたのである (Saito 2017)。

1920年代にモスクワでマルクス・エンゲルス研究所の所長となり、最初の『マルクス・エンゲルス全集』(MEGA¹)の編集責任者を務めたダヴィット・リャザーノフのような優れた研究者さえも、晩期マルクスの自然科学への関心を否定的に論じ、抜粋ノートは研究者にとって重要ではないと片付けてしまっている。

1881-82年のマルクスは集中的、自立的で知的な創造活動を行う能力を失っていたが、それにもかかわらず、研究能力を失うことは決してなかった。とはいえ、これらの抜粋ノートについて考えていると、時々以下のような疑問が浮かんでくる。どうしてマルクスは1881年という晩年にこのような体系的で、徹底した地質学についての基本的な本の章ごとの要約でこれほど多くの時間を無駄にし、エネルギーを費やしたのであろうかと。彼はもう63歳だったのであり、こうした行いは弁明の余地のない学者ぶった振る舞いにすぎないのではないか。（K. Anderson 2010: 249; 邦訳363頁）

晩期マルクスに対するこのような低い評価が、マルクスの環境思想を周縁化してきたのである。こうした立場からすれば、フォスターらの議論は「生態学的動態以外の主題を扱うテキストにおける短くかつ曖昧に脱線した箇所からマルクスの環境思想的なものを推定している」（Engel-Di Mauro 2014: 137）にすぎない。しかし、新『マルクス・エンゲルス全集』（MEGA²）で刊行された新資料は、晩年のマルクスが、資本主義に対するエコロジカルな批判をまとまった形で展開しようとしていた事実をはっきりと記録している（Saito 2017）［07］。その意味で、MEGAは、マルクスの資本主義批判にとってエコロジーが中心的テーマであるという主張を裏付ける重要な一次資料なのである。

だが、MEGAの重要性を理解するためには、まずはマルクスの物質代謝論を正確に把握しなければならない。『資本論』の物質代謝論がマルクスの環境思想の土台となるからである。

第二節　「マルクスのエコロジー」の再発見

マルクスの物質代謝論を環境問題との関連で把握するために大きく貢献したのは、ハンガリーのマルクス主義者メサーロシュ・イストヴァンである。物質代謝概念に注目していたメサーロシュが1970年代初頭にすでに資本主義のもとでの環境問題を論じていたことは、偶然の一致ではない。さらに、『資本を超えて』（Mészáros 1995）においてマルクスのエコロジカルな資本主義批判を前面に押し出した事実は、メサーロシュが長年にわたりマルクスの物質代謝論に取り組んできたことの理論的集大成とみなすべきなのである。

１９７１年、メサーロシュは第１回ドイッチャー記念賞の受賞講演の冒頭で、「私たちの生物学的存在を脅かす」核戦争のリスクを警告したアイザック・ドイッチャーに言及している（Deutscher 1967: 110）。そのうえで、メサーロシュはドイッチャーの警告を「全人類」に対するもうひとつの存亡の危機、すなわち資本主義の環境破壊にまで拡大したのである。当時、メサーロシュはまだ物質代謝概念を用いておらず、暫定的なものであったが、それでも１９７２年にローマクラブが『成長の限界』を発表する前に、マルクス主義者が環境問題を深刻視している事実は注目に値する。

講演のなかで、メサーロシュは環境問題を資本主義の「根本矛盾」として次のように定式化している。

> 制御をめぐる資本主義システムの根本矛盾は、いかに破滅的な帰結をもたらすものであっても、そのシステムが「前進」を破壊から、また「進歩」をゴミから分離できないことである。生産性の力を解放するほど破壊の力を解き放たなければならず、生産量を拡大するほどあらゆるものを窒息させるようなゴミの山の下に埋没させなければならないのだ。（Mészáros［1972］2014: 49-50）

メサーロシュによれば、無際限の資本蓄積の過程で膨大な廃棄物を産む破壊的な生産システムは、人間の解放をもたらすことはない。それどころか、長期的には社会の繁栄のための物質的条件を切り崩すことにならざるをえないと警告したのだ。当時の多くのマルクス主義者たちが資本主義のもとでの生産力の発展を人類史の推進力として受け入れていたことを考えると、メサーロシュの発言はかなり踏み込んだものである。

地球が有限である以上、資本蓄積に絶対的な生物物理学上の限界があることは明らかなはずだ。けれども、資本は自らに制限を課すことはできない。むしろ、資本は絶えずこの制限を乗り越えようとして、社会と自然に対する破壊性を増していく。それゆえ、人間の生存と自然環境の保全のためには、資本主義的発展の破壊的な性格に終止符を打つことを目的とした「社会的制御の必要性」が生じるのである。しかし、そのような社会的生産の計画化は資本主義的生産の無政府性と相容れない。だからこそ、自由にアソシエートした生産者による質的に異なる生産の組織化——つまり、社会主義システム——が必要だとメサーロシュは訴えたのだ。

15年後、メサーロシュは『哲学・イデオロギー・社会科学』（1986年）において、資本による自然の劣化と破壊の問題を物質代謝概念を用いて初めて定式化し、「すべての真剣なエコロジー論にとって」、物質代謝概念が重要だと強調するようになる。メサーロシュによれば、究極の問題は「資本が安全に乗り越えられるものと絶対的なものとのあいだに真の区別を決してつけられないことである。というのも資本は、その結果がどうなるのであれ、自己増殖する交換価値の盲目的な命令に従って、自分の歴史的に特殊な要求を絶対的な要求として主張しなければならないからだ」（Mészáros 1986: 195）。つまり、資本は自身の歴史的必然性を「自然的必然性」として誤認してしまうために、資本が本当は決して乗り越えることのできない「自然的必然性」の存在を認識できないというのである。

本来、「自然的必然性」をなすのは、自然の普遍的な物質代謝によって人間は例外なく制約を受けるという生産の根本条件であり、生物物理学的な事実だ。ところが、資本はその代わりに、自然の絶対的限界さえも乗り越えられるかのようにふる舞うことを自らの歴史的必然性とみなす。たしかに、一部の自然の限界は、科学と技術の助けを借りて安全に乗り越えることができるだろう。だが全ての限界を乗り越えることは明らかにできない。にもかかわらず無限の価値増殖のために自然を無理矢理に征服しようとするなら、「自然の劣化と究極的破壊」（Mészáros 1986: 183）を引き起こしてしまうというのである。

とはいえ、そのような指摘は、今日では比較的自明なことに思われるかもしれない。だが、メサーロシュはここで弁証法的に議論を転倒させる。資本は自然によって課される絶対的限界を認識できないという矛盾を抱えている。だからこそ、諸個人の普遍的発展の条件として「いまある障壁を意識的に認識する」ことこそが、革命的行為となるというのだ。「成長の限界」を突破するのではなく、受け入れることで資本主義に抗い、社会的制御によって、自由を構想する。この反プロメテウス的洞察は、環境主義と社会主義の融合に向けた重要な一歩となる。

そして、この議論がより体系的に展開されるのが、大著『資本を超えて』（１９９５年）である。そして、この作品によって、メサーロシュは、「マルクスのエコロジー」をめぐる言説的布置を大きく変え、フォスターやバーケットに大きな影響を与えたのだ[08]。その際、メサーロシュはマルクスの「社会的な物質代謝」概念に着目することで、資本主義生産様式が歴史貫通的な人間と自然の物質代謝を（再）組織化する歴史的に特殊な方法を分析していったのである。

なぜこのアプローチが重要かといえば、伝統的なマルクス主義が剰余価値論を重視し、資本家による労働者階級の搾取の存在を暴露することに専念したのに対して、メサーロシュはそのような狭い視点へのアンチテーゼとして、物質代謝概念の重要性を強調するからだ。つまりメサーロシュは、物質代謝論によって、資本主義批判の理論的射程を工場の外部にまで拡張しようとする。実際、マルクスは「社会的物質代謝の過程」を商品と貨幣が流通するなかで「ある有用な労働様式の生産物が別の有用な労働様式の生産物と入れ換わる」（『資本論』第一巻、138頁）過程として特徴づけている。メサーロシュの物質代謝論は、資本主義のもとでの社会的生産と再生産の歴史的ダイナミズムについての、包括的で統合的なアプローチを可能にしたのである。

そもそも物質代謝概念の重要性は今日でもしばしば過小評価されているが、『資本論』を正しく理解するために、この概念は不可欠だ（佐々木2016）。というのも、マルクス主義のもっとも根底的なカテゴリーである「労働」を、マルクスは人間と自然の物質代謝に関連づけて定義しているからである。

> 労働は、まず第一に人間と自然とのあいだの一過程である。この過程で人間は自分と自然との物質代謝を自分自身の行為によって媒介し、規制し、制御するのである。（『資本論』第一巻、234頁）

人間と自然の物質代謝の過程はまずもって、自然的・生態学的過程であり、どの歴史的段階にも共通するものである。なぜならば、人間は労働を通じて自然に働きかけることなしには生きることができないからである。この点を強調しながら、マルクスは続けて次のように述べる。

> 労働過程は、人間と自然とのあいだの物質代謝の普遍的な条件であり、人間生活の永久的な自然条件

であり、したがって、この生活のどの形態にもかかわりなく、むしろ人間生活のあらゆる社会形態に等しく共通なものである。（『資本論』第一巻、２４１頁）

人間の生産活動も「自然の普遍的な物質代謝」（『資本論草稿集』④、98頁）の一部である。このことはまた、人間は無から生産することはできず、常になんらかの素材から生産しなければならないことを意味する。労働は人間の介入なしに存在する「物質的な土台」のうえで機能するものであり、人間の労働は「ただ素材の形態を変えることができるだけである」（『資本論』第一巻、58頁）［09］。食料、衣服、住宅、そして経済を「脱物質化」するハイテクな財でさえ、例外なくエネルギーと自然資源を使用する。この意味で、人間と自然の物質代謝は、けっして中断することのできない「自然条件」なのである。

さらに言えば、人間は自然に依存しているのだ。マルクスは、労働過程においては労働と自然の両方が本質的な役割を担っていることを強調している。「だから、労働は、それによって生産される使用価値の、素材的富の、ただ一つの源泉なのではない。ウィリアム・ペティの言うように、労働は素材的富の父であり、土地はその母である」（『資本論』第一巻、同上）［10］。だからこそ、人間が自然に働きかける際、労働は自然法則と自然の普遍的な物質代謝におけるさまざまな生物物理的過程によって制約される。メサーロシュによれば、このような視点から見た労働という行為は人間と自然の物質代謝という「第一階層 first order」における「一次的媒介 primary mediation」を構成している。「第一階層」とは、要するに、「それなしには人類はもっとも理想的な社会形態においてもおそらく生存しえない」根源的な次元を指す（Mészáros 1995: 138）。

より具体的に言えば、人間が外部環境に対して行う物質代謝の方法は、気候、場所、資源やエネルギーの入手しやすさ、アクセスしやすさなど与えられた客観的な自然条件によって大きく異なるが、自然との関わり自体はどこにも共通している。物質代謝の第一階層は、人類の生存における根源的な自然制約を構成しており、それは強制力をもって「歴史的絶対 historical absolute」として残りつづける。

この自然的な土台は、歴史が「新しい欲求」を創造し、それに対応してその欲求を満たす条件を拡大していくなかで、人間の生産的発展の進行によってどれほど変容されようとも（実際のところ変容されなければならないのだが）、究極的にはいつも自然そのものによってしっかりと制限されているのだ。（Mészáros 2012: 246）

同様のことを、イギリスの哲学者ケイト・ソーパーも次のように述べている。「物質的な構造や過程は人間の活動から独立しており（人間によって作り出された生産物ではないという意味で）、その力と因果力はあらゆる人間の実践の必要条件であり、またその実践が取り得る形態を規定する」（Soper 1995: 132）。非人間的自然が人間から独立して客観的に存在するという前提は、唯物論の根本洞察なのである。

もちろん、人間は与えられた環境に受動的に制約されるだけではない。なぜなら、他の動物と比較して、人間は環境との相互作用をより自由に反省することができるからだ。例えば、人間は、より効率的に生産するための道具を設計し、生産物の質を改善し、新しい原材料を発見し、さらには自分の欲求に応じてまったく新しい対象を発明することができる。この自由度の大きさこそが、他の動物にはない人間の労働の独特な特徴だと、マルクスは考える。人間が自然に意識的に働きかける結果として、生産力は歴史的に発展していき、生産の客体的条件も大きく変容していく。だがここで重要なのは、それにもかかわらず、第一階層の物質的制限は残りつづけ、決して廃棄されることはないという事実だ。自然の可塑性は、労働の自然的な土台としての本源性を否定するものではない。もし人間がこの自然的な土台を無視するなら、自然法則の侵害は汚染、資源枯渇といった矛盾を必ずや引き起こす。

一方で、マルクスは、このような労働過程の一般的な叙述が、人間は自然の一部であり、自然とともに生きる必要があるという凡庸な指摘になりかねないリスクにも注意を促している。絶え間ない人間と自然の物質代謝は、人間が生存するための歴史貫通的条件だが、このように「すべての生産の一般的諸条件が取り扱われる」にすぎないなら、「すべての生産の本質的諸契機をあげるだけ」の「平板な同義反復」（『資本論草稿集』①、29－30頁）になってしまうというのである。実際、マルクスの独自性はむしろ、労働が常に一定の社会関係のもとで行われることを認識している点にこそあるのだ。

メサーロシュはこの点を、人間と自然の物質代謝における社会的構造化の必然性という形でまとめている。「人類が生存しようとする限り、一次的媒介の決定的な機能が継続可能になるような根源的な構造的関係性を確立するという要請から逃れることはできない」（Mészáros 1995: 139）。この要請から、コミュニケーション、協業、規範、制度、法律を媒介とする社会的構造が歴史的に形成されるようになる。人間と自然の物質代謝の編成はこの観点からすれば、「第一階層」の自然的・生態学的過程と並んで、同時に社会的・歴史的過程でもある。後者の具体的な形態はそれぞれの時代や場所における社会関係によって大きく変化する。それらは、メサーロシュの表現を使えば、「歴史的に特殊な社会的再生産システムの第二階層の媒介 second order mediations」（Mészáros 1995: 139-40）を構成するのだ［11］。

資本主義のもとでの「第二階層の媒介」の歴史的特殊性は、非資本主義社会における媒介と比較するとただちに明らかになるだろう。例えばマルクスは、資本主義的生産を古代社会と比較して、次のように述べている。

〔古代では〕富は生産の目的としては現われないのである。追究されたのは、常に、どのような様式の所有が最良の国家市民をつくりだすか、ということである。〔…〕そこで、いかに偏狭な民族的、宗教的、政治的規定を受けていようとも、人間が常に生産の目的として現われている古代の考え方は、生産が人間の目的として現われ、富が生産の目的として現われている近代世界に対比すれば、はるかに高尚なものであるように思われるのである。〔…〕（『資本論草稿集』②、137頁）

資本主義的生産の一義的な目的は、なによりも資本の価値増殖である。資本主義は利潤追求の飽くなき欲求に駆られ、生産能力を絶えず増大させていく。そこでは、人間さえも価値増殖のための手段となる。これに対して、資本主義以前の社会では、人間こそが生産の目的である。つまり、生産は人間の具体的な欲求を満たすために行われ、特定の使用価値の生産こそが重視されたのである。

当然のこととして、価値増殖の極大化を目指す資本の論理による支配が強まっていけば、世界の姿は大きく変容していく。資本主義の拡張とともに、世界市場、技術、輸送と信用制度、人工的な欲望などが発展し、それらによって歴史的に特殊な「第二階層の媒介」が形成されるようになるからである。究極的には、人間と自然の物質代謝の第一階層は元の姿がわからなくなるほどに変容していくとメサーロシュは述べる。

〔人間と自然の物質代謝の〕一次的形態のすべてが、ほとんど認識できなくなるほどに変化させられている。社会的物質代謝の制御の物神的で疎外的なシステムにおける自己拡張の要求を満たせるように、あらゆるものを資本蓄積の要請に絶対的に従属させるからである。(Mészáros 1995: 140)

資本蓄積には絶対的限界が存在しないので、資本は絶えず拡大し、そのシステムは「総体化」していく。その過程で、人間と自然の両方の生産的機能におけるあらゆる側面を資本の価値増殖の要請に従属させるのだ。しかし、賃労働、商品交換、私有財産からなる、この「資本主義的に制度化された第二階層の媒介」は、「疎外された媒介」である。ここで注意しなければならないのは、このことは「労働の疎外」だけでなく「自然の疎外」(Mészáros 1970: 110-11) によっても特徴づけられるということだ〔12〕。そのような疎外された媒介が人間と自然の物質代謝を変容すれば、人間にも自然にも様々に問題が生じることになる。

以上の考察からも、メサーロシュが1971年のドイッチャー記念賞の受賞講演での洞察を、物質代謝論として展開していったのがわかるだろう。資本による「第二階層の媒介」をともなう社会的物質代謝の組織化が第一階層における人間と自然の物質代謝の歴史貫通的・素材的性格とは相容れず、長期的にはその質的劣化と破壊につながる。メサーロシュはこの点を強調するために、資本が乗り越えることのできない自然の「絶対的限界」という表現を用いた〔13〕。そのような限界は資本から独立して存在するが、「総体性」を目指す資本は自然の絶対的限界を認識することができない。資本の体制は、すべてを包摂して自らが絶対的なものになるべく、自然の非同一性を否定し、自然の絶対的限界を相対化しようとする。しかし、資本から先立って、独立して存在する自然を資本の要請に従属させることは、長期的には自然の普遍的物質代謝を攪乱し、場合によっては崩壊させる。もちろんそのツケは社会の側にも跳ね返ってくることになる。

ここから浮かび上がるのは、社会と自然の非対称的な関係である。すなわち、物質的な土台としての自然は人間なしでも存在しうるが、その逆は不可能なのだ。社会は自然に依存する。これが唯物論の基本洞察である。

環境危機においては、そのような非対称性を無視して、一方的に自然を支配しようとする資本主義による第二階層の媒介の根本矛盾が顕わになるのだ。実際、今日の資本主義はもはや生産的ではなく、むしろ破壊的であり、人間の生存すらも脅かしている。こうして、「資本の限界」が顕在化する。

資本の限界は、いまやただ生産性と社会的富のさらなる増大に対する物質的障害として、したがって発展のブレーキとしてだけではなく、人類の生存そのものに対する直接的な挑戦として概念化されうる。そして別の意味では、資本の限界は社会的物質代謝の強力な制御者としての資本自身に敵対しうるのであるが〔…〕そうなるのは資本がもはやいかなる手段によっても、破壊的な自己再生産の条件を確保できず、それによって社会的物質代謝全体の崩壊を引き起こすときである。(Mészáros 2014: 599)

資本は自己膨張を止めることができないため、その破壊的な力は増大しつづける。それはもはやなんら「進歩」をもたらさない。「社会的物質代謝の再生産様式としての資本システムは歴史的発展の下降局面にあり、したがって資本主義的に進歩しているだけで他の意味ではまったく進歩しておらず、そのためこれまで以上に破壊的で、またそれゆえ最終的には自己破壊的な方法でしか自己を維持できない」(Mészáros 2012: 316)。資本主義の自己破壊的な社会的制御のメカニズムが最終的には全人類の生存さえも脅かす以上、資本主義における生産力の発展は社会主義につながる前進をもたらすこともない。この生産力批判によってメサーロシュは、伝統的マルクス主義者たちと一線を画すのである。

第三章で見るように、メサーロシュの議論は、ルカーチの物質代謝論と「同一性と非同一性の同一性」に関するヘーゲルの議論から着想を得たのだと思われる。ルカーチとメサーロシュは同僚で、共に社会が自然の普遍的物質代謝の一部であることを重視していた。自然はすべてを包含し、あらゆる種類の人間活動の物質的な土台として機能している。もちろん、人間なしには存在しない社会的制度や法則もある。とはいえ、商品や資本、財産制度が純粋に社会的なものであっても、物質的な土台から完全に自由であるわけではない。この社会的なものと自然的なものの(非対称的な)弁証法的関係が、社会と自然の物質代謝過程の複雑なダイナミクスを構成しているのであり、それは(すべてを物質的なものに還元する)自然主義や(すべてを社会的なものに還元する)社会構築主義が十全に把握できないものなのだ。

第三節——物質代謝の亀裂の3つの次元

メサーロシュによる物質代謝論は、その後ジョン・ベラミー・フォスター(Foster 2000)とポール・バーケット(Burkett 1999)によって受け継がれた。彼らはマルクス自身の「物質代謝」概念の用例を丁寧に検討し、「物質代謝の亀裂 metabolic rift」という概念を練り上げたのだ。その基本テーゼは比較的シンプルである。

つまり、人間と非人間的自然の物質代謝が社会的生活の基礎を構成しているが、資本主義が人間と生態系との相互作用を組織する仕方は、必然的にこの過程に大きな裂け目を作り、人間と人間以外の生物の両方を脅かす、というものである。この議論はとりわけ英米圏で大きな影響を与え、海洋生態系（ステファノ・ロンゴ）、気候変動（ナオミ・クライン、ブレット・クラーク、リチャード・ヨーク、デル・ウェストン）、窒素循環の攪乱（フィリップ・マンカス）、土壌侵食（ハナ・ホレマン）などの観点から、亀裂についてのさまざまな実証的分析が行われるようになっている。

とはいえ、マルクスが『資本論』で「物質代謝の亀裂」について詳しく展開しなかったのは悔やまれる。実際、マルクスが社会と自然の物質代謝における「修復不可能な亀裂」についての警告を発しているのは、たった一節においてだけなのだ（『資本論』第三巻、１０４１頁）。そのせいで、フォスターがマルクスの著作を注意深く分析し、他の研究者たちもこの「亀裂」概念を現代のさまざまな環境問題の分析に有効な形で適用しているにもかかわらず、批判者は「フォスターのテーゼが現代の思想に与える示唆は曖昧で、結論も時代遅れだ」（Loftus 2012: 31）と主張し続けているのである。

また、マルクスの資本主義批判を緑化することは、19世紀の思想家に私たちの現代的関心を押し付けているにすぎず、その結果、マルクスの理論的欠陥や限界の存在を無視していると訴える論者もいる（Tanuro 2003; Kovel 2007）。「物質代謝の亀裂」を擁護することで、こうした批判にここで答えておくのは、これからの本書の展開にとっても必要な準備作業だろう。以下で見るように、『資本論』だけを読むと、この「亀裂」概念が「たまに出てくるもの」にすぎないように見えるとしても、その根底にある物質代謝論は、『資本論』でも中核的な役割を果たしており、それを下支えする準備研究もマルクスは相当に行っているのだ（Saito 2017）

[14]。

マルクスによれば、歴史貫通的な「労働過程」は、「第一階層」の次元をなす。だが、「労働過程」は資本主義のもとで「価値増殖過程」として新たな形態規定を獲得し、生物物理的な人間と自然の物質代謝過程は資本の価値増殖のために徹底的に変容・再編成されていく。これが、「第二階層の媒介」である。その際、人間の労働の一側面、すなわち「抽象的労働」が、資本主義における「(剰余)価値」の唯一の源泉として独自の社会的機能を獲得するのであり、資本による物質代謝の再編成はこの抽象的労働を軸として進行することになる。ところが、価値が人間と自然の物質代謝を組織する主原理となるとき、価値はその物質代謝過程の複雑さを十全に反映することはできない。むしろ、資本の価値増殖が至上命題になればなるほど、自然の働きだけでなく、労働過程における具体的労働の諸側面も強制的に抽象化され、(剰余)価値の生産へと従属させられていく。資本の論理は、より多くの価値を抽出するために具体的労働や自然環境を外部性として利用する傾向を強めていくのである[15]。

だからこそ、マルクスは、剰余価値生産を目指した資本による一面的な素材的世界の変容・再編成が、人間と自然の双方に破壊的な結果をもたらすと主張したのだ。「一方の場合には土地を疲弊させたその同じ盲目的な掠奪欲が、他方の場合には国民の生命力の根源を侵してしまったのである」(『資本論』第一巻、310頁)。実際、マルクスは資本主義の「労働力 Arbeitskraft」と「自然力 Naturkräfte」という二つの根源的な生産要素の浪費を一貫して問題にしている。労働の疎外と自然の疎外は、相互に構成しあっていると言ってもいいだろう。言い換えれば、資本は労働力を搾取(ausbeuten)するだけでなく、自然を切り出し(ausbeuten)、破壊する(内田1966、16頁)。こうして、資本は世界全体を包摂していき、「空間(規模)」と「時間(速度)」も資本蓄積に最適化していく一方で、物質代謝の亀裂を生み出す。

マルクスによれば、資本による素材的世界の再編成がもたらす物質代謝の亀裂は三つの異なる次元で顕在化する。まず、もっとも根源的な第一の物質代謝の亀裂は、自然の物質代謝における循環的過程の攪乱である。マルクスがよく用いた例は、資本主義的農業経営が引き起こす土壌疲弊であった。マルクスは、ユストゥス・フォンリービッヒの『農芸化学』（1862年）における「掠奪農業」批判を『資本論』に取り入れたのだ（吉田1980）。

リービッヒの警告は次のようなものである。リンやカリウムといった土壌中の無機物は植物の生育に不可欠であるが、これらの無機物が大気や雨水の作用で風化して、植物に吸収可能な状態になるまでの過程にはかなりの時間がかかる。植物の生育のために利用可能な量は限られているのだ。そこでリービッヒは、農家が土壌の肥沃度を維持し、長期的な収益性を確保するためには、植物が吸収した無機物を元の土壌へと十分に戻すことが必要だと訴えた。それが「充足律 Gesetz des Ersatzes」である。この充足の必要性は物質代謝の「第一階層」に属するものであり、時代や地域を問わず、すべての社会が尊重しなければならないものである。

ところが、リービッヒによれば、資本主義的農業経営は、短期的な利益の最大化だけを目指し、土壌養分を補充せずに収穫を最大化させようとする「掠奪農業 Raubbau」になっている。さらに、市場での競争が農業を大規模化させることで十分な管理や手入れの行き届かない土地利用を増大させ、収穫物も片っ端から遠方の大都市へと売り払ってしまう。その結果、資本主義的農業経営は土壌養分の循環に深刻な攪乱を引き起こすのである。リービッヒはその危険性を強調するために、土壌疲弊による収穫不足がヨーロッパ文明を崩壊させると警告したほどであった（Liebig 1862: 125-126）。『農芸化学』に感銘を受けたマルクスは、『資本論』で「近代農業の消極的側面の展開」を行ったリービッヒの「不滅の功績」を讃え、次のように述べている。

資本主義的生産によって〔…〕都市人口がますます優勢になる〔…〕。〔その結果、〕人間が食料や衣料の形態で消費する土壌成分が土地に帰ることを妨げ、それゆえ土地の豊穣性の持続の永久的自然条件を、攪乱する。したがってまた同時に、それは都市労働者の肉体的健康をも農村労働者の精神生活をも破壊する。〔…〕一定期間の土地の豊度を高めるためのどんな進歩も、同時にこの豊度の不断の源泉を破壊することとの進歩である。〔…〕それゆえ、資本主義的生産は、ただ、同時にいっさいの富の源泉を、土地をも労働者をも破壊することによってのみ、社会的生産過程の技術と結合とを発展させるのである。（『資本論』第一巻、656－657頁）

ここでマルクスは、土壌疲弊の問題を物質代謝の亀裂として定式化している。「価値」という基準は人間と自然の間の物質代謝の持続可能性の条件を十分に考慮することができない。資本主義的生産が価値の際限なき蓄積を至上命題とする限りで、持続可能な生産を実現するという社会的課題は、克服困難な障壁に直面せざるを得ないのである。

物質代謝の亀裂は、根源的な次元においては、土壌養分のような自然における循環的なフローの攪乱という形態をとるが、さらに二つの次元によって補完され、強化される。物質代謝の亀裂の第二の次元は、空間的亀裂である。『資本論』はリービッヒを高く評価しているが、それはマルクスがすでに『ドイツ・イデオロギー』において「都市と農村のあいだの対立」（『全集』第三巻、46頁）として表現していた社会的分業の批判に対して、リービッヒの『農芸化学』が科学的な基礎づけを提供したからである。先にも触れたように、リービッヒは、農作物が遠方の大都市で販売されると水洗トイレを通じて土壌養分は失われ、堆肥として元の土壌に還らないことを問題視した。農村の自然的富は、大都市の経済力によって浪費されてしまうのだ。江戸の循環型経済に感銘を受けたリービッヒは、水洗トイレと下水の問題について、ロンドン市長に糞尿の再利用を求めて公開書簡を執筆したほどである（Liebig 1865）。

　このような都市と農村の敵対的な関係性が、「空間的亀裂」を生み出す。資本主義の発展は、労働者階級を大都市に集積させる。そして著しく増大する大都市における農業生産物への需要を補うために、農業の大規模化、収穫増大のための工業化、収穫物の長距離輸送といった変化を農村部に引き起こす。資本主義的生産に独自の社会的分業は、農村から都市への富や労働力の移転を加速させるのであり、それが掠奪農業を深刻化させるのだ。

　だが問題は、農村の困窮化・土壌疲弊だけではない。空間的亀裂は、廃棄物を都市に集積させ、そこでの生活条件も悪化させるからだ。

> われわれが生産の排泄物というのは、工業や農業で出る廃物のことであり、消費の排泄物というのは、一部は人間の自然的物質代謝から出てくる排泄物のことであり、一部は消費対象が消費されたあとに残っているその形態のことである。〔…〕人間の自然的排泄物〔…〕は農業にとって最も重要であ

る。その使用に関しては、資本主義経済では莫大な浪費が行なわれる。（『資本論』第三巻、１２７頁）〔16〕

19世紀のロンドンでは排泄物が悪臭を放ち、コレラが流行した。都市では労働者階級のあいだで貧困と疫病が蔓延し、農村では土壌疲弊が農民の窮状を引き起こす。これこそ、資本主義国家内部での対立的な空間編成が生み出す典型的な帰結なのだ。

しかも、空間的亀裂は一国レベルにとどまらない。事態は資本主義の発展の経過のなかで拡大し続け、地球規模での人間と自然の物質代謝に「修復不可能な亀裂」を作り出す。マルクスは、リービッヒに言及しながら、この矛盾を喝破する。

> こうして大土地所有は、社会的物質代謝と土地の自然諸法則に規定された自然的物質代謝の連関のなかに修復不可能な亀裂を生じさせる諸条件を生み出すのであり、その結果、地力が浪費され、この浪費は商業を通じて自国の国境を越えて遠くまで広められる（リービッヒ）。（MEGA II/4.2: 752-3; 強調筆者）

「長い16世紀」以降、金銀、食料、土地、綿花などを西欧は世界中で奪い続けてきた。この空間的亀裂は、資本主義のグローバル化とともに悪化するばかりなのである。

アンドレアス・マルムの『化石資本』（Malm 2016）は、資本による敵対的な空間編成の別の事例を与えてくれる。マルムは水車から石炭を燃料とする蒸気機関への歴史的移行を再構築しようとするが、そこでの中心的なテーマは次のような問題である。河川の水は豊富で無料である。つまり、水力は完全に持続可能で無償のエネルギーなのだ。これは自明のように思われるかもしれないが、しばしば用いられる、新技術の発展についての「マルサス主義」的な説明を考えると、重要な事実である。というのも、一般的な技術変化の説明によれば、経済規模の拡大によって資源不足が生じ、その価格が上昇することで、他のより安価な代替物質の発見や発明がもたらされる。だが、マルムはこのようなマルサス的な説明を「神話」として退ける。そのような枠組みでは、なぜ無償で豊富な水力の利用が急速に衰退し、高価で稀少だった石炭に依存する蒸気機関に取って代わられたかをうまく説明できないからである。

この化石燃料への移行を説明するためには、資本という「第二階層の媒介」を考慮する必要がある。マルムによれば、化石燃料の利用は新しい安価な代替エネルギー源として始まったのではなく、むしろ化石資本として始まったというのである。石炭は水と比べても、高価で、当初は水力と比較しての技術的な優位性も存在しなかった。けれども、水とは対照的に、石炭は独占的所有に適した運搬可能なエネルギー源としての自然的特性がある。そして、この特性こそ、資本主義的生産の発展にとって独自の社会的意義を持ったのだ。

というのも、河川は移動できないし、水力は上流と下流などで共同管理が必要になる。そのような地理的・物理的制限のせいで、充用できる労働者数は限定され、生産規模の拡大にも制約がかかる。だが、石炭のおかげで資本はこうした物理的制約を克服することができた。石炭によって資本は、より多くの労働者が仕事を必要としている大都市に新しい工場を建設することができる。そして、そのエネルギーを自分たちが他の資本家の意向とは関係なしに、独占利用できるのだ。このように、蒸気機関の発明をとおして、資本と労働のパワーバランスは前者に有利な形で根本的に変化していく。だからこそ、高価であっても、資本主義は石炭に舵を切るという積極的な選択を行ったのである。しかし、この変化は資本主義の中核部と周縁部の対立関係を強化していく。石炭は周縁部に危険な労働を生み、資源は一方的に都市へと持ち出されていった。そして、化石燃料の大量使用は都市の労働者を過剰にするとともに、深刻な大気汚染を引き起こしたのだ[17]。

物質代謝の亀裂の第三の次元は時間的亀裂である。土壌養分や化石燃料がゆっくりと形成されるのに対して、資本の循環はますます加速していく。こうして自然の時間と資本の時間のあいだに亀裂が生じてくる。資本は絶えず回転時間を短縮し、与えられた時間内での価値増殖を最大化しようとする――回転時間の短縮は、利潤率の低下に直面するなかで利潤量を増やす有効な手段である（Saito 2018）。この短縮にともない、安価で豊富な原料や補助材料の形態で流動資本に対する需要が増大していく（『資本論』第三巻、１３３－１３９頁）。しかも、資本は生産過程を絶えず変革し、前資本主義社会と比較して前例のない速度で生産力を増大させる。時として、生産力は新しい機械の導入によって瞬く間に2倍、3倍となることがあるが、自然はリン酸や化石燃料の形成過程を変えることはできないので、「原料の生産における生産性は、生産性一般（その増加に応じて原料の必要も増加する）ほど急速に増加しない傾向にあった」（Lebowitz 2005: 138）。自然の循環は資本の需要から独立に存在するため、この傾向が完全になくなることはない。資本は自然なしには生産できないにもかかわらず、資本の加速はしばしば自然を喰い潰してしまうのだ。

資本の速度に自然が追いつけないとき、二つの時間のあいだで重大な亀裂が生じる。その一例としてマルクスは、資本主義のもとでの過剰な森林伐採を取り上げている。

長い生産期間（それは相対的に小さな範囲の労働期間しか含んでいない）、したがってまた長い回転期間は、造林を不利な私経営部門にし、したがってまた不利な資本主義的経営部門にする。たとえ個々の資本家に代わって結合資本家が現われるとしても、資本主義的経営は本質的には私経営なのである。耕作および産業一般の発達は昔から森林の破壊に非常に活動的に現われてきたのであって、これに比べれば、耕作や産業が逆に森林の維持や生産のためにやってきたいっさいのことは、まったく消えてなくなるような大きさのものである。（『資本論』第二巻、２９９頁）

同じ問題は、化石燃料の形成時間の長さと、化石燃料に対する資本の需要増大の関係にも見出すことができるだろう。いわゆる、ピーク・オイルの問題である。だが、ピーク・オイルが議論の対象となるずっと以前、マルクスの時代にも、アメリカ経済との競争のなかでイギリスでの石炭枯渇の可能性が大きな社会問題となっており（Jevons 1865）、マルクスもこうした問題に注意を払うようになっていたのである〔18〕。

もちろん現実においては、物質代謝の亀裂の三つの次元は互いに関連し、相互に強化し合っている。また、その具体的姿は変化し続ける。遠距離通信、鉄道、飛行機などの技術的媒介をとおして、資本は空間的・時間的距離を消滅させることを目的とする「時間・空間の圧縮」（Harvey 1990）を引き起こす。だが、この圧縮によって、亀裂が修復することはない。むしろ、この圧縮は、資本の回転数の増加や移動距離の増大に合わせて、より多くの資源やエネルギーを要求するのであり、亀裂を深化させていく。このように、資本による「第二階層の媒介」は人間と自然の関係を根本的に変容させ、社会的物質代謝と自然的物質代謝のあいだの亀裂を修復不可能なものにするのだ。

けれどもマルクスは、このような亀裂の存在を指摘するだけで満足していたわけではない。むしろ、この亀裂がどのような形で具体的に現れ、さらにそれがどのように空間的・時間的に不均衡な形で（再）分配されていくかも、分析しようとしたのである。晩年のマルクスが自然科学を精力的に研究するようになったのは、資本主義のもとでの亀裂の形成と転嫁のダイナミクスを、より具体的な形で把握しようとしたからなのである。

第四節　物質代謝の転嫁の3つの次元

資本蓄積の過程で、社会的生産力の増大が自然からの掠奪をあまりにも強化してしまい、自然力の低下を招いてしまうことがあるとマルクスは指摘している。

> 農業での社会的生産力の増進は、自然力の減退をただ埋め合わせるだけか、または埋め合わせさえもせず——この埋め合わせは常にある期間だけしか作用できない——、したがって農業では技術的発展が起きても生産物は安くならないで、ただ生産物がさらにより高くなることが妨げられるだけだということもありうる。（『資本論』第三巻、984頁）

この矛盾を抑制するために、資本は安価な資源やエネルギー、食料の入手経路を拡張し、より安定的に確保しようとする[19]。マルクスが『経済学批判要綱』（以下、『要綱』）で論じたように、このことが資本を「自然および人間の諸属性の全般的な開発利用」と「全般的な有用性の一体系」の構築に駆り立てるのだ。

したがって、諸物の新たな有用的属性を発見するための全自然の探究、あらゆる異郷の風土・地方の生産物の普遍的交換、自然諸対象に新たな使用価値を付与するような、それらの新たな加工（人工的な）。〔…〕利用できる新たな対象を発見するための、また旧来の対象の新たな使用属性を発見するための、またそれらの、原料等としての新たな属性を発見するための、地球の全面的な探究。（『資本論草稿集』②、16頁）

もちろんここには、「資本の文明化作用」を見出すこともできる。実際、資本主義が、飛躍的な技術革新や利便性の上昇をもたらしてきた事実は否定することはできない。だが、同時に、この「全面的な探究」の過程が、資本自身の矛盾の普遍化の過程でもあったことは強調されなければならない。

資本は自然の限界を克服するために、絶えず新技術を発明し、輸送手段を発達させ、新たな使用価値を発見し、市場を拡大していく。こうして資本は自然の限界が顕在化するまでの時間を稼ぐだけでなく、その過程で、中核部の資本蓄積にとって都合のいい形で、周縁部を従属させていく。それは安価な自然へのアクセスを確立するだけでなく、中核部における亀裂の負の影響の発現を最小限に抑えつつ、どこか別の場所に住む他の社会集団に絶えず問題を「転嫁」していくのだ。要するに、「物質代謝の転嫁 metabolic shift」（Clark and York 2008）は、資本が引き起こす経済危機とエコロジー危機に対する資本の典型的な反応なのである。

亀裂の転嫁によって、資本は自身の絶対的限界を認識することを拒否し、さらなる資本蓄積を推し進めようとする。資本は転嫁によって、絶対的なものを相対化しようと絶えず試みるのだ。資本にとっては「どんな限界も、克服されるべき制限として現われる」（『資本論草稿集』②、15頁）のだから、それは当然のなりゆきである[20]。しかし、物質代謝の転嫁というやり方は、資本の飽くなき蓄積過程を止めることができない限り、亀裂の問題を解決することはできない。地球の全面的な探究や新技術の開発だけでは、亀裂を修復することはできないのだ。つまり、資本主義において、亀裂は「修復不可能」であり続ける。マルクスが「資本主義的生産の真の制限は、資本そのものである」と宣言したのは、このためなのだ（『資本論』第三巻、313頁、強調原文）。

ここで、亀裂の転嫁について詳しく見ておこう。物質代謝の亀裂の3つの次元に対応する形で、それを転嫁する方法も3つ存在する。

第1に、技術による転嫁である。リービッヒは掠奪農業によるヨーロッパ文明の崩壊を警告したが、その予測は当たらなかった。これは、1906年にフリッツ・ハーバーとカール・ボッシュがいわゆるハーバー・ボッシュ法を発明し、空気中の窒素を固定することによりアンモニア（NH_3）の工業的な大量生産が可能になったことが大きい。歴史的に見れば、無機物の不足による土壌の疲弊という問題は、化学肥料の大量生産によってほぼ解決されたのだ。しかし、ハーバー・ボッシュ法は、土壌養分循環の亀裂を回復させたというよりは、転嫁しただけであり、別の問題を発生させることになる。

アンモニアの生産には水素の源として大量の天然ガスが使われる。つまり、土壌の疲弊を回復させるアンモニアを生産するために別の限りある資源を浪費しているのだ。しかも、その製造方法は、エネルギー集約的で、大量の二酸化炭素を排出する（世界の全炭素排出量の1％とも言われる）。こうして工業的農業は水だけでなく大量の化石燃料も消費するため、気候変動の推進力となっている［21］。また、植物が吸収できないほどの化学肥料を過剰に使用すると雨水によって環境へと流出し、富栄養化や赤潮の原因となったり、窒素酸化物による水質汚染も起こる。化学肥料に過度に依存すると、土壌生態系が破壊され、土壌侵食、保水力・養分保持力の低下、病気や害虫に対する脆弱性が高まる（Magdoff and van Es 2010）。その結果、より多くの農薬やより頻繁な灌漑、より大量の肥料が必要となる。

その際、掠奪農業による土壌疲弊は一部の土地に限られるが、化学物質は水とともに環境へと漏れ出し、より広域で生態系の正常な働きを阻害する可能性がある。つまり、物質代謝の転嫁は新技術の助けを借りて、負の外部性を新たに創り出すのだ。負の外部性がもたらす社会的費用は、直接的な因果関係を証明することが困難なことが多く、企業の責任を曖昧にする。たとえその責任が立証され、社会的費用が内部化されたとしても、環境の条件は元の状態にまで決して回復しない場合も多い［22］。ヴァンダナ・シヴァが指摘するように農業の掠奪的性格はリービッヒの時代から変わっていないのだ。「現代の社会では、土壌が侵食され、劣化し、汚染され、コンクリートの下に埋まり、命を奪われており、世界中で社会が崩壊の瀬戸際に立っている」（Shiva 2015: 173）。

さらに資本は亀裂の最中に、新しいビジネスの機会を見出そうとする。土壌疲弊以外にも、連作障害や蝗害を前にして、化学肥料や農薬などの商品を農民により多く販売しようとする。つまり、自然は、資本にとって障害物や制限であるだけではなく、その劣化さえもが新たな利潤の源泉となる。資本は常に自然を「蓄積のための乗り物」（Kloppenburg 1988）として利用するのだ。

ジャック・クロッペンブルクの議論を受けて、ウィリアム・ボイドらは、資本への「形式的包摂」と「実質的包摂」をめぐる概念を自然にも拡張している。マルクスによれば、資本のもとへの労働の「形式的包摂」は、働き方を変えずに生産者を賃労働者として、資本の指揮・命令下に置く（「絶対的剰余価値」の生産）。それに対して、労働の「実質的包摂」は、協力、分業、機械化を通して資本蓄積に最適な形で生産過程全体を再編していく（「相対的剰余価値」の生産）。

同様に、自然の「形式的包摂」は、自然の循環と過程そのものに技術的介入をすることなく、たんに自然の過程をより広域に利用するだけである（例えば、耕作面積の拡大、機械装置の利用、保存法の開発）。これに対して、自然の「実質的包摂」は、自然を「より苛烈に、より速く、より良く働かせるよう（再）構成する」（Boyd, Prudham and Schurman 2001: 564）ために、技術の助けを借りて、自然の力そのものに介入していく。自然の「実質的包摂」によって自然の物質代謝循環は根源的に変化するのだ。その例として、成長ホルモン、合成肥料、農薬、新しいバイオテクノロジー、遺伝子組み換え作物（ＧＭＯ）などが挙げられるだろう。

自然の「実質的包摂」の結果、農業従事者は巨大アグリビジネス企業が提供する種子、肥料、農薬、トラクターなどの商品にますます依存するようになっていく。同時に、伝統的な知識や農法は解体され（企業が獲得した特許によって利用が禁止される場合もある）、自家採取や野焼きなどには見られた生産過程における自律性や独立性も奪われてしまう。さらに、大規模の商品化は、農業生産の領域における資本の集積を誘発し、小規模の家族経営を脅かす。というのも、作業や原料の工業化・ハイテク化によって、社会的平均水準での生産を継続するための最低限の資本量が大幅に上がっていくからである（『資本論』第三巻、３１４頁）。

結局、自然の普遍的物質代謝が自由にアソシエートした生産者によって質的に異なる形で媒介されない限り、物質代謝の亀裂が修復されることはない。資本主義のもとでは絶えず亀裂を転嫁し続けなければならず、それによって絶えず新たな問題が生じてくる。この矛盾は、第2の物質代謝の亀裂の転嫁である空間的転嫁によってより一層明らかとなる。空間的転嫁は、グローバル・ノースを有利にするように都市と地方の対立を地球規模に拡大していく。それは、環境負荷をどこか別の場所に住む別の社会集団に転嫁することで、外部性を生み出すのだ。

この点についても、マルクスは土壌疲弊との関連で論じている。ペルーの海岸には、グアノと呼ばれる海鳥の排泄物が長年蓄積されて「グアノ島」と呼ばれるまでになった小島がある。「グアノ」とはアンデス先住民の言語であるケチュア語で「肥料」を意味し、先住民は伝統的にこれを肥料として利用していた。グアノにはリン酸や窒素などのミネラルがかなり豊富に含まれているからだ。1802年、ペルーへの調査旅行で先住民のグアノの活用に出会ったのは、アレクサンダー・フォン・フンボルトだった。彼はグアノの効果を調べるために、かけらを持ち帰り、ヨーロッパの土壌で実験した。その結果、グアノは非常に効果的であることが判明し、ヨーロッパやアメリカで、最高の天然肥料として利用されるようになったのである(Cushman 2013)。

このような空間的転嫁によって、収穫増大と栄養循環の「充足律」は徐々に地理的制約から切り離されていく。ヨーロッパではグアノを大量に輸入することで、急速な都市化と労働人口の維持が可能になったのだ。だが、それ以上に重要なのは、生産の自然条件が労働者の日常生活から見えなくなっていき、その環境負荷が不可視化されていくことで、労働者階級は資本家や地主階級と近い自然の見方を共有するようになっていったという事実だ。すなわち、自然は人間が自由に搾取できる資源貯蔵庫であるという考え方が、西欧の社会一般に普及したのである。資本主義中核部の労働者階級のうちに、自分たちの豊かさを優先して、生産条件をどこかに移動してしまえばいいという新しい常識《コモンセンス》が形成されたことについて、マルクスは次のように書いている。

農業が自分自身の生産の諸条件を、もはや自分自身のなかに自然発生的なものとして見いださないということ、この諸条件が自立的な農業として農業のそとに存在するということ――また、この諸条件が農業のそとに存立することによって、この他種の産業が組み込まれている錯綜した関連の全体もまた、農業の生産諸条件の範囲内に引き入れられているということ〔…〕。このようにどの産業の基盤からも自然発生的な基盤を奪い、それらの生産諸条件をそれらの外へ、つまり一般的関連のなかへ移すこと――それゆえ、かつては不必要であったものを必要なものへと、歴史的に生みだされた必要事へと転化すること――、これは資本の傾向である。あらゆる産業の一般的基礎が、一般的交換そのもの、すなわち世界市場となり、それゆえまた、世界市場を構成する、諸活動、交易、諸欲求の全体となるのである。（『資本論草稿集』②、197-198頁）

資本主義的発展の過程で、以前は「奢侈品」――「自然的必要性」（『資本論草稿集』②、197頁）にとっては関係のないもの――とみなされていたものが、だんだんと「必要なもの」になってくる。しかも、この欲求の変化は労働者階級にも起こる。グローバル・ノースの労働者階級は物質的な生産条件を外部化することによってグローバル・サウスの人間や自然を搾取や収奪するようになり、そうすることで、かつての「奢侈品」が労働者階級にも新しい「必需品」として求められるようになっていったのである。その結果、資本主義の中核部における「帝国的生活様式」（Brand and Wissen 2021）がグローバル・ノース全体に広がっていく。物質代謝の亀裂を絶えず空間的に転嫁して資本主義の中心地から見えなくすることで、資本主義社会の秩序は、中核部の幅広い社会集団にとって魅力的で快適なものとして現れる。「帝国的生活様式」はその真のコストを遠くの別の社会集団と自然環境に押し付けることで、階級対立を緩和し、社会的合意形成を促進するのだ。

19世紀の帝国的生活様式のもとで、グアノはヨーロッパの土壌の豊度を維持し、労働者たちの腹を満たすために「必要なもの」となった。何百万トンものグアノが掘り起こされてヨーロッパに輸出され続けたが、その結果、グアノは急速に枯渇していくことになる。亀裂を周縁に転嫁することで、資本主義の暴力性は中央では見えなくなっていくが、物質代謝の亀裂は遠隔地貿易を通じて地球規模で深まっていき、養分循環はますます攪乱される。加えて、採取主義には先住民への残忍な抑圧と、過酷な環境で働く何千人もの中国人「クーリー」の搾取が伴っていた。最終的に、グアノ資源の枯渇は、残りのグアノ資源をめぐってグアノ戦争（1865－66年）と硝石戦争（1879－84年）を引き起こした。グローバル・ノース優位の解決策は「環境帝国主義 ecological imperialism」をもたらし、さまざまな抑圧や不正義、そして破壊を生み出す結果になったのである（Foster and Clark 2009）。

「環境帝国主義」にはいわゆる「生態学的不等価交換 ecologically unequal exchange」（Hornborg 2012）が付随し、エネルギーと資源が周縁部から中核部へと向かって一方向に流出していく。その結果中核部はより多くの富を蓄積し、より豊かになる一方で、周縁は低開発のままか、場合によってはさらに貧しくなっていく。資源枯渇、奴隷労働、環境破壊といった一連の亀裂の負の影響は、資源が絶えず採取され中核部に輸出されている周縁部に偏っている（Martinez-Alier 2002: 212）〔23〕。これこそ、世界全体を組織する方法としての空間的転嫁の作用であり、節を改めて見るように、資本主義発展の歴史的原動力なのである。

さて、物質代謝の転嫁における第三の次元は時間的転嫁である。自然の時間と資本の時間の乖離は、自然が「弾力性」（Akashi 2016）を持っているのでただちに破局的局面をもたらすわけではない。その限界は静的なものではなく、かなりの程度、可変的なものなのだ。

気候危機は時間的転嫁の代表例だろう。化石燃料の大量消費による二酸化炭素排出が気候変動を引き起こしているが、温室効果ガスの排出がただちに地球システムを崩壊させるわけではない。そこには、何十年もの時差があるのである。資本はこのタイムラグを利用して、掘削やパイプラインといった固定資本を減価償却し、より多くの利潤を確保しようとする。その際、資本は現在の株主の声だけを考慮し、将来世代の声に耳を傾けることはしない。利潤追求が生む社会的費用は将来世代へと転嫁され、彼らは自分たちには責任のない事態に苦しめられることになる。「大洪水よ、我が亡き後に来たれ！」（『資本論』第一巻、３５３頁）というスローガンこそが、今も変わらない資本主義の根本態度なのである。

また、時間的転嫁によってもたらされるタイムラグは、将来的に環境危機に対処するための画期的な新技術が発明されるのではないかという期待感を生み出す。事実、二酸化炭素排出量を減らそうとばかりして、経済に悪影響を与えるよりも、経済成長を優先して、技術発展を促進する方が、最終結果は人類にとってより好ましいものになるという考えは、主流派経済学ではしばしば見られるものだ（Nordhaus 1991）。しかし、ＣＣＳ（二酸化炭素回収貯留）のようなネガティブ・エミッション・テクノロジーやジオエンジニアリング、核融合が開発・導入されたとしても、それが社会に広く普及し、古い技術に取って代わるにはかなりの歳月がかかる。そうやって新技術に期待するばかりで、今すぐにでもできる抜本的な対策を実施しない現役世代の時間的転嫁のせいで、環境危機は悪化の一途をたどるだろう。最悪の場合には、正のフィードバック効果によって気温上昇が予想よりも早く進み、新技術に期待されていた効果が打ち消されてしまう可能性さえある。だからこそバリー・コモナーは、１９７０年代に農薬問題との関連で、「どのような場合であっても新技術は経済財の環境影響を悪化させた」（Commoner 1971: 153）と主張した。もちろん、同じことは気候変動についても言えるだろう。

このような危険性にもかかわらず、技術による解決策は現在のライフスタイルを変える必要がないため魅力的にみえてしまう[25]。この場合、新技術への淡い期待は現在の矛盾を時間的・空間的に転嫁することで、化石燃料のさらなる使用を正当化するイデオロギーとして機能する。それゆえ、メサーロシュも「そして最後に、「科学と技術が長期的にすべての問題を解決できる」と言うことは、魔法を信じるよりももっとたちが悪い」（Mészáros 2014: 29）と、技術楽観主義に警鐘を鳴らしたのだ。

ドイツの社会学者シュテファン・レーセニッヒが主張するように、地球規模の環境危機の時代には山火事や洪水であれ、難民や移民の波であれ、時間稼ぎがもはや不可能になるなかで、「大洪水よ、我が亡き後に来たれ！」という資本家のスローガンは「大洪水よ、我が隣人に来たれ！」（Lessenich 2018: 166）となっている。この絶えざる転嫁こそが豊かなグローバル・ノースに蔓延する「外部化社会」の本質なのである。

第五節　ローザ・ルクセンブルクの物質代謝論とその忘却

資本主義の歴史を見れば明らかなように、亀裂を転嫁する資本の弾力性は驚異的である。しかも、資本はグローバル・サウスの吸収源に矛盾を転嫁するのみならず、環境危機のさなかに「気候変動ショック・ドクトリン」(Klein 2019: 36) によって資本蓄積の好機を見出しさえする。結果、グローバル・サウスは二重の負の帰結に苦しめられる。環境帝国主義のもとで安い自然と労働力の掠奪に苦しめられた後、さらに環境危機の被害にまっさきに直面するのだ。

マルクス主義の伝統のなかで、中核部と周縁部の不平等を資本蓄積の本質的な条件として概念化するために「物質代謝」概念をさらに展開しようとしたのは、ローザ・ルクセンブルクであった。ルクセンブルクの『資本蓄積論』は、資本主義的発展が非資本主義社会に破壊的影響を与えていることを批判するのみならず、資本主義が根源的には非資本主義的環境のなかで生まれたと主張している。つまり、資本主義は本質的に不等価交換に依存しており、その際には中核部はただ安価なだけでなく、奴隷の労働力や天然資源を周縁部に無償で供給させている。そのような不等価交換なしに、西欧資本主義は離陸することができなかったというのである。

一見するとこれまでのマルクスの議論と共鳴するように思われるが、実は、ルクセンブルクは、『資本論』第二巻におけるマルクスの資本の再生産論を批判する形で独自のテーゼを定式化している。というのも、彼女の見解では、マルクスは非資本主義社会からの収奪への依存に十分な注意を払うことなく、イングランドの資本主義を自立的な存在であるかのように取扱っていたからである。

かくしてマルクスの拡大再生産表式は、蓄積が進行する限り、蓄積の諸条件には一致しないのである。蓄積は、この表式が定式化する社会的生産の二大部門（生産手段部門と消費手段部門）間の、固定した相互関係および依存性のなかに、自己を呪縛しない。蓄積とは、単に資本主義経済の二部門間の内的関係であるのではなく、なによりも資本と非資本主義的環境との間の関係であって、この非資本主義的環境においては、生産の二大部門のそれぞれは、部分的には、他の部門から独立して自力で蓄積過程をなし終えることができるが、その際には、両部門の運動は、またもや、至る所で交錯し、もつれ合うのである。（Luxemburg [1913] 2015: 303; 邦訳１４３頁）

それでも、ルクセンブルクは、この労働力と天然資源を周縁部から中核部へ移転する過程を説明する際に、物質代謝の概念を取り上げており、そこでは明らかに『資本論』における「社会的物質代謝」の議論を意識している。

もし資本主義が非資本主義的構成体を糧《かて》として生きているとするならば、その場合には資本主義は、より正確に言うならば、これらの構成体の破滅を糧として生きているということであり、そして、もし資本主義が蓄積のために非資本主義的環境を無条件に必要としているとすれば、その場合には資本主義は、この環境を、培養土として必要としているのであって、この培養土の犠牲と吸収によって蓄

> 積は行われるのである。歴史的に把握するならば、資本蓄積は、資本主義的生産様式と前資本主義的生産様式との間で行われる物質代謝の一過程である。前資本主義的生産様式なしには、資本の蓄積は進むことができないが、しかし蓄積は、この側面から理解するならば、前資本主義的生産様式をかじり取って吸収・同化することである。したがって、非資本主義的構成体が資本蓄積と並存できないのと同様に、資本蓄積は非資本主義的構成体なしには存在できないのである。非資本主義的構成体の絶えず進行する崩壊のなかにのみ、資本蓄積の存在条件は与えられているのである。(Luxemburg [1913] 2015: 302; 邦訳142頁、強調筆者)

ここでの物質代謝の使い方に示されているように、ルクセンブルクは、深刻な物質代謝の亀裂が世界規模で発生していることを理解していた。繰り返せば、このような暴力的な蓄積過程は、不等価交換による価値移転や労働力の搾取にとどまらない。それは、生態学的不等価交換をとおして土地、エネルギー、資源を収奪するプロセスでもあるからである。ここでは、奴隷、先住民、女性など、特定の人間集団によって行われる労働までもが、資本への「無償の贈り物」として収奪される。資本は、非資本主義的環境からの搾取と収奪に本質的に依存しているため、資本主義の発展はそれを強化しさえする。「実現された剰余価値を生産的に使用するためには、資本は、ますますもって全地球を我が物とし、これによって自分の生産手段を量的かつ質的に無制限に選択できるようにすることが、必要である」(Luxemburg [1913] 2015: 258; 邦訳49頁)。

ルクセンブルクは、グローバル・ノースの資本蓄積がグローバル・サウスとの不等価交換に依存しているという事実のうちに資本の根源的限界を見出した。資本主義は普遍的なシステムであろうと努めるが、本質的に非資本主義的システムに依存している限り、真なる普遍性を獲得することはできない。資本の普遍化の過程で生じる外部性の枯渇は、「外部化社会」にとって致命的となり、資本主義は自己矛盾によって崩壊せざるをえなくなるのだ。

資本主義は、伝播《でんぱ》する力を持った最初の経済形態であり、地球上に拡大して他の一切の経済形態を駆逐する傾向を持ち、他の経済形態が自分と並存することを許さない、そういう［経済］形態である。しかし、資本主義は同時に、自己の環境と培養土としての他の経済形態なしには、独りで存在することのできない最初の経済形態である。すなわちそれは、生産の世界形態になろうとする傾向を持つと同時に、生産の世界形態であることの内的無能力ゆえに砕け散る、最初の経済形態である。（Luxemburg [1913] 2015: 341; 邦訳219頁）

それでも、資本は拡大し続けることを宿命づけられている。だが、それは長期的には自らの矛盾を拡大するだけなのだ。

このように考えると、人新世という時代は、資本主義が普遍化し、その結果として、資本蓄積の前提としての外部性が枯渇するようになった状況を表していると言っていいだろう。BRICSの急速な発展にともない周縁部からの掠奪と外部化への競争はますます激化している。人新世の問題は、「安価な自然」が手に入らなくなりつつあるだけではない。外部化の余地が少なくなるにつれて、気候変動の影響が熱波、山火事、洪水といった形でグローバル・ノースにおいても甚大な損害をもたらすようになっているのだ。グローバル・サウスへの転嫁が困難となり、これまでは中核部で不可視化されてきた物質代謝の亀裂が私たちを襲い始めているのである。

こうした状況を受けて、晩年のイマニュエル・ウォーラーステインは「外部化の正常性は遠い記憶になっている」(Wallerstein 2013: 23) ことを認めていた。ウォーラーステインによれば、資本主義システムが末期的な危機にある今、世界システムは「分岐」点に近づいており、そこでは「環境悪化の問題が〔…〕この議論の中心的な位置を占める」(Wallerstein 1999: 10) とまで指摘していた[26]。「帝国的生活様式」が普遍化できないことは、人新世の時代にはもはや否定できない事実になっているが、それは資本主義にとって致命的である。人新世における資本主義の矛盾は、「ただ生存するという基本的至上命題」(Mészáros 2012: 34) とさえも激しく干渉するようになり、資本主義による社会的制御の正当性と有効性を再考するよう迫るのである。

繰りかえせば、ルクセンブルクは西欧資本主義だけに焦点を当てているマルクスを批判する形で、みずからの物質代謝論を定式化している。しかし、『資本論』第一巻第二四章「いわゆる本源的蓄積」の一節は、資本主義の周縁における破壊的過程が、資本主義の形成にとって不可欠な要素であることをはっきりと指摘している。

アメリカの金銀産地の発見、原住民の掃滅と奴隷化と鉱山への埋没、東インドの征服と略奪との開始、アフリカの商業的黒人狩猟場への転化、これらのできごとは資本主義的生産の時代の曙光を特徴づけている。このような牧歌的な過程が本源的蓄積の主要契機なのである。(『資本論』第一巻、980頁)

もちろんこれは短い言及に過ぎない。だからこそ、ルクセンブルクはこの一節を知りながらも、次のようにマルクスを批判したのだ。

しかし注意すべきは、このすべてが、ただいわゆる「原始的蓄積」の視覚の下でなされていることである。上に挙げた諸過程は、マルクスにあっては、資本の発生史、すなわち資本の誕生の時を例証するだけであり、それは封建社会の胎内から資本主義的生産様式が抜け出る際の陣痛を、表現している。(Luxemburg [1913] 2015: 345; 邦訳60頁)

つまりマルクスの誤りは、資本主義は一度成立してしまえば自足的になると考えたことである。しかし、このような批判は必ずしも正しくない。本書第六章で詳しく論じるように、『資本論』第一巻刊行後のマルクスはこの点を批判的に反省し、資本主義以前の社会と非西欧社会を精力的に研究した。その結果、マルクスは1870年代以降に、それまでの資本主義理解を修正し、コミュニズムへの道筋を以前とはまったく違う形で構想するようになったからである。

しかし、マルクスは、生前に新たに獲得した知見を十分に展開することができなかった。この意味で、ルクセンブルクが、マルクスの本源的蓄積論が西欧資本主義だけを対象とした自民族中心主義の議論であると批判したことは、当時としては間違っていない。さらに、ルクセンブルクの物質代謝概念は『資本論』にすでに内在する理論的可能性を発展させ、資本主義のもとでの不等価交換をめぐっての議論をより豊かにすることができるものであった(植村2016)。けれども、ルクセンブルクの批判は第二インターナショナル内部で激しい論争を引き起こし、その後のマルクスの物質代謝論の展開を阻害することになってしまったのである。

とはいえ、マルクス主義の歴史において物質代謝概念が周縁化されたのにはもっと深い理論的な理由もある。実は、この概念を――それとともにマルクスのエコロジカルな資本主義批判も――葬り去ってしまおうとする誘因は、第二インターナショナル以前から見出される。実は、その起源はエンゲルスにまで遡ることができるのだ[27]。というのもエンゲルスは、晩年のマルクスが自然科学や非西欧社会の問題にかなり真剣に取り組んでいることを知っていたはずであるが、この点をマルクスの死後に強調することはなかったからである。

なぜなのだろうか。実はここに潜んでいるのが、エンゲルスとマルクスの物質代謝論に存在する緊張関係である。そのため、マルクスとエンゲルスの知的関係をエコロジーの観点から再検討する作業は、なぜマルクスの物質代謝概念がこれほど長い間、周縁化されていたのかを理解するために欠かすことができない。この問題に取り組むのが、次章の課題である。

第二章 マルクスとエンゲルスと環境思想

前章で述べたように、マルクス主義者であることを自称する人々でさえ、マルクスのプロメテウス主義は環境思想とは相容れないと結論づけてきた。しかし、グローバル資本主義のもとで惑星規模の環境危機が深刻化するなかで、資本主義が生態系に及ぼす破壊的影響を批判的に検討する必要性はますます高まっている。

このような状況で「マルクスのエコロジー」を再発見したフォスターやバーケットのような環境社会主義者たちは、「物質代謝の亀裂」概念によって、資本主義的生産のもとでの環境破壊を批判的に分析している。21世紀において環境の分野は、『資本論』の理論的遺産をより豊かな形で継承するための主戦場になっているのだ。

それでも、一部のマルクス主義者たちは「マルクスのエコロジー」の可能性を認めずに、それは「終末論的」(Harvey 1996: 194) だと退けている。とりわけ、広義の「西欧マルクス主義」に分類される研究者たちは、資本主義へのオルタナティブとしての環境社会主義の構想に対してしばしば否定的な態度を示している。例えば、スラヴォイ・ジジェクはマルクスの有名な発言をもじって、「エコロジーは新しい大衆のアヘン」だと断言し（Žižek 2009: 158）、それにアラン・バディウも同調しているのである（Badiou 2008: 139）。「マルクスのエコロジー」が否定される原因のひとつは、「マルクスとエンゲルスの知的関係」（Carver 1983）、すなわち、この二人の思想家の同一性と差異をめぐる古典的問題にまで遡ることができる。その際、ルカーチに端を発する西欧マルクス主義が、自然科学をエンゲルスの専門領域とみなし、マルクスの思想を社会哲学として限定した事実はよく知られている。だが、その結果は、「物質代謝」概念の周縁化であった。例えば、テオドール・W・アドルノは、「生産性〔の概念〕に欠かすことのできない「自然」概念も、有名な「自然との物質代謝」という表現と同様に、未展開のままだ」（Adorno 1974: 268）というコメントを残している。

こうして西欧マルクス主義は、マルクスの自然科学研究を無視して、さらには彼の中心概念である「物質代謝」の役割を軽視したため、人新世の時代に、あるジレンマに直面するようになっている。つまり、マルクスの社会哲学ばかりを重視する自分たちのそれまでの解釈が一面的であったことを認めないかぎり、資本主義が引き起こす環境危機に対する批判を展開することができないのだ。だが、そのことを認めようとしない西欧マルクス主義者たちは、「マルクスのエコロジー」の可能性そのものを否定することで、自分たちの理論の一貫性を保とうとしているのである。

ジジェクやバディウとは対照的に、フォスターとバーケットは、マルクスとエンゲルスの知的関係についてより実りあるアプローチを採用している。彼らは、マルクスの自然科学への取り組みに注目するだけでなく、経済学批判と環境思想を巧みに接合することで、現在の環境問題を分析し、マルクスの理論の現代的意義を示しているのである。

ただし、フォスターとバーケットは西欧マルクス主義を批判するなかで、マルクスとエンゲルスの間の意見に重大な相違はいっさいないと主張している。

> マルクスとエンゲルスの間の本質的な相違について思うに、この問題はしばしば過大評価され、ときにはあまりにも深刻に扱われてきた。〔…〕私が研究を進めるなかでは、マルクスとエンゲルスによる自然的条件についてのそれぞれ唯物論的、階級関係的な議論において、重大な相違はひとつも見出すことができなかった。ここではそのことが決定的な問題である。（Burkett 1999: 9; 強調筆者）

これは本当だろうか？　フォスターやバーケットのこれまでの理論的貢献は否定のしようがないが、次のような疑問がまだ残っている。つまり、経済学の領域におけるマルクスとエンゲルスの理論的な差異が――必ずしもフォスターとバーケットはその存在を否定してはいない〔01〕――、エコロジーという分野においても、両者の見解に差異をもたらすのではないか、という疑問である。

そこで本章では、先行研究に対する「総合的」なアプローチを提示したい。西欧マルクス主義によって無視されてきた自然科学におけるマルクスの研究に焦点を当てることで、エコロジカルな資本主義批判という観点から、フォスターやバーケットが認めなかった、マルクスとエンゲルスの理論的差異を明らかにしていく。

そこで本章では、両者の協働関係と相互理解を前提にしながらも、先行研究では考慮されていないMEGAで刊行された新しい資料をもとに、両者の思想のずれを論じていく。というのも、フォスターとバーケットはマルクスのノートにしばしば言及するが、その内容を分析していないからだ。また、それらのノートが作成された年代に十分な注意を払っていない。だが、マルクスの理論的発展を解明するうえで、ノートの作成時期や内容を考察する作業は欠かせないはずである。

以下ではまず、マルクスとエンゲルスの知的分業に潜む背景事情を明らかにする（第一節）。そうすることで、マルクスとエンゲルスがともに自然科学に強い関心を抱いていたことが浮かび上がってくるが、しかし、その動機はまったく異なっていた。このことは、リービッヒの物質代謝論に依拠した1860年代のマルクス独自の理論的発展をエンゲルスが十分に理解することができなかったという結果につながっていく（第二節）。むしろ、エンゲルスの「自然弁証法」はリービッヒの物質代謝概念を批判することで、マルクスのエコロジーを不可視化してしまうことに加担したのである（第三節）。しかし、この抑圧された概念こそが、人新世において、彼の未完のプロジェクトである『資本論』を発展させるための理論的方向を示してくれるのである（第四節）。

第一節　知的分業？

前章で述べたように、かなり長い間、マルクスの環境思想は無視されてきたが、その理由のひとつとして、『資本論』が未完にとどまったという事情があることはすでに触れた。

けれども、マルクスの環境思想の忘却には、もう一つの原因がある。いわゆるソ連の「伝統的マルクス主義」が、マルクスの唯物論は、労働者階級に人類史と自然史を包含する真理へのアクセスを可能にする世界観を提供するものだと主張してきたのだ。このような壮大なイデオロギー装置の確立は、エンゲルスに端を発する。エンゲルスは、マルクス思想の体系的な特徴を強調したり、労働者階級の人々が理解できるよう単純化したりしたが、そこには政治的な関心があった。オイゲン・デューリングやフェルディナント・ラッサールといった当時の社会主義のライバルに対抗して、マルクス主義へと労働者階級を動員しようと努めたのだ（Heinrich 2012: 24-25）。しかしこのような試みは、必然的にマルクスの本来のプロジェクトを様々な形で歪めることになってしまった。

その結果、伝統的なマルクス主義者たちは、マルクスの『資本論』草稿に十分な注意を払わず、ましてや抜粋ノートにはなんら注意を払わなかった。その代わり、彼らは、エンゲルス版の『資本論』全三巻に依拠して、労働者階級の搾取を暴露し、恐慌と社会主義革命の必然性を証明しようとしたのである。また、伝統的マルクス主義は、唯物論的理論を自然的領域にも拡大するために、エンゲルスの『自然の弁証法』と『反デューリング論』を引き合いにだした。しかしながら、ここには明らかな問題がある。伝統的マルクス主義も、マルクスが自然弁証法に関する体系的な説明を一切行っていない事実を否定することはできない。自然に関するまとまった記述は、『資本論』のなかには存在しないからだ。そこで、マルクスとエンゲルスの二人の協働プロジェクトには、社会と自然の領域に関する知的分業があるという風に処理されたのである。

この解釈を正当化するためには、草稿を編集し、マルクスのテキストに注釈や序文を加え、さらに都合の悪いことは省略し、すべては慎重に構築されなければならなかった。実際、伝統的マルクス主義は、出版すべきものとそうでないものを注意深く選出した。なぜなら、多くの草稿や手紙、抜粋ノートが、マルクスの理論が未完の体系であることを明らかにしたり、自分たちの世界観と相容れない新たな側面を露見したりすることを恐れたからである〔02〕。事の大きさを理解するためには、1930年代に旧MEGAのプロジェクトがスターリンの命令によって、強制的に中断され、研究者たちが粛清された事実を思い起こせばいいだろう。

こうして、伝統的マルクス主義の世界観に相容れないものは封印された。例えば、『資本論』のためのマルクス経済学に関する草稿は、2012年にようやくMEGAにおいてすべて刊行されたのだ。しかし、一部の研究者（Heinrich 2013; Otani 2013）を除いて、今日でも『資本論』の経済学に関する草稿やノートに関心を示していない。例えば、『資本論』第三巻の主要草稿の英訳が2015年に刊行されたが（Marx 2015）、その序文でフレッド・モスリー（Mosely 2015: 41）は、この草稿とエンゲルス版『資本論』第三巻との間には、いくつかの点を除いて大きな違いはないと断じている。こうした草稿やノートの重要性を過小評価する現状の傾向に抗うためにも、本章では、MEGA版で刊行される草稿やノート、とりわけ自然科学に関するマルクスの抜粋ノートを手がかりに、マルクスとエンゲルスの差異を考えていきたい。

繰り返せば、エンゲルスは伝統的マルクス主義の創始者として、極めて重要な役割を果たしている。マルクスの死後、労働者階級の社会・政治運動のための世界観としてマルクス主義を打ち建てたのはエンゲルスなのである。彼は『資本論』の体系的な性格を強調することで、オットー・フォン・ビスマルクの反社会主義法の時代に、社会民主党内のヘゲモニーを獲得することを目指したのだった（Adamiak 1974）〔03〕。

そのために、エンゲルスはマルクスの死後、『資本論』を編集したのみならず、さまざまな本や冊子、論文などを再出版している。その際、エンゲルスはしばしば新しい序文や紹介文を付け加え、ときにはマルクスの書いた原文を加筆・修正することもあった。その影響力は計り知れない。事実、テレル・カーヴァー（Carver 1983: 119）が指摘しているように、マルクス主義に関してもっとも読まれたのは、マルクスの『資本論』ではなく、エンゲルスの『空想から科学へ』だったのだ。つまり、伝統的マルクス主義の教条を確立したのはエンゲルスだと言っても過言ではないのである（Lichtheim 1961: 235）。

実際、第二インターナショナルの指導者たちや、ロシア革命で最初に国家権力の掌握に成功した者たちは、エンゲルスの歴史、国家、革命に関する見解に大きな影響を受けていた。要するに、「伝統的マルクス主義者たち」が考えているような「マルクスについて誰もが正しいと考えていること」は、じつは「老エンゲルスの構成」に過ぎなかったのである（Carver 1983: 153）。そして、そのエンゲルスが、労働者階級のうちでのヘゲモニーを獲得するために、環境問題を周縁化したとしてもなんら不思議ではないだろう。こうして、19世紀後半以降の労働運動は、ますます生産力主義へと陥ることになっていったのである。

だからこそ、エンゲルスへの反発がある。「科学的社会主義」はマルクスとエンゲルスの協働プロジェクトであり、マルクスは「エンゲルスの発想を完全に共有していた」（Anguélov 1980: 132）というマルクス・レーニン主義の根強い主張にもかかわらず、カーヴァーとその見解の支持者は、伝統的マルクス主義の弁証法的唯物論の世界観を断固拒否した（Thomas 1976）。彼らは、二人の関係を「マルクス対エンゲルス」という形で表現し、マルクス主義者は「エンゲルス主義」によって惑わされてきたと訴える。さらには、スターリニズムの恐怖政治に対する責任は、究極的に、エンゲルスにあるとさえ批判するのである（Levine 1975: 241）。

マルクスとエンゲルスの違いを強調する最も顕著な例は、東西冷戦を背景として生まれた、西側の研究者たちによる「西欧マルクス主義」である。この名称は、もともとモーリス・メルロ＝ポンティ（Merleau-Ponty

1973: 59）によって用いられたものだが［04］、その理論的基礎は１９２０年代、とくに、ルカーチの『歴史と階級意識』にまで遡る［05］。「西欧マルクス主義」は広いカテゴリーで、論者の見解は時にかなりバラバラであるが、その一つの共通点が、伝統的マルクス主義の機械論的世界観に陥らないような、より高度な社会哲学の理論を提供しようとする「反スターリニズム」の精神であった（Jacoby 1983: 583）。

その際西欧マルクス主義は、経済的決定論と科学主義に基づく疑わしいソ連の世界観を招いた原因としてエンゲルスを標的にした。もしエンゲルスが言うように、自然における弁証法が独立して客観的に存在しているなら、自然科学研究を通じてまず弁証法的方法を定式化し、そののちに、弁証法を人間社会の分析に適用することができることになってしまう。しかしながら、このようなやり方は、機械論と実証主義によって特徴づけられた非弁証法的な社会理解を生み出してしまったと西欧マルクス主義は嘆く。そこで西欧マルクス主義は、エンゲルスをスケープゴートにして、マルクスの社会哲学を救おうとしたのである。

例えば、ルイ・アルチュセールは、哲学を抹消するエンゲルスの「実証主義的テーマ」（Althusser 2001: 35）を批判している。ジャン＝ポール・サルトルもまた、マルクスの弁証法を復活させようと、エンゲルスの唯物論を「不条理」として非難した。「唯物史観のような肥沃な作業仮説は、その根拠として形而上学的唯物論における不条理を必要とするものでは決してないと私は常々考えている」（Sartre 2004: 51）。ルチオ・コレッティは、マルクスとエンゲルスの知的分業を強調し、「ものの見方が二人で深く異なる」（Colleti 1973: 132）と結論付けている。

知的分業をめぐっての中心的な問題は、自然と弁証法との関係であった。アルフレート・シュミットは、「「独断的な形而上学」に陥ることなく、「全体性」、「矛盾」、「生産性」、「内在する否定」といった弁証法的規定がいかなる意味でも自然に帰するかどうか」(Schmidt 2014［1971］: 183-4, 51)に疑問を呈している。このようにして、西欧マルクス主義者たちは、エンゲルスの自然弁証法をマルクス主義から排除しようとしたのだ。ところが、それに合わせて、マルクスの社会哲学から自然と自然科学の領域をも完全に除外することにもなってしまった。そしてまさにこの分離こそが「西欧マルクス主義の重心全体が哲学を志向する基本的転換」(Anderson 1976: 49)をもたらしたのである。

このような取捨選択の決断は、マルクスの社会理論がソ連マルクス主義の粗雑な唯物論に陥るのを防ぐために、西欧マルクス主義者たちにとって必要なものだったのかもしれない。けれども、その限りで、この「(マルクスとエンゲルスの)分断テーゼ」は、「証拠というよりイデオロギーによって動機づけられている」(Blackledge 2020: 29)。しかも、西欧マルクス主義が支払った代償は大きい。環境思想の領域は、自然が中心的な役割を果たすため、環境問題を分析に組み込むことができなくなってしまったのだ。こうして、社会哲学偏重の西欧マルクス主義は、人新世における環境危機に応答することができなくなっているのである。

結局、伝統的マルクス主義も西欧マルクス主義も、20世紀のあいだずっと、マルクスの自然科学研究の重要性を軽視することになった。しかし、フォスターやバーケットのように、マルクスの自然科学への強い関心を認めながらも、実証主義的世界観に陥ることなく、マルクスとエンゲルスの同一性を主張する古典的マルクス主義者もいる[06]。その際彼らが重視するのは、マルクスが『反デューリング論』の執筆に参加し、エンゲルスの草稿も修正したうえで、「非常に重要」と評したこと(Welty 1983: 183;『全集』第三四巻、276頁)、マルクス自身も「科学的社会主義」という用語を使っていたこと(Stanley 2002: 43)、そして最も決定的なこととして、マルクスが『資本論』で「量から質への転化」を書いたとき、エンゲルスと自然弁証法を共有したこと（Foster 2020: 241）である。こうして古典的マルクス主義者たちの結論は、「エンゲルスをマルクスから根本的に区別することは、歴史的に疑わしく、不当」だというものになる（Gouldner 1980: 251）。より最近では、カーン・カンガルも、あらゆる共同プロジェクトにおいて当然存在する「差異」がただちに「切断」を意味するわけではないと主張し、マルクスとエンゲルスには「共通の世界観がある」（Kangal 2020: 15, 185）と結論付けている。

たしかに、マルクスはヘーゲルに倣って、いくつかの自然現象を客観的な自然弁証法の現れとみなしていた。この点については、マルクスとエンゲルスのあいだに意見の相違はなかったし、この事実までも否定する必要はどこにもない。しかし、だからといって、二人がある種の分業体制のもとで同一のプロジェクトを追求していたと、ただちに言うことはできない。両者は究極的には利害関心の異なる二人の別人格であり、たとえ多くの考えを共有していたとしても、重要な意見の相違もあったと考えるのが普通ではないだろうか。エンゲルスを「都合のよい鞭打ち相手として」（Foster 2017: 48）スケープゴートにするのは不当だとしても、マルクスとエンゲルスの理論的な相違をただちに消し去るべきではないのだ。

実際、長年にわたる協働はあるにせよ、マルクスの経済学理解をエンゲルスのそれと同一視できないように（大谷２０１６）、類似したテーマを同時に研究していたとしても、また同じ関心を共有していると両者が信じていたとしても、不一致の可能性は常に残されている。だからこそ、より丁寧な検討が必要であり、その際に、ＭＥＧＡは彼らの知的関係や分業をより厳密に考察するための新たな材料を提供してくれるのである。

果たして、分業は存在したのか？　皮肉なことに、このマルクスとの知的分業を強調したのはエンゲルス本人であり、それが西欧マルクス主義の主張に信憑性を与えてきた。マルクスの死後に出版された『反デューリング論』第二版「序文」（1885年）によれば、「マルクスは数学に精通した人であったが、さまざまな自然科学については、われわれは少しずつ、とぎれとぎれに、ばらばらに追究することしかできなかった」。しかし、その後、エンゲルスはこの盲点を反省し、「退職して、自宅をロンドンに移し、必要な時間を得られるようになり、私は数学と自然科学において、リービッヒの言うところの「羽がわり」を力が及ぶかぎり完全に行った」（『全集』第二〇巻、11頁）というのである。

事実、『反デューリング論』と『自然の弁証法』には、エンゲルスが当時の物理学、化学、生物学の発展について真剣に研究したことが記録されている。だからこそ、その後の世代のマルクス主義者たちは、二人の間に知的分業が存在すると考えた。マルクスが自然の弁証法のさらなる発展をエンゲルスに託したからこそ、マルクスが自然について多くを語らなかったかのような印象がもたらされたのである。こうしてエンゲルスの『自然の弁証法』と『反デューリング論』は、マルクスの弁証法的唯物論を自然の領域に適用する重要な資料となった。そして、エンゲルスの著作は、伝統的マルクス主義の世界観の形成に大きな影響を与えたのである。

ところが、エンゲルスは『反デューリング論』第二版「序文」のなかで、ある重大な情報を読者に隠している。当時、エンゲルスはマルクスの草稿やノートの整理作業に従事しており、晩年のマルクスが『資本論』の草稿を執筆する傍ら、自然科学を熱心に研究していたことを間違いなく知っていた。それどころか、マルクスとエンゲルスは、しばしば自然科学の諸問題について互いに議論していたのだ。彼らの親しい友人のなかには、カール・ショールレンマー、サミュエル・ムーア、ローラント・ダニエルスといった自然科学の専門家がいて、化学、生理学、生物学などについての知的な刺激を与えていた (Griese and Pawelzig 1995)。しかし、エンゲルスはこれらの事実にはまったく触れず、マルクスは自然科学の急速な発展を「とぎれとぎれに」、「ばらばらに」しか追究できなかったと述べたのである。

なるほど、1864年7月の段階では、マルクスはエンゲルスに触発されて、カーペンター『生理学』やシュプルツハイム『脳と神経系統の解剖』などを読み、「僕はいつも君の足跡についていく」(『全集』第三〇巻、330頁)とエンゲルスに伝え、自然科学をさらに勉強する必要性を率直に認めていた。しかし、1865年にリービッヒの『農芸化学』第七版を読んでから、マルクスは自然科学をかなり集中的に勉強するようになる (Foster 2000; Saito 2017)。1868年以降、彼の読書対象はさらに拡大し、化学、地質学、鉱物学、生理学、植物学など、自然科学の多岐にわたる分野に及ぶようになった。こうして、マルクスはエンゲルスに急速に追いついていく。その際、新しいテーマを研究する際にはノートを取る、という昔からの習慣に忠実に、マルクスは自然科学に関する多くの抜粋ノートを書き残している。すべてのノートのうち約3分の1が晩年の15年間で作成されており、しかもその半分は自然科学に関する書物の抜粋なのである。

その結果、1882年12月19日付の手紙のなかでエンゲルスは、化石燃料の使用によるエントロピーの増大という問題について、自分よりもマルクスの方が精通していることを認めている。

> 労働している人間は、単に現在の太陽熱の固定者であるだけでなく、それよりもずっとはなはだしい過去の太陽熱の浪費者である。エネルギーの貯槽物である石炭や鉱石や森林などの乱費において我々が何をやっているか、僕よりも君のほうがよく知っている。(『全集』第三五巻、110頁、最後の強調は強調筆

者）

ここでのエンゲルスの発言は、1865年以降、マルクスの環境への関心がどれほど高まったかを示唆している。当時のマルクスは、地質学や鉱物学を研究して、自然資源の掠奪問題に取り組んでいた（MEGA Ⅳ/31）。具体的には、ジェームズ・F・W・ジョンストンやジョセフ・ビート・ジュークスといった地質学者の著書を丹念に読み、また、経済や環境に関連する新聞や記事も多く読んでいる。また、マルクスは、石炭採掘の機械化に注目し、その労働者や環境への影響を慎重に検討する必要があるとした。1881年6月6日付の妻イェニー宛の手紙のなかで、マルクスはアメリカで新しく発明された「石炭切断機」に触れ、それが鉱夫にどのような影響を与えるか、また「ジョン・ブルの産業至上」（『全集』第三五巻、162頁）を脅かすかについて注目している。これらの事実を知っていたにもかかわらず、エンゲルスは『反デューリング論』の「序文」でこの点に触れないで、自らの自然弁証法は、マルクスが「基礎づけて発展させた」（『全集』第二〇巻、9頁）弁証法の応用であると主張するにとどまったのだ。

だが、これは奇妙なことである。というのも、自然科学に関するマルクスのノートの存在は、エンゲルスの「自然弁証法」が、両者の協働プロジェクトとしてマルクス自身によっても取り組まれていたものだという強力な証拠になったのではないだろうか。当時、マルクスのノートは出版されていなかったのだから、エンゲルスの試みに触発されて、マルクスも自然弁証法の研究に大きな関心を抱いていた、と発言しても良かったはずだ。ところが、エンゲルスはマルクスのノートの存在に言及しなかったために、ノートは20世紀のあいだ未刊のままにとどまり、さらには両者の知的分業説が広まることになったのである［07］。

こうしたエンゲルスの不自然な沈黙は、それを抑圧の徴候として解釈できるのではないだろうか。つまり、マルクスの自然科学への関心が自分とは異なる性格を持っていることをエンゲルスは暗に認めていたのではないか。その結果、エンゲルスは、（無意識のうちに）マルクスの自然科学への真剣な取り組みに言及することを避け、代わりに自分たちの知的分業を強調したというわけである。だが、もしそうだとすると、両者の根本的な違いとは、はたして何なのだろうか。

第二節　『資本論』の著者マルクスと編者エンゲルス

ＭＥＧＡで刊行されたマルクスのノートによって、マルクスとエンゲルスがともに自然科学を研究していたことが明らかになった以上、マルクスの弁証法的分析の理論的範囲を社会の領域に限定する西欧マルクス主義の解釈をそのままに受け入れることはもはやできない。マルクスの経済学批判は社会分析に限定されなければならない、という主張には信憑性がないのである。むしろ、マルクスの分析対象は、人間と自然の間における物質代謝のやりとりが、資本蓄積に合わせて、どのように変容し、再編成されるかを解明するものであり、自然の領域を明確に含んでいる。その意味で、マルクスとエンゲルスの問題関心を完全に分離することは適切ではないのだ。とはいえ、このことはただちにマルクスとエンゲルスが自然科学の研究において同一の関心を有していたことを必ずしも意味しない[08]。両者の関係性については、より慎重に検討する必要がある[09]。

残念なことに、マルクスは自然科学に真剣に取り組んでいたにもかかわらず、その成果を取り込んで『資本論』を完成させる前に他界してしまった。そして、エンゲルスは、『資本論』第二巻と第三巻の編集を引き受けなければならなくなった。マルクスが残したのは未完成の断片的な草稿の数々であり、それらはそのままの形で出版することができるような完成度ではなかった。第二巻は、1864年から1881年の間に書かれた8つの草稿から構成されているが、これら草稿は理論的な完成度が一様ではない。また、『資本論』第三巻の草稿は大部分が1864－65年（つまり、1867年に第一巻が出版される前）に書かれたきりであり、剰余価値と利潤の割合に関する断片的な計算を除いて、マルクスはその後の展開を草稿に組み込むことができなかったのである（MEGA II/4.3, II/14; Heinrich 2016）。

もちろん、エンゲルスは最善を尽くしたが、マルクスの意図や目的を完璧に理解し、それを『資本論』の編集に反映させることはできなかった。結果として、『資本論』の「著者」であるマルクスと「編集者」であるエンゲルスの間には、理解のずれが生じることになったのである（Roth 2002）。大谷禎之介（2016）によれば、草稿に書かれたマルクスの真意をエンゲルスが誤解してしまった一番の原因は、老エンゲルスがオスカル・アイゼンガルテンという名の若者にその草稿を口述筆記させたことにある。エンゲルスはこの筆記原稿をもとに編集作業を行ったが（MEGA II/12）、そのせいでもとの草稿に含まれていたさまざまな情報を見落としてしまったのである。例えば、マルクスは草稿をふたつに折っており、一方を第三巻の本文に、もう一方を主に脚注として使用する目的で、関連資料などの情報を書き込んでいた。ただし、草稿を研究ノートのように使用する際には、折り目なく全体を抜粋にあてている。しかし口述筆記の過程でその区別がなくなってしまい、エンゲルスは後者も誤って本文の一部として扱うことになったのである。その結果、エンゲルス版では、草稿に書かれたマルクスの議論の理路が部分的に見えなくなってしまった。エンゲルスが編集作業中にもとの草稿を直接確認していれば、このようなことは起きなかっただろう。

エンゲルスがマルクスの意図を誤解した第二の理由は、第三巻第五章［10］についてエンゲルスが入手できた情報が、マルクスとの私的な手紙における散発的な発言に限られていたため、必然的に第五章の分析対象やその特徴について強い偏見を持たざるを得なかったからである。草稿を直接読めば、第五章全体が扱うテーマが「利子生み資本」であることは明らかだが、エンゲルスはこの章の対象が「銀行」と「信用」に違いないと考えた。その結果、彼は第五章の内容を自分の理解と一致させるために、マルクスのテキストに変更を加えることになる。その結果、エンゲルスの思い込みにより、マルクスの草稿にあった第五章の真の姿は、エンゲルス版の第五篇では見えなくなってしまったのである。

このような経済学に関する理解の相違を考慮すると、環境思想に関しても同様に、二人の間に見解の違いがあったとしてもおかしくない。もちろん、エンゲルスは、マルクスの資本主義批判において、リービッヒの掠奪農業批判が果たす重要性をはっきりと認識し、同調していた。例えば、『住宅問題』において、エンゲルスはリービッヒに言及しながら、資本主義のもとでの「都市と農村の対立」を指摘している。そのうえで、「工業生産と農業生産の緊密な結びつき」を再建する必要性を訴えたのだ（『全集』第一八巻、278頁）。これは基本的に、マルクスとエンゲルスが『共産党宣言』で「農業経営と工場経営の結合」（『全集』第四巻、495頁）として要求したものの繰り返しであり、両者の共通認識であったことは疑う余地がない。

また、エンゲルスは『資本論』第三巻の編集に際して、マルクスの掠奪農業に関する文章を具体例で補足している。例えば、大都市でのトイレ使用による土壌養分の喪失を批判するマルクスの意図をより明確にするために、エンゲルスは次の一節を付け加えている。「例えばロンドンでは、四五〇万人の糞尿があるのに、資本主義的経済は巨額の費用をかけてテムズ河を汚染するのに使うよりマシなことはできない」（『資本論』第三巻、195頁）。ここでは、リービッヒの「充足律」に基づいたマルクスとエンゲルスの知的協働作業が見て取れる。

ところが、物質代謝概念の扱いとなると、事態はやや違った様相を見せる。もちろん、エンゲルスは、マルクスが土地疲弊の問題を「物質代謝」とその「亀裂」というリービッヒ由来の概念を用いて論じていることに、注意を払っていた。だが、そのことがわかるのは、エンゲルスが『資本論』第三巻の物質代謝概念に関連する箇所を敢えて変更しているという理由からなのである。

まず、マルクスは『資本論』第三部主要草稿のなかで、次のように書いている。

> こうして大土地所有は、社会的物質代謝と自然的な、土地の自然諸法則に規定された物質代謝の連関のなかに修復不可能な亀裂を生じさせる諸条件を生み出すのであり、その結果、地力が浪費され、この浪費は商業を通じて自国の国境を越えて遠くまで広められる（リービッヒ）。（MEGA II/4.2: 752-3; 強調筆者）。

ここでマルクスはリービッヒに言及しながら、「社会的物質代謝」（利潤のための資本主義的な生産・流通・消費活動）と自然法則が規定する「自然的物質代謝」の連関に、世界規模で深刻な裂け目が生じる危険性を指摘している。

前章で見たように、これは、人間とは独立して存在する普遍的な自然の物質代謝に関する「第二階層の媒介」の問題である。規模を拡大し続け、自らの果てしない価値増殖を目指す資本による物質代謝の再編成は、資本とは独立に存在する自然法則とは相容れない。しかも、この問題は、国際貿易によって、リービッヒの「充足律」を守ることがさらに困難になって、ますます悪化していく。この一節でマルクスは、資本主義の経済的形態規定と素材的世界における自然制約との間の緊張関係をはっきりと定式化していることがわかるだろう。

それに対して、エンゲルスは、『資本論』第三巻を編集する際に、前半の文章を次のように修正している。「こうして、社会的な、生命の自然諸法則に規定された物質代謝の連関のなかに修復不可能な亀裂を生じさせる諸条件を生み出す」(『資本論』第三巻、949頁)。変更後の文章では、「自然的物質代謝」という言葉が削除され、「土地」が「生命」に変更されているのだ(二つめの修正はBodenとLebenが似ており、判読を間違えたと思われる)。ここで残念なのは、「自然的物質代謝」という表現の削除によって、物質代謝の第一階層と第二階層の媒介を区別するマルクスの方法論を反映した、「社会的物質代謝」と「自然的物質代謝」の対比が不明瞭になっていることだ[11]。

その限りで、「経済学の手法に関するエンゲルスとマルクスの概念は一致している」(Welty 1983: 294)という主張には疑問が生じる。むしろこの一節は、両者の間に重大な方法論的差異があることを暗示しているのではないか。たしかに、マルクスの草稿には、不明瞭さ、紛らわしさ、あるいは誤りが存在し、エンゲルスが修正しなければならなかった箇所は多々ある。だがこの箇所は、草稿でもマルクスの意図が十分に明確であるばかりでなく、彼の「物質代謝の亀裂」論にとって非常に重要な箇所であり、先行研究においてもしばしば引用されてきた。そのような重要な一節における編集者エンゲルスによる変更は、はたして何を意味するのだろうか。

この問題を考えるために、まずはエンゲルスの「自然弁証法」を簡潔ながら概観しておきたい。エンゲルスによれば、『反デューリング論』が目指すのは、自然と歴史の法則を把握すること、とりわけ「この（ヘーゲル的な）神秘化された形態の殻からとりだし、まったく単純で普遍妥当なものとしてはっきり意識させること」である。エンゲルスは自らの自然弁証法を、「弁証法的法則を構成して、自然にもちこむ」というヘーゲルの誤謬を避けた唯物論的なものであるとした。彼にとって、弁証法的法則は「それを構成して、自然のなかにもちこむことは問題になり得ず、自然のうちに見つけだし、自然から展開する」（『全集』二〇巻、11－12頁）ものだという。

ここから窺えるエンゲルスの自然科学研究の狙いは、人間の存在や活動から「客観的かつ独立」（McLellan 1977: 73）した自然のうちに存在する諸法則をそのままの形で把握することである。それは、自然における運動、変質、進化そのものを弁証法的に展開するという意味で、自然についての「存在論的な」（Jordan 1967: 167）考察だと言ってもいいだろう。そのうえで、一見偶然的な諸事象の集合として現れる自然界における歴史的な生成過程を、可能な限り「普遍的」で「単純」な諸法則によって説明しようとしたのである。

とはいえ、この存在論的転回は、マルクスの「経済学批判」をエンゲルスの「科学主義」から区別したいと考えるマルクス主義者たちの間で不評である。カーヴァー（Carver 1983: 107）の見解によれば、エンゲルスのプロジェクトは、マルクスとは異なり、近代自然科学に見られる「物質」と「意識」の存在論的二項対立を反映している。同様に、シュロモ・アヴィネリは「18世紀の機械論的伝統に基づいたエンゲルスの唯物論は、マルクス思想の本流とは著しく異なっていた」（Avineri 1970: 4）と論じている。

もちろん、エンゲルスは客観的な自然諸法則と人間の意識を単純に切り離していたわけではない。猿から人間への進化における労働の役割に関する有名な議論は、機械論的な説明には還元できない。ダーウィンの進化論や熱力学への関心は、明らかに機械論的世界観を否定するものなのだ。つまり、エンゲルスの弁証法は、質的に新しい創発的特性の連続的統合によって特徴づけられる、自然の動態的な普遍性の研究なのである（Foster 2020）。

また、自然諸法則は客観的に存在するが、その認識は人間にとっての実践的目的と結びついている。つまり、エンゲルスの自然弁証法は、外的自然の「支配」と「制御」による「自由」の実現という実践的要請と結びついているのだ。その限りで科学的社会主義の実現は、「自然の意識的な、本当の主人」になることを意味するのである。

> これまで歴史を支配してきた客観的な、外的な諸力は、人間自身の統制に服する。このときからはじめて、人間は、十分に意識して自分の歴史を自分で作るようになる。このときからはじめて、人間が作用させる社会的諸原因は、だいたいにおいて人間が望んだとおりの結果をもたらすようになり、また時とともにますますそうなっていく。これは、必然の国から自由の国への人類の飛躍である。（『全集』第二〇巻、292頁）

また、彼は『自然の弁証法』の中で次のように書いている。

そして自然にたいするわれわれの支配はすべて、他のあらゆる被造物にもましてわれわれが自然の法則を認識し、それらの法則を正しく適用しうるという点にあるのだ、ということである。

そして実際にわれわれは日ごとに自然の法則をいっそう正しく理解しつつある〔…〕。われわれはしだいに、すくなくともわれわれの最も日常的な生産行動については、そこから当然生じてくるはずの遠い将来の自然的結果をも知ってこれを支配することを習得しうる立場になってきている。(『全集』第二〇巻、492頁)

ここではっきりと述べられているように、エンゲルスによれば、人間の意識と行為に対立する物象化された資本の支配を廃棄するだけでなく、自然において作用する諸力の法則性を認識し、自然を意識的な制御のもとに置くことが、「自由の国」への跳躍となるのである。

もちろん、エンゲルスは自然法則を認識することで、人間が自由自在に自然を操作できるようになると考えていたわけではない。生産力を最大化することによって自然を絶対的に支配できることを無邪気に主張していたわけではないのだ。そのことを示すのが、『自然の弁証法』のなかで、自然の「復讐」について警鐘を鳴らした箇所である。


しかしわれわれは、われわれ人間が自然にたいしてかちえた勝利にあまり得意になりすぎることはやめよう。そうした勝利のたびごとに、自然はわれわれに復讐する。なるほど、どの勝利もはじめはわれわれの予期したとおりの結果をもたらしはする。しかし二次的、三次的には、それはまったく違った、予想もしなかった作用を生じ、それらは往々にして最初の結果そのものをも帳消しにしてしまうことさえある。〔…〕こうしてわれわれは、一歩すすむたびに次のことを思いしらされるのである。すなわち、われわれが自然を支配するのは、ある征服者がよそのある民族を支配するとか、なにか自然の外にあって自然を支配するといったぐあいに支配するのではなく――そうではなくてわれわれは肉と血と脳髄ごとことごとく自然のものであり、自然のただなかにあるのだということ、そして自然にたいするわれわれの支配はすべて、他のあらゆる被造物にもましてわれわれが自然の法則を認識し、それらの法則を正しく適用しうるという点にあるのだ、ということである。（『全集』第二〇巻、491-492頁）

この発言は、抽象的な『自然の弁証法』に隠されたエンゲルスの環境問題への関心を証明するものとして、しばしば引用されている（Salleh, Goodman and Hamed 2015: 102）。もちろん、エンゲルスは、自然の限界を認めずに、短期的な利潤の最大化を目指す資本主義的生産をとくに厳しく批判していた。「個々の資本家たちが目先の利潤のために生産と交換に従事している以上、最も目先の、最も直接的な結果だけが最初に考慮されざるをえない」（『全集』第二〇巻、499頁）。自然法則を無視し続ければ、自然の支配を目指す近代のプロジェクトも必然的に失敗し、大惨事となる。人間は自然の力に翻弄され、「自然の復讐」を前に、文明は崩壊するというのだ。

　このようなエンゲルスの発言をもとに、フォスターはこう結論づける。「エンゲルスにとっても、マルクスにとっても、社会主義の鍵は、将来世代が必要とするものを守りながら、人間の可能性を最大限に促進するような方法で、人間と自然の物質代謝を合理的に制御することだ」（Foster 2017: 50; 強調筆者）。だが、本当にそうなのだろうか。

エンゲルスがエコロジカルな視点を持っていたのは間違いない。フォスターはこの点で正しい。しかし、マルクスが「アソシエートした生産者たち」に対して「人間と自然の物質代謝を合理的に制御する」（『資本論』第三巻、1057頁）ことを明確に要求したのに対し、エンゲルスは「都市と農村の対立」の克服を求めながらも、その際に「物質代謝」という言葉を使わなかった点にもっと着目すべきである。エンゲルスのエコロジーの特徴は、「自然の復讐」を軸に、資本主義下の近視眼的な利潤の最大化を批判したことだからである。

この点に注目すると、『資本論』の「物質代謝の亀裂」についての重要な文章も、この「自然の復讐」という構図に沿ってエンゲルスは修正しているのがわかるだろう。エンゲルス版『資本論』は、自然法則の侵害が文明に致命的な帰結をもたらすことを強調しているが、社会的物質代謝を支配する価値法則が自然的物質代謝をどのように改変し、修復不可能な亀裂をもたらすかを検討する、というマルクス独自の方法論が、むしろ不明瞭になってしまっているのである。要するに、経済的形態規定――「第二階層の媒介」――と自然の普遍的物質代謝の絡み合いについてのマルクスの表現が、読者にとって理解しがたいものであるとエンゲルスは判断し、自らの「自然の復讐」という構図に近づけた、より「わかりやすい」表現に文章を変更したのである。そして、その目論みは成功し、フォスターやバーケットはエンゲルス版からこの文章をしばしば引用してきたのだ[12]。

エンゲルスによる変更は、極めて些細なものだと思われるかもしれない。しかし、この変更に注目することで浮かび上がってくるのは、彼がマルクスと異なり、リービッヒの物質代謝概念を評価していなかったという重大な事実である。実際、エンゲルスは『自然の弁証法』において、リービッヒを生物学の「素人」であると批判する文脈で、リービッヒの物質代謝概念に言及しているのだ（『全集』第二〇巻、６０１頁）。このことは、エンゲルスが、リービッヒの見解を全面的に支持していたわけではないことを明確に示している。

エンゲルスがリービッヒの物質代謝概念を否定したのは、生命の起源に関する二人の意見が対立していたためである。リービッヒは、無機物から有機的生命が歴史的に発生してきた可能性を否定し、地球上の生命の起源として、「永久生命」が宇宙空間から地球に「輸入されてきた」という（現在から見れば確実に誤った）仮説を採用していた（Liebig 1859: 291）。ここには、生命のうちに、人間が人工的に再現することのできない不可解な力を信じた19世紀の「生気論」の影響を見出すことができるだろう（Wendling 2009: 81）。この生気論の伝統を唯物論の立場から批判したエンゲルスは、生命とは歴史的に無機物的な非生命体から発生・進化した物質代謝の過程であると主張したのだ。この事実を裏付けているのが、「蛋白体」である。「生命とは蛋白体の存在様式であって、その本質的に契機はその周囲の外的自然との不断の物質代謝である」（『全集』第二〇巻、６０３頁、強調原文）。エンゲルスは、生命の起源が蛋白体の同化と排出の化学的な過程にあると考え、実験室で生命活動を示す蛋白体を人工的に作り出せる可能性を指摘したのである［13］。

元来、生命に固有の栄養摂取・消化・排泄の過程を物質代謝として把握し、生命活動を化学的過程として説明しようとした１８４０年代のリービッヒであった。ところが、リービッヒの見解には、生命に固有の力を認める生気論の残滓が存在していたのである。それゆえ、エンゲルスは部分的にはリービッヒの見解を引き継ぎながらも、化学と生物学を分離してしまう生気論を徹底して退ける。エンゲルスによれば、無生物においても化学反応としての外界との物質代謝が行われており、そこからさらに「蛋白体」が歴史的な過程を経て形成されるようになると、生命としての物質代謝の過程が誕生するのである。こうして、エンゲルスの物質代謝概念は、「自然の弁証法」において、化学と生物学という二分野の境界線を架橋する重大な役割を担うことになる。

ここで重要なのは、蛋白体という「歴史性を持つ物質」の生成という視点がエンゲルスの物質代謝概念に独自性を付与する一方で（吉田1979、204頁）、リービッヒの物質代謝概念は批判され、その結果、エンゲルスにおいては、マルクスやリービッヒのように物質代謝論が環境問題に適用されることはなかったという経緯である。だが、その代償は大きい。というのも、そのせいでエンゲルスは、物質代謝概念の方法論的役割を見失ってしまっているからだ。つまり、人間と自然の関わり合いを歴史貫通的な側面と社会特殊的な側面の両方から分析し、資本主義における「第二階層の媒介」が引き起こす矛盾を明らかにする視点が失われるのである。むしろ、エンゲルスの物質代謝が扱う理論的範囲は、自然弁証法として展開される人間と社会の関わり合いとは関係なしに生じる生命の起源と進化の過程に限定されるのだ。

エンゲルスの『反デューリング論』によれば、「否定の否定」を特徴とする弁証法の原動力は、「動植物界でも、地質学でも、数学でも、歴史でも、哲学でも有効な法則」（『全集』第二〇巻、146頁）であることを思い出そう。エンゲルスが物質代謝概念に求めている主な役割とは、資本主義のエコロジカルな分析ではなく、この客観的法則が無機物と有機物の両者を包含する自然全体を貫徹していることの証明なのである[14]。だがそのせいで、マルクスのように社会的物質代謝と自然的物質代謝の連関を分析する物質代謝論を欠くことになり、エンゲルスのエコロジーには、「自然の復讐」以上の理論的な枠組みを見出すことはできなくなるのである。

こうしてエンゲルスは、リービッヒの見解を部分的に取り上げたものの、「物質代謝の亀裂」という概念を採用せず、『ドイツ・イデオロギー』で提唱されていた「都市と農村の対立」という1840年代の構図で満足し続けた[15]。事実、『反デューリング論』でも次のように述べられている。「都市と農村を融合させることによってのみ、今日の空気や水や土壌の汚染を除去できるし、そうすることによってのみ、今日都市で痩せ衰えている大衆の状態を変え、彼らの糞尿が、病気を生みだすかわりに植物を生みだすために、使われるようにすることができる」(『全集』第二〇巻、304頁)。

一面ではこれほどまでにリービッヒの『農芸化学』の見解を取り入れながらも、エンゲルスはマルクスがリービッヒの掠奪農業批判を通じて展開した「人間と大地の物質代謝の攪乱」という概念を採用しようとしなかった。だがその代償として、1860年代のマルクスの理論的跳躍が「社会的物質代謝」と「自然的物質代謝」の「連関」の分析にこそ記録されているということにエンゲルスは気がつけなかったのだ。つまり、人間と自然のあいだで行われる「物質代謝」が、資本による労働の形式的・実質的包摂を媒介として、どのように変容、再編成されるかという1860年代以降のマルクスの経済学批判の根本的な問題意識をエンゲルスは捉えきれなかったのである。まさに、経済学に関するマルクスとエンゲルスの理論的違いが、エコロジーの領域にも大きな影響を与えているのだ。

たしかに、マルクスも『資本論』で、「都市と農村の対立」について、次のように書いている。「すでに発展を遂げ、商品交換によって媒介されたあらゆる分業の根底にあるのは、都市と農村の分断である。社会におけるすべての経済史が、この対立の運動に要約されると言ってもよいだろう」(『資本論』第一巻、462頁)。

この「都市と農村の対立」という概念も、「中核」と「周縁」の対立や生態学的不等価交換といった現代の環境帝国主義を分析するために応用できる生産的なものである（Clark and Foster 2009）〔16〕。だが、マルクスが自らの経済学の手法に則って「人間と大地の物質代謝の攪乱」という問題を分析するようになったことの理論的意義を過小評価すべきではない。というのも、節を改めて見るように、こうした把握の違いは両者の社会主義像にも反映されることになるからだ。

第三節　「支配」と「復讐」の弁証法

マルクスやエンゲルスは、労働による意識的かつ目的論的な自然法則の制御を人間に特有な活動としてみなしており、それを人間による自然の「支配」として表現している。「自由とは、自然的必然性の認識に基づいて、われわれ自身ならびに外的自然を支配することである」（『全集』第二〇巻、118–119頁）。『資本論』で、マルクスも次のように述べている。人間は「自然のうちに眠っている潜在諸力を発展させ、その諸力の働きを自分自身の統御に服させる」（『資本論』第一巻、234頁）。このような発言は、生産力の絶えざる発展によって自然の支配を目指す「ベーコン的プロメテウス主義」（Thomas 2008: 42）の現れとして批判されてきたのである。

そうした批判への反証として、「自然の復讐」に対するエンゲルスの警告がしばしば引用されてきた。「自然の復讐」を避けるためには、「自然の諸法則を認識し、これを正しく適用できる」ことが重要だとエンゲルスは考えた。だからこそ、目先の利潤の最大化にだけ関心をもつ生産様式から、より長期的な視野を考慮する生産様式への変革が必要だと訴えたのである。そして先に引用したように、この自然法則の意識的な適用こそが、「自由の国」の実現へとつながっているのであった。

しかし、近年、別のタイプのエンゲルスへの批判が増えている。例えば、ジェイソン・W・ムーアは、自然法則を無視し続ければ、いつかは自然が人間に復讐するというエンゲルスの主張は、あまりにも「静的」だと指摘している（Moore 2015: 80）。さらにニール・スミスも「自然の復讐」を「左派の終末論」として否定している（Smith 2008: 247）。詳しくは第四章で論じるが、ムーアとスミスへの応答としてここで注目すべきは、マルクス自身は、資本主義下での自然の普遍的な物質代謝の攪乱を単なる「自然の復讐」としては扱わず、「物質代謝の亀裂」の問題をさらに二つの観点から展開していることである。

第一に、資本はそうした自然の制限を受動的に受け入れはしないとマルクスは述べる。第二部草稿で述べられているように「資本が価値形成者および生産物形成者として作用する範囲は、弾力的であり、可変的」だからだ（MEGA II/11: 345;『資本論』第二巻、４３６頁）。前章でみたように、このような「資本の弾力性」は、資本蓄積の困難に直面した時に、さらなる技術発展や新しい使用価値の発見を通じて、「全面的な有用性の一体系」を作り出し、危機を乗り越えようとする（Akashi 2016: 180）。とはいえ、価値の次元は抽象的人間的労働以外の素材的次元を十分に考慮することがないため、自然の制限を乗り越えようとする資本の試みは、矛盾を解消するどころか、素材的世界に世界規模での様々な軋轢を引き起こす。この資本と自然の間で繰り広げられる動態的で弾力的な関係の分析こそが、晩年のマルクスの研究テーマであった。エンゲルスが自然における歴史貫通的な諸法則を「科学体系」として展開しようとしたのに対して、マルクスの自然科学研究は、地質学、農芸化学、鉱物学の研究を通じて、より経験的・歴史的な内容を扱うものである。人間が自然を変容し、自然もまた社会を変容させるという相互的な歴史過程を物質代謝概念に基づいて把握しようとするのは、資本主義の驚くべき弾力性と物質代謝の亀裂・転嫁を研究するためだったのである。

第二に、物質代謝の攪乱についてのマルクスの論述は、「自然の復讐」という終末論的なトーンを弱め、むしろ抵抗の契機として、より能動的な要因を強調している。労働日の際限なき延長や生産過程の変革が労働を疎遠な活動にし、肉体的・精神的疾患を引き起こす（これを「身体的亀裂 Corporeal rift」と呼ぶこともできるだろう）。だが、そのことが労働者たちの主体的な闘争を呼び起こし、物象の力に対する意識的な制御の試みとしての、標準労働日の制定や公営の職業訓練学校の設立につながったのだった。

同様の展望は、自然についても当てはまるだろう。事実、資本の論理による再編によって引き起こされる自然的物質代謝の攪乱が、生産活動に対するより意識的な社会的管理の必要性を人々に認識させることを『資本論』は強調している。「〔資本主義的生産様式は、〕あの物質代謝の単に自然発生的に生じた諸状態を破壊することを通じて、その物質代謝を、社会的生産の規制的法則として、また完全な人間の発展に適合した形態において、体系的に再建することを強制する」（『資本論』第一巻、656頁）。資本主義的生産は物質代謝の次元を十分に考慮することができないために、自然を破壊し、究極的には人類の生存までも脅かす。資本にとっては、価値増殖という目的がなんらかの形で実現されればいいのだから、地球の大半が人間や動物の生存に適さなくなろうとも価値増殖が可能であるなら関係がない。それゆえ、「自然の復讐」による資本主義の崩壊を私たちは待っているわけにはいかず、むしろ、環境危機に直面した諸個人が自然との物質代謝の意識的・能動的な制御にいたることが、未来社会の実現にとって不可欠なのである。

そのうえで、マルクスは『資本論』第三部草稿において、人間と自然の物質代謝の意識的な制御と自由の実現の連関について、次のように述べている。

じっさい、自由の国は、必要や外的な合目的性に迫られて労働することがなくなるところで、はじめて始まるのである。つまり、それは、当然のこととして、本来の物質的生産の領域のかなたにあるのである。〔…〕自由はこの領域のなかではただ次のことにありうるだけである。すなわち、社会化した人間、アソシエートした生産者たちが、盲目的な力としての自分たちと自然との物質代謝によって制御されることをやめて、この物質代謝を合理的に規制し、自分たちの共同的制御のもとに置くということ、つまり、力の最小の消費によって、自分たちの人間本性に最もふさわしく最も適合した条件のもとでこの物質代謝を行なうということである。しかし、これはやはりまだ必然性の国である。この国のかなたで、自己目的として認められる人間の力の発展が、真の自由の国が始まるのであるが、しかし、それはただその土台としてのあの必然性の国のうえにのみ花を開くことができるのである。労働日の短縮が土台である。（『資本論』第三巻、１０５１頁）

この文章は、先に引用したエンゲルスの「自由の国」に関する見解と丁寧に比較しなければならない。そこには重要な違いがあるからだ。ここでもう一度、引用しよう。

これまで歴史を支配してきた外的な客観的な、外的な諸力は、人間自身の統制に服する。このときからはじめて、人間は、十分に意識して自分の歴史を自分で作るようになる。このときからはじめて、人間が作用させる社会的諸原因は、だいたいにおいて、人間が望んだとおりの結果をもたらすようになり、また時とともにますますそうなっていく。これは、必然の国から自由の国への人類の飛躍である。

エンゲルスによれば、自然法則の正しい認識と実践的な適用によって、人間は自由に自然と関わることができるようになる。それが、「自由の国」への「人類の飛躍」だとされるのだ。

エンゲルスは、マルクスと異なり、自然法則に従うことが「自由の国」の実現の条件となると考える「必然主義者」(Thomas 1998: 494) であるという批判に反論して、ジョン・L・スタンリーは、マルクスもエンゲルスも人間の自由を実現するための自然的基盤を重視していたと述べている (Stanley 2002: 23)。実際、マルクスも、物質代謝の攪乱に直面した生産者たちが互いにアソシエートし、自然や社会の「盲目的な力」を意識的な管理のもとにおくことを、持続可能な生産にとっての必要条件とみなしていた。

しかし、だからといって、マルクスとエンゲルスの間に違いはないとするスタンリーの主張が正しいわけではない。アルフレート・シュミットは、エンゲルスの社会主義構想における「自由の国」への「有名な突然の飛躍」(Schmidt 2014〔1971〕: 135) ——すなわち、自然法則の制御と「自由の国」の実現と同一視——を問題視している。この飛躍も、エンゲルスの自然科学への関心に関係があるのがわかるだろう。自然と近代科学の弁証法に主眼を置くエンゲルスは、自然における超歴史的法則を認識することに基づいた人間の自由を重要視した。自然を支配することが、「自由の国」をただちに実現すると考えたのである。

これに対して、マルクスは、「これ (自然の支配) はやはりまだ必然性の国である」と付け加えることを忘れなかった。マルクスは、際限なき資本の価値増殖による物質代謝の攪乱に直面した生産者たちが問題解決のためにアソシエートし、自然の「盲目的な力」を意識的な管理のもとにおくことを、持続可能な生産にとっての必要条件としてみなしていた。自然との物質代謝の意識的な管理なしには、人間の生存そのものが脅かされるからである。しかし、そのような意識的な制御によって達成されるのは、あくまでも「必然性の国」なのである。アソシエーションに基づく新しい社会は自由な個性の発展を実現するとされるが、そのような「自由の国」は労働の自由を超えたところにあるからだ。労働は生存に必要不可欠であるが、あくまでもそれは人間の活動の一契機にすぎない。「マルクスは資本主義のもとで発展した生産力能を基礎として労働の自由を実現するならば、拡大された自由時間において労働の自由を超えた、真の自由が可能になると考えた」（佐々木２０１２、１８５頁）のである。

つまり、マルクスにとって自由とは、自然科学の発展に依拠した自然との物質代謝の意識的な制御に制限されるものではなく、芸術や音楽などの創作活動に従事し、友情や愛情を育み、読書やスポーツなどの趣味に興じることも含まれる。それが個人の能力を全面的に発展させるのだ。それに対して、自然の弁証法にこだわったエンゲルスは、超歴史的な自然法則の認識を基礎とした人間の振る舞いを重視することになり、自然の支配がそのままに「自由の国」の実現だと考えた。こうした見方が「自由の国」の内容を狭隘にし、マルクスによって強調される将来社会における「個性の全面的な発展」という契機がエンゲルスにおいては弱められ、むしろ、「必然性に従うことで実現される自由」というヘーゲル的な自由観が前面に押し出されることになったのである。

マルクスの物質代謝論が重要なもう一つの理由は、1868年以降に作成された自然科学抜粋を読解するためのヒントを提供してくれるからである。これまで、晩年の自然科学抜粋は「地代論」を完成させるための準備作業であると考えられがちであった（竹永2016）。だが、マルクスの抜粋ノートを実際に検討すればすぐにわかるように、マルクスの問題関心は、地代論の枠組みを大きく超えるものである。それゆえ、地代論との関係でのみ自然科学研究をとらえてしまっては、晩期マルクスの理論的射程を明らかにすることはできない。端的に言えば、マルクスの自然科学研究の目的の一つは、資本の論理に従った人間と自然の物質代謝の変容から、素材的世界における軋轢がいかに生じてくるかを研究することだったのである。

マルクスが1868年以降に環境問題への関心をさらに高めたのは、リービッヒの掠奪農業批判に十分満足できなかったからである。実際、リービッヒの悲観的でマルサス的な農業観に批判的なものを含んだ新しい資料をマルクスは何冊も集中的に読んでいる（MEGA IV/18; Saito 2017: 224）。そのなかでも、マルクスがドイツ・ミュンヘンの農学者カール・フラースの著作から作成した抜粋ノートは、マルクスの理論的発展を記録しているのみならず、マルクスとエンゲルスの知的関係を探るうえでも重要である。

第四節　エンゲルスの抜粋ノートと経済学批判

すでに触れたように、二人はさまざまな情報を共有し、議論していた。マルクスは、1868年3月25日付のエンゲルスに宛てた手紙で、フラースの著書『時間における気候と植物界』を熱心に読んで、彼の過剰な森林破壊に対する警告に「社会主義的傾向」を見出したと書いている。

非常に興味深いのは、フラースの『時間における気候と植物界』（１８４７年）だ。これはつまり、気候や植物相が歴史的な時代に変化することを証明している。彼はダーウィン以前のダーウィン主義者であり、歴史的な時代に種が発達することまで認めている。だが、彼は同時に農学者でもある。フラースによれば、耕作によって――その程度にもよるが――農民たちが愛した「湿気」は失われ（それゆえ植物も南から北へ移動する）、ついにはステップ地帯の形成が起こるという。耕作による最初の効果は有用だが、最終的には森林破壊などによって壊滅的な打撃になるのだ。この人物は、ギリシャ語で本を書いたこともある徹底した言語学者でもあり、化学者、農学者でもある。結論は、耕作は、――もしそれが自然発生的に前進していって、意識的に支配されないならば（ブルジョアである彼は当然この点に達しないのだが）――後に残るのは荒廃であり、ペルシャ、メソポタミア、その他、ギリシャなのだ。だからこそ、またしても、無意識の社会主義的傾向だ！（『全集』第三二巻、45頁）

実はマルクスの高い評価に促されるかたちで、エンゲルスもフラースの本を読み、１８７９－８０年に抜粋を作成している（MEGA Ⅳ/31）。この抜粋は非常に重要である。なぜなら、マルクスとエンゲルスの抜粋を比較することで、彼らが本当に同じ関心を共有していたのかどうかを確認することができるからである。

マルクスの手紙からもわかるように、フラースの著書は、メソポタミア、エジプト、ギリシャといった古代文明における、過剰な森林破壊によって引き起こされた気候の変化を扱っている。ここで、マルクスのフラース受容と、エンゲルスによる「自然の復讐」の類似性から、スタンリー（Stanley 2002: 18）は、両者の理論的同一性を指摘している。だが、スタンリーはマルクスの手紙とエンゲルスの草稿にあるこの二つの孤立した発言を、彼らのノートを検当することなく、表面的に比較しているにすぎない。ここでは、フラースに関するエンゲルスのノートとの比較を行ってみたい。

1879－80年に作成されたノートに含まれるエンゲルスのフラース抜粋は、すでに『時間における気候と植物界』を『自然の弁証法』で使用した後に作成された簡潔なものであるが、その分、エンゲルス自身の言葉によって要約された文章は、彼の関心を端的に記録している。そこでまず気がつくのが、マルクスが「いつも（エンゲルスの）足跡をついてい」っていた1864年の頃と自然科学の分野における両者の関係が逆転していることである。エンゲルスは、マルクスの高い評価に影響されて、フラースを読んでいるのだ。つまり、エンゲルスがマルクスの後を追うようになっているのである。

手紙のなかで、マルクスは「耕作は、――もしそれが自然発生的に前進していって、意識的に支配されないならば［…］後に残るのは荒廃」であるというフラースの洞察を高く評価していた。実際、マルクスは、古代文明における無制御な自然との関わり方が、最終的に社会の繁栄の物質的基盤を損なうというフラースの説明を丁寧に抜粋している（MEGA IV/18: ）。なぜなら、過度の森林伐採は、土着の植物にとって好ましくない形で地域の気候を不可逆的に変化させてしまうからだ。エンゲルスも同じ見解をノートに書き留めている。「発展的な民族農耕は、甚大なる荒廃を後に残す」（MEGA IV/31: 515）。その直前の箇所でエンゲルスは、「文明が、従来の形態においては土地を疲弊させ、森林を荒廃させ、土地をその本来の生産物にとって不毛にし、気候を悪化させる敵対的な過程であることの主要な証明」とフラースの著作の意義をまとめ、具体例としてドイツやイタリアで森林伐採の結果「5～6度（列氏）」気温が上昇したことを書き留めている（MEGA

IV/31: 512)。

この無制御な生産が「荒廃」を後に残すという発想が『自然の弁証法』における「自然の復讐」へと反映されたのだった。エンゲルスは明らかにフラースを念頭に置いて、次のように述べている。

メソポタミア、ギリシャ、小アジアそのほかの地域で、耕地を得るために森林を根こそぎ引き抜いてしまった人々は、その森林と一緒に水分が溜まり、貯えられる場所を奪い去ることによって、ある国々の今日の荒廃の土台を自分たちが築いているのだ、とは夢にも思わなかった。(『全集』第二〇巻、491頁)

この箇所はフラースの作品がエンゲルスにとって、どのような影響を持っていたかをはっきりと表現していると言えるだろう。

たが、マルクスとエンゲルスがフラースに着目した理由はそれだけではない。マルクスは同じ手紙のなかで、フラースを「ダーウィン以前のダーウィン主義者」と評しているが、エンゲルスも、『時間における気候と植物界』から、ダーウィンの「自然淘汰」を想起させる一節をノートに記録している。

すでに述べたように、同時にオークは先に挙げられた自然的気候の諸要素(温度と湿度)に極めて敏感であり、そうした要素にわずかながらでも変化が生じる場合には、共に躍起になっている、より耐性があり、敏感でない森林景観に対して自然的生長と自己保存の競争において遅れをとる。(MEGA IV/31:

515）

さらにエンゲルスは、「ダーウィン主義的な説明をもとに植物種の恒常性についての信仰」（MEGA IV/31: 515）に反論するためにフラースの本を読んだと付け加えている。もちろん、エンゲルスは、それがマルクスと共有されたフラースについての問題関心だと考えていたに違いない。

ところが、ノートを詳しく調べると、マルクスのフラースへの関心は、実は「自然の復讐」やダーウィン主義的な説明にとどまらないことが判明する。１８６８年の初め、マルクスはフラースの著作に加えて、ゲオルク・ルートヴィヒ・フォン・マウラー著『マルク・ホーフ・村落・都市制度および公権力の歴史序説』を精読しており、このなかでドイツ歴史法学者の著者は、ゲルマン民族の土地所有制度を扱っている。じつは、マルクスはエンゲルス宛の手紙でフラースとマウラーを同じ「社会主義的傾向」を持つ者として特徴づけており、マルクスにとって、両者はフラースとダーウィンの関係よりも近い関係にある。実際、１８６８年以降、マルクスは自然科学と並んで、前資本主義社会や非西欧社会といった非資本主義社会を研究するようになっていったのである。

しかし、一見、フラースとマウラーには接点がないように見えるため、マルクスが自然科学と並行してゲルマン社会を研究した理由は自明ではない。マルクスが手紙でマウラーを高く評価していることに促されて、エンゲルスもマウラーの著書を読み、自らの分析に取り入れてもいる。しかし、マルクスとは異なり、エンゲルスがフラースとマウラーを結びつけた形跡はない。

フラースとマウラーを結びつける手がかりは、フラースの著作『農業危機とその治癒手段』（１８６６年）に潜んでいる。この著作のなかで、フラースはマウラーの『序説』から引用を行い、ゲルマン共同体における生産の持続可能性を高く評価しているのである。

もちろん村落マルクが木材、干し草、藁、あるいは堆肥さえも、それどころか家畜（豚！）でさえ、村落の構成員以外に売ることを許しておらず、マルク内で収穫された農作物やワインが、マルク内で消費されるよう命令するならば（そのことから、様々な罰令権が生じた）、耕地の地力維持のための手段に事欠かないのみならず、森林や牧草地からの補助を利用することによって、あるいはさらに河川によって栄養分を与えられた草地を利用することによって、いたるところで地力の増大が起きたに違いなかった。（Fraas 1866: 210）

フラースは、あらゆる前資本主義社会が無計画で、自然法則を無視した生産を行い、その後に荒野を残したと主張していたわけではない。むしろ、「初期のゲルマン村落形成は地力上昇の必然的法則に常にすでに従って」（Fraas 1866: 209）おり、持続的な生産のもとで地力の増大が実現されていたというのである。というのも、ギリシャやローマのような商品生産が一定程度存在し、共同体の紐帯が解体されつつあるような社会とは異なり、ゲルマン社会においては、土地利用に対する共同体の規制が働いており、それが平等な社会における持続可能な耕作を実現していたからである。

1867年12月、ないし1868年1月に、マルクスはフラースの『農業危機とその治癒手段』の書名を自分のノートに書き留めている（MEGA IV/18: 359）。そして、この本を読んだ後、マルクスはさらにフラースの他の著作を読んだだけでなく、その記述に促されて、マウラーによるゲルマン共同体の分析にも興味を持ったと思われる。これらの文献を読むことで、マウラーの作品にも「社会主義的傾向」を見出し、前資本主義社会における人間と自然の物質代謝の編成法への関心を強めていったのだ[17]。

前資本主義的な農村共同体における平等で持続可能な生産の賞賛は、「自然の復讐」という構図をマルクスが過度に一般化しなかったことを裏付ける。そうでなければ、すべての文明は自然法則に関する無知のせいで環境を破壊してきたという還元主義的な考え方に陥っていただろう[18]。だが、マルクスは、特定の前資本主義社会における人間と自然の物質代謝が、農村共同社会の生命力の源泉となる可能性を認識したのである。

資本主義的生産が生み出す「物質代謝の亀裂」と比較すると、これらの農村共同体は、平等で持続可能な生産を実現していたという意味で――もちろんそれが、自然法則を認識することによってではなく、むしろ伝統や習慣によって無意識のうちに達成されていたのだとしても――「経済的優位性」(『全集』第一九巻、402頁)がある。マルクスが、フラースとマウラーの著作に「社会主義的傾向」を見出したのは、このためだ。この評価は、前資本主義社会が自然法則を知らないために「自然の復讐」に苦しみ、それに対して近代社会が自然法則の認識と適用によって「自由の国」へ飛躍ができるというエンゲルスの主張とはまったく異なっている。この点で、エンゲルスは単線的な歴史発展観に固執していたと言えるかもしれない。

さらに、1878年のマルクスのノートには、ジョン・イーツやジョセフ・ビート・ジュークスからのかなりの量の地質学抜粋があり、そこにも、マルクスの物質代謝論が拡張していく過程が刻まれている。これらの長大な抜粋はさまざまなテーマを扱っており、その意義を環境問題だけに還元することはもちろんできない。とはいえ、マルクスが自らの経済学批判を拡張するために地質学を研究したことは明らかである。例えば、マルクスは、「無知のために石炭採掘だけで莫大な金額が浪費されている」(MEGA IV/26: 478)と書き留め、ジュークスの『学生用地質学の手引き』における地質学の「甚大な実践上の重要性」に関する発言を記録している。

> ブリテン諸島における地質学の実践的応用にとっての主要な点の一つは、軽率な計画に貨幣を無駄に支出するのを防ぎ、その貨幣をより成功の見込みがあるところに向けることである。(MEGA IV/26: 642)

さらにマルクスは、地質学の進歩が石炭や鉄などの原材料や補助材料の発見・産出の方法を改善し、生産性向上に寄与することや、輸送手段の改善が工業と農業(および採取産業)の関係にもたらす影響についてのジュークスの記述に注目している。資本主義の発展の過程で、採算が取れなかったものが採算に合うようになり、不毛だった土地が肥沃になる。こうした変化によって地代論利潤率の低下法則を現実の分析に適用するのが、途方もなく複雑になることに気がついていた。

ただし、技術革新は、資本を地質学的条件から解放するわけではない。むしろ、マルクスは、人間が手を加えることのできない自然条件としての地層が、社会の発展に及ぼす大きな影響について熱心に記録している。たしかに、マルクスは、1850年代にはすでに、人間史と自然史の関係に関心をもっていた。例えば、マルクスは地質学に関して深く取り組んでいたため、『ロンドン・ノート』において、「社会形成」の多層性を表現するために、ジェームズ・F・W・ジョンストンの「地質形成」という概念を採用した(ただし、当時は単なる比喩に過ぎなかった)。けれども、1870年代から1880年代にかけてはさらに一歩進んで、「地質形成」と「社会形成」の直接的な関係を研究することになる。例えば、ジュークスの著作の次のような一節をマルクスはノートに書き留めている。

イングランドは土壌の形状や諸相、ならびに人々の境遇や雇用が互いに一様に対照的な、まったく似ていない二部分へと分けられる。すなわち、北西部は主に古生代の地層で、しばしば荒涼とし、不毛で、山が多いが、多くの場所では鉱物資源に富んでいる。他方で南東部は第二紀・第三紀の地層であり、一般的に軟らかく、輪郭は緩やかで、地面の下に資源はほとんどないか、まったくない。こうして前者では採鉱と製造業に従事する人口が多く、後者では農業人口が中心になっている。(MEGA IV/26: 641)

『資本論』第一巻においてマルクスは、資本主義的生産が、農業と工業の対立の彼岸にある「両者の新しいより高い総合」(『資本論』第一巻、656頁)を実現するだろうと予見していた。だが、ジュークスが指摘するような自然的特徴は「都市と農村の対立」の止揚を目指す際に、慎重に再考されなければならない問題である。事実、こうした箇所にマルクスは欄外線や下線を引いて、その重要性を強調し、あとで振り返ることができるようにしている。ここではまさに、自然制約の把握こそがマルクスの自然科学研究の狙いだったのだ。こうして、「人間が肉体によっても地理的条件によっても制限されていることを、マルクスはほとんど認められない」(Kolakowski 1978: 413)というコワコフスキの批判は、完全に反駁されることになる[19]。

フラースやダーウィンとの関連で言えば、気温や降雨量が土壌の形成にも大きな影響を及ぼし、植物相や動物相も規定するという点にジュークスも触れている。とりわけ「古生物学」という節において、ジュークスはダーウィンに触れながら、長期的な地質変動とそれに連動する「様々な地域における大きな気候の変化がしばしば生じていたに違いない」と述べ、「気候の変化は種の破壊を含んでいる」と述べた（MEGA IV/26: 229, 219）。けれども、そのようなジュークスの指摘に着目する際にも、マルクスが「種の絶滅は依然として進行している（人間自身がもっとも活動的な根絶者である）」（MEGA IV/26: 233）というジュークスの指摘を抜粋している点には注目に値する。マルクスは気候変動の要因を長期にわたる地質学的な観点からも把握し、そして、とりわけ人間が気候変動や動植物種に与えるインパクトを研究しようとしていたのである。

しかもジュークスだけではない。過剰な森林破壊による北米の気候の変化についても、イーツの『商業における原材料の博物誌』からの抜粋で、「巨大な開拓は、他方で、すでに気候をかなり変えている」（MEGA IV/26: 36; 強調原文）と同様の指摘が見られる。ここでも、ダーウィンへの関心は、「生命の誕生」、「自然選択」、「進化」といったエンゲルスの百科事典的な問題設定とは異なり、あくまでも人間と自然の物質代謝の具体的なあり方の変容なのである。

以上の考察から、マルクスとエンゲルスの自然科学の受容における重要な相違点は、次のようにまとめることができるだろう。エンゲルスの焦点は、「自由の国」を実現するために、自然の歴史貫通的な法則を科学的に認識することであった。その際、エンゲルスの自然弁証法は、意識／物質、観念論／唯物論といった哲学的な二項対立に基づいて、後者に存在論的優位を与えたのである。こうして、エンゲルスは、環境問題に関心を寄せていたにもかかわらず、それを哲学的・歴史貫通的な図式のもとで扱いがちになったのだ。その結果、彼はリービッヒの物質代謝論を否定し、1840年代には概念化していた「都市と農村の対立」という構図に満足し続けた。さらに、エンゲルスは、「自由の国」や前資本主義社会を論じる際に、近代科学によって自然法則を漸進的に認識することに依拠した、より単線的な歴史発展観を抱いていたことも指摘されなければならないだろう。

これに対してマルクスは、エンゲルスが追究していた唯物論的弁証法のプロジェクトについて、たとえ「友人に道徳的支援と励ましを与えた」(O'Rourke 1974: 50) としても、実際に自分が採用することはなかった。マルクスは、『ドイツ・イデオロギー』で「哲学から脱却」(Sasaki 2021: 35) して以降、そうした哲学的存在論には関心を抱かなかったからである。実際、マルクスの自然科学への取り組みは、1860年代以降、ますます経験論的な性格を帯びるようになっていく。マルクスは、物質代謝概念を拡張し、人間と自然の生物理的かつ社会的な関わり合いの変化を、歴史的、経済的、そしてエコロジカルな見地から把握しようとしたのだ。そして、前資本主義社会や非西欧社会における人間と自然の物質代謝のさまざまな組織化のあり方を研究し、資本主義を超えたより平等で持続可能な社会を築くための生命力の源泉を探し出そうとした。つまり、スタンリーの想定に反して、晩年のマルクスの自然科学への取り組みは、『経済学哲学草稿』で提唱したような人間と自然を統一する「普遍的科学」(Stanley 2002: 37) の確立のためではなかったのである。

もちろん、両者の違いを、過度に誇張する必要はない。マルクスは自然における唯物論的概念を確立しようとするエンゲルスの試みを完全に否定したわけではなかったからだ[20]。ただ、同時に、この違いを過小評価してもいけない。なぜなら、エンゲルスが自然科学に関するマルクスのノートの射程を十分に理解せず、『資本論』第三巻の「物質代謝の亀裂」に関する重要な箇所を修正したことは、大きな理論的な帰結を伴うものだからである。実際、エンゲルスの『資本論』理解は、その後のマルクス理論の受容を今日まで決定づけたのである。

エンゲルスの影響下で、スーザン・バック゠モースはかつてこう主張したことがある。「たしかに〔マルクスは〕ブルジョアの進歩に対する信仰を共有していたし、マルクスの後期著作には、歴史的発展の自然法則としての弁証法に関するエンゲルスの理解を正当化するものが多くあった」(Buck-Morss 1977: 62)。しかし、本章では、それとまったく逆のことが示されたのだ。物質代謝論のエコロジカルな含意が20世紀のあいだ軽視されてきたのは、まさに「マルクスの後期著作」と「エンゲルスの自然弁証法」との間の相違とその抹消に起因するものだったからである。こうしてマルクスの自然科学に関するノートは、エンゲルスの死後おろそかにされ、次の世代のマルクス主義者たちも、マルクスとエンゲルスの知的分業という神話に固執することとなったのだ。

伝統的マルクス主義者たちがマルクスの物質代謝概念の重要性に気づかなかったのと同様に、エンゲルスを断固として拒否した西欧マルクス主義者たちも偏った一面的理解に陥ってしまった。このように「マルクスのエコロジー」忘却の歴史は、マルクス主義者たちの間でエンゲルスの影響力がいかに強かったかを示しているのだ。

しかし、このような一般的な傾向に異を唱え、マルクスの知的遺産である物質代謝論を復活させようとした例外的なマルクス主義者がひとりだけいた。それがルカーチである。

第三章
ルカーチの物質代謝論と人新世の一元論批判

昨今、環境危機との関連で、新たな地質学的年代としての「人新世」をめぐっての議論が盛んに行われるようになっている。地球の表面全体が人間の経済活動の痕跡で覆われるようになっている現在、人間にとって手付かずの「自然」はもはや存在しないように思われる。ビル・マッキベンの「自然の終わり」（McKibben 1989）という主張は30年の時を経て、その説得力を増しているのだ。一方で、人間の手に負えない気候変動の影響の本格化は、自然の支配という近代のプロメテウス主義の野望が失敗に終わったことを示唆している。そして、この失敗がもたらした壊滅的な状況が思い出させるのは、「自然の復讐」に関するエンゲルスの警告や、マックス・ホルクハイマーが『理性の腐蝕』において論じた「自然の反乱」（Horkheimer 2005 [1947]: 86）だろう。

自然の「復讐」や「反乱」といった表現は、自然界の受動的なモノが人間に対抗する新しい存在論的状況を作り出し、エージェンシー（作用）がモノに再配分されているかのように見える。このような自然の全面的な改変とモノの新たなエージェンシーの出現によって、ノエル・カストリーの「自然の生産」やブルノ・ラトゥールの「アクター・ネットワーク理論」（ＡＮＴ）に注目が集まるようになっている。カストリー

(Castree 2005) が人間から独立した自然の存在を否定するのに対して、ラトゥール (Latour 1993) は主体／客体という近代的な二元論を否定し、モノを「アクタン」(作用項) とみなす。両者の考えにはもちろん大きな違いが存在するが、人新世において社会と自然がハイブリッド化する事態に直面するなかで、近代の二元論に対して存在論的一元論の優位性を打ち出すという点は共通している。

一元論が影響力を増すなかで、マルクスのエコロジーは、激しい批判の対象になっている。とりわけ、「物質代謝の亀裂」という考え方は、大文字の「自然」と「社会」を完全に分離・独立した二つの存在とする「デカルト的二元論」によって、「認識論的亀裂」(Schneider and McMichael 2010: 467) に陥っていると非難されているのだ。その結果、一部のマルクス主義者たちの間でも、現在の環境危機を批判するためには、この二元論的理解を乗り越えなければならないと言われるようになっているのである (Moore 2015)。

残念ながら、マルクスは自らの経済学批判のなかで自然の存在論的地位についての体系的な展開を行っていない。この種の問題に取り掛かることは彼の経済学批判の主要な課題ではなかったのだから、それも当然だといえる。だが、すべてのマルクス主義者が自然の問題を無視してきたわけではない。そこで本章では、ルカーチの『歴史と階級意識』に焦点を当てることで、「物質代謝の亀裂」を一元論者の批判から擁護することにしたい。

とはいえ、ここでの『歴史と階級意識』という選択は、一部の読者を驚かせるかもしれない。本書の第二章でも、西欧マルクス主義の伝統における自然の不当な軽視を批判しているのだから、ルカーチを肯定的に取り上げるのは矛盾しているように映るかもしれない。実際、西欧マルクス主義の記念碑的作品である『歴史と階級意識』は、マルクスの弁証法的分析から自然の領域を排除しようとする試みとして読まれてきた。

その結果、『歴史と階級意識』は、「存在論的二元論」(Vogel 1996) を理由に厳しい批判に晒されてきたのである。

しかし、『歴史と階級意識』の理論的難点は、若きルカーチがまだ「未成熟」な思考を書き留めたせいだけではなく、1920年代にソ連の正統派マルクス主義を批判しようとする際に直面した政治的困難にも由来している。ルカーチは政治的な理由から、しばしば自らの本意を隠したり、曖昧にしたりせざるを得ず、そのことが、両義的で、一貫性を欠いた議論の印象を読者に与えてしまうのだ。しかし、これらの点に対する性急な批判は、ルカーチの理論に対するわれわれの理解を必要以上に狭めてしまっている。

そこで本章では、『歴史と階級意識』に向けられた批判に応答しながら、ルカーチの真意を明らかにしていきたい。その際には、ルカーチが自己弁明のために執筆した未発表の草稿――これは、かなり後になってから『追従主義と弁証法』というタイトルで刊行されることになる――に着目し、そのなかで展開された物質代謝論を検討していく。そうすることで、『歴史と階級意識』で打ち出された見解が支離滅裂なものではないことが判明するだろう。さらに、ルカーチの物質代謝論は、デカルト的二元論とラトゥール的一元論をともに回避している点で、現代の論争への独自の貢献をしてくれる。

そこで本章ではまず、ルカーチの「方法論的二元論」と「存在論的二元論」をめぐる議論を再構築する(第一節)。そして、ルカーチの議論が矛盾含みだという批判に対して、『歴史と階級意識』の理論的整合性を、『追従主義と弁証法』に着目しながら擁護していきたい。

ところが、『追従主義と弁証法』の草稿が1990年代に発見されたにもかかわらず、ルカーチへの批判はいまだに根強い。とりわけ有力なのが、バーケットによる批判であり、彼によれば、ルカーチの「科学的二元論」はマルクスの唯物論と相容れないとされる（第二節）。このような批判に対して、ルカーチはマルクス固有の方法論とその物質代謝論を正確に取り入れていることを明らかにしていく。具体的には、ルカーチは、マルクスの物質代謝論を基礎とした「存在論的一元論」を主張する一方で、若きヘーゲルの「同一性と非同一性の同一性」という概念に依拠しながら、「方法論的二元論」も打ち出しているのだ（第三節）。以上の点を押さえることで、ルカーチの議論が、人新世の環境危機を批判的に分析するための土台を提供してくれることが判明するだろう（第四節）[01]。

第一節　『歴史と階級意識』の曖昧さ

『歴史と階級意識』は、ソ連の正統派マルクス主義に異議を唱え、マルクス哲学の真の理論的遺産を探ろうとする論争の書である。このような野心的プロジェクトは、当然、刊行直後から多くの批判を巻き起こすことになった。もちろん、ルカーチの書き方にも問題はあっただろう。実際、ルカーチの善意に共感する人々でさえ、ほとんど例外なく、彼がまだ正統派マルクス主義のパラダイムに囚われていたために生じた理論的な矛盾や困難を指摘しているからだ（Fracchia 2013: 87）。

その際に大きな争点のひとつになったのが、社会と自然の取り扱いをめぐる問題であった。これは、前章で述べたマルクスとエンゲルスの知的関係に関わることであり、本書でも重要なテーマになる。よく知られているように、『歴史と階級意識』の有名な注において、ルカーチは弁証法の適用範囲を社会に限定し、エンゲルスによる不当な弁証法の自然への拡張を非難したのだった。

このように方法を歴史的・社会的な現実に限定することは、きわめて重要なことである。エンゲルスの弁証法に関する叙述から生じてくるさまざまな誤解は、本質的には、エンゲルスが――ヘーゲルの誤った例にしたがって――弁証法的方法を自然の認識にも拡大しているということに根ざしている。弁証法の決定的に重要な諸規定、すなわち主体と客体との相互作用、理論と実践との統一、思考におけるカテゴリーの変化の基礎としてのその土台の歴史的な変化、等々の諸規定は、自然認識のなかには存在しない。(Lukács 1976: 29; 邦訳28頁)

脚注のうちに隠されてはいたものの、この文章によってルカーチは「西欧マルクス主義の原型全体の真の創設者」(Anderson 1976: 29)になったといっても過言ではない。というのも、西欧マルクス主義の共通点は、エンゲルスの自然弁証法を捨て、マルクスの社会哲学を重視するという態度であり、その端緒がここにあるからだ[02]。

ルカーチによれば、自然科学の方法と社会分析の方法を混同してはならない。そのような混同のせいで、自然科学の方法がマルクス主義の社会哲学に侵入し、ニコライ・ブハーリンの実証主義的弁証法のような、社会発展に対する機械論的な理解を生んでしまうことになるのだという。ルカーチはそのような混同の原因をエンゲルスの科学主義のせいだと批判し、それによって、マルクスの社会分析の方法としての弁証法を救おうとしたのだ。

しかしすでに第二章で見たように、マルクスとエンゲルスを分け、社会科学と自然科学を厳密に分離する手法は大きな反発を生んだ。例えばエレン・W・ウッドは、マルクス自身が歴史と自然科学において弁証法的原理が等しく証明されると何度も明言しているのだから、ルカーチの提示する解釈は、マルクスのテキストに何の根拠も持たないと批判している（Wood 1981: 223）。ウッドのような反応は、すでに1920年代に見出すことができる。西欧マルクス主義のもうひとりの生みの親であるアントニオ・グラムシは、『獄中ノート』のなかで次のようにルカーチの主張に疑問を呈している。

〔ルカーチは、〕われわれが弁証法を扱えるのは人間の歴史についてだけで、自然については扱えないと言っているようだ〔…〕。彼の主張が自然と人間の二元論を前提としているならば、それは間違っている〔…〕。科学の歴史を通して、人間の歴史は、自然の歴史としても把握すべきであるのに、どうして自然から弁証法を切り離すことができるのだろうか。（Gramsci 1971: 448）

こうして、ルカーチの挑発的な主張に対する今日の一般的な評価は、そのソ連批判という意図は正しかったが、「〔社会と自然を〕あまりにも絶対的に分離してしまうことで、反対の間違った方向に進んでしまった」（Jay 1984: 116）ということになっている。

こうしたなかで、スティーヴン・ヴォーゲルの『自然に抗して』は、ルカーチの理論をより一貫したものへ修正しようと試みている。ヴォーゲルによれば、『歴史と階級意識』が打ち出したのは、社会科学と自然科学の「方法論的二元論」である〔03〕。二つの異なる科学的方法の誤用や混同が戒められるのは、社会と自然という二つの領域の間には犯してはならない実在的境界があるからである。したがって、「方法論的二元論」には、自然と社会の「存在論的二元論」(Vogel 1996: 18; 強調原文)が必然的に伴う、とヴォーゲルは指摘する。つまり、異なる方法を必要とする各領域の特殊性は、それぞれの領域の固有な性質に由来しているのである。

しかし、ヴォーゲルは、ルカーチの議論における存在論的二元論を問題視する。なぜなら、この存在論的区別は、自然と人間の連続性に関するマルクスの一元論的な唯物論に反しているからである。ヴォーゲルによれば、マルクスの物質代謝概念は、「自然と社会がもつれ合った関係で織り成されている」(Vogel 1996: 41)という存在論的状況を表しているのだ。もちろん、ルカーチはこの不整合性を自覚していたはずだ。そして、存在論的二元論を回避しようとした結果、ルカーチは『歴史と階級意識』において様々な矛盾や曖昧さに悩まされることになったと、ヴォーゲルは言うのである。

ヴォーゲルによれば、ルカーチの議論の曖昧さは、近代自然科学の進歩に対する彼の態度に表れている。ルカーチが次のように述べるとき、自然科学の方法を自然の領域に適用すれば、社会科学よりも客観的で中立な知識が得られると信じているようにみえる。「自然科学の認識理想は自然に適用されるとき、それは単に科学の進歩に奉仕する。しかし、それが社会的な発展の方向に適用されるとき、それはブルジョアジーのイデオロギー的武器として現れる」(Lukács 1971: 10; 強調筆者)。ここでルカーチが問題視しているのは、自然科学の方法が社会に誤って適用されることであり、自然の領域に正しく適用されることにはなんら問題がないとみなしているかのようである。

けれどもよく知られているように、『歴史と階級意識』は——とりわけもっとも卓越した論考である「物象化とプロレタリアートの意識」において――近代自然科学を批判し、その「静観的な態度」から生じる問題を明らかにしているのだ。ヴォーゲル（Vogel 1996: 21）は、ルカーチによる自然科学に対する批判を四つの要点にまとめている。まず、自然科学の第1原則は「直接性」である。自然は所与のものとして現れ、「純粋事実」として客観的に知ることができる。「直接的に与えられた諸対象の物的形態、つまりその直接的定在とありのまま存在とが、第一義的なもの、実在的なもの、客観的なものとしてあらわれ〔る〕」（Lukács 1971: 154）。第2に、この「純粋事実」は、世界の全面的な「数量化」によって生み出される。近代科学の狙いは、あらゆるものを機械的に数値化することで、研究対象を規則的で普遍的で予測可能な法則によって理解できるようにすることである。それにより人間は自然を操作できるようになるのだ。第3の原則は「単純性」である。つまり計算可能性のために、自然現象の複雑な姿をまず単純な要素に分解し、それを組み合わせることで複雑な現象も説明できるようになると想定される。そして最後の原則は、「非歴史性」である。自然の機械的法則は、歴史貫通的に不変とされるのだ。

ルカーチは、近代科学のこうした諸前提を「形式主義」として批判した。形式主義は複雑な現実を強引に抽象化するために、様々な理論的困難を生む。まず、直接性を掲げる客観主義も、その分析からすべての主観的な側面を消し去ることができない。第二に、世界の数量化は、それに抵抗する現実の具体的、質的側面を無視することになる。第三に、単純性に基づく還元的方法は孤立した事実のみで現象を説明するため、世界の全体論的・関係的性質を扱うことができない。最後に、非歴史的自然観では、歴史的・進化的変化を説明できず、それらを単なる偶発的なものとして片付けざるを得なくなる。

要するに、近代科学の形式主義は、現実の物質世界の具体性と質的多様性を「把握しきれない」（Lukács

1971: 105)。自然科学は、宇宙のすべてを説明できる中立的で客観的な科学であると自負しているが、実際には、その中立性と客観性は、数値化できない質的なもの、具体的なもの、歴史的なものを「単なる」偶然的・主観的要因として切り捨てることによってのみ、可能となる。だが、そうした決断は中立的でも、客観的でもない。その意味で近代科学の知の中立性とは、まさに1つのイデオロギーなのである。

　このような問題含みの自然科学の方法が支配的になったのは、それがまさに資本主義的生産に適していたからだと、ルカーチは言う。自然科学の適用は、資本の価値増殖に有利な形での生産過程の根本的な変革と再編成を行うのに大きく貢献したのだ。にもかかわらず、自然科学は、不変の「純粋事実」を検討する客観的で中立的な方法として自らを提示することによって、科学が持つ資本主義的機能を隠蔽している。自然科学は事実の背後にある資本主義的な社会関係を神秘化し、すべての人にそれらを所与のものとして受け入れることを強制するのだ。これこそ、自然科学が「ブルジョア・イデオロギー」たる所以である。

> すなわち、これらの事実は、歴史的な発展の産物として、たえず変化していくものであるばかりでなく、まさしくその対象性の構造において、資本主義という特定の歴史的時期の産物なのである。そうであればこそ、「科学」というもの——すなわち、これらの事実が直接的にあたえられる仕方を科学的に重要な事実性の基礎とみなし、その対称性の形態を科学的な概念構成の出発点とみなしている。あの科学というもの——は、素朴かつ独断的に資本主義社会という土台の上に立っているのであり、その本質や対象構造や法則性を没批判的に「科学」の恒常的な基礎として受け入れているのである。
> (Lukács 1971: 134; 邦訳33頁、強調原文)

こうして人間の生は、科学の数値化された世界に包摂されていく。とりわけ、労働過程では、自然科学の成果が資本主義における生産力を高めるための技術として積極的に充用される。その結果、形式主義のもとでの合理化は、最終的に、人間が人間以外のモノの異質な力に従属する「物象化」した世界を作り出してしまう。実際、機械的合理化のシステムのもとで、労働は抽象的で断片的かつ反復的な単純活動になっていく。技術の体系は、労働の有機的活動を、恣意的かつ偶発的で主観的な要素を一切排除した部分的活動に分解することによってますます数値化、均質化していく。その結果、労働者は「静観的な態度」でしか自動化された生産過程に参加することができなくなる。こうして人間の営みはモノとしての性格を獲得することになる。人間的世界は「第二の自然」となるのだ。つまり社会は、数値化され、機械論的・非歴史的な自然法則に従わされるのである。社会の領域と自然の領域は、近代資本主義においてかつてないほど接近するのである。

ところがここで、ルカーチの存在論的二元論が崩れ始める。ヴォーゲルに言わせれば、ルカーチの自然科学批判が一貫性を欠くのはまさにこの社会と自然の融合のためだ。資本主義のもとで自然の認識が社会関係によって徹底的に媒介されるのであれば、もはや社会科学に対する自然科学の本質的な優位性は存在しない。ルカーチの近代科学批判が正しければ、自然科学の中立性とは「ブルジョア・イデオロギー」にすぎないことが判明する。けれども、この結論は、自然科学の中立性についてのルカーチ本人の発言と明らかに矛盾するのである。

ルカーチは自然の直接性という前提が誤りだと批判した。自然は歴史的な変化なしに単純に与えられるのではなく、経済的な関心によって徹底的に媒介されているからだ。非歴史的で、社会的実践から独立しているように見えるものは、実は、常にすでに資本主義的社会関係によって媒介されているとルカーチは考えた。この点を強調するために、ルカーチは「自然は一つの社会的カテゴリーである」(Lukács 1971: 130; 邦訳386頁)とさえ述べている。しかし、もし本当に自然が「社会的カテゴリー」なら、自然は一種の社会的構築物だということにならないだろうか。だがその場合、社会と自然の間の存在論的二元論を維持することはもはやできない。そして、存在論的二元論が崩れれば、弁証法の適用範囲を制限する方法論的二元論も崩れてしまう。こうした曖昧さに直面して、ヴォーゲルだけでなく、アンドリュー・フィーンバーグも、「ルカーチは自然あるいは自然科学についての完全に首尾一貫した理論を持っていない」(Feenberg 1981: 204) と結論づけたのだった。

ヴォーゲル自身は、ルカーチのプロジェクトを、その矛盾した二元論を超えて、整合的なものへと改変しようとする。その際のヴォーゲルの解決策は、ラディカルな社会構築主義である。つまり、「自然とは一つの社会的カテゴリーである」というルカーチの発言を、自然は「文字通り社会的に構築されたもの」だと解釈し、「「自然的」世界と社会的世界はもはや区別できない」(Vogel 1996: 7) と述べるのだ。ヴォーゲルによれば、『歴史と階級意識』の自然科学批判は、ルカーチを「方法論的一元論」と「存在論的一元論」に導くべきであった。ルカーチがこの可能性を示唆していたにもかかわらず、自然を社会的構築物とみなすというラディカルな道を追求できなかったことをヴォーゲルは嘆く。自然が「構築される」という主張は、ルカーチのような正統派マルクス主義者にとって明らかに「観念論に近すぎる」(Vogel 1996: 40) ものだったというわけだ。

自然は社会的構築物である、というヴォーゲルの考えは、『ドイツ・イデオロギー』におけるマルクスのフォイエルバッハ批判を思い出させる。「〔フォイエルバッハ〕は、自分を取り巻く感性的世界が、ずっと前から直接に与えられたものではなく、〔…〕歴史の産物であり、それぞれが前の世代の肩に立ち、すなわち全世代の連続する活動の結果だということをみない」(『全集』第三巻、39頁)。また、マルクスは、資本主義の疎外がコミュニズムにおいて超越されれば、「類的存在」として人類は、「自らが創造した世界のなかに自らを見る」ことができるようになる(『全集』第四〇巻、437頁)とすでに1844年に書いている。実際、「自然の生産」という考え方は、人間の介入によってもはや手つかずの自然がどこにも存在しなくなった人新世の状況をうまく描写しているように見えるかもしれない。マルクスが人新世の完璧な予言者に映る一方で、ルカーチの存在論的二元論は完全に時代遅れに映るのである。

第二節　ルカーチの自然弁証法と科学的二元論

ここまで見てきたように、ルカーチに対して向けられる「曖昧さ」と「矛盾」の批判は、次の2点に集約される。まず、ルカーチの「方法論的二元論」は、自然科学の方法が中立的で客観的な認識を生み出すことができ、社会科学の方法はブルジョア・カテゴリーの歴史性と階級的性格を明らかにするものだと仮定している。だが、ルカーチの近代科学批判は、資本主義における自然科学のイデオロギー的・歴史的性格を明らかにするものであった。したがって、第1の曖昧さは「科学的二元論」に関わるものである。ルカーチの「存在論的二元論」は、社会に先立ち、また独立して存在する非弁証法的な自然があることを前提とする。

だが同時に、「自然とは社会的カテゴリーである」とも『歴史と階級意識』は強調している。これは、「存在論的二元論」に関する第2の曖昧さであり、とりわけ自然の存在論的地位に関するものである。

しかしながら、ルカーチのような優れた哲学者が、次のような2つの明らかな矛盾に気が付かずに議論を進めていたとは考え難い。

1．自然科学の「形式主義」を徹底的に批判したのであれば、同時に「科学的二元論」に基づいて、自然科学はイデオロギーから自由で、社会科学より優れていると主張するのはおかしい。

2．もし自然が「社会的カテゴリー」であり、社会的構築物であるなら、社会と自然の「存在論的二元論」の仮定は明らかに矛盾している。

2点とも、非常に明快だろう。ルカーチがこのことに気がついていないわけがない。だとすれば、ここでルカーチの混乱を性急に批判する前に、むしろ、ヴォーゲルらのこれまでの解釈に何らかの見落としがあったのではないかと一度疑うべきではないか。『歴史と階級意識』について、より一貫性があり、説得力があり、生産的な解釈が本当に存在しないのか、再検討する必要がある。

事実、冒頭で引用した脚注におけるルカーチの発言は、後世の人々によって誇張されたものではないかと考えるべき理由がある。というのも、西欧マルクス主義はルカーチの脚注を利用することで、社会の領域を自然の領域よりも重視するという自らの決定を正当化したのではないか。西欧マルクス主義は、マルクスの社会哲学を救うために、エンゲルスをスターリン主義につながる方法論を確立した戦犯としてスケープゴートにした。そして、この目的のために、あの脚注を利用したのだった。つまりあの脚注は、ソ連マルクス主義から西欧マルクス主義を差別化するために「政治的に」利用されたのである。だとすれば、西欧マルクス主義が自然の問題を回避し、自らの一面的な社会分析を正当化した結果として、『歴史と階級意識』の論理的矛盾が生まれた可能性はないだろうか。

しかも、このような西欧マルクス主義の解釈路線は現在、深刻な限界に直面している。自然の問題を排除した結果、西欧マルクス主義は環境危機を扱うことができなくなっているからである。だからこそ、そのような西欧マルクス主義の行き詰まりを前にして、『歴史と階級意識』の再解釈が求められるのである[04]。

だが、『歴史と階級意識』の整合性を擁護しようとする試みは、ルカーチ本人の言葉によって反駁されると考える向きもあるかもしれない。長く絶版だったのちに、1967年にルカーチが『歴史と階級意識』新版の出版を許可したとき、長い「序文」が付け加えられた。そのなかで、ルカーチは例の脚注を念頭に置いて、かつての自分の立場が誤りだったことを認めているのだ。そこでは、自然を「社会的カテゴリー」として扱ったことが、「マルクス主義をもっぱら社会理論として、社会哲学として把握し、そのなかにふくまれる自然にたいする態度を無視ないしは排斥する傾向」を強めたと自己批判しているのである。その原因は、「社会と自然との物質代謝の媒介者としての労働という経済学のマルクス主義的な基本カテゴリーが欠落していることによって、経済学が狭められてしまうことにあったとルカーチは述べている。

まず、ここでの物質代謝概念の使い方に注意しよう。ルカーチは『歴史と階級意識』においては、物質代謝概念が欠けていたために、労働の分析において、自然の問題が欠落してしまい、そのことが西欧マルクス主義の社会哲学ばかりを一面的に強調するアプローチを生んでしまったと自己批判しているのがわかる。

だが実は、ここでルカーチは読者に重大な隠し事をしている。ルカーチの死後、1996年にハンガリーのアーカイブで一つの草稿が見つかった。『追従主義と弁証法』と名付けられた草稿は、ルカーチが生前まったく言及していなかったため、その存在は長い間まったく知られておらず、後になってコミンテルンとソ連共産党の共同文書館で発見されたのだ〔05〕。だが、この1925－26年に執筆された草稿においては、物質代謝概念が1967年の「序文」とは全く違った役割を果たしているのである。ヴォーゲルらが考慮に入れていないこの草稿が、目下の考察にとって重要なのは、そのなかでルカーチが『歴史と階級意識』に対して向けられた批判に応答を試みており、さらには自らの主張、とりわけ自然の弁証法的な取り扱いを熱心に擁護しているからである〔06〕。

ルカーチの『追従主義と弁証法』が1967年の「序文」と根本的に異なるのは、この草稿では、むしろ、『歴史と階級意識』の内容を擁護するために、物質代謝概念が用いられているからだ。

つまりルカーチが1967年の「序文」で、『歴史と階級意識』における自然の取り扱いが不十分であることの証拠として、物質代謝概念の欠如を挙げた時、ルカーチは、自らの理論形成の歴史を歪めているのである。たしかに『歴史と階級意識』では、物質代謝概念は中心的な役割を担っているとは言えないが、『追従主義と弁証法』のルカーチは自然と社会という存在論的二元論を回避し、社会的領域への一面的な焦点を避けるために、この概念が不可欠だと主張していたのである。

そして、まさにそのような一面性こそが、後に西欧マルクス主義が自然の問題を放逐し、物質代謝概念を軽視することによって陥った結果であった。ルカーチはこのときすでにこの危険性に十分に気づいていたからこそ、未刊の草稿で物質代謝概念の重要性を強調したのだ。

だが何より、この草稿を踏まえて、１９６７年の「序文」を読み直すと、より興味深い事実が浮かび上がってくる。なぜなら、そこでもルカーチは、「けっして著者の主観的な意図と一致しているわけではないにせよ、客観的には」「マルクス主義を社会理論としてのみ捉える」という「マルクス主義の歴史における傾向と同調している」(Lukács 1971: xvi; 強調原文) と述べているからだ。繰り返せば、その「客観的」な帰結は、西欧マルクス主義の「自然にたいする態度を無視ないしは排斥する傾向」のうちに明確に見て取ることができる。では、ルカーチ自身の「主観的な意図」が実際にはどのようなものだったのか、これこそ『追従主義と弁証法』の読解を通じて検証されなければならない問題である。

そこで実際に、『追従主義と弁証法』を検討していこう。この草稿の中で、ルカーチは、ロシアのマルクス主義者アブラム・デボーリンや、ハンガリー共産党の有力なマルクス・レーニン主義哲学者ラディスラウス・ルダシからの批判への反論を試みている。正統派マルクス主義者たちは「方法論的二元論」についての脚注を取り上げながら、ルカーチは社会と自然を厳格に分離することによって、必然的に「存在論的二元論」に陥ったと批判したのだ。ルカーチの二元論はマルクスの存在論的一元論としての唯物論とは相容れないと、ルダシは次のように書いている。

> もしも弁証法が社会だけに限定されているとすれば、まったく異なるふたつの法則性をもつふたつの世界、自然と社会というふたつの世界が、存在するということになる。自然のなかでは諸現象が非弁証法的にすすみ、社会のなかでは弁証法的にすすむわけだ。お見事。なるほど偉大な哲学者はすべて

一元論者だったが、それだけではまだ、かれらが正しかったという証明にはならない。Lによれば、世界は二元論的である。(Rudas 1924: 502; 邦訳86－87頁)〔07〕

さらに、ルカーチの見解は観念論的な「主観主義」に汚染されており、その社会的領域における社会構築主義の考え方は、階級意識の形成と社会主義革命のための客観的、物質的必要条件を無視している、とルダシは非難した。脚注のせいで、すでに1920年代から、ルカーチは二元論と観念論に陥っていると批判されていたのである。だからこそ、現代の批判に応答するためにも、『追従主義と弁証法』における彼の反論を詳細に見ていく必要があるのだ。

しかし、本章の文脈でより重要なのは、ルダシが論文「正統派マルクス主義?」で物質代謝概念を用いていることである。『歴史と階級意識』における社会と自然の二元論的分離を批判し、自然弁証法を擁護するために、ルダシが引き合いに出したのが、『資本論』の物質代謝概念だったのである。「こちらの意味では産業とは、産業とは人間と自然との間の永続的な自然過程であって、そのなかで人間は自然との物質交換を媒介するものだからである(マルクス『資本論』第一巻、140頁)」(Rudas 1924: 515; 邦訳98頁)。ルカーチの議論には物質代謝概念が欠落しているため、その資本主義分析では、資本主義と自然法則の関係性が消えてしまうというのである。「自然のなかに存在しなかった弁証法というものを、どうして社会が手に入れたのか?」とルダシは畳み掛ける(Rudas 1924: 87)。さらに、デボーリン(Deborin 1924: 617)も、ルダシの二元論批判に賛同しつつ、ヘーゲルの思弁的観念論に影響を受けたルカーチの「観念論的な」アプローチとは異なり、主体と客体の同一性が実現するのはまさに労働過程においてであると述べている。まさにこれらの批判が、ルカーチを物質代謝論に向かわせたのだ。

そう考えると、ルカーチが『追従主義と弁証法』において、ルダシやデボーリンのような「二流の著述家」にこれほどまでに真剣に対応した理由も納得がいく。ミシェル・レヴィ（Löwy 2013: 66-7）は、「物象化」概念の不在とともに、二流の相手を扱っていることを『追従主義と弁証法』における「重大な欠点」とみなしている。レヴィによれば、ルカーチがこの原稿を出版しなかったのは、彼がその質に関して「疑念」を抱き、「最終的に考えをあらため、その政治的・哲学的な方向性にもはや同意しなかった」からだという。だが、この推測が唯一の可能性ではない。

むしろ、ルカーチは、ルダシとデボーリンが提起した批判を、自らの「主観的意図」を明確化するための重要な機会として利用したのである。実際、ルダシが『資本論』の物質代謝概念に言及したことで、ルカーチは『歴史と階級意識』の脚注における自らの不適切かつ不正確な表現について反省を促されたのだ。結果的に、『追従主義と弁証法』の出版を見送ったとしても――その決断は彼を取り巻く政治的状況からも十分に理解できる――、その後のルカーチにとって物質代謝概念は、最晩年の未完成草稿『社会的存在の存在論』にいたるまで中心的役割を担い続けた。この事実は、ルダシやデボーリンとの論争が、彼の生涯における重要な思想を発展させるうえで、いかに重要であったかを示している。

まず、ルカーチは『追従主義と弁証法』において、「『歴史と階級意識』では常に（二度！）自然認識のみを話しているのであって、自然については語っていない」（Lukács 1996: 46; 強調原文）と述べ、脚注の意図を明確化する。エンゲルスの自然弁証法に対する彼の批判は認識論的なものであり、自然の存在論的位置付けについては論じていないというわけだ。つまり、ルカーチの立場は、彼が「自然は社会的カテゴリーである」と述べているとしても、ヴォーゲルの社会構築主義的な自然観とは異なる。ルカーチによれば、自然の把握はその時々の社会関係によって条件づけられるが、これはあくまでも認識論的な議論なのだ。事実、自然は「社会的カテゴリー」であると主張した後、ルカーチは『歴史と階級意識』のなかで、「すなわち、社会的発展のある特定の段階で自然として妥当するものはなにか〔…〕これらのことはつねに社会的に制約されているのである」(Lukács 1973: 234; 邦訳386頁、強調筆者)と述べている。ルカーチは、自然の存在論的地位についてまったく語っていないのである(Feenberg 2017: 130)。

そのうえで、自然の存在論的な位置づけに関しては、ルカーチは、人間より先に自然が客観的に存在することを繰り返し強調する。「社会が自然から発生したことは自明である。自明のことだが、自然とその法則性は社会よりも前に(人間よりも前に)存在していた」(Lukács 1996: 51; 強調原文)。注目すべきは、この発言が、「社会が自然から発生した」という、社会と自然の根底的な連続性を指摘している点である。ここで、両者の絶対的分離を掲げるデカルト的二元論から距離を置こうとするルカーチの意図は明らかだ。つまり、ルカーチは、自然の社会構築主義にも存在論的二元論にも与しなかったのである。

さらにルカーチは、客観的な自然弁証法が「人間に先立って存在し、人間から独立して進行する」(Lukács 1996: 52) ことを否定するつもりもなかったと主張する。「自明のことだが、弁証法は、社会以前の自然の発展原理としてすでに有効で、客観的に存在していなかったならば、社会の客観的発展原理として有効でありうるはずがない」(Lukács 1996: 51)。社会の弁証法が客観的に存在するのは、社会の形成以前に自然の弁証法が存在し、社会が自然から発生したからにほかならないというのである。

この発言は、「自然が、人間がそれを改変しようとする努力とは独立に、またそれ以前に存在するという

（のちにエンゲルスが採用した）考えは、マルクスのヒューマニズムにとって全く異質なものである」（Ball 1979: 471）という西欧マルクス主義の見解と真っ向から対立する。ルカーチは自然弁証法をはっきりと認めているのだ。つまり、『歴史と階級意識』の脚注は、自然弁証法は存在しない、という意図で書かれたのではない。ルカーチが主張しようとしたのはむしろ、社会は人間から独立して存在する自然法則だけで成り立っているわけではないので、自然弁証法をそのまま社会の分析に直接適用することはできないということであった。なぜなら、社会という領域は、主体と客体の相互関係からなる独自の社会的次元を含んでいるからである。ルカーチがマルクスの唯物論にならって「存在論的一元論」を支持しているにもかかわらず、「方法論的二元論」を採用するのはこのためなのである。

　実際ルカーチが問題視したのは、エンゲルスが弁証法的な知を科学的実験によって獲得できるかのように説明した点であった。例えば、カントの「物自体」でさえ、産業と自然科学の発展を通じて認識できるというエンゲルスの主張に対して、ルカーチは次のように述べている。

> だが、エンゲルスのもっとも大きな誤解は、かれが産業と実験という態度――を弁証法的・哲学的意味での――実践だと考えている点にある。まさに実験こそきわめて純粋に静観的な態度なのである。実験者は、観察すべき法則が、妨げられることなくみずから作用するのをそのまま観察し、そしてこの自己作用を妨害するあらゆる非合理的要素を〔…〕、観察することができるために、人工的な、抽象的な状況を作り出すのである。（Lukács 1971: 132; 邦訳２４３頁）

研究室での実験を弁証法的実践として理解するならば、その社会への適用は、歴史の客観的法則を機械的に把握することにつながるだろう。特に資本主義においては、人と人との関係が物象化して「第二の自然」として現れるため、自然科学の方法が容易に社会的領域に拡大され、実験室における「静観的な態度」を特徴とする実証主義的な社会観が生み出されることになりかねない。ルカーチが批判的な社会分析の道具として自然弁証法を拒否したのはこのためである。エンゲルス自身はこの種の弁証法の過度の一般化を戒めていたとしても、20世紀には、社会と歴史を分析する方法としてますます優勢になっていった。だからこそ、ルカーチは、『歴史と階級意識』の脚注において、自然の知識と社会の知識とを区別する必要性を強調したのである。

いずれにせよ、ルカーチが自然弁証法の存在を肯定していた事実は、西欧マルクス主義者を落胆させるに違いない。しかし、エンゲルスの自然弁証法の有用性を擁護しようとする人々にとっても、それは必ずしも好ましいものではない。例えば、バーケットによれば、『追従主義と弁証法』でもルカーチは自然科学の中立性と客観性を強調する一方で、社会科学の認識論的地位を低く見る「科学的二元論」を想定している。「ルカーチは、自然科学そのものが社会科学よりも「より客観的」であり、したがって内的な問題は少ないとする見解に陥っている」というのである（Burkett 2013: 8; 強調原文）。

だが既に見たように、ルカーチはすでに『歴史と階級意識』において、自然法則の客観的性格を認めながらも、自然科学のイデオロギー的性格を批判している。これは曖昧さの反映なのだろうか？　ヴォーゲルとバーケットは「その通りだ」と答えるだろう。しかし、彼らが論じていない重要概念が一つある。それが「物質代謝」である。

奇妙なことに、バーケットは、マルクスのエコロジーを注意深く扱うなかで物質代謝概念に焦点をあて、その重要性を強調しているにもかかわらず（Burkett 1999）、なぜかルカーチの物質代謝概念にはほとんど注意を払っていない。しかし、『歴史と階級意識』の「主観的意図」が正しく理解されていなかったからこそ、ルカーチは『資本論』に立ち戻り、『追従主義と弁証法』でこの概念を導入したのであった。だからこそ、物質代謝に言及することなく、「科学的二元論」をルカーチに帰するのは性急なのである。

第三節　ルカーチの物質代謝論と存在論的一元論

とはいえ、ルカーチの物質代謝論が言及される場合にも、その評価は必ずしも高いとは言えない。例えば、フォスターたちは次のように評する。「１９２０年代に、ルカーチは労働を媒介とした「自然との物質代謝」をマルクスの自然と社会の弁証法にとっての鍵として強調した。しかし、彼はそれ以上には展開しなかった」（Clark and Foster 2010: 124）。しかし、ルカーチは実際には、それ以上に展開しており、この指摘は正しくない。物質代謝概念は、最後の未完草稿である『社会的存在の存在論』にいたるまで、ルカーチにとって中心的な役割を果たし続けたからである。

第一章で述べたように、物質代謝は『資本論』の中心概念である。人間は、労働を媒介とした自然との絶え間ない物質代謝によってのみ、この地球上で生きることができる。もちろん、これは実際の労働過程から歴史貫通的な側面を抽象したものである。しかし、そのような抽象的な理解だけでも、ルカーチによれば、すでに2つのことが浮き彫りになってくる。第1に、労働は、他の動物とは区別される人間特有の活動だということである。労働という意識的で目的的な活動は、自然との物質代謝が本能と所与の自然環境によってほぼ決定されている他の動物と比較して、大きな自由度を有している。その結果、人間が取り結ぶ外部環境との関係性は非常にダイナミックな性格を帯びる。

このことは、労働を媒介とする自然との物質代謝に見られる第2の独自性につながる。ルカーチによれば、この歴史貫通的な過程は、生産様式の発展の過程で「社会的要素の優位性」が増大していくことで、大きな変容を被る。労働は、歴史貫通的な生理的活動であるばかりでなく、本質的に社会的活動なのだ。したがって、労働の具体的な遂行方法は、自然条件によってのみならず、社会関係によっても条件づけられる。マルクスも述べているように、この労働過程の二重規定は、人間と自然の物質代謝の理解のために欠かせないものである。「さらに、物質的生産の一定の形態からは、まず第1に社会の一定の編成が生じ、第二に自然にたいする人間の一定の関係が生ずる」(『資本論草稿集』⑤、441頁)。生産力の発展とともに、人間と自然との間の自然生態学的な物質代謝は、社会的な分業、協業、コミュニケーション、ならびに、規範、法律、制度といった「第二階層の媒介」(メサーロシュ)によってますます媒介されていくのである。

逆に、人間の自然認識も、自然との物質代謝によって条件づけられる。「人間の生活は自然との物質交換〔＝物質代謝。既訳は交換と訳〕にもとづいているものですから、われわれがこの物質交換をおこなうことによって獲得するいろいろな真理が普遍的な妥当性をもつということは、なんら疑問の余地のないところです――数学や幾何学や物理学などの真理のことを考えてみればよいでしょう」(ルカーチ1968、61-62頁)。労働を首尾よく実現するためには、自然についての知識が不可欠である。特に、労働が与えられた自然条件によって大きく左右される人類史の初期段階においては、人間の知識は基本的欲求の充足の必要性によって制約される。この議論のポイントは、それらの科学的発見の内容は客観的かつ普遍的なものであるが、同時にそれは社会的な産物だということである。したがって、その内容も、それぞれの社会的生産関係との密接な関係において理解されなければならないのである。

要するに、自然認識は物質的関係だけでなく、社会関係によっても媒介されている。自然弁証法が存在論的な次元では人間から独立して、また人間に先立って存在するとしても、「私たちの自然認識は社会的に媒介されている。なぜなら、その物質的基盤は社会的に媒介されているからである」（Lukács 1996: 54）。つまり、ルカーチが『歴史と階級意識』で指摘したのは、自然に関する知識は、社会関係からは独立したものではなく、必然的に「歴史的・社会的な現実」であり、したがってそれらは社会の弁証法の対象でなければならないということであった。またこれこそ、「自然は社会的カテゴリーである」という発言の意味するところである。だとすれば、バーケットの批判する「科学的二元論」は存在しない。自然科学の客観性を捨てずに、その根底にある社会関係を究明することこそが重要だからである。

事実、ルカーチはすでに『歴史と階級意識』のなかでこう書いている。

> このように見てくると、自然のたんに客観的な運動の弁証法と、主体もまた弁証法的相互関係のなかに引き入れられ理論と実践とが相互に弁証法的に関係しあう社会的弁証法とは、方法的に分離せざるをえない必然性が、明らかになるであろう。自然認識は社会的形態として発展するが、その展開が第二の型の弁証法〔社会的弁証法〕に従うことは、自明のことであろう。（Lukács 1971: 207; 邦訳、強調筆者364頁）

自然弁証法が人間に先立って存在するとしても、自然に関する認識が人間の実践から独立して存在しうるかのように扱うことはできない。この意味で、社会科学と自然科学の間に「科学的二元論」は存在しない。ここで、ルカーチの自然認識をめぐる弁証法は、エンゲルスの客観的自然弁証法とは区別されなければならない。エンゲルスの「実験」モデルは、人間と自然との物質代謝や社会的要因とは無関係に存在するものを「単に」記述するものである。その限りで、エンゲルスは、自然についての知識における社会的規定性をみずからの弁証法的展開に十分に統合していなかったのだ。そしてこの点を批判しようとしたのが、ルカーチの「主観的意図」であった。「私たちの自然についての意識、つまり自然認識は、私たちの社会的存在によって規定される。これこそ、私がこの問題に関していくつかの記述において述べたことであり、それ以下でも、それ以上でもない」(Lukács 1996: 49)。

このように、人間と自然の物質代謝の社会性と歴史性を強調することは、「静観的な態度」を特徴とする近代自然科学の自己理解とは対照をなす。もちろん、ルカーチは自然科学によって自然に関する客観的で普遍的に妥当な知識を獲得できる可能性を否定しているわけではない。しかし、その社会的基盤が資本主義社会であり、その自然との物質代謝が近代自然科学の物質的基礎を形成していることを忘れてはならない。言い換えれば、「静観的な態度」では、「資本主義社会、その自然との物質代謝が近代自然科学の物質的基礎を形成している」(Lukács 1996: 60) という自らの社会的基盤を忘却してしまうのである。まさに、この社会関係の「物象化」の結果、人間は自然を自然科学によって直ちにアクセス可能な非歴史的存在として扱うようになるのである[08]。

ルカーチの物象化批判によれば、自然と社会の「科学的二元論」に陥っているのは、むしろ近代科学の世界観の方である。そこでは、社会や歴史に関わるものは真の客観性を奪われ、社会から独立して存在する自然の中の非歴史的対象だけが客観的とされる。人間と自然の間の歴史的な物質代謝過程から完全に抽象化した「純粋事実」の直接性に対するルカーチの批判が問題視したのは、まさにこの点であった。ここで抽象化されてしまっている主体と客体の相互作用、さらには歴史における理論と実践こそが、ルカーチにとって重要だからだ。「今日、自然から直接取り出されたカテゴリーとして「永遠」に見えるカテゴリー、例えば物理学の仕事は、資本主義社会と自然との特定の物質代謝によって規定された、歴史的なものであることが判明する」(Lukács 1996: 74)〔09〕。

ここでは、ルカーチが自然認識について社会構築主義的な扱いをしているような印象を与えるかもしれない。たしかにルカーチは、自然認識は、自然との物質代謝の社会歴史的過程との関連において、歴史的産物として分析されなければならないと主張している。しかし、ルカーチは、はっきりと相対主義から距離を置いている。「近代自然科学が資本主義社会の産物であるという事実は、その客観性を何ら奪うものではない」(Lukács 1996: 61)。つまり、真理の生成は歴史的であるが〔10〕、その内容は客観的である。「しかし——社会的存在とそれを媒介とする自然という客観的現実に関わる限りにおいて——それは「客観的真理」、「絶対的真理」であり、それを「克服」し、より包括的でより正しい認識によって、その立場や理論的説明などが変わるだけなのである」(Lukács 1996: 53)。

要約すれば、ルカーチは「科学的二元論」を主張したのではない。むしろ彼は一貫して、自然についての知識が、社会的存在の変容と緊密に結びついていることを強調していた。つまり、社会科学と自然科学という区分けを超えた新しい弁証法的な概念を確立するための道を、ルカーチは切り拓こうとしていたのである。ルカーチにとって、「自然認識は、社会的認識と同様に、弁証法的である」(Feenberg 2017: 132)。そのような弁証法的な認識は、自然科学のカテゴリーと方法を、物質的条件だけでなく、階級、ジェンダー、人種などの社会関係によって媒介される、人間の自然との物質代謝の具体的編成との関連において批判的に分析することを可能にするだろう。そして、それはまさに、バーケットが「科学的二元論」を超えることによって達成しようとした科学観に親和性の高い統一的な学なのである。

しかし、話はこれで終わりではない。より重要なのは、ルカーチの物質代謝概念が、近年マルクス主義に対して向けられるようになっている「存在論的二元論」という非難を退けるということだ。ここで問題となる存在論的二元論は、(大文字の)「社会」と「自然」を絶対的に分離すること、いわゆるデカルト的二元論に立脚している。だが、マルクスの物質代謝概念は、人間の労働を媒介とした両者の絶え間ない循環を描くものである。そこでは、人間は間違いなく自然の一部である。別の言い方をすれば、人間は自然の普遍的な物質代謝の絶え間ない流れや流動の一部に他ならない。だが、こうした考え方は、デカルト的二元論とはまったくもって相容れない。

ケイト・ソーパーが述べるように、「心」と「身体」、あるいは「社会」と「自然」という完全に分離した二つのものが、どのように相互に作用し合うかをデカルト的二元論は説明することができない。「デカルト的な図式を受け入れることは、全く異なる二種類の実体が存在し〔…〕、それらが奇跡的に、しかし不可解に、互いに絶え間なく作用し合うのを、単に受け入れることとである」(Soper 1995: 43-4)。

ヴォーゲルの一元論的な選択肢は、ルカーチが「自然」と「社会」というデカルト的二元論を受け入れていたと仮定した場合にのみ説得力を持つ。けれども、マルクス主義にとって、人間と自然の物質代謝にはそのような絶対的分離は存在しないし、両者の相互作用に不可解さはまったくない。むしろ、人間と非人間的自然は、労働を媒介として、相互に深く絡み合っているのだ。そこに絶対的な分離はありえず、マルクス主義に向けられたデカルト的二元論の非難はなんの意味も持たないのである。ヴォーゲルの想定とは異なり、ルカーチの物質代謝論の根本洞察は、自然の普遍的な物質代謝の不断の過程において、人間と非人間的自然が連続性を持つという存在論的一元論なのである。

ただし、存在論的一元論といっても、ヴォーゲルのような自然の社会的構築主義は明らかに行き過ぎである。自然が何らかの社会的な影響を受けているという事実は、自然そのものが社会的に構築されているということを意味しないからだ。例えば、Xが社会的実践の影響を受けているとしても、この事実だけではXを社会的構築物とみなすことはできない。同様に、自然は労働によって絶え間ない変化を遂げるので、たしかに「純粋な」原始的自然はもはや存在しない。しかし、労働は自然を社会的構築物に変えることはできない。社会が作用する対象としての自然は、依然として人間から独立したものとして存在するのだ。

同様に、自然が労働によって影響を受けるという事実や、自然科学の認識が実験室での一連の社会的実践を通じて発見されるという事実だけでは、自然そのものが社会的カテゴリーになるわけではない。マウリツィオ・フェラーリスが指摘するように、そのような議論は「存在論的次元」と「認識論的次元」を混同しているのだ（Ferraris 2014: 33）。

結局のところ、自然は、時計が労働によって生産されるのと同じようには生産されない。例えば、石油や石炭は人間によって採掘されるが、社会的構築物ではない。むしろ、採掘という生産活動が可能になるためには、人間から独立して存在して形成され、存在する自然としての化石燃料がなければならない。時計や家が労働によって生産されるのと同じようには、石油や石炭は生産されないのである。そのような自然の上に化石資本主義が立脚しているのだ。

物質代謝の過程における歴史的な相互関係や絡み合いが、ルカーチの「唯物史観」の基本的な洞察である。人間と自然の物質代謝という生態学的な過程における両者の根本的な一体性がある一方で（「唯物論」）、その実際の過程や外観は、常にすでに社会歴史的に媒介されている（「史観的」）というわけだ[11]。

皮肉なことに、デカルト的二元論を暗に前提しているのは、ポスト・デカルト的な一元論の提唱者たちのほうである。彼らは二元論的に二つの存在を暗黙のうちに分離しているので、人間がそれに触れると、たちまち自然は社会的構築物になってしまうと考えるのだ。それに対して、唯物論者としてのルカーチは、自然の社会的構築主義の立場をとらなかった。むしろ、自然と社会を「物質代謝」という一元論的な枠組みで把握しようとしている。ただし、自然と社会の区別を曖昧にする「平坦な存在論」（ラトゥール）を主張したわけでもない。

むしろルカーチは、特定の社会的条件――いわゆる「社会的存在」――のもとでのみ存在する「等しく客観的な新しい運動形態」があり、それが、自然と同様に実在的で客観的であることを強調している。「社会的存在の直接的な現象形態は、しかし、脳の主観的空想ではなく、実在的存在形態の諸契機なのである」(Lukács 1996: 33)。ここには、社会と自然の連続性を否定することなく、その絡み合いのうちに見出される質的な差異が存在している。そして、この「社会的存在」の分析こそ、ルカーチが最晩年まで取り組み続けたテーマだったのである。

後期ルカーチの未完草稿『社会的存在の存在論』で展開された物質代謝論は、今日ほとんど顧みられることとがないが、「社会的存在」についての独自な思索を深めており、重要である。そこでは、労働が自然の領域と社会の領域との間に質的な「跳躍 Sprung」をもたらすと指摘される（Lukács 1984: 169）。社会は自然から生まれるが、社会的領域には、人間の言語と労働を媒介とする社会関係から生じる、質的に異なる新たな創発的性質があるのである。つまり、人間の自然との物質代謝の過程に根本的に新しい次元が生じるのだ。

それゆえ、資本主義下の社会存在論の歴史的独自性を十分に明らかにするためには、これらの質的に異なる「社会的な存在の直接的な現象形態」を理解することが欠かせない。例えば、商品としての机の「価値」という形態は、資本主義における「純粋に社会的」な性質である。それゆえ、価値は机の感覚的な性質ではない。価値を見たり、触ったりすることはできないのだ。だがそれにもかかわらず、価値は「脳の主観的空想ではなく」、机の形と同じように実在的なのである。実際、「商品」や「価値」という社会的形態は資本主義の発展とともに社会的力を増していき、疎遠な力として人間に対峙し、物質代謝を改変していくようになる。

ここに、人間と自然との物質代謝の歴史的過程における「連続性」と「切断 Bruch」の両方が存在する。この社会と自然の複雑な関係を、ルカーチはヘーゲルの表現を借りて、「同一性と非同一性の同一性」（Lukács 1984: 395）と呼ぶ。自然の一部としての人間は、自然の普遍的な物質代謝に包含されている（「同一性」）。しかし同時に、自然には存在しない社会の新たな質的性質や創発的性質があるために、社会と自然の間には「跳躍」や「切断」がもたらす差異が存在する（「非同一性」）。だが、社会は自然なしには存在しない以上、両者は完全に分断されてもいない。この二つの側面は、「分離の中の統一」（Holloway and Picciotto 1978: 3）のうちにあると言ってもいい。

この「同一性と非同一性の同一性」こそが、ルカーチの見解を平坦な存在論や社会構築主義から差別化する鍵である[12]。自然と社会の「同一性と非同一性の同一性」を念頭に置くと、自然科学の中立的客観性を特権とする科学主義は、自然と社会の非連続性を強調しすぎて、デカルト的二元論に陥ってしまう。一方、ラトゥール的一元論は、社会と自然の連続性に注目するあまり、純粋に社会的な創発的性質を過小評価し、人間と自然の物質代謝を編成する資本主義の独自性や矛盾を明らかにすることができないのである。

要するに、ルカーチの方法論は、よりニュアンスに富んだ社会と自然の関係性の取り扱いを可能にしてくれる。だが、それだけではない。節をあらためて論じるように、こうしたルカーチの方法論は、独自の恐慌＝危機論にもつながっていくのだ。

第四節　環境危機批判としてのルカーチの恐慌論

人新世において支配的になっている一元論は、社会と自然の区別を消し去ってしまう。例えば、ラトゥールが目指すのは、「自然と社会の区別を恒久的に曖昧にし、二つの別個の集合に決して戻らないようにする」ことである（Latour 2004: 36）。このようなハイブリッド主義によれば、社会現象と自然現象を区別することとは、もはや不可能なのだ。ラトゥールは、エージェンシーをモノに再配分しなければならないと主張する。そして、このアクター・ネットワークの世界においては、「非人間は事実上、人間の地位に『格上げ』され、人間は非人間の地位に『格下げ』される」という意味で「平坦」である（Laurier and Chris 1999: 1060）。

これに対して、ルカーチの方法論的二元論は、社会と自然を意図的に分離し、そのうえで再統一するという二重の規定性のもとで事態を考察しようとする。「この自然との物質代謝を、人間から独立して存在する自然との相互作用と同時に、その時々の社会の経済構造によって規定された二重の規定性において」（Lukács 1996: 60）考えるのである。自然と社会は明らかに現実の中で絡み合っているが、それはラトゥールが提唱するように両者を区別する必要がないことを意味しない。それどころか、資本主義の経済的形態規定の独自性を分析するために、両者を区別することは不可欠である。なぜならそれこそが、資本主義的生産の歴史的に特殊な力学を理解する唯一の方法だからである〔13〕。

ルカーチの方法論的二元論は、アルフ・ホアンボーによる自然と社会の分析的分離に類似している。ホアンボーが二元論的方法論を主張するのは、人新世において自然が社会的なものに包摂されるからこそである。

> しかし、〔人新世〕は「自然」と「文化」、あるいは、「自然」と「社会」というカテゴリーが時代遅れであり、捨てるべきものになっているということだろうか〔…〕？　むしろ、反対だ。現実世界での複雑な相互作用を認めながら、象徴的なものと前象徴的なものとの分析的な区別を維持することが、これまで以上に必須であったことはない。「社会」と「自然」を分析的に分離しておくことによってのみ、私たちは、皆が宙づりになっているハイブリッドの網の目を脱神秘化する作業で前進することを望めるのである。（Hornborg 2012: 34）

方法論的一元論と存在論的一元論を主張することに終始するヴォーゲルとは対照的に、ホアンボーは、ハイブリッドの時代の批判理論にとって「分析的二元論」がより一層重要だと述べる。ホアンボーの同僚であるアンドレアス・マルム（Malm 2018: 53）も、「実体一元論 substance monism」――「存在論的一元論」に相当――と「性質二元論 property dualism」の間に同様の区別を設けている。社会と自然は同じ存在論的境位に属し、同じ実体を共有していても、その性質は「心」と「身体」のように異なる。それゆえ、両者は別々に分析する必要があるというのだ。この分析上の分離に基づいてのみ、ハイブリッドの外観を所与のものとして受け入れる物神崇拝を「脱神秘化」できるとホアンボーやマルムは述べる。

このことにルカーチは完全に同意するだろう。しかし、ルカーチにとっては分析的な分離だけでは十分ではない。ヘーゲル的な用語を使えば、さらに、「総体性 Totalität」の次元を考慮しなければならないのだ。自然と社会は現実には決して別々に存在せず、「同一性と非同一性の同一性」の中にしか存在しないので、両者を分離したままで放置してはいけない、とルカーチは述べる。ここに再びマルクスとの共通点がある。

実際、マルクスも、社会的形態はその物質的な「担い手 Träger」なしには存在し得ないと指摘していた。例えば、「一般的等価物」としての「貨幣形態」は純粋に社会的なものであるが、その担い手として金という素材を必要とする。「貨幣としての金」は、資本主義における社会（形態）と自然（素材）のハイブリッドであり、両者を混同してしまう物神崇拝をもたらす。だが、ラトゥールのようにハイブリッドであることを指摘して終わりではなく、ここでのマルクスの方法は、まず純粋に社会的なものを抽出し、「価値形態」の論理を解明する。それが「脱神秘化」につながるのである。

しかし、脱神秘化だけでは終わらない。現実の物象化された世界においては、「商品」「貨幣」「資本」の純粋な社会的力が、その物質的担い手を包摂し、資本の価値化の論理に従って、世界全体を変容させていく。この「形態」と「素材」の絡み合いの具体的な過程をさらに分析するのが『資本論』なのである。この「自然と社会の対立における統一」(Napoletano et al. 2019: 8) という緊張関係を把握することによってのみ、資本主義生産様式の動的過程のなかで、自然と社会を取り扱うことが可能になるというわけだ。

この社会と自然の分析的分離と結合の重要性を踏まえると、近代の「静観的な態度」の特徴である「直接性」を批判するルカーチの真意を理解することができる。先に見たように、ルカーチは自然科学が歴史的・社会的に媒介されていることを分析する必要性を指摘したが、この媒介も二重の規定性として理解される必要がある。にもかかわらず、ヴォーゲルは、その一つにしか注意を払わず、自然の社会構築主義に陥ってしまったのだ。

一方で、自然は社会的なものによって媒介されている。自然科学の発展の背景には、人間と自然との間の物質代謝を編成する歴史的に特殊な方法を構築する社会的諸関係が存在する。資本主義的生産様式のもとでは、この物質代謝は資本の果てしない価値増殖への欲動によって駆り立てられる。したがって、自然を資本に包摂させるこの過程は、数量化と機械化に基づく生産過程の「合理化」をもたらし、さらには社会的領域全体の合理化をもたらし、最終的には人間さえもモノのように扱うようになる。この主体と客体の逆転を、マルクスは「物象化 Versachlichung」と批判したのだった。

他方で、社会的なものは自然なものに媒介される。ルカーチは、このような世界の数量化の過程が「物質 Materie」による媒介を忘れてしまうことに、物象化の第二の問題を見ている[14]。つまり、「物質」の次元は、社会的諸関係のもとでの変容にもかかわらず常に存続する。それは社会的「形態」が必ずやその「担い手」を必要とするからだ。ところが、自らの物質的「担い手」である「自然の非同一性」を消し去る資本の形式主義は、必然的に素材的世界における深刻な矛盾を引き起こす。先述のように、資本主義に適した近代科学の形式主義は、素材（物質）から切り離された抽象化と機械論的合理性の原理で全世界を数量化していく。「商品形態が社会の生活現象全体を貫き、自分の似姿に従ってこの生活現象全体を変形させねばならないのである」『歴史と階級意識』からの引用（Lukács 1971: 00）。だが、この合理化は、質的で素材的な性質を軽視し、周縁化する。資本主義の静観的な態度が、「内容に対する形式の無関心さ」（Lukács 1971: 126; 邦訳２３１頁、強調原文）のせいで、自然の非同一性を完全に考慮することができないからである。その結果、「物質」は資本の価値増殖の担い手へと矮小化されていく。素材的世界は、資本による再編成によって、新たな客観性を付与されていくのである。

　人間的性質、非人間的性質を含んだあらゆるものが商品化され、それを通じて価値形態が一様に押し付けられてゆく。価値形態による全体的な数量化は、同一性の思考の現れであり、それはさまざまな使用価値の差異を矮小化し、物質代謝の過程に抽象的な価値尺度を押しつけることで、素材的世界の非同一性を抑圧する。商品化の論理のもとでは、自然それ自体の独立した目的は認められず、資本の価値増殖のための単なる乗り物に還元されてゆくのだ。このようにして社会と自然の区別を消し去ることが、自然環境への過剰な介入につながる「傲慢さの元凶」（Henning 2020: 306）である。だが、そうした忘却は、人間にとって深刻な脅威となる。なぜなら、人間はあくまでも自然的存在であり、生命の生物学的基礎は社会の中でも変わらないからである。その際、経済的形態と物質との関係は非対称であり、後者は前者なしでも存在しうるが、その逆はありえない。それゆえに、資本の担い手の非同一性を消し去る形式主義は、最終的に深刻な矛盾を素材的世界のうちに引き起こし、そのしっぺ返しを受けるのである。このことは、エコロジーの領域において、重要な意味合いを持つ［15］。

資本の全体化の傾向が強まるにつれて、合理的な客観化の矛盾は「危機」として顕在化してくる。ルカーチは次のように警鐘を鳴らす。

> 以上のような合理的な客体化は、なによりまず、あらゆる物の——質的および材質的な——直接の物的性格を蔽いかくしてしまうのである。どんな使用価値も、例外なく商品としてあらわれることによって、たまにしか交換がなされなかった時代にはもっていなかったような新しい客体性または新しい物的性格を受けとり、そのなかで、本来の固有の物的性格が破壊され消滅してしまうのである。
>
> （Lukács 1971: 92; 邦訳176頁）

自然の道具化の過程で非同一性が同一性に還元されていき、数量化の力はますます暴力的になる。自然は、それ自身の独立した目的性を認められることなく、資本の価値増殖の単なる担い手に還元されていくのだ。しかし現実には、自然の非同一性は根強く残り続ける。自然界は我々の完全な把握を超えたものであり、完全に制御することはできないのだから、同一性の論理はしばしば予期せぬ結果をもたらす［16］。この矛盾は最終的に「危機＝恐慌」として炸裂する。

このように外見上たえず進行し、人間の肉体的および精神的な存在の最深部にまで達する世界の合理化は、しかしそれ自身の合理性の形式的な性格に限界がある、ということを見いだすことになる。すなわち、生活の孤立化された諸要素の合理化や、その結果生じてくる——形式的な——合法則性は、たしかに直接には、また表面的にみると、普遍的な「諸法則」の統一的体系に組みいれられてはいるが、しかしこの法則性の基礎である法則の素材がもつ具体的なものを軽蔑するために、法則体系は事実上支離滅裂となり、部分体系相互の関係は偶然的となって、これらの部分体系相互の自立性が——相対的に——増大するのである。このような法則体系の支離滅裂さがまったくはっきりと示されるのは、恐慌の時期である。恐慌期の本質は——このような観察の立場からみると——ある部分体系から他の部分体系へと移行する際の直接的連続性が分断され、部分体系相互の独立性や部分体系相互の偶然的関係が、突然すべての人間の意識のなかに入り込んでくる、ということになる。(Lukács 1971: 101; 邦訳188頁)

資本の論理によって推進される近代の合理化は、人間と自然の間の物質代謝の複雑な過程全体を十分に考慮することができないので、形式的な法則の合理性は、「全体の非合理性」を増していく。そして、危機の瞬間には自然の非同一性が炸裂する。システム全体の中での各要素の相互依存性が、形式主義では十分に予想も処理もできない形で顕在化するのだ。この意味で、人間と自然の物質代謝の総体性を認識させるグローバルな環境危機は、ルカーチのいう「危機」にほかならない。

このように、ルカーチの議論は、デカルト的二元論とも、社会的構築主義とも、ラトゥール的一元論とも違う形で、人新世における人間と自然の関係を分析する実在論的な道を切り拓いたのである。このようなルカーチの二元論的方法と危機論を再検討することは、今、かつてないほど重要である。というのも、現在では、自然と社会とのハイブリッドを受け入れる一元論的な見解がかなり普及するようになっているからだ。なるほど、近代の矛盾が露呈するなかで、自然と社会が絡めば絡むほど、一元論的思考が支配的になるのは納得がいく。しかし、今日の地球規模の生態学的危機において、資本主義批判が不可欠であることを否定することはできないはずだ。だからこそ、マルクス主義の理論的洞察を性急に捨て去るべきではない。

しかしながら、ルカーチの「主観的意図」は正しく理解されなかった。その結果、マルクスの社会哲学を自然の領域から切り離す解釈が西欧マルクス主義によって打ち出され、20世紀を通じて物質代謝論を軸とするマルクスのエコロジーは無視されることになった。だが、資本主義が人新世の環境危機を引き起こしている以上、忘れられたマルクス主義の理論的遺産を、私たちは今こそ蘇らせる必要があるのだ。

第二部

人新世の生産力批判

第四章
一元論と自然の非同一性

第一部で論じたように、物質代謝論は人新世における地球規模での環境危機を分析するための理論的土台をマルクス主義に提供してくれる（Foster 2022）。しかし、「物質代謝の亀裂」に対しては、依然として根強い批判が向けられており、しかも、この批判は近年さらに強まっている。「人新世」が人間中心主義的でヨーロッパ中心主義で地球の現状を説明するには不適切だと非難されるようになっているなかで、「物質代謝の亀裂」というアプローチも、生産力主義だけでなく二元論にも陥っていると非難されているのである。つまり、自然の「復讐」や「物質代謝の亀裂」という二元論的発想では、資本主義的蓄積によって引き起こされる環境危機の歴史的ダイナミクスを適切に把握することができないというのである。

本章ではマルクスの「経済学批判」の方法を再検討し、その非デカルト主義的な二元論の有効性を、一元論的な世界観から擁護していきたい。たしかに、「人新世」概念に対する批判の多くは有効であるが、そのことは、現在の環境危機を分析するうえで、一元論が二元論より優れているという主張を直ちに正当化するわけではない（第一節）。そのうえで本章では、一元論の問題点を明らかにするために、環境地理学における左派の議論を取り上げることにしたい。なかでも、マルクス主義の系譜における「社会」と「自然」というデカルト的二元論に対する批判として有名なのは、ニール・スミスの「自然の生産production of nature」とジェイソン・W・ムーアの「世界＝生態」である。人間と自然の関係性についての彼らのアプローチは、一見すると非常にラディカルに見えるが、さまざまな理論的困難を抱えていることを明らかにしていく。

もちろん、スミスとムーアの間には明らかな理論的違いがある。１９７０年代のデヴィッド・ハーヴィーによる『成長の限界』などに代表されるネオ・マルサス主義の批判は、スミスの「自然の生産」アプローチに大きな影響を与えた。しかし、ハーヴィーもスミスも、「マルサス主義への恐れ」から現実的な自然の限界を社会的構築物へと解消してしまったのである。その結果、環境保護主義の問題提起をマルクス主義的な資本主義批判に統合することができなくなってしまった。実際、「自然の生産」というスミスのアプローチは社会との非同一を保持する自然の独立性と自立性を毀損する人間中心主義に陥ってしまっている。その限りで、彼らが資本主義のもとでの惑星規模の環境危機を過小評価してしまうのは、必然的な帰結なのである（第二節）。

これに対してムーアは、人間中心主義を徹底して退ける。彼は「オイケイオスoikeios」という一元論的な世界観を提唱し、「物質代謝の亀裂」の擁護者が、大文字の「社会」と「自然」の「デカルト的二元論」に陥っていることを問題視する。そしてムーアは、自身の「世界＝生態」の方がマルクスの環境思想と経済学批判をよりうまく結合できると主張するのだ（第三節）。ムーアは「世界＝生態」というポスト・デカルト的な歴史観の方がマルクスの史的唯物論に忠実であると述べているが、それに対して、本章では「物質代謝の亀裂」概念を擁護していくことにしたい。

というのも、『資本論』の重要な一節をめぐるムーアの解釈はあまりにも性急で恣意的なものであり、「社会的なもの」と「自然的なもの」を厳密に区別しようとしたマルクスの意図を見逃している。ムーアはマルクスの「亀裂」と「分離」といった表現をデカルト的二元論とただちに同一視し、それによって、その含意を汲み取り損ねてしまっているのだ。このことは、ムーアが「修復不可能な亀裂」の議論が前提とするマルクスの「方法論的二元論」の役割を十分に理解していないことを示しているのである（第四節）。

「亀裂」の概念を放棄したため、ムーアが指摘する資本主義の危機は、「安価な自然の終焉」による資本の価値増殖の経済的危機という狭いものとなってしまっている。だとすれば、これはジェームズ・オコナーの「資本主義の第二の矛盾」と同じ難点を含んでいることになる。これに対し、マルクスは一貫して自然の「非同一性」を認識しつつ、「人間中心主義」の観点から環境危機に関心を寄せていたのである（第五節）。

一元論的把握が、自然の非同一性を周縁化するせいで、環境危機を過小評価してしまうのは偶然ではない。その結果、一元論はエコモダニストに代表される「地球構築主義 geo-constructivism」の見解に接近していき、地球システムの「管理 stewardship」という名目でさらなる技術的介入を正当化して、「良き人新世 good Anthropocene」を創造しようとする危険をはらんでいるのだ（第六節）。

第一節　人新世、資本新世、テクノ新世

人新世という概念は、ここ10年ほどで人文社会科学においても広く論じられるようになったが、そうしたなかで、さまざまな批判にさらされている。例えば、アンドレアス・マルムとアルフ・ホアンボー（Malm and Hornborg 2014）は、人新世が孕む「物神崇拝」のリスクを指摘している。彼らによれば、人新世を用いる論者

たちは、現代の環境危機の究極的原因を人類による「火の使用」（Raupach and Canadell 2010: 211）といった遠い過去の出来事に見出す傾向がある。その際、こうした言説は、環境危機の起源を人間の特定の「本質的」な性質に帰すのである。そのため、人間と自然の関わり方をめぐっての歴史的・社会的な考察が捨象されてしまう。こうした本質主義的な見方は、資本主義という近代の社会システムとその固有の権力関係、つまり資本、階級、ヘゲモニー、技術との関連において、環境危機を考察することを妨げるのだ［01］。

ドイツの社会学者ジークハルト・ネッケルも、人新世概念を批判している。それによれば、人新世という言葉が「人類」という集合体を惑星規模の変容をもたらす主体としてみなすことで、資本主義のもとでの人類の間における深刻な不平等、経済的格差を覆い隠すというのである（Neckel 2021: 138）。ネッケルによれば、環境危機に責任をもつとされるAnthropos（人類）というのは、実在しない抽象的な概念であり、「虚構」にほかならない。なぜなら、温室効果ガスの排出をめぐっての地理的、経済的、政治的不平等は、気候変動に責任があるのは「人類そのもの」ではないことを明確に示しているからである。

実際、現状の危機に対してもっとも大きな責任があるのは、グローバル・ノースに住む高所得の人々である。一方、気候変動の負の影響は、資本や技術を要する適応手段を持たないグローバル・サウスの貧しい国や集団に偏在する。つまり、気候変動をめぐる状況は、植民地支配の歴史やグローバル資本主義の権力関係と密接に関わっており、階級、人種、ジェンダーが織りなす不平等をしっかりと考慮する必要がある。しかしネッケルによれば、「人類」という抽象的存在のもとにあらゆる人々を一緒くたにまとめあげる人新世の概念は、資本主義の暴力、抑圧、搾取を隠蔽するのだ。

例えば、人新世の歴史家であるディペシュ・チャクラバルティは「一度気候変動の危機が認められ、人新世が我々の現在の地平に迫り始めるようになれば、人類史に関わる問題を説明するためには、資本の批判は不十分である」（Chakrabarty 2009: 212）と述べ、「資本の批判」を避ける。たしかに人類史の分析には「資本の批判」だけでは不十分だろう。けれども、そのことは、チャクラバルティが「資本の批判」を避けることを正当化しない。この種の人新世のナラティブは、人為的影響を強調することによって現在の環境危機を「脱自然化」するが、資本主義によって構成された社会関係を批判的に検討しないために、結局は、この環境危機を「再自然化」するだけなのである（Malm and Hornborg 2014: 65）。

既存の資本主義的生産様式とそのヒエラルキー構造を批判しないために、人新世概念の支持者たちは、環境危機に対する解決策としてさらなる技術発展と自然の支配を素朴に要求しがちである。それゆえ、人新世のナラティブは「地球規模の、操縦可能な、管理機械を導入するための正当性を求める壮大な物語」（Neyrat 2019: 9）だと批判される。けれども、人類の生存のために地球システムを「管理」することを目指すプロジェクトは、経済成長を目指す資本の論理へと取り込まれてしまうだろう。

例えば「人新世」概念を提唱した化学者パウル・クルッツェンは、気候変動に対する解決策としてジオエンジニアリングを提案している。すなわち、硫酸塩のエアロゾルを大気中に散布し、太陽光を遮断して、地球を冷却するという計画だ（Crutzen 2006: 212）。しかし、地球のテラフォーミングは、それが仮に計算レベルではいかに確実であったとしても、実施にあたっては、深刻な倫理的問題を提起せざるを得ない。というのも、先進国のエリートが地球全体に長期にわたる甚大な影響を与える政治的決定を下すことを許されることになる一方で、その負の結果を経験することになるかもしれない多くの人々が、その意志決定プロセスから排除されるからだ。民主的な意志決定プロセスなしに、上からのテクノクラート的な環境対策を行うことは、既存の不平等と社会的分断をむしろ強化するリスクが高い。強権的なやり方が広がれば、最悪の場合、危機を前にして、「エコファシズム」(Gorz 1980: 77)あるいは「テクノファシズム」(Illich 1977: 14)につながる可能性さえある。

このような人新世の生産力主義的な神話に対して、エコフェミニストのステファニア・バルカ(Barca 2020)は「再生産力 forces of reproduction」という観点から、人新世概念を批判している。資本主義的近代化を駆動し、自然から収奪する「生産力」とは対照的に、家事労働、看護、農業、漁業などで発揮される「再生産力」は他の人間や人間以外の生命との相互依存関係のうえに成り立つケアという行為によって特徴づけられている。ところが、この「再生産力」は周辺化されてきた。実際には、資本主義的発展は女性、小農、奴隷、先住民の再生産労働の搾取によって成り立っているにもかかわらず、その貢献は無視されたのだ。

バルカによれば、人新世概念もこの状況を変えることはない。むしろ、人新世の支配的物語は「人間と自然(非人間)」、「文明と野蛮」、「男性と女性」といったヒエラルキー的二元論を黙認することによって、既存の支配・従属関係を再生産し、強化さえする(Plumwood 2002)。つまり、人新世の二元論が、西洋的合理性における白人、男性、異性愛者の特権性を曖昧化し、「生産力」の視点を強化するというのである[02]。

以上のように、マルム、ホアンボー、ネッケル、バルカらは、人新世と呼ばれる事態の背景にある経済的、政治的、ジェンダー的、人種的、地理的不平等を検討することの重要性を正しく強調している。そして、この文脈で「資本新世」(Moore 2016; Malm 2016)、「テクノ新世」(Hornborg 2015)、「プランテーション新世」(Haraway 2015)といった人新世に代わる地質学的年代区分を提案しているのだ。

例えばマルムは「資本新世」という用語を使うことで、「人類の地質学ではなく、資本蓄積の地質学」を強調しようとしている。なぜなら、「資本主義の時間、生化学の時間、気象学の時間、地質学の時間が、最終審級としては資本の時代によって決定される新しい全体において分節化されている」(Malm 2016: 391) からだ。惑星全体の地表は資本の足跡に覆われているのであり、資本の論理は惑星の物質代謝を組織する主要原理として分析されなければならないというのである［03］。

第二節　一元論と自然の生産

バルカによれば、資本主義は本質的に二元論に依存している。それゆえ、人新世概念も、近代の二元論がもたらすさまざまな不平等や抑圧を反復してしまうリスクがある。実際、資本主義に批判的な人々でさえ、しばしば自然の支配や再生産労働の周縁化という生産力主義的な神話に囚われてきた過去を考慮すれば、近年の左派の環境思想においても、一元論的見方が影響力を増しているのは偶然ではない。しかし、旧来の二元論的な図式にはたしかに大きな修正が必要だとしても、あらゆる一元論が二元論よりも常に優れているというわけではもちろんない。実際、前章で触れたように、マルムやホアンボーは人新世概念を批判しているにもかかわらず、ラトゥールやムーアの一元論から距離を置き、非デカルト的二元論を擁護しているのだ。以下では、その理由について考察していきたい。

マルクス主義における一元論的アプローチで主要なものの一つが、地理学における「自然の生産」の議論である。その提唱者たちによれば、環境保護主義は「第一の自然」、すなわち社会の外部にあり、人間の手が入っていない原初的自然の破壊を嘆くが、そのような純朴な「社会」と「自然」の分離は、資本主義における自然の社会的形成という現実のダイナミズムを把握することができないという。「自然の生産」の第一人者であるニール・スミスが「自然は社会的でなければなにものでもない」(N. Smith [1984] 2008: 47) と主張しているように、(人間の手付かずの)「自然なるもの」はもはやどこにも存在しない。人新世という状況は、このような大胆な主張に対して有利に働くだろう。というのも、「社会的なものと自然的なものが、思考と実践のいずれにおいてもその分離を不可能にするような形で絡み合っているようにみえる」(Castree 2001: 3) という見解に人新世は信憑性を与えるからだ。ノエル・カストリーは、「自然」を「とりわけ強力な虚構物、つまり作られたものであり、また人工物であるからといって影響力が劣るわけではないもの」(Castree 2013: 6) として扱うことを提案しているほどである。

しかし、カストリーらの社会構築主義的な自然理解にはさまざまな問題がある。まず前章で述べたように、自然の認識論的側面と存在論的側面を区別しなければならない。たしかに、私たちの「自然の知識」は特定の科学的実践によって言説的に媒介され、「自然の理解」は必然的に社会的な権力関係によって制約される。人間の自然へのアクセスが言語によって条件づけられている限り、外的自然そのものへの完全に透明で直接的なアクセスはありえない、というのも事実だ。しかしこのことは、人間から独立した外的自然が存在せず、あたかも自然自体が存在論的次元においても、社会的に構築されていることを意味しない。

例えば、この温暖化していく世界では、たとえ言語がなく人間がいなくとも、気温は上昇し続け、氷は溶け、海面は上昇する。これらの現象は実在的であり、人間の意識からは独立して存在する明白な事実として記録されなくてはならない。もちろん、ここでも自然は人間によって社会的に影響され、手を加えられている。干ばつや山火事などの自然現象も、人間による化石燃料の燃焼に起因する気候変動の影響を受けているからだ。この意味で、社会は自然を物理的に変容・再編成した結果、資本主義的発展の副産物として意図していなかったリスクに見舞われるようになっている（Beck 1992）。とはいえ、このような社会的影響があるからといって、自然が社会的構築物だと結論づけることはできない。

つまり、「自然の生産」という発想は、「変容」と「構築」を混同しているのだ（Malm 2018: 37）。スミスやカストリーにとって、接触することは「構築」である。しかし、たとえ私が木に水や肥料をあげたとしても、その木を「構築」したことにはならない。木は独立した存在を保っている。その後、木を伐採し、家を建てることもできるし、石炭を採掘したりもできる。こうして自然は「変容」される。しかし、それでも自然を構築することはできない。むしろ、人間のあらゆる経済活動は、その形成過程が人間から独立した木や石炭の存在に依存している。つまり、自然の実在は生産の客観的前提なのだ。

ヴォーゲルの構築主義的な自然批判はマッキベンの「自然の終わり」を文字通りの意味で歓迎しているが、「自然の終わり」は決して文字通りに自然がなくなるということではない。現代でも、人間の労働は化石燃料という人間が介入することなく自然が生産するものに大いに依存している[04]。だからもし本当に「自然が終わり」を迎えて、なくなってしまえば、資本が搾取するものもなくなってしまうだろう。資本主義や私たちの経済活動は、その採取や搾取に先立って存在する天然資源という形での自然を例外なく必要としているのだ。

マルクスも、人間から独立して自然が存在することをはっきりと認識していた。『資本論』では次のように述べている。「この物質的な土台は人間の助力なしに天然に存在するものである。人間は、自身の生産において、ただ自然そのものがやるとおりにやることができるだけである。すなわち、ただ素材の形態を変えることができるだけである」（『資本論』第一巻、58頁）。このように、マルクスは、自然が労働によって構築されるという考えを否定する。労働はその形態を「変えることができるだけ」なのである。これが唯物論の基本的立場だと言ってもいい。

また、社会が接触することによって自然は即座に構築された自然へと変化すると主張する際、ヴォーゲルとスミスは、グローバル資本主義の成立以前に存在した社会と自然の絶対的分離を前提している。というのも、そのような分離を前提しなければ、社会が自然に接触すると、自然はただちに消滅すると主張できないからだ。その意味で、社会構築主義の一元論とデカルト的二元論は表裏一体なのである［05］。

このような矛盾した事態を避けるためには、社会と自然の関係をよりニュアンスに富んだ形で扱う必要がある。ここで参照したいのが、ドイツの社会学者クリストフ・ゲルクの提唱する「社会的な対自然関係 gesellschaftliche Naturverhältnisse」という概念である。ゲルク（Görg 2011: 49）も、自然が経済的・技術的実践によって素材的に改変され、文化的・科学的言説によって象徴的に構築されていることは認める。だが、スミス、カストリー、ヴォーゲルらとは異なり、自然が社会的に「生産」されているとは考えない。むしろ、アドルノの「否定弁証法」の伝統に従って、ゲルクはその代わりに、「自然の非同一性」と「対象の優位性 Vorrang des Objekts」を重視する。これはルカーチによる「同一性と非同一性の同一性」の議論を想起させるものである。

アドルノによれば、「対象の優位性」の認識こそが唯物論を特徴づける。「この客観の優位の方に立場を移し変えることによって、弁証法は唯物論的になる」（Adorno [1966] 1990: 192; 邦訳235頁）。アドルノによれば、対象には思考や概念に還元できない側面が常に存在する。物質は概念との非同一性を意味し、この非同一性は自然が人間を超えていることを意味する。この意味でアドルノの批判理論は、外部に「何らかのもの」が存在するという実在論の立場をとる（Görg 2011: 51）。もちろん、社会もまた自然の一部である以上、自然と社会の間には親和性が存在し、それゆえに社会は自然から完全に分離されえない〔07〕。ルカーチも述べていたように、社会は自然のうえに成り立っており、「社会それ自体は、社会を構成するものによって決定され〔…〕したがって必然的に非社会的側面を含む」（Adorno 2006: 122）。自然は社会的活動が可能になる前提条件であり、自然と社会は分離・独立した存在ではない。

だが、一方を他方に解消することもできない。それらは相互に関連し、さまざまな影響や文脈を包含する二極なのであり、自然も社会的な影響を受けることはあるが、社会によって包括的に組織化され制御されることは決してないのである。人間が自然に属しているという日常的な確信にもかかわらず、自然が独立した自立的な存在として経験されるのは偶然ではないのだ。したがって、自然と社会との接触は自然の「終わり」を意味しない。人間は自然との物質代謝を通じて、外的環境との相互作用を社会的に組織化していくが、この組織化は自然との接触によって終わりを告げるものではなく、むしろ、終わりなき不断の過程なのである。

したがって、自然と社会は相互に依存しており、象徴的次元と物質的次元の両方で相互作用するが、この二つの次元は「分析上」分離しなければならない（Jahn and Wehling 1998: 84）。分析上の分離が不可欠なのは、自然が存在論的に社会から分離されて独立性を保っているからだけでなく、二つの領域の間にある本質的な差異、つまり自然の非同一性を消し去ってしまうと、社会のそれぞれの歴史的段階で自然との物質代謝がどのように組織されているかを理解できなくなってしまうからである。歴史的・社会的考察は、社会と自然を

「分析上」区別することに基づいてのみ可能なのである。

さらに「社会的な対自然関係」のアプローチは、「自然の生産」のもう一つの重要な問題、すなわちその「人間中心主義的」(Castree 2001: 204) な性格を明らかにする。自然の社会構築主義の特徴は、社会の自然に対する働きかけという片面にのみ焦点を当てる点にある。そのせいで自然の非同一性と「対象の優位性」への着目が不十分になり、「自然の生産」という考え方は自然に対するプロメテウス主義に陥る危険性をはらんでいる。この点をアドルノの立場から整理すると、自然への社会構築主義的アプローチは、自然を人間にとって持つ意味だけへと矮小化することに問題がある。このアプローチは、受動的なモノとしての自然に対する道具主義的な態度を強化する傾向があるのだ。実際、カストリーらの枠組みでは、自然は人間の主体性・能動性に対する受動的な媒体であり、あたかも自由に変更し操作することができるかのようである。そのため、社会構築主義は、地球の管理のために自然環境にいっそう技術的介入を強め、改変していくという支配的価値観に異議を唱えることはできなくなってしまうのであり、人新世のナラティブにおける生産力主義を強化するのだ。

たとえ、そうした生産力主義がそれほど明示的に打ち出されておらず、環境保全運動の重要性を唱えていたとしても (Castree 2002)、「自然の生産」がプロメテウス主義に陥るリスクは常に存在する。そもそも、マルクス主義は伝統的に技術の進歩に好意的であったのだから、なおさらだ。こんにちもっとも著名なマルクス主義地理学者であるハーヴィーでさえ、マルクス主義におけるエコロジー的転回に対して驚くほど否定的な反応を示している。ハーヴィーはフォスターに対して、彼の環境危機の見方があまりにも「終末論的」であるとして、次のように書いているのだ。

この〔惑星の環境危機という仮定〕に対して理解すべきなのは、私たちが地球という惑星を破壊することは物質的に不可能であり、私たちがなしうる最悪のことは、自分たちの種の存在にとってより快適ではない生活になるように、私たちの環境の物質的変容に取り組むことだという点である。同時に、私たちのなすことは他の生物種に対しても（正と負の両方の）影響を持つことを認識するべきである。〔…〕政治的にみれば、エコサイドが差し迫っているという千年王国的、終末論的な宣言は疑わしい歴史をたどってきた。そのような見方は左派政治の良き土台とはならないし、また生活条件（例えば平均寿命で測ったような）はかつてなく良くなっており、環境保護主義者の終末のシナリオは強引で、ありありえない〔…〕という反論に非常に弱いのだ。（Harvey 1996: 194）

ハーヴィーは「悲観的な」環境保全主義をマルクス主義に組み込むことを躊躇し、「環境の破滅が差し迫っているという見解に立脚する社会主義政治は弱さの表れである」（Harvey 1998: 19）とさえ述べる。さらにハーヴィー（Harvey 1998: 19-20）は、「環境問題に注意を向けるための手段として「限界」と「環境的稀少性」が引き合いに出されるとき、私は理論的な疑念を抱くと同時に、政治的に神経質にもなる」と懸念を率直に表明している。スミス（Smith［1984］2008: 247）は環境保護主義がマルサス主義に陥っていることを理由に、自然の限界を強調しすぎる「左翼の黙示録」を批判したが、ハーヴィーはスミスに同調し、「しかしマルサスのシナリオは今のところ実際には確立されていない」（Harvey 2011: 94）と指摘する［08］。むしろハーヴィーは、どんな「限界」もたんなる「制限」に転換してしまう資本の力能を強調するのだ（Harvey 2011: 90）。ここに「環境保護主義に対する社会主義者のためらい」(Foster 1998: 56) があることは否定できないだろう。事実、環境保護主義を前にしてハーヴィーは、グレッグ・イースターブルックやジュリアン・サイモンといったジャーナリストを引き合いに出すにいたる。ところが、イースターブルックは人口過剰の解決策として、人類は火星をテラフォームし、二つの生物圏を作り出せると論じるイーロン・マスクのような人間なのだ。

スミスも、環境保護主義に対する同様のためらいをみせている。彼は『不均等発展』第3版の序文で、気候変動問題が公共圏で議論される方法に対して「懐疑的な」態度を示している。この懐疑は、彼が「ネイチャー・ウォッシュ」と呼ぶ環境保護主義に対する懸念から生じている。「ネイチャー・ウォッシュは自然の作用の力を再構築し、社会的なものを超え、かつそれを上回る、明白に揺るぎない力にする」(N. Smith [1984] 2008: 246)。このような自然の見方は、人間が変えることのできない自然の力の存在を認めているため、「終末論」を導くだけだ、とスミスは言う。けれども、スミスの発言は、社会的な力は常に自然の作用の力に打ち勝つことができるという根拠なき楽観主義を特徴としているのではないか。

同様にカストリーも、気候変動に関する政府間パネル(IPCC)が気候変動「否定派」を糾弾する際の「過信」を懸念し、マスメディアにおける議論をより「バランスのとれた」ものにするよう勧告している(Castree 2013: 258, 242)。カストリーからすれば、懐疑論者の声を科学の知見を引き合いに出して公の言説から排除することは非民主的なのだ。実際には、多くの環境保護主義者たちはIPCC報告書の保守的な未来予測をしばしば批判しているのであるが、カストリーにとっては、IPCC報告書はネオ・マルサス主義の行き過ぎた警告なのである。だがIPCCの最新の報告書(AR6)がいまや気候変動の原因として人類の影響を「疑う余地がない」とみなしていることを考えると、カストリーの発言は反科学的でさえある。

いずれにせよ、この3人の著名な地理学者は気候危機に直面しても、自然の限界を認めようとしない。このためらいの背景にあるのは「マルサス主義への恐れ」である。実は、この恐れはハーヴィーの初期の論稿と関係がある。ハーヴィーの学者としてのキャリアは、1970年代に発表された「人口・資源・科学のイデオロギー」(Harvey 1974)という論文と共に始まる。この論文は、当時話題となっていた人口爆発と天然資源の欠乏についての問題を扱い、ネオ・マルサス主義をイデオロギーとして批判したことで大きな注目を集めたのである。というのも当時は、ローマクラブの報告書『成長の限界』やポール・エーリッヒとアン・エーリッヒの『人口爆発』が警鐘を鳴らした、人口過多と資源不足の未来予測が大きな社会不安を引き起こしていたのだ。この悲観的な論調に対してさまざまな批判がなされたが、しかしハーヴィーの見解によれば、『成長の限界』の批判者でさえ、客観的な自然の限界の存在を過度に強調していて、ネオ・マルサス主義のパラダイムを共有していたというのである。

　要するに、ハーヴィーは当時の支配的な言説に逆らい、自然の限界は絶対的ではないことを指摘したのだった。ハーヴィーによれば、資源不足という自然制約はア・プリオリに存在するのではなく、一定の社会関係のもとでのみ決定されうる。言い換えれば、人口過剰と資源不足は、資本主義的に構成された生産関係から独立して存在するのではなく、あくまでも関係性概念なのであって、この問題を扱うためには、まず特定の社会が何を、どのように、どれくらい生産するかを特定しなければならない。ところが、こうした歴史的関係を所与のものとして前提とし、社会的生産の目的や自然に対する技術的評価の方法を不変項として固定するせいで、資源不足という問題を扱う際に、人口規模が唯一修正可能な変数となり、その結果として、必然的にマルサス主義に陥ってしまうというわけである(Harvey 1974: 270)。ハーヴィーは、環境保護主義が科学的事実をアピールしているにもかかわらず、しばしばこの種の誤りを犯していると批判したのだ。そのような「科学」は、西欧資本主義における権力と支配をめぐる現在の社会的配置を隠蔽し、さらには正当化する「イデオロギー」としての機能を果たしているというのである。

「科学というイデオロギー」に対するハーヴィーの批判は、マルサスの「絶対的過剰人口論」への批判としてのマルクスの「相対的過剰人口論」に立脚したものである。ハーヴィーはネオ・マルサス主義による過剰人口と資源不足の警告に対して、このマルクス主義的アプローチを復活させたのだ。ハーヴィーは「唯物論者」として、物理的自然の存在をあからさまに否定することはしない。だが、彼はこのネオ・マルサス主義への批判をする時に、あまりにも性急に自然の限界の認識がマルサス主義の罪を犯すと宣告してしまうのだ。そのせいで、いかなる自然の限界を認識することにも、ハーヴィーは消極的になる[09]。ところが、「マルサス主義」がこのようにあまりにも広い枠組みになると、環境保護主義の入る余地がまったくなくなってしまう。先に引用したように、ハーヴィーは「私たちが惑星地球を破壊することは物質的に不可能である」るとさえ主張しているが、しかし人新世は、人類が自分たち（および他の多くの生物）にとって居住不可能となるほどまでに惑星地球を破壊することが極めて現実的な可能性であることを示唆しているのではないだろうか。

環境保全というテーマを前にしたハーヴィーのためらいは、「自然の生産」というテーゼを提唱するマルクス主義の地理学者たちが、社会と自然の関係をラディカルに再概念化すると自称しているにもかかわらず、エコロジーの領域では極めて反動的である理由を説明してくれる。ここでも、アドルノとホルクハイマーの『啓蒙の弁証法』を参照するのが有効だろう。「道具的理性」に駆動される近代のプロジェクトは、「自然の非同一性」を無視し、自然を資本主義における交換価値のために支配され、搾取されるたんなる手段へと還元していく「反省の欠如」（Horkheimer and Adorno［1944］2002: 158）を特徴とするからだ（Cook 2011）。つまり、「自然の生産」はそのような近代的プロジェクトの焼き直しにすぎないのである。

この意味で、「物象化」とは、社会が自然の中に組み込まれていることについての、また自然の他者性についての「忘却」なのである。このような「忘却」は、自然を徹底的に否定する「帝国主義」をもたらす（Horkheimer［1947］2016: 76）。つまり、「自然の生産」における一元論の危険性は、社会と自然の差異を曖昧にすることで、「自然の非同一性」をめぐる反省性を損なうところから生じているのだ。自然はさまざまな形で人間の役に立つが、同時に、非人間である自然は人間に対して無関心かつ無関係な独自の目的性を持つ。ところが、そのような自然の非同一性を認めることができない一元論的な同一性の思考のもとでは、自然はさらに傷つけられることになるのである[10]。

繰り返すが、客観的な自然の限界を認識することは、マルサス主義と同義ではない。ハーヴィーが正しく指摘しているように、マルサスの過剰人口論は資本主義のもとでの生活（人々が必要とするもの）、天然資源（人々が利用できるもの）、稀少性（人々が利用できる量）の歴史的・社会的性格を不明瞭にしているという点で、「自然のイデオロギー」に基礎を置いている。過剰人口の問題は、世界がすべての人を養えるほど豊かではないからではなく、その富がグローバル・ノースに偏って配分されているから生じている。それゆえハーヴィーは、すべての人にとってより公平でより公正な分配が行われるように資本主義的生産関係をラディカルに変革するよう求めたのだ。

たしかに、ハーヴィーの指摘は正しい。だが、この種の批判が、地球の客観的な生物物理学的な限界を排除する必要はけっしてないのだ。単純な事実を一つ挙げれば、資本がいくら自然の新境地を切り拓き、それに合わせて新市場を発見しようとしても、結局のところ地球上に無限の空間は存在しない。もちろん、技術の進歩はある程度は自然の限界を押し返すことができる。しかし、それでもエントロピーは増大していき、利用可能な資源やエネルギーは減少し、枯渇していく。これらは、社会的関係や人間の意志から独立して存在する客観的事実である。こうした客観的限界の認識を「弱さ」と呼び、その「惑星の環境危機に関する黙示録的見解」として非難するのは不適切ではないか。というのも、もしこの認識がただちに「マルサス主義」とみなされるなら、自然の限界それ自体をかたくなに否定することしかマルサスの罠を回避する方法がないことになってしまうからだ。そして、そうした主張が、伝統的マルクス主義のプロメテウス主義と結びつけば、遺伝子工学、ジオエンジニアリング、核融合といった形でさらなる技術的介入を支持するという問題含みな方向へと容易に転じることになるのである。

第三節　人新世から資本新世へ

これまで見てきたように、カストリーの結論には大きな問題がある。とはいえ、彼は少なくとも、「自然の生産」に内在する人間中心主義の問題を認識し、「どのように生産された自然が資本主義に影響するか」(Castree 2001: 204) を研究すべきだと考えていたのだ。その意味で、ムーアが人新世のオルタナティブとして打ち出す「資本新世」の議論は、近年の人新世をめぐる議論の成果を取り入れつつ、スミスやカストリーの議論の欠点を克服しており、「自然の生産」に比べて理論的に前進している。だが、以下で見るように、ムーアの把握にも依然として大きな問題がある。

ムーアの主張を理解するうえでまず取り上げるべきは、エンゲルスの自然の「復讐」に対する批判だろう。ムーアによれば、エンゲルスの理論的限界は自然に対する「静的」かつ「没歴史的」な扱いに表れているという。そして、スミスやハーヴィーに同意して、エンゲルスの自然理解が「自然の限界の物神化」(Moore 2015: 80; 邦訳１５６頁)に苦しんでいると主張するのだ。しかもそのような形で自然の限界を画定するなら、それは必然的に「環境思想の結果主義的バイアス」(Moore 2015: 171; 邦訳３２０頁、強調原文)につながるという。つまり、エンゲルスの分析では、資本主義が自然を破壊することになるという容易に予測可能な「結果」を確認することしかできない。エンゲルスは大文字の「社会」と「自然」、つまり完全に独立した二つの存在という「デカルト的二元論」に囚われているため、両者が交わると悪いことが起きるとしか言えないというわけだ。

なるほど、エンゲルスの結論は正しいかもしれない。それどころか、自然が受動的な媒体であることをやめて、人間の意のままにならない主体性を獲得するというエンゲルスの主張は、以下で見るように、ムーア自身の見解と一致さえする。しかし同時に、資本主義が環境に悪いという指摘はすでに誰もが知っていることにすぎない。そこで、ムーアは「世界＝生態」というもう一つの壮大な歴史的プロジェクトを提唱する。それは、人間と自然が生命の網を通して絶え間なく互いを「共生産 co-production」していく世界的・歴史的過程を分析することを目指すのだ。

興味深いことにムーアは、エンゲルスを批判する際、自分の見解はマルクス自身の意見と完全に合致していると述べる。ここに、ムーアの独自性がある。もちろん、本書の第二章で論じたように、マルクスとエンゲルスを区別することは不合理ではない。だが、ムーアの批判は、ただエンゲルスによる人間と自然の関係の考察を不適切なものとして退けるだけでは終わらない。ムーアの主要な論敵は、「物質代謝の亀裂」を提唱したフォスターたちである。左派の環境運動の間でこの概念への注目が高まっていることや、かつては、ムーア自身も世界システムとしての資本主義のもとでの人間と自然との緊張関係を把握するためにこの概念を用いていたことを考えると（Moore 2000, 2002）、この転向は驚くべきことである。だがいずれにせよ、ムーアによれば、フォスターはエンゲルス主義者なのだ。

実際、『生命の網のなかの資本主義』においてムーアは、「物質代謝の亀裂」を「デカルト的二元論」として非難している。デカルト的二元論は社会が自然に対して能動的に働きかけると仮定しているが、大文字の「社会」と「自然」という静的な区分では、資本主義が自然を「通して」発展していく動的な過程、すなわち世界を包摂する単一な生命の網における社会と自然の弁証法的「共生産」を適切に分析することができないとムーアは論じる。その結果、フォスターも固定された自然の限界が引き起こす資本主義の終末論になるというわけだ。だが、限界は所与のものではない。「自然は共‐生産される。資本主義は共‐生産される。限界は共‐生産される」（Moore 2015: 232; 邦訳422頁）。

したがって、「物質代謝の亀裂」という枠組みでは、資本主義と環境危機の関係を適切に分析することができない。「代謝フェティシズム」〔物質代謝的物神〕、そして様々な意匠の資源決定論やエネルギー決定論」はこの「緑の算術」の最高段階を表している（Moore 2015: 180; 邦訳338頁）。それが「社会＋自然＝危機」という定式であり、このような静的な把握の代表格が、エンゲルスの自然の「復讐」とフォスターの「物質代謝の亀裂」なのである。それに対して、ムーアによれば、現代の環境危機は「自然内存在としての現代」の危機

――つまり社会と自然の間の「修復不可能な亀裂」の結果ではなく、資本主義のもとで生命の網全体における変化と流れが絶えず（再）構成されていることの表れだというのである。

繰り返せば、ここで注目すべきが、ムーアはエンゲルスとフォスターを批判しているが、マルクス自身は批判していないという事実だ。それどころか、ムーアは自らの理論を、マルクスの「価値論」と「内的関係の哲学」の真のより生産的な後継者として擁護するのだ（Moore 2015: 22）。経済学批判とエコロジー分析を組み合わせることによってのみ、マルクスの価値論のポテンシャルを完全に引き出すことができるとムーアは考える。それに対して、フォスターらの解釈は、「独占資本論」（ポール・スウィージーとポール・A・バラン）に基づく「経済学」と「物質代謝の理論」に基づく「環境思想」（ルカーチとメサーロシュ）との間の「認識論的亀裂」に陥ってしまっているというのである。

ここでのムーアの議論は、ここ10年ほどの論争の進展をはっきりと示している。「マルクスのエコロジー」が存在するかどうかの議論はすでに決着を遂げているのだ。いまや、その存在を疑う必要はない。そのうえで、現在のマルクス主義における論争の中心は、資本主義のもとでの人間と自然の関係、および人新世におけるその矛盾を概念化するための適切な方法をめぐるものになっているのである。

ムーアの「世界＝生態」は、社会と自然という二項対立を和らげ、スミスらよりも前進する。ムーアは、フォスターが「物質代謝の亀裂」という静的で終末的な概念に陥っていると信じているが、そうならないためには、社会が自然に対して一方的に働きかけ、それを破壊するという認識論的枠組みをまずは放棄する必要があると主張する。ムーアが自然と人間が一緒に「共生産」することを強調するのはこのためだ。自然は決して受動的な媒体ではないのである。

事実、資本主義の発展は常に自然によって条件づけられている。この意味で、自然は「アクタン」としてある種のエージェンシーを有しているとさえ言える[11]。例えばムーアは、イングランドにおける石炭形成がイギリス資本主義の勃興のための重要な「アクタン」であったと主張している（Moore 2015: 196）。スミスやカストリーの「自然の生産」アプローチが社会ばかりに主体性を付与して人間中心主義に陥ったのと比較して、ムーアはただ資本主義がどのように自然を生産・変容するかではなく、資本主義がどのように自然を通して生産されるかにも着目している。そのため、彼は「自然プラス社会」という二元論的概念を「自然内存在としての社会、あるいは社会内存在としての自然」と置き換える。さらに、「資本主義が自然に対して働きかける」という考え方についても、さまざまな「アクタン」の社会的・自然的配置からなる複雑なネットワークの集合体のうちに資本主義を置き、資本主義がその生命の網を「通して発展」するという一元論的図式に置き換えるのである。このように、ムーアの一元論は人間中心主義を回避しようとするものであり、それによって、少なくとも一見したところでは、より適切な「資本新世」の世界観を展開しているように思われるのである。

　近年のポリティカル・エコロジーにおける主流な言説は、人間と自然の関係をめぐってのハイブリッドな把握を特徴とするが、ムーアの一元論的な用語法もその影響を確実に受けている。この種の一元論は、主体性を人間だけに帰属させる近代の主体・客体関係の見方に異議を唱える。ラトゥール（Latour 1993）が主張するように、エージェンシーはモノに「再分配」されなければならない。それが「アクタン」の世界である。言わずもがなだが、このような新しい理論的枠組みは、マルクス主義に対して極めて批判的であり（Latour and Lépinay 2009）、特にその人間中心主義的な性格を理由に労働価値論の再考を要求するのだ。

したがって、ムーアも同様に資本主義が価値を生産する際の自然の「働きwork」に注目するのは偶然ではない。

自然のはたらき／エネルギーは、いかにして価値へと変換されるのか。〔…〕この問いによって、ある一方（人間あるいは資本主義）では過剰で、別の一方（自然）では過少に偏った思考から脱して、自然内存在としての資本主義が生命を保ち続けられるような長期持続的《ロング・デュレ》な関係と戦略を考えることへ態度を変えることができる。これまで資本主義は、（どういう意味にせよ）自然を破壊することによってではなく、オイケイオスとしての自然をより強く――無償ないしはきわめて低い費用で――はたらかせることを通じて生き延びてきた。（Moore 2015: 13; 邦訳29頁）

ムーアによれば、自然の「働き」は直接的に価値を生み出すわけではないが――それはマルクスの労働価値論の否定になる――、自然の不払いの「働き」の搾取は本質的に資本の価値増殖に寄与する〔12〕。この意味でムーアは自然を「バイオタリアート」（Moore 2019: 53）とさえ呼ぶのである。こうしたプロレタリアートとの類比にも、エージェンシーの「再分配」というラトゥールの影響がうかがえるだろう。

このように「働き」の概念を非人間の働きも含めて拡張することは、人新世の人間中心主義を批判する論者に共通している。バルカも、「資本主義は、人間と非人間の両方の働きから価値を採取する能力として近代の概念を再編する際に、この〔人間中心主義の〕合理性モデルを採用した」（Barca 2020: 19）と論じている。人新世の支配的な物語に対する批判によって、「支配者ではないすべての「他者」の間の重要な共通点が、広義ではあるがやはり適切な労働の概念であると気がつくことができるようになる。異なる立場や異なる形態で、女性、奴隷、プロレタリア、動物や人間以外の自然はみな支配者のために働かされるのだ」(Barca 2020: 6; 強調原文)。

自然へとエージェンシーを「再配分」し、生産過程における人間と自然の明確な役割を曖昧にすることのような「働き」の扱いは、ラトゥールのアクター・ネットワーク理論(ANT)がいかにポリティカル・エコロジーに入り込んでいるのかを示している。ラトゥールは「自然と社会の区別を永続的に曖昧にし、決して二つの異なる集合に舞い戻る必要がないようにする」(Latour 2004: 36) ことを目指している。そのハイブリッド主義からすれば、社会現象と自然現象を厳密に区別することはもはや不可能である。ラトゥールはオゾン層破壊や山火事を引き合いに出しながら、環境破壊の問題は人間の領域と自然の領域にきっぱりと分類できないと、1990年代初頭にすでに主張していた。オゾンホールや気候変動などの自然現象は、社会現象(フロンガスの生産、自動車や飛行機からの二酸化炭素の排出)と深く絡み合っているからだ。「文化のすべて、自然のすべてが新たな形で配合されている」(Latour 1993: 2; 邦訳12頁)。人新世ではあらゆるものが社会と自然のハイブリッドになっているように見えるため、ラトゥールのハイブリッド主義は、モノが制御不能な山火事や巨大台風において能動的な主体性を持つ人新世の存在論を適切に表現する方法として普及しているのである。

ラトゥール的な一元論者からすれば人新世は、人間と非人間との間にあるヒエラルキー的な分断が解消されて、すべてが「アクタン」からなる世界であり、ポスト自然的な、ポストヒューマンの時代となる(Purdy 2015: 271-2)。このような理解は、ムーア以外にもマルクス主義的なアプローチをとる人々の中に広く見出すことができる。例えばクリストフ・ボヌイユとジャン=バティスト・フレソズはラトゥールに肯定的に言及し、人間と自然の二元論をいかに克服するかについて次のように問いかける。「それならば、自然と社会の間の二元論をいかに克服するか」。そして、この問いに答えるために「社会が浸透した自然」と「自然が浸透した社会」からなる「内部性の二重関係」を理解することの重要性を強調するのである（Bonneuil and Fressoz 2015: 41）。ボヌイユとフレソズが「ジェイソン・ムーアによるエコロジー化されたマルクス主義」を高く評価し、物質代謝そのものが「政治的な主体性」をも持っていると主張するのはこの文脈においてである（Bonneuil and Fressoz 2015: 35-7）。

現代を代表するマルクス主義者のジジェクでさえ、最近ではラトゥールの一元論的アプローチに影響を受けている。エコロジーを「大衆の新しいアヘン」として拒絶していたジジェクも、世界的な感染症流行を経て、環境危機の深刻さを資本主義の矛盾として認識し、かつての見解を改めている。しかし、人新世にふさわしい「ラディカルな哲学的変化」を提唱するなかで、ジジェクは二元論的な「物質代謝」概念の不十分さを指摘するのだ。

このように、訪れつつある環境危機に対峙するためには、ラディカルな哲学的変化が必要である。我々人間は自然の一部であるとか、地球上の自然種のひとつでしかないとか、あるいは、我々の生産プロセス（マルクスが示した人間と自然との物質代謝）は、自然自体の中の物質代謝の一部だとか強調するような、従来の決まり文句などよりはるかにラディカルな変化が必要となる。（Žižek 2020a: 115; 邦訳１０５頁）

ジジェクは、現在の社会と自然の絡み合いを適切に取り扱うためには、フォスターの「物質代謝の亀裂」

は十分にラディカルではないと批判し、ラトゥールの「集合体」概念を支持している[13]。もちろん、こうした動きは、自然の調和した全体性を純朴に前提する環境保全主義に対してジジェクが以前から行っている批判と大枠において一致していることから（Žižek 2008: 444）、特段驚くべきことではないかもしれない。

だが、いずれにせよ、ムーアの自称する一元論的なマルクス哲学への「忠誠」が、実際に影響力を強めてきているのがわかるだろう。たしかに、「社会」と「自然」というデカルト的二元論を克服するという共通の関心からすれば、一元論の人気は理解できる。とはいえ、ムーアが正しいのであれば、「物質代謝の亀裂」はもはや捨て去られなければいけない。それゆえ、この概念を手放す前に、彼の主張をもう一度注意深く吟味しておかなければならない[14]。

名前からもわかるように、ムーアの「世界＝生態」は、イマニュエル・ウォーラーステインの「世界システム」論を拡張したものである[15]。資本主義の中核部がより大きな利益を得るために周縁部から安い労働力を搾取するのであるが、その際に、他の生活手段を持っているゆえ資本が支払う再生産費用を人為的に低くできる「半プロレタリアート」を作り出す。このような安価な労働力の搾取に基づく不等価交換は、グローバル・ノースでは過剰発展を、そしてグローバル・サウスでは過小発展を同時にもたらすのだ。

ただし、ウォーラーステインの不均等発展論では搾取の対象は人間の労働力だけであり、このとき生産のもう一つの本質的要素である自然を見落としている。そのため、実際の不等価交換の過程を一面的にしか扱っていないことになる。だが現実には、労働価値説に基づいた価値の次元には現れない「生態学的不等価交換」も存在するのだ（Hornborg and Martinez-Alier 2016）。それによれば、資本主義の掠奪にさらされるのは周縁部の労働力だけでなく、資源や食料、エネルギーといった非人間的な環境も含まれるのである。人間をたんなる資本蓄積の道具として扱う資本主義は、必然的に自然をたんなる浪費対象としてしかみなさないのだから、このことは不思議ではない。資本主義の中核部は自然資源を一方的に収奪し、さらには、経済発展の背後にあるコストを周縁部に外部化していくのである。

ムーアによれば、資本主義発展の生命線は労働力、食料、エネルギー、原料からなる「四つの安価物」が豊富に供給されることである。「資本主義における価値法則とは、安価な自然（Cheap Nature）の法則なのだ」（Moore 2015: 53; 邦訳１０６頁）。ここで、ムーアが「安価な自然」のなかに「労働力」を含めていることに注目してほしい。「安価な自然」は、いわゆる自然資源だけでなく、貧困者、女性、有色人種、奴隷などの多数の人間からも構成されるのだ。資本は利潤を確保し、資本主義的生産様式を拡大するために、自然資源を収奪するだけでなく、ジェンダー格差、暴力的な植民地支配、人間と自然に対する技術による支配を構築し、「安価な自然」を徹底的に利用していく。つまり、資本主義はただ工業化された資本主義の中心地における（男性かつ白人）労働者の「搾取」によってのみ発展したのではないということだ。むしろ、資本主義の発展は、「四つの安価物」の「不払いの働き」の「収奪」に依存しているのである。このような人間を含む世界の絶え間ない「モノ化」（Césaire［1955］2000: 42）を通して、人間と自然のネットワークを組み直し、利潤生産のためにそれらをより厳しく「働かせる」のが資本主義なのである［16］。

こうした議論を背景として、ムーアはフォスターの「物質代謝の亀裂」を「デカルト的二元論」として批判し、みずからの「ポスト・デカルト的」アプローチこそがマルクスのエコロジカルな資本主義批判をより生産的な形で解釈できると主張する。「マルクスの哲学の弁証法的主張は、人間／自然をフローのフローとしてみることにある」（Moore 2015: 22; 邦訳48頁）。ムーアは、共生産される社会と自然の「単一的物質代謝」における絶え間ない物質代謝の「転換 shift」を分析する必要性を訴えるのだ（Moore 2017b）［17］。

しかし、ムーアによるマルクスのテキストの扱いには怪しいところがある。社会的物質代謝と自然的物質代謝のあいだの「亀裂」を批判し、それを「単一的物質代謝」における「物質代謝の転嫁」に置き換えるとき、ムーアがマルクス自身の「亀裂」の用法に言及しないのは奇妙である。ムーアは次のように書いている。「［フォスターの］物質代謝のアプローチは、デカルト主義的分割を架橋するというよりも、むしろ分割を再強化してしまっている。マルクスのいう「社会的な物質代謝の相互依存的な過程」は、「自然と社会の物質代謝」になってしまっている。「亀裂《リフト》」としての物質代謝は、「自然」と「社会」のあいだの物質的なフローを前提とすることで分離の比喩となってしまった」（Moore 2015: 76; 邦訳１４６頁、強調原文）。

ここで、「社会的物質代謝の相互依存的過程」という表現は『資本論』第三巻から引用されているが、「自然と社会の物質代謝」はマルクスの表現ではなく、フォスターによる定式化である（Foster 2013）。そのためムーアの叙述は、あたかもフォスターが「物質代謝の亀裂」という概念に合うように二元論的枠組みを生み出し、マルクス本来のポスト・デカルト的な洞察を歪めているかのような印象を与えているのだ。

しかし、ムーアが言及している箇所では、マルクス自身が、資本主義的生産が「社会的物質代謝と自然的物質代謝との間の相互依存的過程に修復不可能な亀裂を引き起こす」とはっきり書いており、「亀裂」の概念を実際に用いている。つまり、ムーアは、「生命の網のなかの資本主義」という自分自身の一元論的理解に合うように、『資本論』第三巻の一節から恣意的に引用しているのである。これが「恣意的」なのは、マルクス自身が二種類の物質代謝――一つは「社会的物質代謝」、もう一つは「自然的物質代謝」――を明確に区別、対比しており、資本主義のもとで両者が乖離して切断が形成されることに対して警鐘を鳴らしているからである。

だとすれば、マルクスも誤って「デカルト的分断」に陥ってしまったのだろうか。それとも、これは彼自身の方法と一致する意図的な表現なのだろうか。ムーアが真のマルクスの遺産の継承者であるかを見極めるためには、この点をはっきりさせなければならない。

第四節　「形態」と「素材」の非デカルト的二元論

まず、ムーアは既存の「デカルト的二元論」に対する批判を、「物質代謝の亀裂」へとあまりにも性急に適用している。大文字の「社会」と「自然」という「デカルト的二元論」に陥っているという批判は、デカルト哲学における「心」と「身体」のように相互作用がまったくない場合、つまり、社会が完全に自然の外部にとどまる場合にのみ説得力を持つものである（Soper 1995）。けれども、そもそもマルクスの物質代謝概念は社会と自然のそのような絶対的分離を想定していない。要するに、物質代謝論は最初から非デカルト的である。

というのも、マルクスの物質代謝論の基本洞察は、人間は常に自然の一部として生産し、その活動は資本主義の発展の過程でますます非人間である自然と絡み合っていくというものだからだ。実際、マルクスは、労働は自然の助力なしに実現できないと繰り返し主張している（『資本論』第一巻、58頁）。この意味で、労働過程においてたしかに「共生産」が行われている。それに、物質とエネルギーの循環という観点から見れば、人間や人間以外の動物、非生物によって行われるさまざまな種類の物質代謝の間に区別は存在しない。労働が人間に固有の活動であっても、ミツバチやビーバーも環境との物質代謝を行っているし、非生物である無機物も腐敗や酸化といった自然の物質代謝の過程にさらされている。このように、マルクスの唯物論的見解は、自然界の普遍的物質代謝を包含する一元論的なものである。この単純な説明だけでも、マルクスやフォスターに向けられたデカルト的二元論という非難を否定するのに十分だろう。

したがって、私たちはむしろ、次のように問うべきなのである。つまり、マルクスは、自然の普遍的物質代謝について一元論的な理解をしていたにもかかわらず、なぜ「社会的物質代謝」と「自然的物質代謝」という二元論的区別を意図的に導入したのだろうか？

前章でも述べたように、社会を自然から切り離し、また同時に社会も自然の一部であると主張することに、実はなんの問題もない。フォスターは次のように述べる。

社会を地球システム全体から切り離し、地球システムには還元できないものであるとみなすと同時に、それを地球システムの根源的な一部であるとみなすことに矛盾はない。そのアプローチを「二元論者」と呼ぶことは、心臓が身体の不可欠な一部であると同時に、独自の特徴と機能を持つ個別の器官であることを否定するのと変わりないのである。(Foster and Angus 2016)

付け加えるならば、社会と自然の違いは心臓と身体の違いよりもさらに大きい。これはむしろ、心と身体の関係に似ているのだ。しかし、それはデカルト的二元論としてではない。むしろ、心は脳が持つ物質性とはっきりと結びついているにもかかわらず、身体の物質性に還元できない性質を持っているからである。実際、精神を脳の活動に還元することは粗野な「一元論的唯物論」（Gabriel 2019）となり、それは社会構築主義を批判した先の対極にある同一性の思考の極端な形態とみなされるべきである。

同様に、社会は自然なしには存在しないが、社会関係は人間なき自然には存在しない独自の創発的性質を――その性質がその物質的基盤や担い手から完全に分離できないとしても――生み出す。したがって、社会を自然に還元することはできない。具体的には、社会的カテゴリーとしての「資本」はその素材的担い手に依存するが、その担い手の劣化が資本の価値増殖の障害として現れるまで、資本はそのことを気にかけない。依存と無視という資本の矛盾含みの性格こそ、まさにマルクスの経済学批判が「純粋に社会的な」形態とその素材的「担い手」の区別と相互連関に重点を置き、それらの非同一性に起因する緊張関係を分析した理由なのである［18］。したがって、デカルト的二元論の否定は、マルクスを社会的なものと自然的なものの間のいかなる区別もない「平坦な存在論」――それは、かつてヘーゲルがシェリング哲学を「すべての牛が黒くなる夜」（Hegel 1977: 9）と皮肉ったものと同じになる――に導くことはないのである。

また、マルクスは、他の動物の物質代謝と比較して人間と自然の物質代謝の独自性を強調しているが、これは必ずしも時代遅れの人間中心主義ではない。たしかに、マルクスは、一定の社会関係のもとでの人間労働のみが価値を生み出すと主張しているので、マルクス経済学における労働価値説は必然的に人間中心主義的である。この人間中心主義的な労働価値説のせいで、その批判者はしばしば、自然の「価値」を生み出す力を認めたり、自然の「働き」を指摘することによって、生産にとって自然の貢献が不可欠であることを強調してきた。

しかし、ここでもまた問題は別様に定式化される必要がある。マルクスの物質代謝論は、自然の生産への貢献が不可欠であることをはっきりと認めているからだ。だとすれば、なぜマルクスはそのような洞察にもかかわらず、自然へとエージェンシーを「再配分」することなく労働価値説を定式化し、自然の「働き」に価値生産を認めなかったのか、ということを問わなければならないのである。

ここでは、「価値」の純粋な社会的次元が重要である。なぜなら、それが資本主義において人間の労働に――より正確には「抽象的人間的労働」に特権的な役割を与えるものだからである。その意味でマルクスの労働価値説は人間中心主義であるが、しかし彼はまたすべての人間の労働が一様に価値を生み出すわけではないことを付け加え、「生産的労働」と「非生産的労働」を区別している。社会関係や物質的条件によって、同じ具体的労働でも価値を生産するものと生産しないものがあるのだ。この違いはどこから来るのか？

マルクスによれば、価値生産は商品生産と結びついており、社会的分業を組織する歴史的に特殊な形態としての「私的労働」が「価値」というカテゴリーを必要とする。「およそ使用対象が商品になるのは、それらが互いに独立に営まれる私的諸労働の生産物であるからにほかならない」（『資本論』第一巻、98頁）。「私的労働」とは、社会の構成員のあいだで事前に調整がされることなく社会的分業が営まれている状況を指す。共有された利害や人格的紐帯を持たない私的生産者たちが他人の持っている生産物を手に入れるために集まるとき、そこでは商品交換が行われる。この意味で、私的生産者間の社会関係は、その生産物間の関係に基づいている。これが、人と人の関係がモノとモノの関係として現れるという「物象化」を引き起こす。

さて、私的生産者は当然、自らの生産物と相手の持っている生産物の交換の際に、できるだけ自分にとって有利な比率で交換しようとする。その際に、自分達の持っている生産物の値踏みをするのだ。だが、互いの生産物の使用価値はそれぞれ異なり比較不可能なので、使用価値を交換の基準とすることはできない。私的生産者はその代わりに、マルクスが「価値」と呼ぶ社会的な力を商品に付与することで、それを交換の尺度として用いるのである。佐々木隆治が論じるように、「労働生産物どうしを互いに関連させるためには、労働生産物を価値物として扱うほかない」（Sasaki 2021: 67）のだ。「価値」はあらゆる商品に共通の属性であるが、それは人間の労働の一側面である「抽象的人間労働」を対象化したものだからである。もちろん、このような社会的力は、私的労働が広がっていない社会においては、労働生産物に付与する必要がない。私的労働のみが価値を生産し、労働生産物に商品という経済的形態を授けるのだ。

ただし、価値は社会的な力であるが、それは人間による意識的な産物ではない。むしろ、私的生産者は、無意識のうちに自身の生産物を価値物として扱うことを強いられ、そしてそれに振り回されるようになっていく。「価値」は自然界には存在しない純粋に社会的なものだが、それでも「価値」は想像上の虚構ではなく、巨大な実在的な威力を持っているのである。そして、その力は、今度は人間の労働を媒介として、自然との物質代謝にも大きな影響を与えるようになっていく。だからマルクスは、「一原子の自然物質も入っていない」「価値」という純粋に社会的な形態が、自然的物質代謝をいかに支配するようになるかを研究したのだ。実際、商品、貨幣、資本の「人格化」を通じて、「価値」の論理は世界全体を包摂していく。

「価値」の純粋に社会的な力は一原子も含まないが、人間とその労働は自然の一部であるがゆえ、自然の普遍的物質代謝と深く絡み合う。だが、自然の素材的世界は「価値」のような社会的カテゴリーから独立して、社会以前に存在し、「価値」の論理との非同一性を保ち続けるからこそ、利潤の最大化が主要な目的となると、一連の「亀裂」がもたらされるのである。ここでは、「亀裂」はムーアが主張するような「比喩」ではない。「亀裂」は、商品と貨幣の社会的物質代謝と、自然の普遍的物質代謝との間に実在するのだ。ところが、ムーアは、「亀裂」という概念は自動的に二元論を意味すると思い込むせいで、マルクス自身の用法を無視してしまう。だが「物質代謝の亀裂」は、マルクスの価値論から一貫して導き出されている以上、それを無視することは、経済学批判の理論的射程を歪めることになる。

マルクスは、資本主義の経済的形態規定を分離して分析することを重視する。そうしなければ、現実の資本蓄積の過程が「自然を通して」どのように展開していくのかを理解することはできないからだ。「価値」の論理は、何が「安価な自然」とみなされるかを決定し、多くの人間や非人間がどのように自然の無償性として利用されるかを決定する。「価値」のカテゴリーを拡張して、これまで排除されてきたものを価値計算に取り入れ、内部化することでは、問題は何も解決しないのだ。

むしろ、「価値」がもたらす排除の暴力性を理解するためにも、「価値」は、社会的分業を組織する独自の方法としての「私的労働」に基づいて理解されなければならない。これが、労働力が「安価な自然」の一つに還元されてはならない理由である。というのも、そのような還元法は、商品生産のもとでなぜ「価値」というカテゴリーが必要となるのかの理解を不明瞭にするだけだからである〔19〕。

ところがムーアは、自らの一元論に合うようにマルクスの「労働」概念が有する中心的な役割を損なわせる。そして、「物質代謝の亀裂」を、生命の網のなかには存在しない比喩として切り捨ててしまうのだ。しかし、「亀裂」を比喩に還元することの代償は大きい。マルムは、ムーアの「世界＝生態」という、一見するとラディカルな見解は「言語」のレベルでしか生じていないため、実際にはそれほどラディカルではないと指摘する（Malm 2018: 181）。たしかに、「自然内存在としての資本主義 capitalism-in-nature」や「オイケイオスを通した発展 develop through the oikeios」といった新しく発明された語彙やハイフンが多用されるムーアの言い回しは、「哲学者たちはただ世界をさまざまに解釈してきたにすぎない。肝腎なのは、世界を変革することである」(『全集』第五巻、5頁、強調原文)というマルクスの有名な「第11テーゼ」を思い起こさせる。

全能の存在である神が実際には「類的存在」としての人類自身の無限かつ普遍的な本質の疎外された投影にほかならないという「真理」を指摘することで、フォイエルバッハは大衆を啓蒙しようとした。それに対してマルクスは、キリスト教の神の本質を暴き出すだけでは不十分だと考え、「唯物論的な」方法で(『資本論』第一巻、487頁)、つまり「なぜ」「いかにして」人々がこのような幻想を受け入れ、しかもその幻想が現実に人々の生活を支配するのかという問いを投げかけたのだ(Sasaki 2021: 36)。たとえ神が人間の想像力の産物であるという指摘が正しいとしても、いかにして人々の振る舞いが、神の疎外された力を絶えず再生産しているかを説明することが必要となる。そのような振る舞いが実際に修正されない限り、本質の正しい認識を求める呼びかけが疎外を克服することはできないとマルクスは考えたのだった。

話をムーアに戻せば、フォイエルバッハの宗教批判と同様に、社会と自然の二元論をハイフンでつないだ用語で一元論的表現に置き換えるだけでは、まったくもって不十分である。というのも、たとえムーアが「哲学的レンズ」を使って世界を一元論的に「解釈」しようとしても、近代の二元論的世界は現実を形作る客観的な力を持っているからだ。つまり、マルクスが社会的物質代謝と自然的物質代謝の間の「亀裂」の問題を――「生産的」労働と「不生産的」労働といった他の問題と同様に――二元論的に記述したのは、彼が誤ってデカルト的二元論に陥ったからではない。マルクスは、資本主義に固有な社会関係が現実において疎遠な力を行使している状況を分析するために、敢えてそのように定式化したのである。その際マルクスは、社会的な「形態」と自然的な「素材」をいったん分離し、その後に両者の絡み合いを分析していく。現実が二元論的である以上、それを一元論的に記述し直すことは、資本主義を特徴づける既存の社会的力の特殊な配置と機能をむしろ神秘化することにしかならない。要するに、ムーアの批判的な意図とは裏腹に、「ポスト・デカルト主義」は「科学のイデオロギー」に陥りかねないのである。

以上の問題について具体的に考えるために、「プラネタリー・バウンダリー」を例にとってみよう。大加速時代における二酸化炭素排出量の激増は、化石燃料に依拠した特定の社会的生産の編成方法と結びついた現象である。その結果温室効果ガスの排出が進み、地球の気温上昇がティッピング・ポイントを超えると、正のフィードバック効果によって不可逆的で急速な、予想外の変化が引き起こされる可能性がある。気候変動による南極氷床の融解により、氷に含まれるメタンガスが放出されたり、黒土が表出することで太陽光の熱吸収が進み、気候変動がますます加速する。また、海洋酸性化や森林伐採によって、一定の種の生物が減少・絶滅すると、食物連鎖が乱れ、他の種の減少にもつながる。これらの連鎖反応は、人間の活動が直接の原因ではないし、人間が変えることもできない。それゆえに「不可逆的」な自然の限界（バウンダリー）と考えられているのだ。

実際、氷が0度を超えると溶けるのも、あるいは貝殻には炭酸カルシウム（$CaCO_3$）が必要だが、海水が二酸化炭素（CO_2）を吸収すると海中の炭酸イオン（CO_3^{2-}）が減り、重炭酸イオン（HCO_3^-）が増えてしまうのも、人間がいくらがんばったところで、そのメカニズムは変更できない。これらの自然法則は、人間の介入からは独立して、また人間以前に存在する自然の物質代謝によって決定されているのだ。

それに対して、気候変動は「人為的」だとされる。なぜなら、化石燃料の大量消費に基づく特殊な社会的物質代謝のあり方ゆえに生じているからだ。もちろん、資本主義の発展は化石燃料の商品化を通して自然に影響を与えるが、この事実は自然の過程を社会的な過程にすることはない。そうではなく、自然法則が社会法則から独立して客観的に存在しており、また自然の生物物理学的過程が規定する持続可能な生産の条件から資本主義が大きく乖離していく――「亀裂」を生み出す――からこそ、環境危機が生じるのである。

マルム(Malm 2018: 85)は人間の「主体性」に基づく環境危機の社会的原因が存在し、それは自然界の因果連鎖から厳格に区別されなければならないと主張している。それこそが、危機解決への道を切り開くからである。温室効果ガスの排出は気候変動や海洋酸性化の直接的原因となるが、排出量の増大は資本主義における化石燃料の使用という社会的選択と直接に関係する。例えば、火力発電の代わりに、再生可能エネルギーを使うなど、別の選択をすることは可能である。要するに、環境対策にあたっては人間が意識的に変容できることと、できないことを区別する必要があるのだ。そのためには、この地球のプラネタリー・バウンダリーという人間が変容することができない自然的な次元をまず認識する必要があり、持続可能な社会はその限界内に意識的に設計しなければならないのである[20]。

それゆえマルムは、社会的なものと自然的なものの「分析上の区別」が「このような結合問題に対するあらゆる解決策の不可欠の前提」(Malm 2018: 61; 強調原文)だと強調している。ヨーロッパ中心主義や生産力主義に依拠した人新世のナラティブへの批判がまったくもって妥当であるとしても、批判への応答は一元論であってはならないのはそのためだ。生産を組織化し、さまざまな不正義なヒエラルキーを構成する資本主義の論理を暴き出し、それを乗り越えるためには、「社会的なもの」と「自然的なもの」を分離する「方法論的二元論」が不可欠なのである。

さらに、人類は人間中心主義を乗り越えることができないという事実も認識しておく必要がある。実際、より持続可能な生産への公正な移行も、必然的に人間中心主義的なプロジェクトとならざるを得ない。なぜなら、「公正な移行」とは、人間が作り出した問題の克服を人間自身が自らの生存のために目指すプロジェクトに他ならないからである。「エコロジーの問題は、生態系そのものに起源を持つ内部的な問題ではなく、外部的な、社会的な駆動因によって作り出される問題である。例えば、海は自分自身を汚染しているのではなく、人間が汚染しているのである」(Longo, Clausen and Clark 2015: x; 強調原文)。だからこそ気候危機を前にして、人間だけが意識的に亀裂を修復するために行動することができる。ここには、人間が他の動物に対して持つ特殊な主体性がある。

もちろん、そのようなプロジェクトは、非人間の関心も考慮に入れなければならない。だが、非人間中心主義的な視点が人間以外の自然に対する道具主義を放棄するために不可欠であるとはいえ、その視点というのも、あくまでも世界と人間以外の存在に対する私たちの現在の理解に基づいてのみアクセス可能である。その限りで、非人間中心主義的な視点は人間の利害と視点によって必然的に条件付けられているのだ。この意味で持続可能性をめぐる諸関心は不可避に「人間中心主義」(Hailwood 2015: 20) にとどまる。しかし、だからといって、「人間例外主義 human exceptionalism」に陥る必要はないのである[21]。

つまり、人間中心主義を乗り越えるという一元論的な態度も、人間にしか取ることができない限りで、人間中心主義的であるが、一元論者はその事実を隠蔽している。ソーパーは、ポスト・ヒューマニズムは実際には人間中心主義であり、したがって自己矛盾であるとして、ポスト・ヒューマニズム的一元論の欺瞞を批判している。

しかし、ポスト・ヒューマニズム理論は、もっぱら人間によって、人間のためだけに生み出されており、議論に照らして思考や振る舞いを調節する人間特有の能力を通じた応答を模索している。したがって、その理論的な整合性と倫理的な魅力は、人間特有の性質、したがって志向性と意識的な行為者性への暗黙のコミットメントに依拠しているのである。(Soper 2020: 22-3)

ハイブリッドな状況を指摘して満足し、平坦な存在論で分析を終えてはならない。むしろ、ハイブリッド主義や平坦な存在論を受け入れることは、そのような外見を生み出している社会的要因を暴き出すことなく、所与のものをただ受け入れるという物神崇拝的な理解に陥ることと同義である。実際、「アクタン」の考え方は、マルクスの物神崇拝批判と相容れない(Hornborg 2016: 11)。実際、マルクスも『資本論』の商品分析において、モノの「エージェンシー」について語り、批判している。資本主義においてはモノの関係が人間の関係に取って代わり、人間の主体性はモノの運動に従属し、その運動を通じて構成されるようになる。社会関係は「諸個人が自分たちの労働そのものにおいて結ぶ直接に社会的な諸関係としてではなく、むしろ諸個人の物的な諸関係および諸物の社会的な諸関係として、現われる」(『資本論』第一巻、99頁)。

しかし、ここでのマルクスの物神崇拝批判の要点は、商品生産社会における主体と客体のこの異様な転倒を生み出す、人間固有の主体性とその社会的実践を暴き出すことである。それに対して、「アクタン」の把握に止まることは、人間も非人間もすべて同じように扱うことによって、資本主義的関係に特有の歴史的差異と物象化されたモノの主体性を神秘化してしまう。平坦な存在論は、エージェンシーを均等に再分配することで、あたかも自然の影響が資本の蓄積過程において社会的なものの影響と同じくらい重要であるかのようにして、資本が環境に与える社会的影響のインパクトを曖昧にするのである〔22〕。

だが、問題はそれにとどまらない。人間中心主義か平坦な存在論か、という選択は、ポスト資本主義社会の展望にも影響を及ぼすことになる。

第五節　資本の弾力性と環境危機

挑発的な言葉遣いをしているが、ムーアの資本主義の発展と危機に関する理論的枠組みは、その大部分がジェームズ・オコナーによって提唱された「資本主義の第二の矛盾」（O'Connor 1998）の焼き直しである。オコナーによれば、資本主義の第一の矛盾は、生産性の上昇とプロレタリアートの貧困の増大によって特徴づけられ、最終的には過剰生産による経済恐慌と資本主義システムの不安定化をもたらす。それに対して、資本主義の第二の矛盾は、自然の「過少生産」によって生じる。需要側から問題にアプローチするそれまでの「過少消費」による危機理論とは対照的に（Luxemburg〔1913〕2016）、自然の「過少生産」は供給側の危機をもたらし、生産費用高騰化の影響を与える。市場競争のもとで生産力が増大し続けると、自然は疲弊していき、原料、エネルギー、食料、労働力の価格が上昇する。このような自然の過少生産は、利潤率を低下させ、資本蓄積の停滞をもたらす。さらに危機が悪化すれば、突然の供給停止と生産費用の激増は経済に深刻な打撃を与える。労働者は解雇され、賃金は停滞する。社会システムは不安定化し、革命が起きる。このように「安価な自然の終焉」と「生態学的剰余」の減少に関するムーアの主張は、オコナーの見解と極めて類似しているようにみえるのだ〔23〕。

それゆえ、オコナーに向けられた先行研究による批判にここで立ち戻ることは有益だろう。バーケット(Burkett 1999: 195)が論じているように、オコナーの理論は、生産費用の上昇とそれに伴う利潤率の低下による資本蓄積の危機を中心に展開するという意味で資本の危機を扱うものである。だが、オコナーは、資本と自然の関係についてよりダイナミックな説明を提供する「資本の弾力性」というマルクスの概念を過小評価していた。資本の驚くべき弾力性を無視した場合にのみ、利潤率の低下法則が貫徹するにつれて天然資源の価格上昇が資本主義を脅かすという事態がもっともらしく聞こえるのである。しかし、マルクスは、利潤率の低下と経済恐慌による資本主義の崩壊という「鉄の法則」を主張したのではなく、利潤率の低下法則の二つの側面が「一つの矛盾を含んでおり、この矛盾は矛盾する諸傾向および諸現象となって現われる。抗争する諸能因が同時に対抗して作用し合う」(『資本論』第三巻、312頁)ことを繰り返し強調していた。資本主義がこの「生きた矛盾」(『資本論草稿集』②、37頁)を通して発展することをマルクスは確信していたのだ。つまり、生きた矛盾の存在が生産過程と流通過程におけるさらなる技術の進歩や世界市場の開拓を推進するのである。

その際、資本はより大きな弾力性を獲得するために、素材的世界のさまざまな弾力的特性を徹底して利用していく。

> 生産的に利用される自然素材――それは資本の価値要素をなさない――すなわち土地や海洋や鉱石や森林などは、貨幣資本の前貸を増やさないでも、同数の労働力の緊張を強めることによって、内包的または外延的にいっそう高度に利用される。(『資本論』第二巻、434頁)〔24〕

資本は科学技術を用いて、絶えず新しい原材料とエネルギーを取得し、生産費用を比例的に増加させることなく生産量や生産性を上昇させる。加えて、資本は自然の弾力性を利用して外部性を生み出し、負の社会的費用を中核部から周縁部へと時間的・空間的に転嫁するのだ。

とはいえ、資本の弾力性が自然の物理的限界を完全に避けられるわけではない。ある一定の自然の限界を超えると、自然の弾力性は伸びきったバネのように突如として完全に失われ、もはや資本の望む結果をもたらさなくなってしまう。そして、この自然の弾力性にどれほど資本が依存してきたかは、弾力性が失われた瞬間に明らかとなる。自然力の素材的特性を無視しつづけると、その質は低下し、それは生産物の量の減少さえも伴うようになるからだ。

しかも、資本主義が発展するにつれて、自然の弾力性を維持し続けることの困難さは増大する。資本の集積により――利潤率の低下に対応して、利潤量を増大させるために集積するのであるが――生産を継続するためにはより多くの原材料と補助材料が必要とされるからである。そうするなかで自然の生産性が工業の生産性上昇に追いつかず、生産そのものが中断されるリスクも出てくる。

これらのいろいろな部面で反対の運動が起き、こちらでは労働の生産性の進歩が、あちらでは退歩が起きるのである。例えば、あらゆる原料の大部分の量を左右するたんなる季節の影響、森林や炭坑や鉄鉱山の枯渇などを考えてみればよい。（『資本論』第三巻、３２６頁）

自然力の弾力性は短期間であれば需要の増大には対応できるかもしれないが、長期的には資本主義的生産の絶えざる拡大は自然条件の深刻な劣化と疲弊を誘発する。このことが必然的に資本蓄積を制約する一方で、資本の自然へのさらなる技術的介入を加速させる。

繰り返せば、オコナーは資本の弾力性を過小評価する傾向があるために、このような資本蓄積のダイナミクスをうまく捉えることができない静的な分析になっている。それに対して、ムーアによる社会と自然の「共生産」の議論は、静的な自然の限界の存在を否定し、資本の驚くべき生命力の源である自然の弾力性をより明確に強調しているため、その意味では、オコナーよりもさらに踏み込んでいる。

実際ムーアは、資本にとっては客観的な自然の限界は存在せず、その限界は生命の網のなかで「共生産」されると繰り返し主張している。彼の自然の過少生産論は、ネオ・マルサス主義と自然の社会的構築主義の両方を回避しようとするものである。その限りで、ムーアはオコナーよりも資本主義発展のダイナミクスを適切に把握しているように思われる。

しかし結局のところ、ムーアの予測はエンゲルスの自然の「復讐」のように終末論的である。自然環境の悪化は、いつか安価な自然の終焉によって資本に危機をもたらす、という結論を示すにとどまっているからだ。

そもそも、資本の驚くべき弾力性を考慮すると、資本主義と地球のどちらが先に崩壊するだろうか。資本主義が生産費用の上昇と自然条件の悪化のせいで先に崩壊すると信じるに足る説得力のある理由はない。というのも資本はそのような災害にも新たな投資機会を見出すことによって、自然の劣化からさえも利益を得ることができるからである（Burkett 2006: 136）。ナオミ・クライン（Klein 2007）が仔細に描いているように、そのような可能性は新自由主義的な「惨事便乗型資本主義」がこの数十年間に行った所業のなかにはっきりと現れている。資本は、フラッキング、ジオエンジニアリング、遺伝子組換え作物（ＧＭＯ）、カーボンオフセット、自然災害保険などの新しいビジネスを発明することによって、現在の環境危機から利益を得続けることができるだろう。第一章で見たように、絶え間なく亀裂を転嫁することで、資本主義はこれらの自然の限界を超えて進み続け、より多くの富を蓄積できるのである。

一方で、現在の水準の文明はまさに客観的な自然の限界のために、ある一定の点を超えてしまえば、もはや維持することができなくなってしまう。資本蓄積の論理が人間の生活や生態系の持続可能性の条件からかけ離れている限り、たとえすべてのプラネタリー・バウンダリーが越えられたとしても、資本主義システムは存在し続けるかもしれないが、その時には地球の大部分は文明的生活に適さなくなっているだろう。

そこまで極端でなくとも、資本の循環にかかる費用が増大していき利潤率を圧迫していくなかで、それが「画期となる危機」（Moore 2015）をもたらすというムーアの主張に対する実証的な証拠はどこにもない。例えば、今世紀末までの気温上昇を１・５度以内に抑えるためには、２０５０年までに脱炭素化を実現することが必要である。１・５度を超えてしまうなら、さまざまな影響が組み合わさり、地球規模で、とりわけグローバル・サウスに住む人々への破壊的影響が強まるのだ。しかし、１・５度の気温上昇では、グローバル・ノースの資本主義社会は崩壊しないだろう。この単純な事実一つをとっても、資本蓄積のための物質的条件と生存可能な生態系の維持との間に大きな隔たりがあることがはっきりとわかる[25]。ムーアの「画期となる危機」という概念は、主に資本蓄積の危機を扱うものであるが、それが顕在化する頃には環境危機はとうの昔に取り返しのつかないところにまできてしまっているだろう。だから、資本の危機とは独立に環境危機そのものを扱わなければならないのである。

にもかかわらず、ムーアの「安価な自然の終焉」という議論は資本の危機を中心的に扱うために、環境危機を周縁化してしまう。この問題点は、未来社会への移行に関する展望にも表れている。ムーアは現代の危機を主として資本の観点から分析するため、彼の解放の展望はマルクスのヒューマニズムとの緊張関係をもたらすのだ。マルクスによれば、資本主義的生産が「都市労働者の肉体的健康と農村労働者の精神生活を同時に破壊する」ことで自由な「持続可能な人間の発展」(Burkett 2005)の可能性を著しく損ねる。この意味で、マルクスのヒューマニズムは、環境危機を資本の立場からではなく、人間の自由で持続可能な発展という観点から問題視しているのである。

ところが、一元論は人類に固有な立場を取り崩してしまうので、このようにはいかない。実際ムーアは、人間の労働の形態を意識的に変えること、つまり私的労働や賃労働を乗り越えることによって未来社会を確立するというマルクスの展望をうまく扱うことができない。その代わりに彼は「アクタン」としての資本や自然の助け——自然資源の枯渇や攪乱、天然資源やエネルギーの価格上昇——を借りて資本主義の克服を目指す。それが「バイオタリアート」の叛逆である。

前節で論じたように、ヒューマニズムは人間中心主義であるが、それは自然の非同一性を自動的に消し去るものではない。環境危機を適切に扱うには、自然の非同一性を認識することが必要だとマルクスは考えていたからである。もちろん、その認識は、その非同一性が同一性との関係においてのみ、つまり私たちとの関係においてのみ定義することができるという点で、依然として人間中心主義的であり続ける。しかし、その帰結は必ずしも有害なものではない。

むしろ、環境危機を有意義に語るためには、ある種の人間中心主義が不可欠なのだ。気候崩壊によって人類が絶滅した後も、バクテリアや昆虫は生き続けるに違いない。しかし、その存在によって私たちが人間の視点から環境危機を語ることが妨げられるのであれば、それは実質的に環境危機の存在を否定することになる。人間中心主義なしには持続可能性は意味をなさず、環境危機についてほとんど何も語ることができなくなってしまうのである。

第六節　良い人新世？

資本蓄積の危機に直面して、資本が自然への介入を止めると想定する理由はない。例えば、ラトゥールは悪名高い論文「汝の怪物を愛せ」で、フランケンシュタイン博士の罪は、博士が怪物を生み出したことではなく、恐怖心から怪物を放棄したことだと論じる。そしてラトゥールは次のように続ける。

> 私たちは神の創造物をケアできなかったのではなく、技術の創造物をケアできなかったのである。私たちは怪物をその創造者と取り違え、自然に対する私たちの罪を私たちの創造物のせいにしている。しかし、私たちの罪は技術を創造したことではなく、技術を愛し、ケアすることができなかったことにあるのだ。（Latour 2011: 22）

ラトゥールは、自然と社会のハイブリッドに怖気づいて近代の技術や生産性を突如否定するような環境保護主義の態度を戒める。むしろ進むべき道は、このハイブリッド化をさらに推し進め、「新しい自然との親密さ」（Latour 2011: 22）を生み出すことだという。ここでのラトゥールの態度はハイパー・モダンである。彼の一元論は、「客体の優位性」と「自然の非同一性」の等閑視という点で模範的なものであり、自然に対する支配というプロメテウス主義を道具的理性で補強している。この問題含みの主張は、人間と自然の非同一性や自然の優位性を否定する一元論が、二元論に比べて優れたエコロジカルな世界観を提供できるわけではないことを示すのに十分である。

ラトゥールの論文は、彼がシニア・フェローを務めていた米国のシンクタンク、ブレイクスルー研究所が編集するジャーナルに掲載されたものである。ラトゥールはシンクタンクの一般的なアジェンダに完全に同意しているわけではないと述べているが（Latour 2014: 240）、両者の親和性は明らかである。「エコモダニズム」を擁護するシンクタンクの見解によれば、世界は常に激動のなかにある。それゆえ環境保護主義は、これまでも、そしてこれからも存在しない平衡状態の原始的自然を守ろうとする、あまりにもロマンチックで反動的な運動であるとされる。

したがって、ラトゥールも寄稿している『エコモダニスト宣言』は、「社会的、経済的、技術的な力の増大」を通した自然へのさらなる介入こそが、民主的な「良き人新世」の条件だと主張する（Breakthrough Institute 2015）。「民主的制御」という考え方が、ブレイクスルー研究所が擁護する、ジオエンジニアリング、炭素回収貯留（CCS）、核融合といった資本集約的な巨大技術とどのように両立しうるのかはまったく不明である[26]。いずれにせよ、技術や経済の発展だけで地球を完全に作り変えて環境危機を克服できるなら、資本主義は無事救済されうるだろう。実際、エコモダニズムの賛同者であるリー・フィリップス（Phillips 2015）は、「物質代謝の亀裂はない」と大胆に宣言している。

さて、エコモダニズムは、ムーアとどのような関係があるのだろうか。ムーアはエコモダニズムを手放しで支持しているわけではないが、彼はマルクス主義の二元論的概念の強力な批判者として、ブレイクスルー研究所の創設者であるテッド・ノードハウスとマイケル・シェレンバーガーを挙げているのは注目に値する。

ラディカルで解放的なオルタナティブは、自然の劣化を否定するものではない。むしろ、それとは程遠いのだ！　しかし、労働ではなく自然の劣化を前提とした自然の政治学は、ラディカルな展望を強力な批判に対して脆弱なものにしてしまう。この批判というのは要するに、原始的自然は実際には存在せず、私たちは技術の発明によって解決される多くの環境変化の時代の一つを生きているのだと主張するものである（Lynas 2011; Shellenberger and Nordhaus 2011）。そのような批判に対して、資本新世――醜いシステムに対する醜い言葉である――からの反論は、自然の劣化を資本主義による労働の組織化に特有の表現として理解するのだ。（Moore 2016: 111）

後に別の論文のなかで、ムーアは同様の文章を無言で修正し、このような議論は「くだらない」（Moore 2017a: 78）と付け加えているが［27］、それでも彼は、二元論的エコモダニストは、物質代謝の亀裂という二元論概念を支持する論者よりも優れていると考えているようだ。

ブレイクスルー研究所への言及が直ちにそのエコモダニズムの展望への支持を意味するわけではない、という反論があるかもしれない。たしかにそうかもしれないが、この状況は、ハーヴィーがイースターブルックに言及した際と余りにも似ている。これが一元論のリスクである。それに対して、フォスターは、地球規模の環境危機に直面した際の、ハイブリッド主義の危険性を正しく強調している。

人新世における世界が、資本主義のもとでの疎外された社会的物質代謝の再生産によって極めて現実的な分岐に直面するさいに、結局のところ世界はすべて一つであり、人間の生産は必然的に人間と自然のつながりの新しいハイブリッド形態を生み出す（まるでそれ自体が自然の過程や自然法則を超越しているかのように）という自明の理に焦点を当てることは、世界がいま置かれている危機の真の深さを軽視することになる。（Foster 2016: 407）

ムーアは、エンゲルスの「自然の復讐」における「自然の限界の物神化」を批判したが、しかし「自然の限界」の拒絶は自然の限界をより弾力的にする考えを支持することにつながらないだろうか――とはいえ、ムーアの理論において「安価な自然の終焉」の予測と技術楽観主義がどのようにして整合的な形で共存することができるのかは理解しがたい。その結果、ムーアの予測はいつかは資本の技術が新たなフロンティアを切り開けなくなり、エコロジー的剰余の減少傾向を克服できないまま、「安価な自然の終焉」によって資本主義が崩壊するという漠然としたものになってしまうのだ。

今日の気候変動に対処するためには、自然界に何らかの形で介入し、改変することが必要なのは間違いない。だがその際には、自然の非同一性の認識が、生態系全体を絶対的に支配できるという幻想に陥らないために欠かせない。だとすれば、人間は自然の還元不可能な他者性と共存することが必要となる。自然は、人間の完全な把握を逃れる自身の目的性を持っている限り、人間の道具主義的な目的に抵抗する。その点を認めなくてはならないのだ[28]。

以上のように、「同一性と非同一性の同一性」という観点からすれば、「方法論的二元論」こそが人新世における自然の批判理論に不可欠であることがわかるだろう[29]。残念なことに、近年の左派におけるポスト資本主義論の復活は逆の方向に向かっており、技術進歩による環境危機の解決を無批判的に支持するものが影響力を増している。ところがマルクス自身は晩年に、生産力の資本主義的発展が持つ解放的性格を疑問視するようになっていたのだから、この状況は皮肉であり、その理論的ポテンシャルを削いでしまっているのだ。

第五章
ユートピア社会主義の再来と資本の生産力

伝統的に、マルクス主義は技術革新を歓迎してきた。生産力のさらなる発展こそがポスト資本主義の物質的条件を準備すると考えられてきたからである。ヘルベルト・マルクーゼも晩年は、資本主義的生産の環境破壊を明確に批判するようになったが（Marcuse 1992）、60年代には、技術の進歩を楽観視していた。量から質への転化をめぐる弁証法を使いながら、稀少性と貧困を克服し、人間解放をもたらす技術革新の可能性について次のように述べている。

> この「生物学的」基盤によって量的な技術上の進歩を質的にまったく別な生活様式に転化させうる機会を持つような革命——そうであるのは、まさにその革命が、人に希少性《スケアシティ》と貧困の克服を可能にさせる、高度の物的知的発展段階に起るべきものであるからであるが——であるはずだ。もし、この根源的《ラディカル》な転形という考えが、机上の空論以上にものであるとするならば、それは先進工業社会の生産過程のうちに、その技術能力と仕様のうちに客観的根拠を持たねばならない。なぜなら、自由は、実際、技術の進歩や科学の発達に依存するところが大きいからである。（Marcuse 1969: 19; 邦訳32 – 33頁、強調筆

者）

残念ながら、生産力の発展が自由を実現するというプロメテウス主義の夢は、今日まで実現されていない。それどころか、弁証法の観点からすれば、量の質への転化は技術「進歩」が制御不能な形で、惑星を「破壊」するという不測の事態をもたらしているのである。

ところが、失敗の歴史にもかかわらず、プロメテウス主義的思考は左派のなかで再び影響力を持ちはじめている。前章でも見たように、環境危機が深まるにつれて、一元論とエコモダニズムの思想が影響力を増しているからだ。そして、科学と技術の発展こそが、気候破壊という深刻な脅威に対処するための唯一の解決策であるかのように吹聴されるようになっている。プロメテウス主義を新たに提唱する者たちによれば、環境保護主義者が自然とともに生きるために経済を減速させ、規模を縮小しようとするのはあまりにも純朴だという。環境プロメテウス主義は、人新世の危機を前にした「まだましな悪」（Symons 2019: 52）だというわけである。

現代のマルクス主義にも、これに同調する傾向が見受けられる。例えばアルベルト・トスカーノ（Toscano 2011）は、ポスト資本主義世界を構想するために、左派の「プロメテウス主義的」理想の復活を訴えている。このプロメテウスの精神は、アーロン・バスターニの「ラグジュアリー・コミュニズム」の展望にも反映されている。「私たちはプロメテウス主義的な野心を抱かねばならない。なぜならば、人類の技術はすでに私たちを神たらしめているからだ——であるならば、神のごとくものごとをうまく処理することが望まれる」（Bastani 2019: 189）。彼らはしばしば「左派加速主義者」に分類される、「後期資本主義のユートピア主義者」(Benanav 2020: 11) である[01]。ソ連社会主義の崩壊後、数十年間にわたって続いた停滞の後に現れたマルクス主義におけるこの楽観的転換は、人工知能(AI)やロボティクスによる完全自動化、ICTやIoTによるシェアリング・エコノミーなどに大いなる期待をよせる。ユートピア社会主義者はこれらの新技術が、「仕事なきポスト資本主義世界」(Srnicek and Williams 2016) に向けた新しい可能性を開くと大胆に予測するのである。

環境保護主義者は、このような技術偏重の傾向に対して、即座に否定的に反応するだろう。それに、このような議論は、マルクス主義が過去の過ちから学ぶことができないという否定的な印象を強めてしまうかもしれない。一方、左派加速主義には、長きにわたって続いた「資本主義的リアリズム」を乗り越えるポテンシャルもある。

マルクスは、市場と賃労働を社会主義の基礎として受け入れたピエール＝ジョゼフ・プルードンのような「ブルジョア社会主義者」よりも、ロバート・オーウェンやアンリ・ド・サン＝シモンのような「ユートピア社会主義者」を高く評価していた。というのも、ユートピア社会主義者たちは現在の社会にある特定の要素を理想化し自然化するのではなく、ポスト資本主義社会のためのラディカルな想像力を豊かにしてくれるからである。同様に、現代のユートピア社会主義者たちは、ポスト資本主義を想像するためのインスピレーションを与えてくれる。長期不況、緊縮財政、経済格差の拡大、環境破壊などにより、資本主義システムの正当性がますます疑問視されている現在、こうした政治的想像力が切実に必要とされているのは間違いないのだ。

そこで本章では、現代のユートピア社会主義者による貢献を認めつつも、そのプロメテウス主義的な主張をマルクス自身のプロジェクトと比較しながら、批判的に検討していきたい。ここで鍵となる問いは、マルクスが『資本論』において、１８５０年代に展開したアイデアのいくつかをなぜ放棄したのか、というものだ。この問いがなぜ重要かといえば、左派加速主義者たちはそうした１８５０年代のマルクスのアイデアを熱烈に支持しているからである。具体的には、彼らの理論的枠組みは１８５７－５８年に執筆された『要綱』の「機械に関する断片」の議論に大部分依拠している。だがマルクスの『資本論』は、『要綱』とはいくつかの点でかなり大きな違いを示しているのである。

以下本章では、この10年間にマルクスの思考に何が起こったかをたどっていく。すると浮かび上がってくるのは、マルクスが資本主義のもとでの生産力の発展が持つ解放のポテンシャルに関して、より批判的になっていった事実である。このようなマルクスの歴史的展望における決定的な変化は、「資本の生産力」という概念において見て取ることができる。そして、この概念は、「協業」と「資本のもとへの労働の実質的包摂」という二つの重要な概念と密接に結びついている。それゆえ、これら三つの概念を合わせて正確に把握することによって始めて、資本主義的生産様式のもとでの絶え間ない技術革新における二重の――あるいは「弁証法的な」――側面を適切に取り扱うことができるようになるのである。

もちろんマルクスは、資本主義のもとでの技術の発展が社会主義への跳躍に必要な物質的条件を提供すると確信していた。だが一方で、マルクスの弁証法的思考は、新技術の破壊的な負の側面をより強調するようになっていく。人新世の環境危機を前にプロメテウス主義者が復活しているなかで、マルクスの生産力批判はかつてないほどに重要性を増している。さらに、ポスト資本主義社会を構想する上でも、生産力の問題を避けて通ることはできないのである。

本章ではまず、左派プロメテウス主義の議論を概観していく（第一節）。その際には、左派加速主義者の見解が、マルクスの『要綱』に基づいていることが確認されるだろう（第二節）。『要綱』は1850年代後半に書かれたものであるが、そのなかで展開される主要な議論のいくつかを相対化するために、1860年代に展開されたマルクスの「資本の生産力」と「実質的包摂」という概念を考察したい。これらの新概念は、1860年代のマルクスが『要綱』に残存していた生産力主義的な考えを意識的に放棄したことを示しているからだ（第三節）。

マルクスの理論的発展を追うことは、非プロメテウス主義的なマルクス像を構築するうえで大きな意味を持つが、重要な理論上の転換は、「協業」についての議論のうちに反映されている。「協業」の問題に本格的に取り組むなかで、マルクスは、生産力の発展における進歩的性格に疑問を投げかけざるをえなくなったのである。その結果、「資本の生産力」、「実質的包摂」ならびに「協業」という三概念の確立は、マルクスのそれまでの史的唯物論と緊張関係を生むことになる（第四節）。ところが、現代のユートピア社会主義者は、1860年代のマルクスの理論的深化を見逃しており、1850年代のプロメテウス主義に回帰してしまう。そうした解釈の限界は、私たちの想像力を制約し続ける経済構造や消費主義的な考え方に挑むことなく、選挙政治ばかりに焦点を当てる「政治主義」的態度のうちに現れるのである（第五節）。

第一節　加速主義とポスト資本主義

近年のAI、ロボティクス、バイオテックやナノテクノロジーの急速な発展を前に、大規模失業や経済的不平等の拡大に対する不安が高まっている。フレイとオズボーン（Frey and Osborne 2017）は、今後数十年のうちにほとんどの仕事が機械に取って代わられる可能性があり、銀行員、税理士、ジャーナリストといった高度な専門職でさえこの危険から逃れられる保証はないと予測している[02]。社会的不安の根本原因は、第三次産業革命がもたらす新技術は、新たな雇用を生み出すどころか、先進国の脱工業化を加速するところにある。工場生産のグローバルなアウトソーシングやオフショアリングだけでなく、デジタル化によって世界中の労働者間の競争はこれまで以上に激化している。世界規模の膨大な数の「相対的過剰人口」は、ギグワークのような不規則な労働時間で、賃金の上がらない不安定雇用として現れるようになっている。

マーティン・フォードは、一部の特権的なデジタル富裕層による極端な富の集積は「テクノ封建制」（Ford 2015: 210）につながるとの懸念を表明している。支配階級からすれば、情報技術の発展はあらゆる市民・消費者活動の監視を可能にするし、収集されたビッグデータは社会的振る舞いや欲望への介入の余地を拡大する（Zuboff 2019）。情報技術の発展がより自由で民主主義的な空間を開くというインターネット黎明期の予言とは裏腹に、「ビッグデータが可能にし、ＩＴに支えられた権威主義」は、「まったく新しい、潜在的に全体主義的な未来への道」を指し示している。これは「新しいデジタル・レーニン主義」（Heilmann 2016）だという研究者もいる[03]。

しかし、一部の左派は、「テクノ封建制」の未来図はあまりにも悲観的だと反発している。ディストピアを恐れて科学技術の進歩を遅らせる代わりに、ポスト資本主義における人間解放に向けて、その進歩をさらに加速させることを主張する左派がいるのだ。まさにラトゥールの「汝の怪物を愛せ」という呼びかけを思い出させるようなやり方で、人間の労働を機械に統合することで、ポスト資本主義のオルタナティブを構想しようとするのである(Noes 2014: 12)。

その際、左派加速主義者は、現代資本主義に大きく三つの解放にむけた傾向性を見い出している。

①完全自動化と仕事なき世界

たしかに、自動化による技術的失業は、労働者階級にとって望ましいことではない。たとえ自動化によって大量の安価な財やサービスが生み出されたとしても、賃労働者は機械や他の不安定労働者との過当競争のせいで、みずからの労働力を売ることができなければ、困窮してしまう。労働者たちの生活は賃金に依存しているため、彼らは飢え死にしないためには、低賃金で長時間労働の仕事でも望んで引き受けざるを得ないのだ[04]。

しかし、見方を変えれば、大量失業の脅威は現在の経済システムの不合理性を意味するのではないだろうか。大量失業の脅威が生まれているのは、まさに現在の生産性の水準が、長時間労働なしに人間の欲求を満たせるくらい十分な高さに達しているからにほかならない。とはいえ、資本主義は労働時間を短縮することはできない――労働は唯一の価値の源泉だからである。しかも資本主義的生産においては、市場競争のもとで資本家が新しい技術を絶えず導入せざるを得ないため、生産性はそれでも上がり続け、矛盾はさらに深まっていく。このジレンマは、資本主義がその高い社会的生産性を人間の幸福のために活用できないという矛盾を端的に示している。

けれども、資本主義がしがみつく時代遅れの労働倫理がいったん克服されれば、この高い生産性を利用して骨折り仕事を最小化し、すべての人の富と自由時間を増加させることができるのではないか。完全自動化は、より少ない労働と天然資源で多くの社会的欲求を満たすことができる条件を用意してくれるのだ。だからこそ、加速主義者は、労働者はロボットの脅威を恐れるのではなく、完全自動化を支持すべきだと主張する。「完全自動化は、必要労働をできる限り減らすことを目的とするユートピア的要求である」(Srnicek and Williams 2016: 114)。よく知られるように、ジョン・メイナード・ケインズ(Keynes [1930] 1971)はかつて、2030年までに労働時間は週15時間に短縮され、人間社会の真の経済問題は余暇をどう過ごすかになると予言した。ケインズの予測は実現しそうにないが、しかしそれはケインズが間違っていたからではなく、資本主義が無理やり私たちを終わりなき労働に縛り付けているからではないか。ケインズが予見した労働なき社会は、ポスト資本主義への跳躍によって実現されるというわけだ。

②限界費用ゼロと潤沢さの社会

ポスト資本主義の可能性を切り開くのは、完全自動化だけではない。ジェレミー・リフキンは『限界費用ゼロ社会』で、「第三次産業革命」が現在の市場システムに与える破壊的な影響を指摘している。リフキンによれば、情報通信技術は財やサービスを「無料で、瞬時に、完璧に」複製していくらでも作ることができるため、生産過程に革命的転換をもたらす。リフキンがよく引き合いに出す例は音楽と新聞である。デジタル化されれば、音楽が録音され、文章が書かれた時点で、追加一単位分の生産費用(＝限界費用)はほぼゼロになる。これこそ、CDを製造したり、新聞を刷ったりするごとに追加費用がかかっていた従来の生産方法との対照をなす。しかもデジタル技術に加えて、3Dプリンターや再生可能エネルギーの導入によって、さまざまな生産部門で限界費用がゼロに近づいていく未来をリフキンは大胆に予測するのである。

限界費用ゼロ社会では、無償の富がますます潤沢になっていく。そしてまさにこのことが、資本主義に危機をもたらす。マルクスの用語を使えば、情報技術は「使用価値」を「価値」から切り離し、それによって、市場の価格メカニズムを破壊する。完全なデジタル複製品が無償なのは、まさに瞬時に生産され、したがって人間的労働の支出を必要としないからである。情報技術の発展が「使用価値」の量を指数関数的に増大させ――「ムーアの法則」――、労働の成果物は労働の投下量からデカップリングされる。こうして、物質的富と非物質的富は急速に拡大していく一方、それらの商品の「価値」は絶えず減少していく。労働価値説の立場からすれば、財とサービスが限界費用ゼロで生産され分配されることで、「価値」という尺度は時代遅れとなる。当然、このような富の潤沢さは資本主義にとって大きな脅威となる。ポール・メイソンが主張するように、「無料のモノの世界というのは資本主義の世界であることはできない」(Mason 2015: 142) からである。

リフキンも、新たに出現しつつある「協働型経済」が資本主義とは両立できないとし、資本主義の「終焉」を大胆に宣言する。

その変化とは、資本主義体制の緩やかな凋落と協働型コモンズの台頭であり、協働型コモンズにおいては、経済的繁栄は市場資本の蓄積よりも社会関係資本の集積によって評価される。今後の年月に予想されるＧＤＰの一貫した下落の原因は、経済的価値をまったく新しい方法で評価する、活気に満ちた新たな経済パラダイムへの転換に、しだいに帰せられるようになってゆくだろう。(Rifkin

2014: 20; 邦訳40－41頁）

完全自動化や3Dプリンターだけではない。さらに、核融合、細胞農業、小惑星採掘といった新技術と組み合わせていけば、第三次産業革命は労働、エネルギー、食糧、資源の稀少性を克服し、その潤沢さは資本主義システムを危機に陥らせる。バスターニも、このポスト稀少性社会は「完全自動のラグジュアリー・コミュニズム」であると大胆に宣言している。無限な富は、万人に無限の富をもたらすからである。

情報、労働、エネルギー、資源がたえず安価になり続け、労働や古い世界が抱えていた限界が乗り越えられると、人々のあらゆる欲求が満たされるだけでなく、有用なものと美しいものの境界が霧散する。コミュニズムとは潤沢なものだ——でなければ、それはコミュニズムではない。（Bastani 2019: 56）

③ネットワーク効果と私有財産の危機

限界費用ゼロ社会に関するリフキンの議論が示すように、知識に基づく非物質的生産は情報技術の時代に中心的な役割を担っている。すでに1990年代初頭には、ピーター・ドラッカーが「知識はいまや急速に、最も重要な生産要素になりつつある」（Drucker 1993: 8）と指摘していた。ドラッカーによれば、情報技術の発展が自由で自律的な協働を促進することで、労働過程におけるヒエラルキー的な管理を解体し、より水平で民主的な生産形態が可能になるというのである。

事実、知識や情報は広く共有されるべき共有財（コモンズ）であるため、その性質からして排他的で独占的な所有に馴染まない。知識や情報は、互いにつながりあう諸個人のネットワーク効果から生まれる「正の外部性」によって増大していくからだ。別の言い方をすれば、ネットワークを通じて情報伝達やコミュニケーションが発展すればするほど、社会的生産力は高まっていくのである。この意味で、第三次産業革命の特徴である知識経済は、本質的に民主的、水平的、コモン的である。

しかし、資本主義にとって問題となるのはまさに知識のこのコモン的な性格である。資本蓄積のためには私有財産制が欠かせない。しかし、富の私的な独占は社会的協業によって生み出される協働型コモンズの正のネットワーク効果を弱め、非物質的財の有用性を低下させてしまう。また、正当性の問題もある。財やサービスが本質的に社会的協業を通して生み出されるものなら、それが誰かによって独占されるべきものなのかは必ずしも明確ではない。そのような社会的な性質を持つ財を法や技術によって、少数のプラットフォーム企業が独占することには、常に疑念がつきまとうのである。

こうして、社会的ネットワークの拡大とともに、私有財産制はますます揺らがされていく。リフキンは、「協働型経済」は正のネットワーク効果の指数関数的な成長を通して最終的に私有財産制を吹き飛ばしてしまうと、その未来を楽観的に予見している。もちろん、私有財産制が崩壊すれば、資本主義も崩壊するだろう。

こうしたネットワーク効果の脅威に対抗するために、資本は情報の稀少性とアルゴリズムの排他性を人為的に作り出すことによって、そこからレントを採取できる独占的デジタルプラットフォームを構築しようとしている（Srnicek 2016）。しかし、資本にとってのジレンマは決して消えることはない。なぜなら、独占によるレントの追求は、必然的に利益の源泉となる「協働型経済」のさらなる発展を阻害してしまうからだ。また、より自由な代替ネットワークが突如出現し、ビジネス全体の収益性が失われるというリスクもある。そのため、独占を守るための企業にとってのコストは非常に高くなってしまうのだ（Hardt and Negri 2005）。

これら三つの傾向を総括して、メイソンは今や新しいポスト資本主義社会が出現し始めていると主張する。

今日の大きな矛盾は、潤沢で無料の財や情報の可能性と、モノを私物化し、希少にさせ、商品化しようとする独占企業、銀行、政府のシステムとの間に存在する。結局は、ネットワークとヒエラルキーとの対立、そして資本主義を中心として形づくられた古い形の社会と次に来るものを予想させる新しい形の社会との対立ということになる。（Mason 2015: xix; 強調原文）

たしかに、メイソンの見立てでは、未来は「明晰」で「明るい」（Mason 2019）ように見える。だが、それは本当なのだろうか［05］。

第二節 「一般的知性」と人類の解放

ケインズやドラッカーは、現代のユートピア主義者によるポスト資本主義の展望に大きなインスピレーションを与えている。だが、前節で概説した三要素をポスト資本主義のプロジェクトへと統一することに最も貢献したのは、間違いなくマルクスである。ここで中心的な役割を果たすのが『要綱』、そのなかでも「機械に関する断片」として知られる章段である[06]。

まず、「機械に関する断片」において、マルクスは労働価値論に基づき、資本主義的生産には深刻なジレンマがあることを指摘している。市場競争のもとで、資本家たちは、「特別剰余価値」を獲得するために絶え間なく新しい機械を導入し、生産力を増大させていく。しかし、機械化は生産性の上昇率よりも生産規模が急速に拡大しない限り、必然的に労働者を労働過程から遊離することになる。ところが、社会的欲求は必然的に有限なため、このような生産規模の加速的拡大はどこかで頭打ちになり、資本主義の発展は労働過程で必要とされる労働者数を傾向的に減少させていく。「資本はここでは――まったく意図しないで――人間の労働を、力の支出を最小限に減少させるからである」（『資本論草稿集』②、４８４頁）。

このように、固定資本への投資増大は労働者によって生産される価値の減少を伴うが、一方で大規模な工業生産のもとでの社会的生産力の増大のおかげで、物質的富の生産量は増大していく。生産が人間的労働の実際の支出から独立するようになっていき、社会的富の生産にとって労働が持つ意味は低下するのである。その結果、人間的労働の対象化である価値は物質的富の尺度ではなくなっていくのだ。マルクスはこう指摘する。「大工業が発展するのにつれて、現実的富の創造は、労働時間と充用された労働の量に依存することがますます少なくなり、むしろ労働時間のあいだに運動させられる諸作用因の力に依存するようになる」（『資本論草稿集』②、４８９頁）。究極的には、価値と現実の物質的富の隔たりは、価値という尺度が「時代錯誤」（Postone 1996: 197）になるところまで増大していく。こうして、資本主義は危機に陥る。

この事態を別の角度から見れば、生産力の急速な発展は「必要労働時間」を著しく減少させるということだ。実際、マルクスは、強制なき活動に利用できる「自由時間」が増加する未来を予測している〔07〕。

労働時間の節約は、自由な時間の増大、つまり個人の完全な発展のための時間の増大に等しく、またこの発展はそれ自身がこれまた最大の生産力として、労働の生産力に反作用を及ぼす。〔…〕余暇時間でもあれば、高度な活動のための時間でもある、自由な時間は、もちろんそれの持ち手を、これまでとは違った主体に転化してしまうのであって、それからは彼は直接的生産過程にも、このような新たな主体としてはいっていくのである。この直接的生産過程こそ、成長中の人間についてはは訓育であると同時に、成長した人間についてはは、練磨であり、実験科学であり、物質的には創造的で、かつ自己を対象化する科学であって、この成長した人間の頭脳のなかに、社会の蓄積された知識が存在するのである。（『資本論草稿集』②、499-500頁）

この議論を使って、完全自動化がポスト労働社会における労働からの解放と個人の全面的な発展を実現するという結論を左派加速主義は引き出すのである。

さらに、マルクスは、社会の知識が固定資本として対象化され、「巨大な社会的力」になるという。そこでは、社会的ネットワークの成果が固定資本に対象化されるわけだが、まさに、マルクスは、自由時間の増大が「社会に蓄積された知識」のコモン的性格と密接に関係していることを理解していた。だからこそ、マルクスは、「一般的知性」という概念を導入し、生産条件が自律的な社会的協働とコミュニケーションを媒介とする社会的力にますます依存するようになっていく点を強調している。「固定資本の発展は、どの程度まで一般的社会的知能、知識が、直接的な生産力になっているか、だからまた、どの程度まで社会的生活過程の諸条件それ自体が、一般的知性の制御のもとにはいり、この知性にもとづいて改造されているかを示している」(『資本論草稿集』②、492頁、強調原文)。「一般的知性」の力は自由な諸個人が織りなす正のネットワーク効果から生まれる。資本が「協働型経済」の巨大な社会的力を掌握できないのは、価値増殖のために労働者たちを管理・規制しようとすることが、社会的力を弱体化させてしまうからである。一方、社会的協働と自由な知識のさらなる発展は、市場メカニズムと私有財産制を不安定にしていく。

以上の傾向性を踏まえて、マルクスは、新たな社会的生産力の加速的増大が資本によって設けられた制限を吹き飛ばし、ポスト資本主義社会を樹立すると大胆に述べたのだ。

一面からみれば資本は、富の創造をそれに充用された労働時間から独立した(相対的に)ものにするために、科学と自然との、また社会的結合と社会的交通との、いっさいの力を呼び起こす。他面からみれば資本は、すでに創造された価値を価値として維持するために、そのようにして創造されたこれらの巨大な社会力を労働時間で測って、これらの力を、必要とされる限界のうちに封じ込めようとする。生産諸力と社会的諸連関とは——どちらも社会的個人の発展の異なった側面であるが——、資本にとってはたんに手段として現われるにすぎず、また資本にとってはたんにその局限された基礎から発して生産を行なうための手段にすぎない。ところがじつは、それらは、この局限された基礎を爆破

するための物質的諸条件なのである。(『資本論草稿集』②、490－491頁)

協働型コモンズに依拠した生産が資本主義を超えて「一般的知性」を完全に解放すれば、自由時間と自由財の増大は個人の全面的な発展を実現する。こうしてユートピア社会主義者たちは、マルクスが「完全自動化のラグジュアリーコミュニスト」(Bastani 2020)であったと説得的に主張しているようにみえるのだ――少なくとも、『要綱』においては。

第三節　労働の包摂と資本の生産力

このように、現代のユートピア社会主義者には『要綱』を重視するという特徴がある。だが、ポスト稀少性経済に関するその主張が、マルクスの未来社会像を体現していると一般化する前に、もう少し丁寧に検討する必要がある。

よく知られているように、マルクスは生前、『要綱』を出版しなかった。経済学批判の最初の体系的な試みであった『要綱』は理論的にさまざま点で未熟なものであったからだ。たしかに『要綱』にはその後のマルクスの著作にはない、独創的なアイデアが含まれている(Negri 1992)。しかし、それは裏を返せば、マルクスが『資本論』の執筆に際して、それ以前の重要な考え方のいくつかを放棄したということなのだ。

例えば、マルクスはその後の著作で「一般的知性」という言葉を再び用いることはなかった[08]。こうした事実は、1860年代に資本主義的発展に関する彼の分析に変化があったのかどうか、という疑問を読者に投げかける。古い概念の代わりに、マルクスは1860年代にさまざまな新しい概念を導入しており、そのひとつが、もう一つの『資本論』草稿である『1861－63年の経済学草稿』における「形態的包摂」と「実質的包摂」の区別である。

ここでの「形態」と「実質」の区別は、前章でみたマルクス自身の方法論的二元論に対応している。物質代謝論に見られるように、マルクスの議論は現実の資本主義生産における「形態」と「素材」の「分離における統一」を分析する。つまり、労働過程の「素材」的側面と価値増殖の過程としてのその「経済的形態規定 ökonomische Formbestimmung」を区別するのだ。そうすることで、労働過程という歴史貫通的な物質代謝の過程が、資本の「価値増殖過程」としての新しい歴史的に特殊な機能を獲得することで生じる変化を考察するのである[09]。

まず「形態的包摂」は、「労働過程」に対して「価値増殖過程」としての「経済的形態規定」を付与する。ただし、それは資本と賃労働との間の資本主義的生産関係を導入するだけであって、労働過程の素材的側面にはまだ実質的な変化をもたらしはしない。その意味で、この段階では「形態」と「素材」の関係は互いに外的なままにとどまっている。それゆえ、「形態的包摂」だけでは資本主義に特有の生産様式は成立しないとマルクスは述べる。

しかし、資本はこのような外的関係でとどまりはしない。「労働過程が資本のもとへのその包摂そのものによってどれだけ変化をこうむるか」（『資本論草稿集』④、100頁）を問わなければならないとマルクスは述べる。つまり、資本が生産過程を徹底的に変革し再編することによって、資本主義の発展の過程で形態と素材はますますもつれ合い、絡み合うようになることをマルクスははっきりと認識していた。そしてこれは、マルクスが「実質的包摂」と呼んだものを通じて行われるのだ。労働過程の素材的側面が資本主義的生産様式に対して「適切」なものになるのは、この「実質的包摂」によってなのである。

テクストに沿って、以上の点をもう少し詳しく見ていこう。『１８６１－６３年の経済学草稿』では、「形態的包摂」をマルクスは次のように定義している。

> じっさい歴史的に見いだされるのは、資本がその形成の発端で、労働過程一般を自己の統御のもとにおく（自己のもとに包摂する）ばかりでなく、技術的に出来あいのものとして資本が見いだすままの、そして非資本主義的な生産諸関係の基礎の上で発展してきたままの、もろもろの特殊的な現実の労働過程を自己の統御のもとにおくのだ、ということである。それは現実の生産過程――特定の生産様式――を見いだし、はじめはこの様式を、この様式の技術的規定性にはなんの変更も加えないまま、ただ形態的に自己のもとに包摂する。（『資本論草稿集』④、１４５頁、強調筆者）

労働を資本のもとに「形態的」に包摂することとは、「現実の生産過程」の内実に影響を与えはしない。たんに「資本が見いだすままの」ものをそのまま利用し、「技術的規定性にはなんの変更も加えないまま」新しい生産関係を導入するだけだからである。すなわち、職人とギルドからなる古い社会関係を解消し、資本と賃労働という新しい社会関係で置き換えるのだ。その結果、資本は労働者を監督し、労働者に命令を課すようになる。形態的包摂は「労働者が労働者として資本の、あるいは資本家の監督下に、したがってまた指揮下に陥る、ということである」（『資本論草稿集』④、１４６頁）。この資本の指揮・監督は、資本の価値を増大させるために、「労働者の意志、彼の勤勉、等々に左右される現実の労働過程ができるだけ合目的的に、できるだけ厳格に行なわれること」（『資本論草稿集』④、147頁）を新たな目的として設定するのだ。

もちろん、資本のもとへの労働の「形態的包摂」の結果として、労働過程には大きな変化がもたらされる。なぜなら、生産の主要な目的が人間の欲求を満たすための具体的な使用価値の生産ではなく剰余価値の生産になるため、労働の継続時間と連続性が著しく増大するからだ〔10〕。この変化は、労働者の肉体や精神への負荷を著しく悪化させる。とはいえ、資本と賃労働からなる資本主義的な形態規定は、生産力の組織方法を変化させないので、この段階では、労働日の延長による「絶対的剰余価値」の生産しか可能ではない。この意味で、「形態的包摂」だけでは、資本主義的生産様式にふさわしい生産体制を作り出すことはできないのである。

これに対して、マルクスは『直接的生産過程の諸結果』において、「資本のもとへの労働の実質的包摂」について、次のように書いている。

> 資本のもとへの労働の実質的包摂とともに、生産様式そのものにおける、労働者の生産性における、そして資本家と労働者との関係における完全な（しかも不断に継続し繰り返す）革命が生ずる。〔…〕一方では、いままでは独自な生産様式として形成されている資本主義的生産様式は、物質的生産の変化した姿をつくりだす。他方では、このような、物質的な姿の変化は、資本関係の発展の基礎をなし、したがって、資本関係の十分に発展した姿は、労働の生産力の一定の発展度に対応する。（マルクス1970、104-105頁）

たとえ協業や分業が行われていたとしても、ひとつの工場に多くの労働者を集めただけでは「実質的包摂」には十分ではない。それだけなら「形態的包摂」にとどまるだろう。「実質的包摂」は資本自身のイニシアティブで効率的な生産方法を生み出して、導入する必要がある。そうすることで「生産様式そのものを新たに形づくり、こうしてはじめて、自己に特有の生産様式を手に入れる」（『資本論草稿集』④、145頁）のだ。つまり、「資本が見いだすままの」労働条件を受け入れるのではなく、資本は質的に新しい生産力を発展させ、資本主義に独自の生産方法を能動的作り出す。そのために、科学と技術の充用だけでなく、労働の社会的組織——労働者の働かせ方——にも介入して、労働過程全体を再編成していくのだ。「実質的包摂」によって、資本は「形態的包摂」においては依然として見られた形態と素材の間の外的関係を克服していくのである。

そう言うと、機械装置や工業生産こそが、資本主義に特有の生産関係であると考えてしまうかもしれない。だが、そのような見方は、「実質的包摂」の議論を単なる技術的変化へと矮小化してしまう。機械制の大工業はたしかに独自の資本主義的な形態を実現し、生産力を最大化するが、マルクスは「協業」の分析こそが「歴史的にも概念的にも」「実質的包摂」の理論的基礎を提供することを強調している（『資本論』第一巻、423頁、強調筆者）。そこではさらに、協業は「資本主義的生産様式の基本形態」（『資本論』第一巻、440頁）であるとも付け加えている。要するに、協業は労働過程全体を資本の立場から組織化する第一歩であり、「生産様式そのものの実質的変化」（『資本論草稿集』④、420頁）をもたらす重要な要素なのだ。

マルクスは協業がもたらす変化について、次のように書いている。

〔協業は〕資本のもとへの労働の包摂がもはや単なる形態的包摂として現われるのではなく、それが生産様式そのものを変化させることによって資本主義的生産様式が独自な生産様式となっている第一の段階である。〔…〕協業とともに、はやくも独自な区別が現われる。労働は、個々人の独立した労働の遂行を許さないような諸条件のもとで行なわれる、——しかもこれらの条件は、個々人を支配する関係として、資本が個々の労働に巻きつける紐帯として現われるのである。（『資本論草稿集』④、418頁、強調原文）

ここでもはっきりと述べられているように、協業は「生産様式そのものを変化させ」、資本主義に「独自な生産様式」を作り始める。「形態的包摂」とは対照的に、「実質的包摂」は生産の技術的構成と社会関係の両方を変化させるからだ。実際、資本がもたらす労働過程の新たな組織化によって、個々の労働者はもはや単独で自律的にタスクを遂行することができなくなり、資本の指揮にますます従属するようになっていく。

米国のマルクス主義者であるハリー・ブレイヴァマンは、この資本による労働者の従属化を目指した再編成を「構想と実行の分離」（Braverman 1998: 79）と呼んだ。オーケストラに指揮者が必要なように、協業には、どのような生産関係であるかにかかわらず、全体の調整や調節を行うことが求められる。つまり、それは歴史貫通的な要件である。しかし、資本主義のもとでこの指揮機能は「資本の機能」の一つとして統合され、「独自な性格をもつことになる」（『資本論』第一巻、434頁）。その結果、指揮機能は「労働過程そのものの遂行のための必要条件に、その現実の生産条件に」（同上）発展する。協働の組織化とともに指揮監督は、労働者が労働をうまく遂行するために不可欠なものとなるが、しかしいまやこの機能は根源的に資本の効果的な価値増殖という原理によって推進されることになるため、その疎外的で支配的な性格は、労働者にとって純粋に「専制的」(『資本論』第一巻、435頁)なものとして現れるのである。

ここで、労働者が資本の「専制的」支配のもとでしか労働を遂行できないのは、労働者がたんに客体的な生産手段を奪われているからだけではない。むしろポイントは、労働者が、労働を行うための主体的条件、すなわち労働の内容を構想する力さえも失っているということである。なぜなら、この構想の力を資本が独占しているからである。

「分業」と「機械装置」の導入によって強化されるのは、協業のなかにすでに内在していたこの傾向である。労働過程が資本のイニシアチブによって組織、編成されていけば、労働者は労働過程全体に対する経験、知識、技能、洞察をますます失っていく。資本が労働過程を分析し、単純で、反復的で、計算可能で、機械的なタスクからなる流れへと分割・再結合することで、熟練労働者は非熟練労働者に取って代わられる。その際、資本は、労働者がそれまで有していた経験や知識とは無関係に労働過程を独自の効率性やマネージメントの視点から再編するので、労働者は資本が押しつけてくる上からの命令に受動的に従わなければならなくなる。

このことは、現代の労働者たちがたとえ生産手段にアクセスできたとしても、自動車やコンピューターを自分で完成させることができないのを見れば明らかだろう。各労働者の知識や経験は狭い領域に限定されており、最終製品のなかで各部品がどのように機能するかについての知識を持っていないのだ。こうして、労働者は「主体なき者」となり、自らの労働を自分の判断で自由に実現する能力を持たないまま、資本家が用意する客体的な生産手段と彼らの命令に対峙することになる。実質的包摂は労働者の資本への依存を大きく高めていくが、その結果、労働者の能力を実現するための客体的条件はますます「疎外された力、独立した力として」現れるのだ。

こうして、「主体と客体との関係は転倒される」(『資本論草稿集』④、175頁)。マルクスによれば、この主体と客体の転倒は「物象の人格化であり人格の物象化である」(『資本論草稿集』⑨、411頁)。労働が資本に「具体化」される以上、労働者の役割は物象のたんなる「担い手」、すなわち資本を保存し、価値を増殖するための手段に還元される(「人格の物象化」)。一方、機械に代表される生産手段は、疎外された力を獲得し、人間の振る舞いと意志を支配する主体性を獲得するのだ(「物象の人格化」)。資本の物象化された力が労働過程全体を貫いていくにつれて、社会的生産力の増大は資本のイニシアチブによってのみ達成されるようになる。労働者の自律性と独立性は決定的に損なわれ、労働者はより容易に飼いならされ、規律づけられていく。労働者は、雇用競争にさらされながら、資本の厳しい命令と指揮監督に受動的に従うようになっていくのだ。

しかも、労働の遂行条件は資本によって独占され、生産力の増大は資本のイニシアチブと責任のもとでのみ可能となるから、協業や分業によって労働者の社会的労働がもたらす新たな生産力は、労働者たち自身の社会的生産力としてではなく、「資本の生産力」として現れる、とマルクスは言う。「労働者が富を創造するかぎり、生きた労働は資本の一つの力となり、同様に、労働の生産諸力の発展のすべてが資本の生産諸力の発展となる」(『資本論草稿集』④、175頁)。実際、資本のもとでの協業は個々の労働者だけでは発揮できない新たな生産力をもたらすが、この協業の成果を無償の贈り物として利用するのは資本なのである。「労働の社会的生産力は〔…〕無償で発揮される〔…〕。〔…〕この生産力は、資本が生来もっている生産力として、資本の内在的な生産力として、現われるのである」（『資本論』第一巻、437頁）。

その結果、労働者たちが生み出す生産力が自らに敵対的なものとして対峙するようになると、マルクスは指摘している。

労働の社会的な生産力から、かつまた労働そのものから生まれる労働の社会的諸条件が、たんに労働者にとって疎遠な、資本に属する諸力として現われるだけでなく、個々の労働者にたいして、資本家の利益のために敵対的かつ圧倒的に立ち向かう諸力として最も決定的な姿で現われる。（『資本論草稿集』⑨、259頁、強調原文）

資本主義のもとでの生産力の発展は、労働者の主体的な技能、知識、洞察を奪うことによって資本の力を増大させるのだから、それが自動的に、労働者の解放をもたらすことはない。にもかかわらず、現代のユートピア社会主義者は『要綱』の重要性を過大評価するため、『資本論』で展開されたマルクスの生産力批判を疎かにしてしまいがちなのだ。その際、「生産力」という概念は、あたかもインプットとアウトプットの（量的・時間的）比率として定義される「生産性」と同義であるかのように、あまりにも狭く理解されてしまっているのである[11]。

けれども、「資本の生産力」という概念は、マルクスの「生産力」概念が実際にはより広いものであることを示している。それは、人間が何をどのように生産するのか、という問題全般に関係する力能なのである。つまり、そこには、技術、知識、体力といった人間の主体的能力や自然条件も含まれるのだ（Cohen

［1978］2000: 55）。特に、人間の主体的能力という側面は、労働者の自律性、自由、独立性と関連しており、この側面は労働の疎外を克服するうえで決定的に重要である。つまり、本当の意味で生産力を上げるためには、生産物の量を増やしていくだけでなく、その生産過程における労働者の主体性や自由を高めていくことも実現しなければならない。

つまり、生産力の概念は量的かつ質的なのである。この意味で、「生産力」を「人間が自然との物質代謝を意識的に制御する力」として定義することができるだろう。例えば、完全自動化による「生産性」の量的向上は、労働条件だけでなく自然環境の質的劣化を伴い、個人の完全な発展を阻害しうる。だとすれば、マルクスにとって、このような形での「生産性」の向上は必ずしも「生産力」の発展とはみなされないのである。

まとめると、１８６０年代のマルクスは、資本の生産性の向上が、生産過程の素材的側面を、資本主義に独自のやり方で組織していくことを強調するようになっていった。こうした理解によれば、「資本主義的生産様式」の成立は、生産の「形態的」な側面と「素材的」な側面の両方における変容によって基礎づけられる。すなわち、「資本主義的生産様式」は、資本・賃労働関係を媒介とする経済的「生産関係」と、資本主義に特有の生産過程の編成法が生みだす「生産力」からなるのである。

生産様式のこのような二重の側面の分析は、マルクスの「方法論的二元論」と一貫している。つまり、資本主義に構成された社会関係のもとで人間と自然との間の物質代謝がどのように変容し再編されるかを分析するために、純粋に社会的なものと素材的なものとを分離しつつ、統合するのである。まさに実質的包摂の議論を通して、マルクスは自らの「方法論的二元論」にふさわしい「生産様式」の理解についに到達したのだ。しかしながら、この新たな洞察によって『経済学批判』「序言」で定式化した「史的唯物論」についての見解との間に、ある緊張関係が生じてくることになる。

第四節　資本主義的生産様式と史的唯物論

前節の議論からもわかるように、1860年代のマルクスの『資本論』やその他の経済学草稿には『要綱』と比較して重要な理論的発展がある。とはいえ、その非連続性を過度に強調すべきではないだろう。実際、マルクスの「資本の生産力」という概念はすでに『要綱』に登場しており、そこでは次のように書かれている。

資本は、無限の致富衝動として、労働の生産諸力をどこまでも増加させようと努め、そしてそれを実際に呼びおこす。しかし他方では、労働の生産力の増加はすべて〔…〕資本の生産力の増加であり、当面の観点からすれば、それが資本の生産力であるかぎりでのみ、労働の生産力なのである。（『資本論草稿集』①、424頁、強調原文）

マルクスは、協業と分業との関係でも、「資本の生産力」について次のように述べている。

労働者の協働――労働の生産性の基礎的条件としての協業および分業――は、いっさいの労働生産力がそうであるように、すなわち労働の強度の程度を、したがって労働の外延的な実現の程度を規定する生産諸力がそうであるように、資本の生産力として現われる。(『資本論草稿集』②、297頁、強調原文)

これらの箇所から、1860年代のマルクスの議論に決定的な変化はないと言いたくなるかもしれないが、それは正しくない[12]。

この文脈で参照すべきが、大野節夫(1983、295頁)の先行研究である[13]。というのも、大野は『要綱』における「生産様式」の概念化がまだ不十分だったと主張しているからである。大野によれば、1850年代のマルクスの議論は、資本と賃労働の社会関係から構成される形態的側面にもちろん注意を払っていたものの、生産の素材的側面を十分に考慮していなかったという。

この不十分さは、『要綱』においてマルクスの「協業」概念が資本主義的生産の基本的カテゴリーとしてまだ確立していなかったことに関係があると、大野は主張する[14]。『要綱』において、マルクスは「協業」に言及せずに、生産様式について「生産的資本、言い換えれば資本に対応する生産様式は、二重の生産様式でしかありえない――マニュファクチュアまたは大工業である」(『資本論草稿集』②、297頁)と書いている。マルクスが協業をきちんと定式化するようになったのは1860年代以降のことであり、この変更の背景には、「生産様式」についての理解が深まったことが関係しているというのだ(大野1983、296頁)。

では、「生産様式」とは何か。一般的な理解によれば、「生産様式」は「生産関係」と「生産力」から構成される。しかし、マルクスの方法論的二元論に従えば、むしろ「生産様式」は社会的かつ素材的に条件づけられていると言うべきだろう。一方で生産の社会的側面は、形態的な経済的側面を表し、それは資本と賃労働という社会関係に基礎を置く「生産関係」によって規定される。この側面においては、資本主義的生産様式は「商品生産」と「剰余価値生産」によって特徴づけられる。つまり、資本主義的生産様式は、労働者が資本家に搾取される社会関係を前提とするのであり、この関係は資本蓄積の過程において絶えず再生産されなければならない。

他方で、「生産関係」には素材的側面もある。より具体的には、協業、分業、大工業からなる人間と自然との物質代謝を具体的に組織する方法であり、そこには、現実世界の素材的側面が含まれているのだ。この形態と素材の二重性がもたらす「同一性と非同一性の同一性」を分析するのが、本書でも繰り返し指摘してきたマルクスの「方法論的二元論」にほかならない。

ＭＥＧＡ第４部門第一七巻で刊行予定のマルクスの抜粋ノートはこの点を裏付けている[15]。マルクスは、１８５９年２月に『経済学批判』第３章の続きの執筆に取りかかった際、経済学関連のさまざまな書物から抜粋をおこなっている。その際マルクスは、リチャード・ジョーンズとエドモンド・ポッターの著作から抜粋を作成し、彼らの議論から触発されて、「協業」というカテゴリーを資本主義生産の基礎としてみなすようになったのだ。

例えば、マルクスはポッターが注釈でスクロープの『経済学』（１８３３年）に言及している以下の「分業」と「協業」の違いについての文章を抜粋している。

> ここで言及されている原理は、通常、分業と呼ばれている。だがこの表現は好ましくない。というのも、根源的な考え方は協調と協業についてであって、分割についてではないからだ。分割という言葉

は過程にのみ適用され、過程はいくつかの作業に細分化され、それらは多くの作業者に割り当てられ、分割される。分業はこのように、過程の細分化によってもたらされる労働者の結合である。（IISG Sig. B 91a: 109; 強調原文）〔16〕

ここでマルクスは「分業」と「協業」の違いを認識し、協業が資本主義において果たす独自の役割を認識したのだ。この変化は、同じノートに収められたジョーンズの『国民経済学講義の教科書』（1852年）からの抜粋にも見て取れる。ジョーンズは、ピラミッドや万里の長城といった巨大な建設プロジェクトを可能にした東洋国家における協業について説明しており、マルクスは、次の一節をノートに記録している。

労働者の数とその努力の集中で十分である場合。珊瑚礁が海底から隆起して島や陸地になるのを見ても、個々の堆積物はちっぽけで弱く、浅ましい。アジア君主国の非農業労働者が持っているのは、作業をこなすための個々の肉体の力くらいである。しかし、その数は自分たちの強みであり、この集団を指揮する力が宮殿や神殿、ピラミッド、一軍の巨大な彫像を作り出したのであり、その遺跡は私たちを驚かせ、当惑させる。このような事業を可能にするのは、その集団を養う収入を一人または少数の手に独占させることである。（IISG Sig. B 91a: 152; 強調原文）

社会的労働の最も基本的な形態としての「協業」は歴史貫通的であることが、ここからもわかる。だが、ポッターが指摘するように、重要なのは、資本主義が「協業」を独特の方法で利用する、ということだ。その意味で、ポッターもジョーンズも、マルクスが「協業」の歴史貫通的次元と歴史的次元の両方を理解する助けとなったのである。

大野の指摘によれば、このノートで獲得された協業に関するマルクスの新しい洞察は、『経済学批判』出版後の１８５９年春／夏に書かれた経済学批判の新しいプランに反映されている（大野・佐竹１９８４、22頁）。『要綱』とは対照的に、相対的剰余価値の生産に関する分析の一環として、マルクスは初めて協業のカテゴリーを独立した項目としてプランに盛り込んだのである。マルクスは「資本にかんする章」についてのプラン草案に次のように書いている。

３　相対的剰余価値
　α　多人数の協業
　β　分業
　γ　機械
（『資本論草稿集』③、４５０‐４５１頁）

ここでのプランは明らかに、マルクスが、資本の実質的包摂との関係で協業を資本主義生産の基本的形態として扱うようになったことを示している。この変化は本章での検討にとって重要である。もし『要綱』において生産様式の素材的側面の役割がまだ曖昧であったとすれば――それはまた「方法論的二元論」の基礎である形態と素材の「分離」と「結合」というアプローチがまだ確立されていなかったことを意味する――「資本の生産力」だけでなく、「実質的包摂」についての分析が欠けていたのも納得できる。「実質的包摂」

の理論によって、労働過程の素材的な変容と再編をうまく扱えるようになったことで、マルクスは資本主義的生産様式の分析を自らの「方法論的二元論」に適合する形で展開できるようになったのだ。

これは決して些細な変更ではない。『資本論』におけるマルクスの協業論は読み飛ばされがちだが、その重要性を過小評価すべきではないのである。というのも、そこには、史的唯物論の伝統的な見解からの決別が刻まれているからだ。どういうことか、詳しく見ていこう。

『経済学批判』「序言」に基づく伝統的な見解によれば、「生産力」と「生産関係」という二つの要素は互いに直接的に結びつき、「生産様式」を形成する［17］。マルクス自身は「物質的生産諸力の一定の発展段階に照応する生産諸関係」（『資本論草稿集』③、205頁）という形で、この関係を表現している。この記述は、マルクスとエンゲルスが『ドイツ・イデオロギー』で表明した見解と基本的に同一のものである［18］。

しかし、マルクスは『資本論』初版の「序文」では「資本主義的生産様式〔…〕、これに対応する生産関係」（『資本論』第一巻、8頁）と書いて、その定式化を修正している。この変更は非常にささいなものにみえるが、マルクスは長年準備してきた『資本論』第一巻の冒頭をかなり慎重に書いているにちがいない。実際、この変化は、実質的包摂と協業に関連するマルクスの歴史観の重要な転換を反映しているのだ。

伝統的な史的唯物論の見解に一致する形で、『経済学批判』「序言」ではマルクスはこう続けていた。

社会の物質的生産諸力は、その発展のある段階で、それらがそれまでその内部で運動してきた既存の生産諸関係と、あるいは同じことの法的表現にすぎないが、所有諸関係と矛盾するようになる。これらの諸関係は、生産諸力の発展諸形態からその桎梏に逆転する。そのときから社会革命の時期が始まる。経済的基礎の変化とともに、巨大な上部構造全体が、徐々にであれ急激にであれ、変革される。
(『資本論草稿集』③、205頁)

伝統的な史的唯物論によれば、生産力の増大は独立変数であり、歴史的進歩の原動力である。生産力がある点に達すると、生産力と生産関係の間の矛盾が炸裂して生産関係が変革され、別の生産様式が形成されるというわけだ。G・A・コーエンが史的唯物論を擁護しながら簡潔に述べているように、「生産力の変化が生産関係の変化をもたらす」(Cohen 2000: 135)のである。その結果、生産力の上昇こそが社会主義の必要条件であるという想定が広く普及したのだ。

ところが、このような想定は、生産力を歴史の推進力として扱い、その力を増大させることで資本主義という足枷からの解放を目指すという生産力主義的な見方につながりやすい。伝統的な見解は、資本主義のもとで発展した生産力を物神化し、あたかもプロレタリアートが革命後にそれをそのまま引き継いで、社会主義社会のために利用できる中立的な力であるかのように考えている。ここに欠けているのは、資本主義的生産様式に「対応」する資本主義的生産関係のもとで起こる、労働過程の素材的変容についての分析なのだ。

これと同じ問題は『要綱』にも見出すことができる。マルクスが「資本の生産力」という概念に実際に言及したのはまさに「機械に関する断片」の部分である。とはいえ、労働過程の物質的側面に対して十分に注意を払っていなかったため、マルクスは生産力主義的な表現を避けることはできなかった。先に述べたように、マルクスは新しい技術が「この土台を高く吹き飛ばす」と信じていたのだ。だとすれば、マルクスが同じ文脈で科学と技術の進歩による自然の征服について肯定的に語っているのは、決して偶然ではない。

これにたいして、大工業の生産過程では、一方で、自動的過程にまで発展した労働手段の生産力においては、自然諸力を社会的理性に従わせることが前提なのであり、また他方で、直接的定在における個々人の労働は、止揚された個別的労働として、すなわち社会的労働として措定されているのである。こうしてこの生産様式の他方の土台がなくなるのである。（『資本論草稿集』②、４９６頁、強調原文）

ここにも、生産力の発展に依拠した史的唯物論の論理構造を見出すことができる。その結果、物質的富の増大による価値の時代錯誤化という考え方と合わさって、『要綱』の変革論は資本主義の崩壊論に近いものになっている（Heinrich 2012: 176）〔19〕。その限りで、『要綱』のうちに、マルクスのプロメテウス主義的発想が潜んでいることは否定できず、それは環境保護主義とは相容れないのである〔20〕。

とはいえ、マルクスのプロメテウス主義は過度に一般化してはならない（Löwy 2017: 11）。１８６０年代にリービッヒの受容などを通じて、それまでの生産力主義から意識的に距離を置くようになったマルクスは、楽観的な歴史観を再考し、「資本の生産力」が持つ負の意味合いについてより真剣に考えざるをえなくなっていく。この自己批判的な反省は、資本主義的生産に独自な生産過程の素材的側面――すなわち、人間と非人間の世界――が資本のイニシアチブによっていかに資本蓄積に有利になるように再編されるかを研究するなかで行われたのである。

資本のイニシアチブによる労働過程の再編によって、生産力の増大は労働者をより効果的に資本の指揮に従属させることになる。ここでは、「生産関係」と「生産力」は伝統的な史的唯物論の見解で想定されているような形で単純に分離することはできない。「資本の生産力」の発展は、協業、分業、機械制という形で具体的な労働のあり方を徹底的に再編することに依存しているからだ。この意味で、「生産様式」は生産の素材的要素の特定の社会的配置を表現するものである。だからこそ、マルクスは『資本論』の序文で、『経済学批判』「序言」のように「生産力」を独立変数として扱うのではなく、「資本主義的生産様式〔…〕これに対応する生産関係」を研究するという課題を自らに課したのだ。

この「生産様式」に関する定式化の変化は、細かい言葉尻を捉えた話にすぎないと思われるかもしれない。だがこれは、マルクスのポスト資本主義像の変化に関わるものであり、その理論的意義を過小評価してはならない。生産力の発展が純粋に量や効率性によって測られる形式的なものではなく、労働過程の変容と再編に深く根ざしているなら、生産力が一定水準に達したとしても、社会主義革命によって、生産関係だけを単純にアソシエーションのような他の形に置き換えることはできなくなる。「実質的包摂」を通じて出現する「資本の生産力」は、資本主義的生産様式のなかで物質化され、結晶化されるのであるから、その力は革命後の社会では、資本主義的生産様式とともに消滅してしまうのである。その意味で、生産力と生産諸関係の実際の関係については、平子友長が行ったように、「生産関係が生産力を規定する」（平子1991、60頁、強調原文）という形で、伝統的な史的唯物論をラディカルに転倒させる必要があるのだ。

このように、「資本の生産力」と「実質的包摂」という概念の確立によって、マルクスは『経済学批判』「序言」におけるそれまでの史的唯物論の定式化を放棄せざるをえなくなったのである。形態と素材の両側面は、実質的包摂によって互いに密接に絡み合うようになるので〔21〕、他方を変化させることなく一方だけを変化させることはできない。「資本の生産力」がたんに機械技術に依存しているだけであれば、このような複雑さは生じなかっただろう。その場合、その生産力は社会主義においても従来どおり利用できたはずだ。

しかし、資本主義のもとで発展した生産力は、協働、分業、機械その他の労働の社会的側面を組織する資本主義独自の方法と密接に結びついている[22]。そのため、資本主義的生産様式の克服は、労働者階級による生産手段の再取得を通じた私有財産制と搾取の廃止よりもはるかにラディカルなプロジェクトにならなければならない。つまり、アソシエイトした生産者たちは、自由と自律を求めて、「資本の生産力」を生み出していた生産関係そのものを徹底的に解体し、再構築しなければならない。そうでなければ、資本主義後の社会でも専制的で、環境破壊的な生産が続くことになるだろう。しかし、そのような生産関係の変革によって「資本の生産力」が消滅するとき、社会的労働の生産力一般もまた減少してしまうのだ。この問題こそが、マルクスにこれまでの社会主義の構想を再考するように迫ったのである。

このように「実質的包摂」の概念は、資本主義の進歩的性格に疑問を投げかける。アンドレ・ゴルツもこの点を認識しており、次のように書いている。

> つまり、技術、生産関係、生産物の性質は、欲求の耐久的で公平な充足だけでなく、社会的生産を十分と広く認められる水準で安定させることを排除しているため、資本主義の枠組みにおける生産力の発展はコミュニズムの入り口へと導いてくれることは決してない。（Gorz 2018: 110-11）

メサーロシュも同様の主張をしている。「疑いなく望ましい「成長」一般として理想化された立派な生産的発展と、ますます破壊的になる資本の拡大の物神的絶対性との誤った同一視」(Mészáros 2012: 257; 強調原文)を拒絶しなければならないと述べているのだ。

より具体的には、資本主義的協業から社会主義的協業への単純な移行が不可能である理由は、以下の四点にまとめられる。第一に、資本の生産力は労働者を従属させ支配するために生み出されるため、それを使って、自由で平等な社会に移行することはできない。社会主義的な労働過程の組織は、今よりももっと民主的で平等でなければならない。だが、資本主義のもとで発展した専制的な生産システムは、資本の指揮と監督がなくなった未来社会ではもはや効果的に機能しない。実際、自由にアソシエイトした生産者による民主的な管理のもとで、現在と同じような生産現場の秩序が維持されるとは考えにくいだろう。社会主義は、もっと自由で、民主的な生産を目指さなくてはならない。だがその過程で、資本のイニシアチブと責任が解体されていけば、「資本の生産力」は労働の疎外的な性格とともに消滅する。しかし、資本主義的生産様式のもとで発展した生産力が、ポスト資本主義のための物質的基盤を提供しないのだとすれば、「資本主義的生産様式から社会主義的生産様式への移行は、資本主義的技術を周到に保存することを要求する」(Venable 1945: 95)史的唯物論の一般テーゼは崩れることになる。それどころか、資本の専制の廃止は、生産規模の縮小を引き起こすことさえあるのだ[23]。

第二に、資本主義のもとで生み出された技術は、労働過程における「構想」と「実行」の再統一という社会主義が目指す課題には適さないという問題がある[24]。ブレイヴァマン(Braverman 1998)が論じているように、構想と実行の分離は資本主義生産様式に特有な生産関係の必須条件をなす。資本主義のもとで発展した知識と技術は、労働者に対する資本の専制を実現するために、労働過程の細分化と再構成によるタスクの標準化と単純化を通して、労働者の独立性と自律性を切り崩るのだ。

アンドレ・ゴルツは、ここで二種類の技術を区別している。それが「開放的技術」と「閉鎖的技術」である。ゴルツによれば、「開放的技術」とは、広範囲に「コミュニケーション、協業、相互作用を促進する」ものである。これに対して、資本主義のもとでの「閉鎖的技術」は「利用者を隷属化」し、「製品やサービスの供給を独占」（Gorz 2018: 8-9）する〔25〕。要するに、「資本の生産力」は「閉鎖的技術」に多くの場合依拠している。だからこそ、社会主義のもとでの生産の民主化は、「閉鎖的技術」を「開放的技術」で置き換えることを要求する。左派加速主義は資本主義の技術を社会主義的生産に問題なく組み込むことを前提としているが、より平等主義的で自律的な生産という目的のためには、現在支配的な「閉鎖的技術」は放棄されなくてはならないのだ。言い換えれば、「開放的技術」の発展は、多くの場合には「閉鎖的技術」をかき消すところから出発しなければならないのである〔26〕。だがその場合にも、既存の生産性や生産規模の低減を迫られるだろう。

第三に、持続可能性の問題がある。マルクスは、生産力の資本主義的発展が自然の普遍的物質代謝を損ない、破壊すると繰り返し警告していた。資本主義的生産様式が価値増殖の論理によって突き動かされる限り、労働過程の再編は生産一般の物質的条件を劣化させるのである。マルクスが、資本主義的な生産力の増大は「ただ労働者から略奪するための技術の進歩であるだけではなく、同時に土地から略奪するための技術の進歩」（『資本論』第一巻、657頁）にも結びついていると論じたのは、このためである。それに合わせて、マルクスは、将来社会が「［人間の自然との］物質代謝を合理的に規制」（『資本論』第三巻、1051頁）しなければならないと述べている。「資本の生産力」がこのような自然との物質代謝の持続的な規制のための条件をもたらさないのは明らかである。つまり、資本主義的生産様式の克服によって生産力の発展に対する「足枷」が乗り越えられたとしても、資本主義的技術は依然として持続不可能で破壊的であり続けるのであり、社会主義社会ではそれらの技術をもはや利用することはできないのだ。

最後に、こうした閉鎖的で破壊的な技術の問題は、ただ資本家による所有から国家（または共同体）の所有へと移行するだけでは克服できない。この意味で、社会主義を国家所有と――そして資本主義を私的所有と――同一視するのは、不十分である。「形態的包摂」だけが起こっているのであれば、搾取を廃止し、社会主義へ移行することは比較的容易であっただろう。しかし、「資本の生産力」を「社会的労働の生産力」に転換しなければならないなら、所有権の移転だけでは問題を解決できない。国家社会主義のもとで「構想」と「実行」の分離が続けば、資本家階級に代わって官僚階級が社会的生産全般を支配することになるだけで、労働者階級の疎外状態は変わらない。環境破壊もまた、官僚支配のもとで継続されるに違いなる。つまり、「実質的包摂」は自由な「社会主義的管理」という難題を提起しており、伝統的な史的唯物論はそのための手がかりを何も与えてくれないのだ。

実在した「社会主義」の過去の失敗が示しているように、これら四つの問題は、容易に解決することはできない。とはいえ、現代の（環境）社会主義が、たんに「資本の生産力」を未来社会の基礎として利用できないのは少なくともはっきりしたはずだ。だとすれば、ポスト資本主義はもはや理論的に『要綱』に依拠してはならないのである。

実際、実質的包摂の議論を深めていく中で、この困難に気がついたマルクスは、『要綱』の議論から距離を取るようになっていく。だが、それまでの史的唯物論の定式化に内在する問題を解決するのは、容易なことではなかった。事実、マルクスは『資本論』においてさえ、これらの問題に対する決定的な解答を与えることができていない。だからこそ、私たちは『資本論』をも超えていかなければならないのである。それが、本書の第三部の課題である。にもかかわらず、現代のユートピア主義者たちは、『資本論』以前に書かれた『要綱』への一面的な注目をしてしまう。まさにそのことで、伝統的な史的唯物論の問題含みの諸前提が再浮上してくるのである。

第五節　選挙主義とイデオロギーとしての技術

「資本の生産力」がもたらした理論的な困難にもかかわらず、左派加速主義は資本主義から生まれた新技術が未来社会の基盤を提供し、人間解放を実現できると想定している。だが、そのような態度はマルクスよりも、むしろエンゲルスが『空想から科学への社会主義の発展』で提唱した見解に近い。

〔…〕大工業も、いっそう全面的な発展をとげるにつれて、それが押しこめられている資本主義的生産様式の枠と衝突するようになる。新しい生産力は、すでにそれのブルジョワ的な利用形態のなかでは使いこなせないほどに成長したのである。そして、生産力と生産様式とのこの衝突は、〔…〕諸事実のなかに、客観的に、われわれの外に、この衝突を引きおこした当の人々自身の意志や行動から独立に、存在しているのである。近代の社会主義は、この現実の衝突の思想的反射にほかならない。（『全集』第一九巻、２０７‐２０８頁）

第二章で明らかにした点に加えて、ここには1860年代に生じたマルクスとエンゲルスのもう一つの重要な理論的相違点がある。実際、ここでのエンゲルスの見解は、生産力の発展を独立変数として扱い続けている。つまり、エンゲルスは、マルクスの「実質的包摂」と「資本の生産力」に関する議論の重要性を十分に理解していなかったのである。

そして、エンゲルスは次のように続ける。

> こうして、生産物は、いまでは社会的に生産されるようになったのに、それを取得するのは、生産手段を実際にうごかし、生産物を実際につくりだした人々ではなく、資本家であった。生産手段と生産とは本質的に社会的なものになった。〔…〕新しい生産様式がすべての決定的な生産分野とすべての経済的に決定的な国々でますます支配的になり、それにつれて、〔…〕社会的生産と資本主義的取得とがあいいれないことも、ますますまざまざと明るみにでないわけにはいかなかった。(『全集』第一九巻、210頁)

ここでの言い方は、生産手段の私的所有が廃止されれば、資本主義のもとでは生産がすでに「本質的に社会化」されているので、労働者はたんに資本主義的生産を引き継ぎながら社会主義的生産に転換できるかのようである。エンゲルスは資本主義の問題を私的所有と取得の問題に還元することで、社会主義のもとでの生産力の新しい社会的管理に関する難題を回避しようとした。だが、これはエンゲルスだけの問題ではない。エンゲルスの見解は、伝統的なマルクス主義の常識となり、現代においても、新しい情報技術、ＡＩやロボティクスの革命的な可能性を強調する、一見するとラディカルな議論のなかでも繰り返されているのだ。

現代のユートピア主義者は、生産の質的・物質的側面、すなわち労働者の自律性と独立性、自然環境の持続可能性を十分に考慮することなく、効率性と財・サービスの潤沢さだけを考えている。けれども、市場主導のイノベーションを通じて潤沢な経済を実現するというプロジェクトは結局、資本のもとへの「実質的包摂」を強化し、新技術は、自然からのさらなる収奪と労働者に対する監視のための手段に容易に転化していく。要するに、労働の疎外はこの方法では克服できないのだ。

完全自動化されたポスト資本主義は、誰もが電動ＳＵＶに乗り、２年ごとにスマートフォンを機種変更し、培養肉のハンバーガーを食べ続けられるというオルタナティブな未来を吹聴する。このような「ラグジュアリー」な未来像は、明らかにグローバル・ノースで暮らす人々にとって魅力的に聞こえる。なぜならば、エコロジカルな近代化のおかげで、現在の浪費的なライフスタイルを何も変える必要がないことが保証されているからである。このような潤沢な未来は、グローバル・ノースの「帝国的生活様式」に挑むことなく、人々の目先の欲望を満たすことを目指す。しかし、それでは、既存の価値基準や消費主義の理想をあまりにも無批判に受け入れてしまっている。そのような改革は結局、資本主義に内在する抑圧、不平等、搾取を社会関係を再生産するだけだろう。

逆説的だが、この技術楽観主義の裏には、既存の社会関係に挑戦し、資本主義的生活様式から根源的に脱出するための強い階級闘争は存在しないという悲観的な「資本主義リアリズム」が隠されている。人々はシステムを変革する力を奪われており、だからこそ技術が、主体性という空虚な場を埋めることを期待される。たしかに、技術による変革は強力な社会運動がなくても実行可能で、そしてより快適な生活という約束は魅力的だ。だが、生産力主義的なポスト資本主義の展望は結局、壮大な解放プロジェクトを装いながらも、無限の生産と消費という資本主義的価値観を温存し、強化するだけである。それは、労働者階級の革命的主体性を諦め、歴史の主体として機械の物象化された主体性を受け入れているのだ。

このようなポスト資本主義のプロジェクトは、「資本の生産力」を「全面的な個人の発展」を真に可能にする「社会的労働の生産力」に転換できる場合にのみ説得力を持つ。ところが、左派加速主義は、そのような転換がどのようにして可能になるかを説明していない。その代わりに、彼らが注目するのが、「左派ポピュリズム」(Mouffe 2018) を軸にした「政治」の領域である。ユートピア社会主義者は社会変革のために新しい「政治的主体性」を構築することの重要性、特に選挙政治の重要性を強調することで、自分たちが技術決定論者ではないと主張する[27]。例えば、バスターニは、「完全自動のラグジュアリーコミュニズム」への移行方法としての新しい「選挙主義」を唱えている。「ラグジュアリー・ポピュリズムに組み込まれたFALC〔完全自動のラグジュアリーコミュニズム〕が主流の選挙政治に参与しなければならない」(Bastani 2019: 195)[28]。バスターニは、エコモダニスト的な技術はその所有権を国家に移行さえすれば、社会主義変革のために活用できると前提しているが、どこにもその根拠はない。

ここでは、エレン・メイクシンス・ウッドによるシャンタル・ムフを含めたポスト・マルクス主義批判は、バスターニの「選挙主義」にも当てはまるだろう。ウッドによれば、左派ポピュリズムの理論装置は、「選挙政治の論理」によって決定される。「新しい「真の」社会主義は、社会を変革するための戦略としてではなく、議会の多数派を作り出すためのプログラムとして意図されている」(E. Wood 1986: 114-15)。このような政治プログラムは、自由民主主義国家の「中立性」と「普遍性」についてのイデオロギーを前提としている。ところが、まさにそのせいで、民主主義による資本主義変革の限界を見逃しているのである。

端的に言えば、政治だけでは社会を変えることはできない(斎藤2023)。なぜならば、民主主義を経済的領域に拡張しようとしても、資本の権力に挑戦し、弱体化させるという局面になると乗り越えられない限界に直面することになるからである。「少なくとも、自由民主主義の完全な発展が意味するのは、人々の力をさらに拡大するためにはただ既存の政治制度の完成だけでなく、まだ知られていない方法で社会的配置全般をラディカルに変革する必要があるということである」(E. Wood 1986: 150)。政治主義はそのような社会的配置の転換には取り組まない。これが政治主義の限界である。同じように、技術の加速的進歩だけでは、資本が課す障壁を克服する方法を提供することはできない。資本の力を弱めるためには、社会的生産のあり方をより民主的な制御のもとへと取り戻していくためのラディカルな変革が必要となる。けれども、技術変化をポスト資本主義社会の樹立に必要な社会的配置のラディカルな改革とみなすには、あまりにも狭すぎる。それどころか、社会に対する資本の専制的な力を強化する手段に変わる危険性さえあるのだ。

実際、「資本の生産力」が加速的に発展していくなかで、巨大な技術をどのように民主的な力に変化させることができるかは、まったくもって明らかではない。むしろ、「閉鎖的技術」は「構想」と「実行」の分離をさらに悪化させていくだろう。社会闘争がなければ、技術偏重のカウンター・ヘゲモニーの戦略は、社会変革を「上から」押しつけるプロジェクトになりかねないのである。つまり、専門家、官僚、政治家は、環境危機と経済危機を効果的に管理し緩和する方法について、政策実現を一任され、彼らは、どの新技術をどのように使うかについての意志決定権を独占していく。もちろん、政策決定において科学的知識が不可欠であることは間違いない。だが中央集権的で巨大な閉鎖的技術は、その性質からしてトップダウンの政策と管理を必要とするため、民主的管理には適さない〔29〕。最終的には、技術が民主主義を否定し、政治を消失させ、人々を監視・管理する社会が到来する。これこそ、近代のプロジェクトが「政治と近代の両方の否定」(Gorz 2018: 48) になるとゴルツが警告した理由である。実際、この危険性は、20世紀における前衛的な社会主義モデルの失敗を見れば、過小評価することはできない〔30〕。

さらに、新技術の目新しさは、まさに現在の通常運転をこれからも継続することこそが不合理であるという問題を見えにくくする。技術革新の希望は、現在の不合理性を神秘化するイデオロギーとして機能するのだ。つまり、技術は、経済的危機と環境危機に直面したときに、まったく異なるライフスタイルや安全で公正な社会を想像し、実行する可能性を抑圧、排除してしまうのである。ルカーチも述べていたように、本来の危機は、私たちの不合理な振る舞いを批判的に自己反省し、より民主的で平等主義的で持続可能な別の未来を思い描くための契機となるはずだ。しかし、閉鎖的技術は資本主義を超えるために必要な想像力と創造力を、むしろ私たちから奪ってしまう。技術のイデオロギーは、現代の資本主義に蔓延する想像力の貧困の原因の一つである。にもかかわらず、現代のユートピア主義者は、このイデオロギーとしての技術を批判せずに、素朴に受け入れるのである。

本章では現代のユートピア主義者に多くのページを割いたが、それは彼らの議論が少なくとも「潤沢さ」と「ラグジュアリー」が資本主義にとって危険であることを示しているからである。ユートピア主義者は市場の価格メカニズムが稀少性に基づいていることを正しく理解しており、潤沢さはこのメカニズムを著しく攪乱し、ポスト稀少性経済の可能性を開くのである。新自由主義的緊縮財政へのアンチテーゼとして魅力的なポスト資本主義の未来を描くためにも、潤沢さが重要なのは間違いない。

しかし、人新世の環境危機に、資本主義的な消費主義や生産力主義に徹底的に挑むためには、マルクス主義は「潤沢さ」を再定義する必要がある。なぜなら、その伝統的な用法は客観的な地球環境の限界と相容れないからだ。ラグジュアリーではない潤沢さが必要なのである。

左派加速主義の行き詰まりが示すように、マルクスの『要綱』は、そのプロメテウス主義の残滓のためにこの課題を解決することができなかった。だから、別の著作に目を向けなくてはならない。幸いなことに、マルクスは１８６０年代以降、自らの史的唯物論のこの問題を批判的に反省し、ポスト資本主義の展望を再定式化しようとした。マルクスの真剣な試みは、晩年の１８７０年代から１８８０年代にかけても続いている。したがって、『資本論』以前の『要綱』や『経済学批判』といった著作に立ち返るのではなく、１８６８年以降のマルクスの著作を検討すべきなのである。それこそが、「完全自動のラグジュアリーコミュニズム」とはまったくもって異なる、人新世におけるポスト資本主義とポスト稀少性経済の未来を構想することにつながるのだ。

第三部

脱成長コミュニズムへ

第六章
マルクスと脱成長コミュニズム
――MEGAと1868年以降の大転換――

前章までの議論を通じて、マルクス主義に特徴的なさまざまな生産力主義のアプローチは、人新世の経済危機と環境危機に適切に対応するには不十分であることが判明した。加速主義やエコモダニズムは一見すると大胆な解放の展望を掲げているように見えても、資本主義の非民主的で消費主義的な支配・従属関係――「帝国的生活様式」――を再生産してしまう。さらに、伝統的な唯物史観の想定とは異なり、資本主義的発展が、資本主義的生産様式の矛盾を止揚してくれるとは限らない。なぜなら「掠奪の技法」としての「資本の生産力」の発展は、人間と自然の物質代謝関係を著しく歪めてしまうからだ。それは、労働者たちの主体性を剝奪し、自然環境を破壊する。要するに、「資本の生産力」が未来社会への物質的基盤を提供することはない。

1860年代にマルクスは『資本論』を執筆しながら、この問題をますます強く意識するようになった。そして、1870年代以降に、独自の新たな思想を練り上げることになっていく。それは、かつてのような楽観的な生産力主義とは大きく異なる新しい未来社会像につながるものだ。ところが、生産力の発展が普遍的な人類史の進歩をもたらすという「科学的社会主義」が根強いために、マルクスの思想的転換は見過ごされ、その革命論はいまだにプロメテウス主義的な理解に矮小化されてしまっている。

もちろん、マルクス自身の記述もプロメテウス主義の印象を強めてきた。例えば、１８５９年に刊行された『経済学批判』「序言」の有名な一節でも、マルクスは次のように書いているからだ。「一つの社会構成は、それが十分包容しうる生産諸力がすべて発展しきるまでは、けっして没落するものではなく、新しい、さらに高度の生産諸関係は、その物質的存在条件が古い社会自体の胎内で孵化されおわるまでは、けっして古いものにとって代わることはない」（『資本論草稿集』③、２０５－２０６頁）。このような想定は、容易に生産力発展の素朴な肯定として読めてしまうだろう。

けれども、さらなる生産力の加速は、遅かれ早かれ、資本主義の崩壊前に地球の大部分を居住不可能にしてしまう。だからこそ、かつてのような楽観主義はもはや通用しない。実際、唯物史観は不人気になっているし、環境保護主義がしばしばマルクス主義に不信感を示すのも、根拠のない話ではないのだ。

しかし、これは残念なことである。視点が異なるとはいえ、資本蓄積への飽くなき欲望を批判するという点で、マルクス主義と環境保護主義の問題意識は共通しているからだ。そこで本章では、プロメテウス主義的マルクス主義の不適切さと欠点を認めた上で、最終的に「赤」と「緑」の間の対立関係を解消することを試みる。それこそが、人新世の地球を守る新しい人民戦線を構築する道だからである。

このような再検討を行う価値があるのは、現在刊行中のＭＥＧＡによって、マルクスの思考過程をよりニュアンス豊かな形で再構築することが可能になっているからである。とりわけＭＥＧＡ第４部門で初めて公刊される一連の抜粋ノートは、晩期マルクスという本章のテーマにとって非常に重要である。

エンゲルスの抜粋ノートはＭＥＧＡでは数巻に過ぎないが、一方でマルクスの２００冊のノートはＭＥＧ

A第4部門の大部分を占めている。マルクスが『資本論』の執筆に必要な資料を集めるために大英博物館を訪れなければならなかったのは、経済的困窮だけが理由ではない。マルクスは若い時からずっと新しい資料をノートに取って、徹底的に勉強する習慣を身につけていたのである。

ところが、これらのノートはマルクス研究者の間でさえも「単なる」抜粋にすぎないものとして扱われることがほとんどだった。しかし抜粋ノートには、マルクスの出版物に十分に組み込まれなかったアイデアや洞察が刻印されている。マルクスは『資本論』第一巻（1867年）以降はほとんど著作を出版せず、第二巻、第三巻も未完で終わってしまったため、抜粋ノートは「経済学批判」という未完のプロジェクトの最終局面を明らかにする貴重な一次資料なのである。

要するに、抜粋ノートはマルクスとエンゲルスの生涯についてより詳細な情報を求める伝記作家のためだけの資料ではない。むしろ、それはこれまでしばしば見過ごされてきた理論的重要性を持っているのだ。実際、近年MEGAに基づいて晩期マルクスを再構成する試みが行われるようになっている（K. Anderson 2010; Heinrich 2013; Vollgraf 2015; Jones 2016; Saito 2017; Musto 2020）。そうした研究によると、マルクスは『資本論』刊行後、自然科学と前資本主義社会あるいは非西欧社会という二つの分野をかなり集中的に勉強していた。そして、MEGAに掲載された新資料をもとにケヴィン・アンダーソン（K. Anderson 2010）は、マルクスがそれまでのヨーロッパ中心主義的で単線的な進歩史観から脱却したことを示す一方で、カール＝エーリッヒ・フォルグラーフ（Vollgraf 2015）は、マルクスが自然科学に熱中したのは、資本主義のもとでの環境破壊に対する深刻な懸念からだと説得力ある形で論じたのである（第一節）。

しかし、マルクスを「非自民族中心主義的」かつ「エコロジカルな」思想家として描き直す近年の研究が、さまざまな非難からマルクスを救いたいと願うマルクス主義者にとっていかに重要であっても、それは、マルクス主義者でない人々が今日でもマルクスの理論を真剣に取り扱うべきだ、ということを示すには十分ではない。マルクス主義者でなくてもマルクスの理論に注意を払うべき理由を示すためには、もっと積極的な議論を提示する必要がある。

そこで、本章ではこれまでの文献よりもさらに踏み込んで、１８７０年代にヨーロッパ中心主義とプロメテウス主義を放棄した後の、晩期マルクスの未来社会像を具体的に描いてみたい。以下で示すように、マルクスは、民族中心主義も生産力主義も最終的に捨て去ることで、それまでの史的唯物論の図式を放棄したのだ。もちろん、それは、マルクスにとって極めて困難な知的格闘となる。ある意味、マルクスの世界観は完全な危機に陥ったのだ。マルクスの晩年の集中的な研究は、唯物史観をまったく新しい視点から再構築し、再定式化するための必死の試みだったのであり、その結果、未来社会についての新たな展望を遂に切り拓いたのである（第二節）。

晩年のマルクスは非西欧社会を、とりわけ農業や共同体的土地所有との関連で真剣に勉強し、非西欧社会の革命的ポテンシャルを認識するようになっていく。この変化は、ヴェラ・ザスーリチに宛てた有名な手紙や『共産党宣言』「ロシア語版の序文」のうちに見て取ることができる（和田１９７５、Shanin 1984; J. White 2019）。ただし、ロシアの共同体所有に対する高い評価は、西欧での革命への希望を捨てた老マルクスが遠くロシアの革命運動に強く共感したせいだ、という理解になってしまえば、そこでの議論は、ロマン主義的なものに聞こえてしまうだろう。当然のことながら、ロマン主義は魅力的な選択肢ではない（第三節）。

マルクスの現代的意義を示すためには、ポスト資本主義社会像をより具体的に展開する必要がある。その際に重要なのが、ロシアの革命家たちとの交流である。ニコライ・チェルヌイシェフスキーやマキシム・コヴァレフスキーは、マルクスにロシアに代表される非西欧社会のコミュニズムへの道程を再考させるだけでなく、西欧におけるコミュニズムの展望をより豊かなものにしたのだ。

しかし、先行研究は1868年以降のマルクスの環境問題への関心に注意を払わなかったために、晩期のコミュニズム像を十分に明らかにすることができなかった。つまり、最終的な未来社会への展望は、マルクスがその生涯の最後の15年間に行った経済学批判、エコロジー、前資本主義・非西欧社会への取り組みを統合したうえで、初めて展開できるのである。マルクスが前資本主義社会と自然科学を同時に研究しなければならなかった理由を注意深く検討することで、ザスーリチ宛の手紙の解釈をめぐって驚くべき新たな可能性が浮かび上がってくる。結論から言えば、マルクスは最終的に脱成長コミュニストになったのである（第四節）。

第一節　MEGAと晩期マルクス

近年のMEGAに基づく晩期マルクス研究は、従来の解釈とは異なる知見を与えてくれる。このことを明らかにするために、まずはよくあるマルクスの革命論と対比してみよう。それによれば、資本家が労働者の剰余労働を搾取することで、経済格差は拡大していく。一方で、資本家は、市場競争のなかで新技術を導入して生産力を高め、これまで以上に多くの商品を生産するようになっていく。しかし、ひどく搾取されている労働者たちには、そのような大量の商品を消費する金銭的な余裕はない。そこで資本は新たな需要を求めて、市場を拡大し続ける。しかし、「新市場は無限ではないため、搾取を追求すればするほど過剰生産のような事態が実際に起こる可能性が高くなった」(Lamb 2015: 48)。この過剰生産による恐慌は、商品価格の急落、倒産、大量失業をもたらし、労働者階級の生活環境をさらに悪化させる。搾取と困窮に耐えきれなくなったプロレタリアートが団結して資本家に立ち向かい、「収奪者が収奪される」というのである。

この記述は、『共産党宣言』(1848年)の基本的な論理構成を非常に大まかに要約していると言えるかもしれない。実際、『共産党宣言』は革命的な楽観主義に満ちていて、その論調は大恐慌をきっかけとする革命によって資本主義がじきに乗り越えられるというマルクスとエンゲルスの確信を反映している。資本主義の発展はますます大きな恐慌を準備する。それゆえ、経済格差や労働者の生活条件の悪化といった負の側面があるにもかかわらず、マルクスは資本主義を加速させる必要があると考えたのだ。

しかし、1848年の革命は失敗し、その後、資本主義は復活した。それは1857年と1866年の恐慌のときも同様であった。結局、恐慌だけで資本主義の崩壊がもたらされたことはない。というのも、恐慌はすでに固定資本や商品として対象化された価値を破壊し、利潤率を回復する。恐慌は次の産業循環を開始するための新しい条件を準備するのであり、実際には資本主義の発展には不可欠なものでさえある(Kliman 2011)。

マルクスは資本主義の頑強さに繰り返し直面するなかで、社会主義革命の必然性についての楽観的な見方を次第に改めていった。したがって、『共産党宣言』で語られる物語がいかに親しみやすく勇気づけられるものであったとしても、それは必ずしもマルクスの最終的な見立てを反映しているわけではない(佐々木2016)。その意味で、主著『資本論』を扱わなければならないのはたしかだが、ここで重要なのは『資本論』

でさえも不十分だということだ。というのも、『資本論』は本質的に未完の作品だからである。ポスト資本主義社会についてのマルクスの最終的な展望を理解するためには、『資本論』を超えていく必要があるのだ。

しかし、伝統的マルクス主義は、『資本論』第一巻の剰余価値と搾取の理論でしばしば満足してしまってきた。第一巻は、ブルジョアジーの不当な支配とプロレタリア革命の正当性を「証明」するものとされたのだ。そして、第二巻と第三巻の恐慌論も同様に、資本主義の崩壊が不可避であることを「証明」するものとして理解された。こうして、『資本論』は社会主義革命の正当性と必然性を根拠づける社会主義者の「バイブル」として称えられたわけだが、そのような読み方には今日もはや説得力がない。

一方で、冷戦の終結はマルクスを読み直すための新たな状況を準備してくれる。伝統的マルクス主義と対比して、「新しいマルクスの読み方 neue Marx-Lektüre」と呼ばれるアプローチを特徴づけるのは、マルクスの経済学体系が未完であることを素直に認める態度である。実際、近年の研究者たちは、マルクスの経済学草稿や手紙、さらにはノートをより注意深く研究するようになっている(Dellheim and Otto Wolf 2018)。そうした研究によれば、第一巻の出版後にも、マルクスは『資本論』の完成にむけた努力を続けていた。しかし、マルクスの経済学批判の未完成な性格は、エンゲルス版の『資本論』では見えなくなってしまっている。マルクスの死後に草稿を編集したエンゲルスは、労働者階級を動員するための教養として「マルクス主義」を確立しようと努めた。その際、エンゲルスは、社会主義の普遍的な「世界観」を労働者階級に提供できるように、マルクスの思想の体系的な性格を過度に強調しがちだったからである。

その結果、エンゲルス版の『資本論』ではマルクスの思考過程が不明瞭になっていることがある。しかも不幸なことに、第三巻の主要草稿のなかでマルクスが最も苦労し、後で手直しするつもりだった箇所を、エンゲルスは本としての読みやすさを改善するために、修正しているのである。これらの箇所は、マルクスが自分の新しい考えを文章化するのに苦戦した部分であり、いわば、読みにくくても当然の類のものである。実際、書きながら考えていたため、冗長な繰り返しや曖昧な表現、文法的な誤りを伴っていることも少なくない。マルクスは、草稿の中でしばしば「∟」というマークを使っているが、それは、自分の議論をやり直した場所を示している。あるいは、後に再検討する必要を感じたとき、マルクスはノートの余白に何重もの線を引いて強調した。しかし、これらの苦難の痕跡はすべてエンゲルスによって、出版の際に「一掃」されてしまったのだ[01]。

もちろん、エンゲルスの多大な努力によって『資本論』全三巻は、(労働者階級が普通に読んで理解できるとまではいえないにせよ)多くの読者がアクセスしやすい形になった。エンゲルスのおかげで、「科学的社会主義」の教義としての「マルクス主義」は、20世紀を通じて巨大な政治的影響力を行使することができたのだ。その意味で、エンゲルスの功績は極めて大きい。とはいえ、エンゲルス版では、『資本論』全三巻が現在の形でほぼ完結しているという印象を与えるため、マルクスの草稿のなかにぼんやりと姿を現しつつある新しい理論的地平がむしろ見えなくなってしまったことも事実なのである。

その結果、1867年以降のマルクスの自然科学や歴史についての思索は『資本論』第二巻と第三巻にほとんど貢献しておらず、それらを『資本論』との関連で考えることにあまり意味がないと見なされたのだった。事実、晩年のマルクスが病気のために知力を失ってしまったとみなす見解は根強い。例えば、アイザイア・バーリンは晩期マルクスについて次のように書いている。「青年時代や中年時代のような活発な活動ができなくなっており、過労と貧困生活がついに彼の体力を低下させた。疲れて体調を崩すことが多くなり、健康のことで頭がいっぱいになってきた」(Berlin [1948] 2013: 252-3)。

しかしMEGAの刊行は違った側面を明らかにしつつある。というのも、マルクスが健康状態の悪化にもかかわらず、『資本論』完成のためにかなり熱心に新しい資料を研究し、さまざまな草稿を執筆していたことが明らかになっているからだ。例えば、マルクスは、1868年以降も、自身の経済学体系を修正しつつ、さらに発展させる試みとして、利潤率の低下法則に関連した計算を数多く行っている(MEGA II/4.3; MEGA II/14; Akashi 2021)。また、1866年恐慌を目の当たりにして恐慌論の再考を試みたり(MEGA IV/19; Graßmann 2022)、地代論(MEGA IV/18)にも新たに取り組んでいるのだ。

ミヒャエル・ハインリッヒ(Heinrich 2013: 167)はこれらの経済学草稿を分析しながら、マルクスは『資本論』第一巻ではほとんど考慮されていなかったアメリカやロシアの台頭と影響力の増大を前にして――とりわけ株式会社や鉄道建設の影響――、イングランドを資本主義の理想型として扱うことができるのか確信が持てなくなったと論じている。ハインリッヒは、この新しい経済状況を前にしてマルクスが『資本論』の論理構造をほとんどゼロから再構築しなければならなくなったとさえ述べる。それは利潤率の傾向的低下法則への疑念にも表われているというのだ。同様に、カール＝エーリッヒ・フォルグラーフもマルクスの自然科学ノートを精査するなかで、晩期マルクスが生産過程における自然の「価値生産的な」(Vollgraf 2015: 129)貢献を認めるようになり、労働価値説を放棄したと結論づけている。ハインリッヒとフォルグラーフは、このような理論的再検討の課題があまりにも巨大なものであったために、マルクスの未完のプロジェクトは完成不可能になったと主張するのだ。

ハインリッヒとフォルグラーフの記述は1868年以降にマルクスが直面した理論的・個人的危機を捉え

損ねているが――彼らの主張することをマルクスは明確にはどこでも認めていない――彼らのMEGA研究は軽視されてきた晩期マルクスの思索に焦点を当てて、マルクスの経済学批判を大胆に再検討する必要性を正しく指摘している。しかし、これらのMEGAに関する議論はドイツや日本以外ではほとんど知られていない[02]。その結果、『共産党宣言』をマルクスの決定的な見解として素朴に受け入れるようなことはしない研究者であっても、特にポスト資本主義の展望に関しては、マルクスの知的な旅の終着点を認識できていないことが極めて多いのが現状である。

そこで、以下では、晩期マルクスが資本主義のオルタナティブとして実際にどういった社会を構想していたのかをMEGAを用いて明らかにすることで、異端派経済学やポリティカル・エコロジーといった現代の潮流にとっての、マルクスの理論的貢献を浮かび上がらせることにしたい。

第二節　史的唯物論の解体

前章で述べたように、『1861-63年の経済学草稿』における「実質的包摂」の分析を通じて「資本の生産力」の問題に注意を向けるようになってから、マルクスは大きな理論的転換を遂げる。この転換によって、マルクスは資本主義の進歩的性格に関するそれまでの想定を徹底的に見直すことを強いられるようになったのだ。というのも、生産力の発展が新しいポスト資本主義社会の物質的基盤を自動的に準備せず、むしろ人間や自然からの掠奪をますます悪化させる可能性をはっきりと認識したからである。

しかし、「資本の生産力」概念は、その後ほとんど注目されることがなかったため、マルクスは進歩史観を想定していたという解釈が広がり、それが今でも一般的に受け入れられてしまっている。「マルクスは、歴史とは〔…〕植物の生長のようにそれ自身の法則に従って不可避的に進行する発展であるというヘーゲルの見解を採用した」(Perry 2015: 343) と言われてしまうのだ。そのような見解によれば、マルクスは人類史の単線的な発展を擁護していたのであり、資本主義における生産力の増大もはじめは社会や自然環境に破壊的な影響を与えることがあったとしても、最終的には、弁証法的な転倒によって、人類の解放をもたらす（だから受け入れるべき）、とされる。

このいわゆる「史的唯物論」は、その経済決定論ゆえに繰り返し批判されてきた (Popper 1967)。この史的唯物論には「生産力主義」と「ヨーロッパ中心主義」という2つの特徴がある。「生産力主義」は、資本主義の近代化を楽観的に支持する。市場競争のもとで導入される科学技術が、最終的には、貧困の解消や労働時間の短縮をもたらし、これまで少数の支配階級に限られていた豊かな生活を労働者階級にも提供するとされた。この枠組みでは、生産力の発展が歴史的進歩の主要な原動力だとされるため、資本主義的発展を加速させることが、人間的解放に向けた最も効率的な変革への道とみなされるのである。

このような生産力主義的な展望は、同時に単線的な歴史観を前提にしている。生産力の高い西欧資本主義諸国は、非西欧諸国や非資本主義諸国と比較して歴史のより高次の段階に位置しているとみなされるからである。そこからさらに、他の非資本主義諸国も社会主義を樹立するためにはヨーロッパと同じ資本主義的工業化の道を歩まなければならないと推論される。このような、西欧の優位性を無批判に前提し、自国の歴史を世界の他の地域に押しつける態度が、マルクスの思想を「ヨーロッパ中心主義」(Avineri 1969: 29) にするのである。いうまでもなく、生産力主義もヨーロッパ中心主義も、今日ではもはや受け入れることができない。

マルクスに向けられる批判には根拠がないわけではない。実際、『共産党宣言』の「自然の征服」や「未開国や半未開国」といった記述には、マルクスとエンゲルスの自民族中心的な生産力主義が見て取れるからだ。

ブルジョワジーは、農村を都市の支配に従わせた。彼らは巨大な都市をつくりだした。都市の人口を農村の人口にくらべて格段に増加させ、こうして、人口のかなりの部分を農村生活の愚昧から救いだした。ブルジョワジーは、農村を都市に依存させたように、また未開国や半未開国を文明国に、農民国をブルジョワ国に、東洋を西洋に、依存させた。(『全集』第四巻、480頁)

マルクスは続けてこう主張する。

ブルジョワジーは、その100年たらずの階級支配のあいだに、過去の全世代を合わせたよりもいっそう大量的で、いっそう巨大な生産諸力をつくりだした。自然力の征服、機械、工業や農業への化学の応用、汽船航海、鉄道、電信、数大陸全体の開墾、河川の運河化、地から湧いてでたような全住民群——これほどの生産諸力が社会的労働の胎内に眠っていようとは、これまでのどの世紀が予想したであろうか?(『全集』第四巻、480頁)

急速な技術革新に魅了されたマルクスは資本主義のもとでの生産力の発展を歓迎し、自然を征服することで全世界が文明化し、人類の解放が実現することを期待したように見える。たしかに、これらの発言を見る限り、マルクスはプロメテウス主義的であり（Löwy 1998）ヨーロッパ中心主義的であった（Carver 1983: 80）と言えるだろう[03]。

しかし、マルクスが『共産党宣言』で述べたことをあまりにも早急に一般化すべきではない。なぜなら、マルクスは後にこの両方の問題含みな想定を訂正しているからである。本書を通じて指摘してきたように、「マルクスのエコロジー」はいまやその存在を否定することはできない。もちろん、そのような事実を認めたとしても、マルクスの環境思想はリービッヒの『農芸化学』という19世紀の時代遅れの科学的知見に基づいているために、過度にその重要性を強調すべきではないという警告もある（Engel-Di Mauro 2014）、だがマルクスの自然科学研究は、リービッヒで終わったわけではない。

マルクスは、リービッヒの著作だけでは資本主義が引き起こす環境問題を批判するために十分ではないことをはっきりと自覚していた。そのため、１８６８年以降、マルクスは自然科学の勉強によりいっそう熱心に取り組んだのだ。しかも、そこにはリービッヒの土壌疲弊や化学肥料の扱いを明確に批判した人物や文献も数多く含まれている。また、その研究対象の幅は驚くべきもので、地質学、化学、鉱物学、植物学などの幅広いトピックを扱っている。抜粋ノートには、晩年のエコロジカルな資本主義批判がリービッヒの掠奪農業批判を超え、過剰な森林破壊、家畜の残酷な扱い、化石燃料の浪費、種の絶滅といった新しい領域にまで及んだことが記録されているのである（Saito 2017）。

第二章で述べたように、マルクスは１８６８年はじめにフラースの諸著作を熱心に読んで、長い抜粋を作成している。フラースは土壌疲弊があらゆる文明衰退の原因であるというリービッヒの誇張した主張を厳しく批判していた。そして、フラースは『時間における気候と植物界』（1847年）で、地域の気候を変化させる過度の森林伐採こそ、近代ヨーロッパ文明にとって現実的な脅威だと警告した。気温の上昇や大気乾燥は土着の植物の生育や農業に悪影響を及ぼす。さらに、資本主義のもとで伐採や輸送の技術が発展すれば、これまで立ち入ることのできなかった場所の木々や採算のとれない木々の伐採が可能になり、森林破壊が加速し拡大していくことを懸念したのである（MEGA IV/18: 621）〔04〕。こうした議論への着目は、マルクスの関心が土壌疲弊の問題を超えて拡張していった事実を端的に示している。

さらに、マルクスはウィリアム・スタンレー・ジェヴォンズの著作も読んでいる。当時、ジェヴォンズはイギリスの石炭の枯渇を警告し、そのことがイギリス議会で激しい論争を巻き起こしていた。新聞や雑誌を丹念に購読していたマルクスはこの論争を知っており、ジェヴォンズの『石炭問題』を手に入れている。マルクスは、MEGA第4部門第一九巻に所収の「1869年のノート」において石炭問題を扱ったジェヴォンズの考察から抜粋を作成している〔05〕。マルクスのノートに記されているように、ジェヴォンズは「100年以内に」石炭埋蔵量が「枯渇するであろう」と警告していた〔06〕。そのうえでジェヴォンズは「アメリカの石炭は、しばしば私たちのものより質が良く、比較にならないほど入手しやすい」ので、イギリスはアメリカとの国際競争において不利になると予測したのである。その過程で、マルクスは後に「ジェヴォンズのパラドックス」と呼ばれる問題に気がついていた。「石炭の利用における大きな節約がすでに実施されている」一方で、石炭の消費量そのものは、その安価な価格のせいで、むしろ増加し続けている事実を認識していたのである。

1869年に作成された同じノートで、マルクスは他の環境問題も取り上げている。例えばマルクスは、

『エコノミスト』誌に掲載された１８６５年から１８６７年にかけてイギリスで流行した牛疫に関する記事を読んで、抜粋を作成した。当時、肉の消費量は増加し、食肉供給の確保と利益増大のために家畜の肥育は強化されていった。１８６６年2月10日付の『エコノミスト』から、マルクスは以下の文章を抜粋している。

> 年々、国内で消費される肉の量は増えている。以下は、貿易がいかに急速に拡大しているかを示している。

11月30日までの11ヶ月間に輸入された生きた動物の数	1863	1864	1865
牛（Oxen, bulls, cows）	89,518	141,778	196,030
子牛	36,930	44,678	48,926
羊と子羊	380,259	412,469	763,084
豚（Swine, hogs）	24,311	68,777	117,766

（MEGA IV/19）

そのうえでマルクスは、牛疫と牛の肥育に取り憑かれた近代飼育システムとの関係について、次の一節を書き留めている。

クースメーカー氏が言うには「飼育システムをあまりに重要視することはできない〔…〕家畜の飼育とその肥育を組み合わせるべきである。肥育だ」。「牛疫が近所で激しく猛威を振るっていたが、彼自身は免れていた。8月と9月に、彼の教区では270頭の牛が失われた。彼が難を逃れた理由のひとつは何年も家畜を買っていなかったことである。彼は一方では飼育し、他方では肥育しており、肉屋以外では売買することはなかった。2年に一度、品種変更のために1歳の雄牛を買うことはあったが……」。(MEGA Ⅳ/19)

マルクスはすでに1864年に、レオンス・ド・ラヴェルニュとヴィルヘルム・ハムの畜産についての考察を抜粋していた(Saito 2017)。その際には、近代畜産では動物がより早く成熟し、より多くの肉と脂肪を得るために、閉鎖空間で運動不足の状態に拘束されており、それがいかに動物を病弱にするかに注意を払っていた。その際のマルクスのコメントはこのような利益優先の「改良」に対して極めて批判的であり、動物の健康の重要性をはっきりと擁護している。具体的には、イングランドの飼育家ロバート・ベイクウェルが発展させた「選別システム」の素晴らしさについてラヴェルニュが熱心に報告したことについて、マルクスはノートにこう書いているのだ。「早熟で、全体的に病弱で、骨が弱く、脂肪と肉がたくさん発達しているなどの特徴。これらはすべて人工的産物だ。反吐が出る!」(MEGA Ⅳ/18: 234)〔07〕。

それに加えて、1868年のノートでは、工業的食肉生産が生み出す物質代謝の亀裂が牛疫という形で人間社会に感染症をもたらすリスクについて書き留めているのである。つまり、亀裂は、個々の動物の福祉を犠牲にすることに止まらず、究極的には社会全体にも感染症流行を引き起こし、混乱に陥れることをはっきりと意識していたのである［08］。

さらにマルクスは、こうした亀裂の問題がさまざまな領域へと波及していく可能性も認識していた。まず、大量の牛の飼育は、土壌疲弊にもつながっている。

非常に広大な草原が非常にやせ細った状態にある。毎年放牧し、若い牛を育て、乳製品を販売していても、土には何も還元されない。アイルランドの農家が、このシステムが完全な土壌疲弊に終わることを経験するのは、そう遠いことではないだろう。（MEGA IV/19）

土に還るどころか、大都市の労働者階級の食べ物に含まれる土壌養分は浪費され、下水としてトイレから川に流される。さらにこのことは、都市での生活条件の悪化と結びつく。

委員たちは次のように言う。「私たちは、藁編みの漂白をする際に、1つの製造業者だけで1トンから2トンのシュウ酸を使用していることを絶望に近いものをもって知ったが、この物質の毒性は川の水に含まれる石炭の炭酸塩や硫酸塩と混和することによって完全に破壊されることを考えると多少は安心する」。次に、羊を洗うことで川が汚染され、そして羊を浸すための調合液にはヒ素が含まれているため、新しい魔女の大鍋に別の有害成分が加えられる。しかし、これらの直接の毒物以外にも、ハットフィールド、ハートフォード、ウェア、エンフィールド、バーネット、トッテナムなどからの汚水が川に入ってくる。（MEGA IV/19）

当時、水路の不潔さは深刻な問題で、どの町もより川上の町にその責任をなすりつけていた。特に、テムズ川の汚水は、1830年代に発生したコレラの原因として知られており、コレラの被害は20年以上にわたって続いたという。しかも、1860年代にも同じ問題が再発しているのだ。

このように、マルクスの1869年のノートは、『エコノミスト』誌の記事に基づきつつ、水質汚染、土壌疲弊、疫病の蔓延といった現代の食糧生産をめぐる複合的な環境問題を記録している。1864年の段階では、土壌疲弊という問題だけに焦点を当てて、リービッヒの議論を受容していたことと比較すれば、マルクスの問題意識が深化しているのがよくわかるだろう。

これらのノートから見て取れるマルクスの問題意識は、以前の楽観的な見方とは大きく異なった関心を示している。マルクスは資本主義のもとでの生産力の増大を歓迎する姿勢を捨て、生産力の持続的発展が資本主義のもとでは不可能であることを認識するようになっているのだ。生産力の発展は短期的利益と無限の資本蓄積のために人間と自然を内延的にも外延的にも浪費し、掠奪する傾向性を強化していく。そのことが、より複雑で大規模な環境問題を生み出すのは自明である。それゆえ、「物質代謝の亀裂」を修復するには別の経済システムが必要となる。こうした確信こそが1860年代以降のマルクスの「環境社会主義」の根本洞察をなしているのである。

1860年代に「環境社会主義」を受け入れたという事実は、マルクスの見解が大きく変化したことを示している。しかし、この理論的変容はより根本的な認識の転換の始まりに過ぎない。というのも、生産力主義からの決別は、「史的唯物論」と呼ばれる彼の世界観そのものを揺るがすものであったからだ。生産力主義を放棄したマルクスは、より大きな生産力を有しているというだけでは、もはや西欧資本主義が非西欧社会や非資本主義社会と比較して、より高い歴史的段階にあることを自動的に保証してくれないと気がついたに違いない。破壊的な技術の発展が、自由で持続可能な人類の発展に向けた「発展」と言えるかどうかは、まったくもって明らかではないからだ。実際、マルクスは『資本論』のなかで、資本が自然から収奪する力を「掠奪 Raub」と呼んで、批判するようになったのである。

だが、マルクスが「史的唯物論」の本質的な構成要素としての生産力主義を捨てるなら、同じコインの裏側であるヨーロッパ中心主義を再考することも余儀なくされる。その結果として、生産力主義もヨーロッパ中心主義も最終的に捨て去ったのであれば、マルクスは「史的唯物論」として伝統的に理解されてきたものとは、完全に決別することになったはずである。この場合、マルクスはすべてを解体し、一からやり直さなければならなかったはずだ。これが極めて困難な仕事であったことは想像に難くないが、しかし、晩期マルクスの世界史や非西欧社会・前資本主義社会に関する研究からもわかるように、自らのプロジェクトの再構築をけっして諦めはしなかったのだ。そして理論的な飛躍をとげたのである。

マルクスがそれまでの史的唯物論から意図的に決別した後に何が起こったかを再構成する前に、まずはマルクスのヨーロッパ中心主義に含まれる問題点を素描しておこう。最も有名な批判はエドワード・サイードによるものだ。サイードはマルクスを、西洋の支配を正当化するために非ヨーロッパ人を未開で劣った存在として扱う典型的な「オリエンタリスト」だと特徴付けたのだった。

サイードは、1853年に『ニューヨーク・デイリー・トリビューン』に掲載された、インドにおけるイギリスの植民地主義に関するマルクスの発言について次のように書いている。

マルクスは叙述を重ねるごとにますます確信を深めながら、「イギリスはアジアを破壊するというまさにそのことによって、アジアにおける真の社会革命を可能にしつつある」という見解に立ち返っていた。〔…〕マルクスの経済分析は標準的なオリエンタリズム的企てと完全に合致しているということになる。結局、最後に勝利を収めるものはロマン主義的なオリエンタリズムのビジョンなのであって、そのときマルクスの理論的な社会経済的諸考察はこの古典的な標準的イメージのなかに埋没してしまうのだ。（Said 1979: 153-4; 邦訳351－353頁）

実際、マルクスは「イギリスのインド支配」と題する記事でこう書いている。

なるほどイングランドがヒンドゥスタンに社会革命をひきおこした動機は、もっともいやしい利益だけであり、その利益を達成する仕方もばかげたものであった。しかし、それが問題なのではない。問題は、人類がその使命を果たすのに、アジアの社会状態の根源的な革命なしにそれができるのかということである。できないとすれば、イングランドがおかした罪がどんなものであるにせよ、イングランドはこの革命をもたらすことによって、無意識に歴史の道具の役割を果したのである。（『全集』第九巻、127頁）

たしかにマルクスは、当時のインドにおけるイギリス植民地主義の残虐性を認めている。だが、その口調は両義的である。イングランドの植民地主義は、インドの村落に対して「破壊的」に作用する。とはいえ、鉄道、蒸気機関、灌漑システムといった新技術をインドへと持ち込むことで、西欧資本主義は、アジア社会を「再生」するという「二重の使命を果たさなければならない」とマルクスは主張した。つまり、近代工業化が、共同体的土地所有を解消して、私的土地所有への置き換え、カースト制を解消するという点に、イギリス植民地主義の進歩的役割を認めているのだ。

裏を返せば、マルクスは、インドの村落共同体は外界との交わりが皆無であるために、不変なままで停滞してきたと考えたわけだが、それは、マルクスが植民地支配以前のインドにおける技術革新や商品生産の存在に目を向けることができなかったからにすぎない。マルクスは、「イギリスのインド支配の将来の結果」という別の記事で、アジア社会は静的で受動的であるという過度の一般化を行い、「インドの社会はまったく歴史をもたない」(『全集』第九巻、２１３頁)とまで述べている。このため、インド人は帝国主義の介入という外からの強制を必要としているとされるのだ。マルクスは、インド人の苦しみを、社会主義的解放に向けた人類の普遍的な進歩のための必要悪として受け入れていたのだろうか。「非ヨーロッパ社会の不変の性質は歴史の進歩の足枷であり、社会主義にとって深刻な脅威だ」(Avineri 1969: 21)と見なしていたのだろうか。だとすれば、サイードのオリエンタリズム批判は妥当に思える。

しかしサイードの批判を全面的に受け入れる前に、以下のようないくつかの反論を指摘しておくべきだろう(Ghosh 1984; Pradella 2016)。というのも、すでに１８５０年代後半には、マルクスは反植民地主義・奴隷制度廃止論の立場をよりはっきりと表明し、インド人の主体性を認めていた(Jani 2002: 94)。例えば、マルクスは、イングランドの植民地主義に対するインドの１８５７年の反乱が起きた際には、「このように臣民を虐待してきた外国の征服者にたいして国民がこれを追放しようと試みるのは当然ではないか」（『全集』第一二巻、259頁）と読者に問いかけている。これは気まぐれの発言ではない。インドでの植民地支配であれ、ポーランド蜂起であれ、アメリカ南北戦争であれ、アイルランド問題であれ、その後のマルクスは常に被抑圧者の側に立ち、資本主義のもとでの帝国主義や奴隷制の残虐性を明確に糾弾したのである（K. Anderson 2010）。

しかし、このことは必ずしもマルクスがヨーロッパ中心主義から完全に距離を置いたことを意味しないと反論するむきもあるかもしれない。例えば、奴隷廃止論の立場は1840年代にすでに見られる。マルクスは『哲学の貧困』で「直接的奴隷制度は、機械装置、信用、等々と同様に、ブルジョワ的産業の枢軸である」（『全集』第四巻、135頁）と書いているのだ［09］。だとすれば、マルクスは、イギリス帝国主義を憎み、怒りや批判を表明したにもかかわらず、非西欧社会の受動的で静的な性格を信じ続けていた可能性があるのではないか。その場合これは依然として、オリエンタリズムとして特徴づけることができるはずだ。

実際、当時のマルクスは、最終的には人類史全体の進歩という観点から植民地支配を受け入れていたように思われる。生産力の資本主義的発展の破壊的性格に注目し始めた1860年代の初めにも、「オリエンタリズム」的な叙述は依然として見出すことができるからだ。『1861-63年の経済学草稿』において、マルクスはリカードの批判者たちを次のように批判している。

このような教訓的な考察がなんの役にも立たないことを別にすれば、その人たちは、こうした人間種族の能力の発展が、たとえ最初は多数の個人や人間階級全体さえも犠牲にしてなされるにしても、結局はこの敵対関係を切り抜けて個々の個人の発展と一致するということ、したがって個人のより高度な発展は個人が犠牲にされる歴史的過程を通じてのみ達せられるということ、を理解していないのである。（『資本論草稿集』⑥、160-161頁、最後の一文の強調は筆者）

個人が犠牲になっても、生産力を高めよ！　人間的解放のために、世界中に市場と資本主義を広めよ！これではまるで、マルクスが市場原理主義とグローバル化のイデオローグだったかのようである。

さらに、マルクスは『資本論』第一巻でもアジア社会の停滞的性格について記述しており、この時期にも、本当にマルクスがヨーロッパ中心主義を放棄したのかどうかは依然として明らかではない。例えば、次のようなアジアについての発言がある。「［このような］簡単な生産体制は、アジア的諸社会の不変性の秘密を解く鍵を与えるものである」（『資本論』第一巻、469頁）。1850年代、マルクスがヨーロッパ植民地主義によるアジア的社会への介入の必要性を指摘した理由は、まさにこの受動性と停滞性という革命の障害物を除去するためであった。非西欧社会は労働力と天然資源を大量に供給することによって西欧資本主義の離陸にとって不可欠な貢献をしたにもかかわらず、歴史的主体性を奪われたままであったのだ。

それだけではない。マルクスは『資本論』初版「序文」で次のような悪名高い一文を書き残している。「産業の発展のより高い国は、その発展のより低い国に、ただこの国自身の未来の姿を示しているだけである」（『資本論』第一巻、9頁）。この単線的な歴史観はヨーロッパ史の軌跡をあまりにも無批判に世界の他の地域に投影している。一地域の特殊的な歴史の暴力的な普遍化は、ヨーロッパ中心主義のもう一つの特徴にほかならないし、それは、植民地主義を正当化する口実として繰り返し用いられてきたものである。

このようなヨーロッパ中心主義的な枠組みは還元主義に陥りやすく、非西欧社会における地域的・文化的特殊性を周縁に追いやってしまう。資本主義発展の普遍化傾向を過度に強調するせいで、マルクスは資本の普遍的論理に抵抗する要因に十分な注意を払わないという「曖昧さ」(Chakrabarty 2000: 65)を示している。たしかに、ディペシュ・チャクラバルティが主張するように、特殊な事例における偶然性や非連続性を消し去らない形で、マルクスの歴史観を根本的に再構成することが必要である。そのような偶然性や非連続性は、資本主義発展の普遍的な法則だけでは説明できないものであるが、資本のグローバル化の過程においてヨーロッパ諸国と非ヨーロッパ諸国の歴史に本質的な影響を及ぼしているがゆえに、けっして周辺化してはならない歴史の構成要素だからである。

チャクラバルティは「マルクス自身はこの問題を考え抜いていない」(Chakrabarty 2000: 67)と結論付けているが、必ずしもそうとはいえないはずだ[10]。というのも、遅くとも1860年代後半には、マルクスは資本の普遍化の限界についてより批判的に考察するようになっていたからだ。マルクスは、かつてのように植民地支配の「二重の使命」を強調しなくなる。その代わりに、資本主義世界システムが周縁部を非対称的な形で従属させ、約束された近代化過程の達成を妨げることを問題視するようになっていく。このような1860年代における論調の変化は、「資本の生産力」概念との関連でも理解することができるが、この時期のマルクスは資本主義の進歩的性格を根本から再考することを迫られていたのである。

その結果、自然環境の領域と同様に、1868年以降に、マルクスの非西欧社会に対する扱いに決定的な変化が生じることになる。この転換は、例えば、イングランドの植民地支配に反対するアイルランドの人々との連帯の態度に見てとることができる。1869年12月10日付のエンゲルス宛の手紙で、マルクスは次のように述べている。

僕が長いあいだ考えてきたことだが、可能なのは、アイルランドの体制をイギリスの労働者階級の興隆によってくつがえす、ということなのだ。僕は絶えずこの見解を『ニューヨーク・トリビューン』紙上で主張してきた。より深い研究によって、僕は今ではその反対のことを確信するようになっている。イギリスの労働者階級は、それがアイルランドから免れないうちは、けっしてなにごとも達成しはしないだろう。槓桿はアイルランドに据えられなければならない。そうすれば、アイルランド問題は社会運動一般にとって非常に重要なのだ。（『全集』第三二巻、336頁、前半の強調は筆者追加）

アイルランドは地理的には西欧に位置するが、イングランドの植民地支配に長年苦しむ周辺国であった。それゆえ、この手紙におけるマルクスの分析は、1850年代の自らの見解とは大きく異なっている。マルクスは世界史を前進させるという進歩的役割をイングランドに帰属させることなく、植民地化されたアイルランドが、イングランドの資本主義や帝国主義との闘争においてむしろ主導的で主体的な役割を果たすべきだと主張しているからだ。この箇所は、マルクスが自民族中心主義の論理から脱却したことを初めて明確に示しており、重要である。繰り返せば、このような変化の背景には、マルクスが『資本論』第一巻の刊行直後から、自然科学と並行して、非西欧社会、前資本主義社会の研究を集中的に進めていた事実がある。ここでは、地理的には西ヨーロッパに属するアイルランドが問題となっているが、その背景には、より広域を扱う植民地支配をめぐる考察があるのだ。

その際、マルクスは非資本主義的農業と土地の共同所有制に着目している。具体的には、1868年以降、マルクスは古代ローマ、ゲルマン民族、インド、アルジェリア、ラテンアメリカ、北米のイロコイ族、ロシアの農耕共同体に関する書物を読んでいるが、そのなかでも、晩期マルクスの見解の変化は、特にロシア研究のうちに記録されている。

1860年代後半になっても、マルクスは帝政ロシアだけでなく、ミハイル・バクーニンのようなロシア人革命家に対しても嫌悪感を隠さなかった（Musto 2020）。『資本論』第一巻の初版でマルクスは、ロシアのポピュリストであり親スラヴ主義者であるアレクサンドル・イワノヴィチ・ゲルツェンを、ドイツの歴史家でロシアの農耕共同体や土地改革について幅広く執筆したアウグスト・フォン・ハクストハウゼンとともに次のように嘲笑している［11］。

> 資本主義的生産の作用は、超過労働や分業や機械への隷属や未熟で女性的な身体の発育不全や劣悪な生活等々が原因で、人間種族を掘り崩すものだが、この作用が、ヨーロッパ大陸で、いままでと同様に、一国の雑兵や国債や租税や優雅な作戦等々の大きさをきそう競争と手を携えて発展するならば、半ロシア人と完全なモスクワ人ゲ̇ル̇ツ̇ェ̇ン̇（ついでに言っておくが、この通俗作家が「ロシアの」共産主義について発見をしたのは、ロシアのなかではなく、プロイセンの参事官ハクストハウゼンの著作のなかでのことであるが）とがいとも真剣に予言したところの、革の鞭とカルムック人の血を不可欠に輸血することとから生ずるヨーロッパの若返りが、結局はどうしても必要になるかもしれない。（江夏美千穂訳『初版 資本論』、幻燈社書店、1983年、880頁、強調原文）

ここでマルクスは、ロシア共同体の革命的潜在力をまったく認めず、ゲルツェンのロマン主義的な楽観主義を否定している。当時、ロシアにはまだミール、あるいはオプシチナと呼ばれる農耕共同体が存在していた。そして、この農耕共同体を基盤として、ツァーリズムに対する社会主義革命を目指すポピュリスト集団ナロードニキもあったが、そうした立場にマルクスは否定的だったのである。

さらにマルクスは1868年11月7日付のエンゲルスへの手紙で次のように書いている。「〔ロシアの共同体制度における〕全事態が、きわめて微細な点に至るまで、原始ゲルマンの共同体とまったく同じなのだ。〔…〕こんなものはすべて衰滅しつつある」（『全集』第三二巻、157頁）。1868年3月にはマウラーの著作に集中的に取り組んでいたにもかかわらず、当時のマルクスはロシアの共同体制度に存在する「原始的コミュニズム」――ハクストハウゼン（Haxthausen［1847-52］1972）はしばしばゲルマンの共同体とロシアの共同体を比較している［12］――がこれ以上存続できるとは考えておらず、ましてや、西欧からの資本主義の侵略に対する抵抗の場として機能するなどとは、微塵も思っていなかったことがわかる。

しかし、マルクスのロシアに対する態度は、ロシアのポピュリスト革命運動との接触を通じて、その後徐々に変化していく。きっかけは『資本論』のロシア語訳の刊行計画だったが、翻訳過程でのやりとりを通じて、ロシア人たちは逆に、マルクスにロシアの著作や論争の紹介を行ったのである。マルクスが、ロシアの革命家との交流から大きな刺激を受けたのは間違いない。というのも、マルクスはロシア社会に関する一次文献を読むために1869年11月からロシア語の勉強を始めたからだ。

その後マルクスは、ロシアの哲学者ニコライ・チェルヌイシェフスキーの著書『「J・S・ミル経済学原理」への評解』をとりわけ熱心に読んでいる。チェルヌイシェフスキーもナロードニキの中心人物の一人である。マルクスはチェルヌイシェフスキーの著作に非常に感銘を受け、『宛名のない手紙』をドイツ語に翻訳しようとしたほどであった（IISG Sign. B112: 131-52）。

マルクスがチェルヌイシェフスキーの影響を受けていることを示すもう一つの証拠は、１８７３年に出版された『資本論』第二版からゲルツェンとハクストハウゼンを否定する一節が消えているという事実だ。その代わりに、マルクスは第二版後記でチェルヌイシェフスキーの『評解』を「それは、ロシアの偉大な学者で批評家であるN・チェルヌイシェフスキーがすでにみごとに明らかにしているものである」（『資本論』第一巻、17頁）と賞賛している。この変更は、１８６７年から１８７２年にかけて、たとえマルクスがまだロシア社会の革命的潜在力を完全に確信していなかったとしても、彼のロシアに対する態度がすでにいくらか変化していたことを示唆している（J. White 2019: 12）。そしてこの変化は、後によりはっきりとマルクスのコミュニズム構想のうちに現れることになる。

マルクスの見解が変化していることとは、『資本論』第一巻の本文に変更を加えていることからもうかがえる。特にマルクスは『資本論』フランス語版（１８７２–７５年）にさまざまな新しい知見を取り込んでいるが、１８７８年11月15日付のダニエリソーン宛の手紙で『資本論』のロシア語訳第2版について助言を与える際に、マルクスはこの新しいフランス語版の重要性を次のように強調している。「翻訳者は絶えずドイツ語第二版とフランス語版とを入念に対照してください。後者は重要な訂正や追補を含んでおりますから」（『全集』第三四巻、２８６頁）。

ここで、マルクスはなにを念頭に置いていたのだろうか。ここでは、『資本論』フランス語版で、マルクスが「本源的蓄積」の章に一文を加え、分析の対象を明確に西欧に限定している事実は注目に値する。

かくして、資本主義体制の根底には、生産者と生産手段との根源的な分離が存在する。〔…〕こうした発展すべての基礎をなすもの、それは耕作農民の収奪である。

この収奪が徹底的な仕方で遂行されたのは、今のところまだイングランドにおいてだけである。〔…〕だが西ヨーロッパの他の国々もすべて同じ運動をしている〔…〕。（マルクス1976、129、131頁、強調筆者）

手紙でのマルクスの発言を考えると、マルクスが非西欧社会に取り組むなかでかなり意識的にこの文章を修正したことは明らかだろう。

この1878年11月15日付の手紙が執筆されたのは、ロシアの歴史学者マクシム・コヴァレフスキーがロンドンでマルクスを訪問したすぐ直後であった。そこでの会話を踏まえて、マルクスはロシアにおける『資本論』をめぐる論争について次のように書いている。

私に反対したチエーリンその他の人々の論争文のうちで私の目にふれたものは、一八七七年にお送りいただいたものだけです（ひとつはジーベルの論文、他はたしかミハイロフの論文、両者ともあのおかしなエンサイクロペディスト気取りの男――ジュコーフスキー氏――にたいする回答として、『オテーチェストヴェンヌィエ・ザピスキ』に発表されたもの）。当地在住のコヴァレフスキー教授の話によると、『資本論』にかんするかなり活発な論争がおこなわれたとの由。（『全集』第三四巻、287頁、強調原文）

『資本論』ロシア語訳は1872年3月に出版された。1年以内に3000部を売り上げ、当時としてはかなり成功したといえる。コヴァレフスキーはロシアにおける論争の規模を誇張して伝えていたように思われるが、マルクスがこの手紙で言及した論争は、ロシアのナロードニキ、ニコライ・K・ミハイロフスキーによって始められたものである。そこでの争点は、資本主義の段階を経ることなく、ロシアに社会主義を樹立することができるかという問題であった。きっかけは、「産業の発展のより高い国は、その発展のより低い国に、ただこの国自身の未来の姿を示しているだけである」（『資本論』第一巻、9頁）という『資本論』初版の「序文」における一文である。つまり、マルクスのこの説明がロシアに当てはまるかどうかをめぐって、議論が勃発したのである。

ミハイロフスキーは、ロシア語訳が刊行されると肯定的な書評を書き、『資本論』の理論的重要性を訴え続けていたが、その後マルクスの歴史哲学のロシアへの適用可能性については疑問を表明することになる。1877年11月に『オテーチェストヴェンヌィエ・ザピスキ』に掲載された「ジューコフスキー氏の法廷におけるカール・マルクス」と題する論文で、ミハイロフスキーはジューコフスキーの非難から『資本論』の一般的な理論的妥当性を擁護しつつも、ロシアが労働の社会化を達成するために資本主義的発展過程を経る必要があるという点については疑念を呈している。その際、マルクスが『資本論』初版でゲルツェンを否定したことに触れ、ツァーリ政府の政策と資本主義の破滅的な影響から苦しむロシアの小農を救おうとするゲルツェンらの必死の訴えに対するマルクスの否定的態度を問題視したのだ。一方で、『資本論』を熱心に擁護するニコライ・シーバーが同じ雑誌上でミハイロフスキーに反論し、マルクスの歴史記述は普遍的に適用可能であり、ロシアも例外ではないと主張したことから、論争は続いたのだった（J. White 2019: 33）。要するに、マルクス自身は当時すでに、ヨーロッパ中心主義的な「普遍」法則を非西欧社会に誤って押し付けているという批判に直面していたのだ。

マルクスは、1878年11月にミハイロフスキーの批判に返答を試みようとしている[13]。『オテーチェストヴェンヌィエ・ザピスキ』誌の編集部に宛てたこの手紙で、マルクスは、ゲルツェンの汎スラヴ主義の否定が、直ちにロシア独自の社会主義への道の否定を意味するわけではないと述べている。そして、ミハイロフスキーが誤解していることを示すために、マルクスは『資本論』第二版「あとがき」でのチェルヌイシェフスキーに対する肯定的評価を挙げ、さらには、フランス語版では、「本源的蓄積」の議論を西欧に限定するという修正を行った点を指摘している（『全集』第一九巻、116頁）。要するに、マルクスは、ミハイロフスキーが自身の見解を歪めていると訴えたのだ。

> 西ヨーロッパでの資本主義の創生にかんする私の歴史的素描を、社会的労働の生産力の最大の飛躍によって人間の最も全面的な発展を確保するような経済的構成に最後に到達するために、あらゆる民族が、いかなる歴史的状況のもとにおかれていようとも、不可避に通らなければならない普通的発展過程の歴史哲学的理論に転化することが、彼［ミハイロフスキー］には絶対に必要なのです。（『全集』第一九巻、117頁、強調筆者）

マルクスは、封建主義から資本主義への移行という西欧の経験を過度に一般化し、それをもとにして世界史を分析するようなアプローチを戒め、それぞれの社会の歴史的特殊性を研究することの重要性を指摘した。というのも、「このように、驚くほど類似した出来事が異なった歴史的環境のなかで起こったが、全く異なる結果をもたらした」からだ。例えば、共同的土地所有の解消がただちに資本主義的な私的所有につながるわけではない。古代ローマなどで起きたことを見ればわかるように、歴史的・社会的背景によって、類似した出来事もまったく異なる結果をもたらすのである。

このように、マルクスは、自分の見解が実はミハイロフスキー自身の見解に近く、だからミハイロフスキーの批判は不当だと主張しようとした。しかし、これはフェアではない。なぜなら、ここでマルクスの「真の」意図を正当化する論拠は『資本論』第二版であり、ロシア語訳の底本となった『資本論』初版には、どこにもそのような表現は見受けられないからだ。つまり、ミハイロフスキーは『資本論』を誤解していたわけではない。むしろ、1868年以降に見解を変えたのは、マルクスのほうなのである（和田1975、110頁）。

いずれにせよ、マルクスは手紙の草稿で次のように自らの暫定的な結論を表明している。「私が到達した結論は次のとおりです。もしもロシアが一八六一年以来歩んできた道を今後も歩みつづけるならば、ロシアは、歴史がこれまでに一国民に提供した最良の機会を失ってしまい、資本主義制度の宿命的な有為転変のすべてにさらされることになるであろう、ということ、これでありますす」（『全集』第一九巻、115－116頁）。西欧では、資本主義の形成過程は共同的土地所有の解体による小農のプロレタリアへの転化を伴っていたが、同じことが他の地域でも必然的に起きるわけではない。多数のプロレタリアートが存在しない限り、ロシアが西欧と同じ資本主義発展の法則に従うこともないだろう。ミールが残存している限りで、資本主義成立を回避するチャンスはまだある。だからこそ、ロシア人はただちに蜂起すべきだとマルクスは訴えたのだった。

ところが、この手紙は実際に編集部へと送られることはなかった。そして、エンゲルスがマルクスの死後1883年に発見するまで、その存在が知られることもなかった。おそらく、マルクスは『資本論』第二版に依拠したミハイロフスキー批判の論拠の弱さを自覚していたのだろう。それに、ミハイロフスキー批判がロシアのポピュリストたちにとってマイナスに働き、またロシアで自分の意見を熱心に支持していたシーバーとの間に緊張関係が生まれることを懸念していたのかもしれない。

結局1870年代に、マルクスがロシアの論争に直接参加することはなかった。けれども、マルクスは1880年代にこの問題に立ち戻ることを運命づけられていたのである。

第三節　ロシアとコミュニズムの新しい理念

1879年から1881年にかけて、マルクスは非西欧社会の研究に改めて集中的に取り組んでいる。1879年9月、マルクスはマクシム・コヴァレフスキーの『共同体的土地所有、その解体の原因、経過および結果』を読み、インド社会の分析を丁寧に追っている。その後、ルイス・H・モーガンの『古代社会』に加え、ジェームズ・マネーの『ジャワ、あるいはいかに植民地を経営するか』(1861年)、ジョン・フィアーの『インドとセイロンのアーリア人の村落』(1880年)、歴史家ヘンリー・メーンの『初期制度史講義』(1875年)なども読んだ。マルクスはこれらの本を読んで、ヨーロッパ人が植民地化するまで、非ヨーロッパ人たちがどのように長年にわたって所有権を規制してきたかを研究したのである。

例えば、マルクスは、インドの農村共同体の持続的な生命力に関するコヴァレフスキーの記述を丁寧に追っている。コヴァレフスキーによれば、この持続的な生命力は「インド人の特徴は共同体のつながりの強固さにある」(『全集』補巻四、37‐38頁)という。その後、イギリスによる植民地支配のもとでの徹底した掠奪や破壊工作によって農村共同体は各地で弱体化させられたが、それらが「完全に消滅したわけではない」。それゆえ、マルクスはノートで、「農村共同体が大規模に存続している」ことを強調している。

さらに、コヴァレフスキーはその解体過程における「自然的原因」と「人為的原因」を区別した。これらの共同体が長期的にはいずれ衰退していくのであれば、共同体的所有は歴史的に一過性のものとみなすことができるが、コヴァレフスキーはイギリス植民地支配がもたらす衰退の人為的原因に特に注意を払っている。マルクスは、イギリスの植民地主義がインド共同体に与えた負の影響を自分の言葉でまとめ、コヴァレフスキーの師であるメーンが、インドの農村共同体の解体におけるイギリス植民地主義という「人為的原因」の影響を周縁化していると批判したのだ。

> イングランドのインド官僚や、それを支持するH・メーン氏などの宣伝係は、パンジャーブにおける共同体的所有の衰退を――アルカイックな形態を愛情をもってイングランドが扱っているにもかかわらず――経済進歩のたんなる結果だと説明するが、その一方でその経済進歩自体はその共同体的所有の――それを危険にさらす(活動的な)主たる担い手である(p184)。(『全集』補巻四、235頁)

この箇所を抜粋する際に、マルクスは原文の表現を修正し、インドの農村共同体の解体を擁護するメーンをコヴァレフスキー以上に強調する形で批判している（和田１９７５、１４５頁）。その解体は「自然的」発展の過程で不可避なものではなかったからである。さらに、マルクスはインド共同体がイギリスの侵略と衝突し、イギリスの支配に「危険」を生じさせたときのような、インド共同体による積極的な抵抗の可能性に関心を抱いていた。このことが重要なのは、後に見るように、マルクスは、ザスーリチ宛の手紙でもロシアとの関係で同様の点を繰り返すことになるからである。

マルクスは非資本主義社会に関するさまざまな書物を読んで、それまでの均質化アプローチの欠陥を反省していく。具体的には、非西欧社会を「封建的」や「アジア的」生産様式という単一的なヨーロッパ的カテゴリーに包摂して、分析を済ませてしまうのではなく、各地域の特殊性や差異、歴史的変化に注意を払うようになったのだ。

このことは、ヨーロッパ中心主義的な歴史概念を、あたかもそれらのカテゴリーが非ヨーロッパ地域にまで普遍的に適用できるかのように押し付けようとするヨーロッパの歴史家たちをマルクスが明確に批判していたことからもわかる。例えば、マルクスは、インドの「村落の構成」を「封建的」というヨーロッパ的カテゴリーで特徴づけるフィアーを「間抜け Esel」と呼んでいる（Krader 1976: 378）〔14〕。

この点について、マルクスのノートを編集したハンス゠ペーター・ハーシュティックは次のように述べる。「全体としてマルクスはアジア史とヨーロッパ史に対して違った考察を行うことを支持し、封建主義概念のあまりに強固な一般化、さらには西欧のモデルで展開された構造的概念をインド的関係やアジア的関係に単純に転用することそのものに対して、反論を展開したのだ」（Harstick 1977: 13）。実際、マルクスのフィアー批判は、1850年代の「イギリスのインド支配」において、オリエンタリズム的な枠組みをインドの静的で受動的な社会に無自覚的に適用し、さらには、経済的進歩の名の下に伝統的社会が解体されることを受け入れた以前の姿勢とは、まったく異なるものである。

マルクスはもはやヨーロッパ社会の優位性を賞賛したり、歴史の進歩の名の下にアジアへの植民地介入を正当化したりすることはなかった。それゆえ、コルヤ・リントナー（Lindner 2010: 34）は、晩年の人類学、民族学研究において「マルクスは発展のヨーロッパ中心主義的概念と決別した」と結論付けている。ケヴィン・アンダーソン（Anderson 2010: 237）も同様に、晩期マルクスは「非西欧社会の複雑さと差異を分析し、発展や革命の単一モデルに自らを縛りつけることを拒否するために、複線的で非還元主義的な歴史理論を作り上げた」と述べている。たしかにマルクスは、出版された著作の中でこの問題について詳しく展開することはなかったが、それでも彼が「ヨーロッパを地方化していく」（Chakrabarty 2007）過程をノートで追想することはできるはずだ。

実際、もしマルクスが経済決定論によって本当に全世界を資本主義発展の一般的法則に還元して分析することに満足していたのであれば、なぜ非西欧社会と前資本主義社会の研究にあれほど時間をかけなければならなかったのかは理解できない。重要なのは、資本主義の一般法則の存在が特殊性や偶然性、非連続性を否定するものではないということである。マルクスはこう述べる。

これらの発展のおのおのを別個に研究し、しかるのちに、それらを相互に比較するならば、人はこの現象を解く鍵を容易に発見するでありましょう。しかしながら、超歴史的なことがその最高の長所であるような普遍的歴史哲学理論という万能の合鍵によっては、けっしてそこに到達しえぬでありましょう。（『全集』第一九巻、１１７頁）

自明の事実として、現実の世界は偶然性や特殊性に満ちており、それらは必ずしもヨーロッパ的カテゴリーを使って十分に分析することはできない。しかし、そのことは、資本主義の一般法則を否定するわけではない。「商品」「貨幣」「資本」といった一般的な経済的カテゴリーは、私たち個人の意識や各地域の歴史的・文化的特殊性にかかわらず、いかなる資本主義社会にも客観的に妥当するのだ。つまり、これらの「経済的形態」は、資本主義的生産様式が存在する限り、どこにいても、どんな文化的・地理的背景を持っていても一般的に通用するのである。

ここには、普遍性と特殊性を「分離」と「統一」のもとで扱うマルクス特有の視座がある。つまり、マルクスの方法論的二元論が常に機能しているのだ。そのことは、世界の具体的な物質的現実から「経済的形態」を抽象化するところに見て取れる。そもそも、このような資本主義システムを分析する一般的な理論的枠組みがなければ、考察は孤立したバラバラの事実からなる相対主義的・経験主義的な現実理解に陥り、資本主義的発展の歴史的ダイナミズムを明らかにすることができなくなってしまうだろう。

ただし、マルクスの研究は、そのような一般法則の次元に満足して終わるわけではない。つまり、方法論的二元論は、こうした「経済的形態」が労働を媒介として、いかに素材的世界と絡み合っていくかを分析するものだからである。素材的次元の分析には、必然的にさまざまな偶然性と非連続性を孕む各社会の地理的・文化的差異やその他の歴史的特殊性に注意を払うことが必要となる。マルクスは、資本主義的発展の一般法則とその特殊的状況との間の矛盾が、人間と自然の物質代謝における持続可能性の条件をどのように劣化させるかを考察しようとしただけでない。さらには、それが資本主義システムそのものに亀裂を入れる可能性を認識するために、非西欧社会を研究したのだ。

しかし、このような資本主義の特殊分析は、資本主義的発展のダイナミクスが正しく把握された後にのみ可能であり、経済学批判の本来の課題から外れるものだ。その意味で、この分析は『資本論』の範囲外ではあるが、そのことは、マルクスにとってこの問題が二次的なものであることを意味するわけではない。

コヴァレフスキーに集中的に取り組んだ後、1881年にマルクスは突如、史的唯物論の問題に立ち戻ることを余儀なくされる。それが、ロシアの革命家ヴェラ・ザスーリチからの手紙である。『資本論』に端を発するロシアの革命可能性についての論争に興味を持ったザスーリチは、1881年2月16日付の手紙で、ロシアでマルクスの意見を公表するために、彼に直接その真意を問うたのだ。

> わが農村共同体のありうべき運命にかんする、また世界のすべての国が資本主義的生産のすべての段階を通過することが歴史的必然であるという理論にかんする、あなたの考えを述べていただくならば、われわれにたいしていかに大きな助けとなるか、ということを御理解頂けるでしょう。（ザスーリチ1972、40頁）

『資本論』第一巻の刊行後14年の間に、マルクスの考え方がどのように変化したかを見定めるためのヒントが、この手紙とその草稿のうちにある。しかもここでは、マルクスがヨーロッパ中心主義的な歴史観を否定しているだけでなく、ポスト資本主義社会についての新しい展望が姿を見せ始めているのである。

とはいえ、実際にザスーリチに送られた返事そのものは、短くそっけない。これは、マルクスがロシアで支持していたのは、ザスーリチの属する「黒い割替」に反対するポピュリスト集団「人民の意志」だったからではないかと言われている（Shanin 1983: 99）。マルクスは、ザスーリチに詳細な手紙を送っても「人民の意志」の利益にならないことがわかっていた。それゆえ、マルクスは『資本論』における資本主義的発展の法則の「歴史的必然性」は西欧諸国に明示的に限定されているという、『オテーチェストヴェンヌィエ・ザピスキ』編集部宛の手紙で述べたのと同じ点をただ繰り返すだけだった（『全集』第一九巻、238頁）。

とはいえ、マルクスは実際にはザスーリチの問いに答えるために、3度も下書きの手紙を書いている。このことは、ザスーリチの投げかけた問いが、いかに核心を突くものであったかを端的に表している。実際、当時のマルクスは意識的にロシアの問題を研究していた。そんななか、ザスーリチは、『資本論』第一巻に透けて見えるヨーロッパ中心主義の歴史観が本当にマルクス自身のものなのか、と問いかけたのである。ロシアをはじめとする非資本主義諸国について集中的に取り組んでいたマルクスは、この機会を使って、自らの考えを定式化しようとしたのである。

まず、マルクスはいわゆる「第二草稿」〔15〕において、『資本論』フランス語版から引用し、『オテーチェストヴェンヌィエ・ザピスキ』誌宛の手紙で述べたのと同じ指摘を繰り返している。

「これ（耕作者の収奪）が根底的に遂行されたのは、まだイングランドにおいてだけである。〔…〕西ヨーロッパの他のすべての国も、これと同一の運動を経過する」（前掲書）

だから、私はこの「歴史的必然性」を、「西ヨーロッパ諸国」に明示的に限定しておいたのである。
(『全集』第一九巻、399頁)

この「第二草稿」では、ロシア革命の可能性には直接言及されていない。とはいえ、「共同体的所有の経済的優位性」(『全集』第一九巻、402頁、強調筆者)を指摘しているのは注目に値する。ロシアの農耕共同体が西欧社会に対する「優位性」を持つのは、共同所有が協同的労働やアソシエートした労働の基礎として機能するからである。ここで、マルクスのロシア社会に対する見方が『資本論』第一版のころと比較して、大きく転換しているのは疑いようがない。ただし、その共同所有はロシアへの資本主義の侵入によって急速に破壊されつつあると、マルクスは付け加える。「ロシアの共同体の生活をおびやかしているもの、それは、歴史的必然性でもなければ、理論でもない。それは、国家による抑圧であり、また、この同じ国家が農民の負担と失費において強大にしてきた資本主義的侵入者による搾取である」(『全集』第一九巻、403頁)。だとすれば、ロシアの革命は困難なのか。しかし、この点については、「第二草稿」では何も述べられていない。

「第一草稿」でも、マルクスは、ロシアが「いまなお資本主義制度によって隷属させられている諸国に優越する一要素」(『全集』第一九巻、387頁)を持っているという点を再び指摘している。ここで「第二草稿」と比較して印象的なのは、ロシアの農耕共同体を「原古的《アルカイック》な形態」と規定して、この点についてより詳細に論じていることである[16]。その際、マルクスは、「原古的」という言葉が否定的な意味合いを持つべきでないことを強調し、「それゆえ、この「原古的」ということばをあまり恐ろしがる必要はない」(『全集』第一九巻、388頁)と述べている。

その際、この「原古的な形態」を論じるために、マウラーにも言及している。具体的には、ゲルマン部族における「原古的な共同体」と「第二次構成の共同体」とを区別しているのだ。マルクスによれば、この二つのタイプの共同体の重要な違いの一つは、「原古的な共同体」が集団的生産を行い、その生産物を構成員に直接分配するのに対し、「新しい（第二次）共同体」は、土地の集団的所有を維持するが、土地を構成員に配分・分配し、それぞれが個別にその果実を取得することだという。もちろん、個人主義の行き過ぎは共同体の存在を脅かす。それゆえ、集団主義と個人主義の「二元論」によって「第二次構成の共同体」は衰退の危機にさらされるものの、一方で、過度に強い共同体の紐帯の解消は「個人性の発展」（『全集』第一九巻、390頁）の可能性も生み出す。マルクスによれば、個人主義が集団主義を圧倒して共同体の崩壊を招いてしまうのか、それとも、労働の社会化の過程で集団的規制が残り、それを基礎として社会主義への道が開かれるかは、それぞれの社会が置かれた「歴史的文脈」によるというのである。

マルクスの見解では、ロシアの「歴史的文脈」は社会主義者たちにとって好都合である。「ロシアは、「農耕共同体」が今日まで全国的な規模で維持されている、ヨーロッパで唯一の国である」（『全集』第一九巻、391頁）。西欧では「共同体は、なんらかの仕方で、たえまない外戦と内乱とのなかで死滅した」（『全集』第一九巻、389頁）ことを認めた上で、19世紀後半のロシアの共同体を取り巻く歴史的状況はまったく異なり、独自のものだと述べる。ロシアはインドとは異なり、西欧資本主義の植民地支配に屈することなく、西欧資本主義とともに併存している。その際、ロシアの農村共同体は孤立しており、「局地的小宇宙」状態にあることはたしかに弱点であるが、西欧における通信・輸送手段に代表される技術発展の成果は、そうした孤立状態を克服し、集団的労働を可能にする。

したがって、ロシアに残る農村共同体とその共同体的所有が、地球全体を巻き込む資本主義の高波に飲み込まれ、消滅してしまうのを傍観する必要はない、とマルクスは述べる。それどころか、ロシアの農耕共同体の生命力は、容赦のない無限の資本主義の拡大に対する抵抗の基礎を提供することができると言うのだ。「世界市場を支配している西欧の〔資本主義的〕生産と同時的に存在していることは、ロシアがカウディナのくびき門を通ることなしに、資本主義制度によってつくりあげられた肯定的な諸成果のすべてを共同体のなかに組み入れることを可能にしている」（『全集』第一九巻、３９２頁、強調原文）。

マルクスは資本主義の歴史的段階を経ることなくロシアがコミュニズムに移行する可能性を肯定する。だが、マルクスは農耕共同体の前資本主義的な条件をそのまま温存することを要求したのではない。むしろ、西欧資本主義の肯定的な成果を積極的に吸収することによって、共同体を「現在の基盤の上に」発展させることを主張している。そうしてこそ、この西欧資本主義との遭遇をロシアにコミュニズムを樹立するチャンスとして生かすことができるというのだ。

しかし、ロシアへの資本主義の侵入によってミールの崩壊がすでに起こっている以上、残された時間は限られている。そこでマルクスは、ロシア革命の即時実施を主張する。「もしも革命が適時に起こるならば、もしも、農村共同体に自由な飛躍を保障するために、革命が全力を集中するならば、農村共同体は、まもなく、ロシア社会を再生させる要素として、資本主義制度によって隷属させられている諸国に優越する要素として、発展するであろう。」（『全集』第一九巻、３９８頁）

この発言からもわかるように、マルクスの歴史観は１８８１年までに大きく変化している。なぜなら、ロシアの農村共同体が資本主義的近代化の破壊的過程を経ることなく、既存の共同体的所有に基づいて社会主義へと飛躍し、自らの歴史を作る能動的な力やそれを可能にする「経済的優位性」を明示的に認めているからである。マルクスは、非西欧社会における資本主義の拡大に対する抵抗力に注目することで、ロシア革命の可能性を見出したのである。

この草稿の内容は、最終的に送られた手紙には反映されていないが、マルクスの結論は決して気まぐれではない。マルクスはエンゲルスとともに、『共産党宣言』ロシア語版第2版の「序文」で同様の見解を繰り返しているからだ。

ロシアのオブシチナは、ひどくくずれてはいても、太古の共同体的土地所有の一形態であるが、これから直接に、共産主義的な共同体的所有という、より高度の形態に移行できるであろうか？　それとも反対に、農民共同体は、そのまえに、西欧の歴史的発展でおこなわれたのと同じ解体過程をたどらなければならないのであろうか？

この問題にたいして今日あたえることのできるただ一つの答は、次のとおりである。もし、ロシア革命が西欧のプロレタリア革命にたいする合図となって、両者がたがいに補いあうなら、現在のロシアの共同体的土地所有は共産主義的発展の出発点となることができる。（『全集』第一九巻、２８８頁）

この記述は、ロシアの読者に向けたリップサービスではない。それどころか、新しい「序文」でこのようにはっきりと主張しなければ、『共産党宣言』をロシア語で改めて出版することは、マルクスが純朴にヨーロッパ中心の歴史観を持っているのではないかと、人々にいっそうの疑念を抱かせることになっただろう。

マルクスとエンゲルスは、ロシアの共同体が資本主義段階への移行を避けることができるだけでなく、「西欧のプロレタリア革命にたいする合図」を送ることで、コミュニズムの発展を開始すべきだとさえ言う。ここでも彼らは、歴史の原動力として、ロシア社会の積極的な主体性を認めているのである［17］。

この議論を、ロシアに限定する必要はない。同じ論理は、当時マルクスが集中的に研究していたアジア、アフリカ、ラテンアメリカといった地域の他の農耕共同体にも適用できるだろう。事実、マルクスは、アジア的共同体を、戦争や侵略による破壊を免れた最も新しいタイプの農耕共同体として捉えていたからである（『全集』第一九巻、３８９頁）［18］。

実際、まだ「二重の使命」を賞賛していた１８５０年代とは異なり、「第三草稿」でマルクスは、インドにおけるイギリスの「破壊行為」（『全集』第一九巻、４０５頁）とその土着農業の破壊をより明確に非難している。「イギリス人自身が、東インドにおいて同じような試みをおこなったが、彼らはただ、土着農業を荒廃させ、飢饉の度数と激しさとを倍加させることに成功しただけであった」（『全集』第一九巻、４０８頁）。

これは、植民地支配のもとで破壊されつつあった「優位性の要素」に対するマルクスの認識と関係がある。世界中に残存していたさまざまな原古的な共同体も、もちろん程度の差はあれ、同じような潜在力を持っている。そうした共同体が資本主義に積極的に抵抗し、社会主義を樹立する集団的主体性を持ちうるし、またそうあるべきだと主張するようになったのだ。言い換えれば、原古的な共同体は主体性を持たない、歴史の受動的で、不動な対象ではもはやなくなったのだ。このような晩期マルクスの思想の変容を考えれば、サイードがマルクスを典型的な「オリエンタリスト」だとして非難することは、一面的だと言わざるを得ないのである。

第四節　マルクスのコミュニズムの展望における変容

しかし、話はこれで終わりではない。実際、前節で見た内容自体は、和田春樹（1975）やケヴィン・アンダーソン（K. Anderson 2010）、コルヤ・リントナー（Lindner 2010）の研究によって、少なくともマルクス研究者の間では共通認識になっている。

一方、晩期マルクスの思想に否定的な態度を示す研究者もいる。例えば、マルクスの生誕200年に出版された伝記において、イギリスの歴史家ガレス・ステッドマン・ジョーンズは、アンダーソンやリントナー同様、晩期マルクスの「驚くべき変化」（Stedman Jones 2016: 569）を指摘する。しかし、この変化に対する彼の総合評価は、マルクスの議論の有効性を19世紀に限定する否定的なものなのである。ただし、ジョーンズは、マルクスがマウラーの著作に出会った1868年という重要な年に注目する数少ない人物であるため、ここで言及しなくてはならない。

ジョーンズは、マウラーに対しても、マルクスによる彼の著作の受容に対しても否定的である。ジョーンズの意図は、フュステル・ド・クーランジュが『土地所有の起源』（1889年）でマウラーに反論したことを重視しているところからも明らかである。クーランジュはマウラーのロマン主義的で、ナショナリスト的なゲルマン民族の理想化を否定した。その批判によれば、マウラーの著作は実証研究に基づかず、主に「古典または聖書」に依拠した――マウラーの議論の多くは、カエサルの『ガリア戦争』とタキトゥスの『ゲルマニア』に拠っている――史実とフィクションを混同したものであり、そのような研究方法は、「マルクスが亡くなった時には時代遅れになっていた」(Jones 2016: 592) というのである〔19〕。

つまり、マルクスがマウラーやルイス・H・モーガンの「時代遅れ」の著作に惹かれたのは、若き日に詩人になることを夢見たときのような「ロマン主義」が1870年代、特にパリ・コミューンの流血の敗北後に西欧で革命の潮が引くにつれ復活を遂げたことを示唆しているというのだ。農耕共同体への関心という「19世紀の幻想」(Jones 2016: 568) を反映したマルクスの「ロマン主義的」な結論は、今日ではもはや受け入れられないとジョーンズは結論付ける。要するに、非西欧社会や前資本主義社会に関するマルクスの分析は、他者を物神化するノスタルジックで、オリエンタリズム的なフィクションにほかならないと言うのである。

だが、ここで疑問が生じる。非西欧社会に革命の可能性を求めるのは、本当に、年寄りのノスタルジックな「ロマン主義」に過ぎないのだろうか。そもそも、この種の批判は新しいものではない。先に見たように、多くの研究者は、年老いたマルクスが重病のために知的能力を失い、西欧における革命の希望を失ったと主張してきたからである。もう1つE・H・カーの発言を引用しよう。「しかし、彼の人生の最後の10年間で論じておくべきものはほとんどない。それは衰退の時期であり、ますます不健康で無能力になっていく時期なのだ」(Carr 1934: 279)。

それに対して、エリック・ホブズボームは、晩期マルクスについてのこのような反動的な性格付けの危険性をすでに半世紀前に強調している。「老いたマルクスが若い頃の革命的熱意のいくばくかを失ったという見解は、彼の理論に対する好意を持ちながらも、マルクス主義の革命的実践を放棄したい評論家の間で常に人気がある」(Hobsbawm 1964: 50)。要するに、マルクスを19世紀の理論と歴史に閉じ込めて脱政治化し、現代への実践的な示唆を与えないようにすることは、学術的言説のなかでマルクスの思想を安全に取り扱うための典型的な方法なのである。

マルクスがロマン主義に後退したというジョーンズの主張が説得力を持つとしたら、それは、晩期マルクスがミール共同体を誤って理想化した場合だけだろう。だが、これは明らかに事実ではない。まず、ロシア社会についての研究は、マウラーの研究よりも後の世代による実証的な分析を含む、コヴァレフスキーらロシア人によるさまざまな一次研究に基づいており、マルクスはしばしば貧困と不自由を伴うこれらの共同体が資本主義の侵入に直面して急速に崩壊していることを冷静に認識していた[20]。

第二に、資本主義の周縁部においてこそ、その矛盾がより明確になるとき、ロシアにおける社会革命の可能性をその特殊性に注目しながら真剣に研究することは何ら「ロマン主義」ではない。むしろそれは、革命家として当然のことだ。

最後に、パリ・コミューンの崩壊によって西欧社会の革命の希望が弱まる以前から、資本主義の中核部における革命運動だけでは資本主義を打倒することはできないことをマルクスは明確に強調していた。先に見たように、1869年のマルクスは、アイルランド人民が解放されたときにのみイングランドの革命が起こりうると論じていたのである。それゆえ、1870年代から1880年代にかけての非西欧社会との関わりは、西欧の厳しい現実への失望と本人の病気からだけで説明することはできない。

しかし、アンダーソン（K. Anderson 2010）のようにマルクスが単線的な歴史観から複線的な歴史観に転換したと主張することで、ジョーンズの批判に応えるのでは不十分である。ジョーンズはその点を必ずしも否定しているわけではないからだ。そのうえで、非西欧に革命の希望を見出そうとする動きそのものをロマン主義の一形態として退けているのである。加えて、晩期マルクスがロシア革命の可能性に対して態度を大きく変えたという主張も、数十年前にすでに和田春樹（１９７５）やテオドール・シャニン（Shanin 1983）が指摘しており、ＭＥＧＡを使っているという点を除けば、それほど新しいものではない。

そもそも、マルクスはすでに１８５０年代後半にさまざまな非西欧社会を研究しており、その後、反植民地主義と奴隷制廃止主義の立場を強めていった（Ghosh 1984）。この事実を考慮すると、そこから20年以上の歳月を経たマルクスの最終的な理論的立場が非ヨーロッパ中心主義で複線的な歴史観の獲得であると結論づけることは、彼の知的能力を過小評価しているのではないか。そして、このような過小評価こそ、マルクスが１８６８年以降に大した成果を上げていないという印象を強め、ジョーンズの批判に説得力を与えてしまうのである。

それゆえ、ジョーンズに反論するためには、晩期マルクスの議論からもっと積極的なものを取り出す必要がある。マルクスがそれまでの単線的な歴史観を放棄したことを示すだけでは不十分なのだ。だから、ザスーリチへの手紙に示された新しい理論的射程が、ジョーンズやアンダーソンが想定しているものよりも広いことを示さなくてはならない。実際、この新しい射程を適切に把握することに成功すれば、マルクスの「ロマン主義」に対するジョーンズの批判は些細なものに見えるだろう。なぜならば、ジョーンズが自らの解釈のために支払わなければならない代償の方がずっと大きいからである。１８６８年以降の晩期マルクスの理論的取り組みの革命的性格を完全に否定してしまうことで、ジョーンズは晩期マルクスのポスト資本主義像を認識できなくなっているからだ。

また、アンダーソンがマルクス主義の古いドグマを断固として否定したとしても、彼の議論全体がヨーロッパ中心主義／ポストコロニアルと単線的歴史観／複線的歴史観の二項対立を軸に展開していることは否定できないだろう。その意味で、そうした晩期マルクス解釈は史的唯物論という伝統的なパラダイムに未だに囚われており、そのことがアンダーソンの議論の幅を狭めている。誤解を恐れずに言えば、マルクスの第一の関心は歴史法則を確立することではなかった。言い換えれば、前資本主義社会や非西欧社会への取り組みにおけるマルクスの主な理論的課題は、彼の法則の普遍性を検証することではなかったということだ。「鉄の法則」としての史的唯物論の考え方は、彼の死後、エンゲルスらによって強化されたにすぎない。だから、これまでの史的唯物論のパラダイムを放棄することで、1880年代のマルクスのプロジェクトにとって何が本当に問題であったかを初めて明らかにすることができる。だが、そのためには、史的唯物論のコインの裏表、つまり、ヨーロッパ中心主義と生産力主義の両方に挑まなくてはならないのだ。

マルクスの抜粋ノートに関するアンダーソンの画期的な研究の結論がある程度予測できるものであり、ジョーンズの応答がステレオタイプのマルクス批判を繰り返しているとすれば、それは彼らがマルクスの史的唯物論の一方の面、すなわち「ヨーロッパ中心主義」だけを扱い、他方の面、すなわち「生産力主義」を無視しているからである[21]。当然のことながら、晩期マルクスの理論的射程を明らかにしようとするのであれば、より統合的なアプローチが求められるのである。

これこそが決定的なポイントだ。つまり、ヨーロッパ中心主義と生産力主義の両方の問題に目を向けることによってのみ、晩期マルクスのまったく新しい解釈が浮かび上がってくる。その際に問題となるのは、コミュニズムへの道が複数になっただけではない。むしろ重要なのはマルクスが1880年代にそれまでの理論的欠陥や史的唯物論の一面性を意識的に反省した結果、コミュニズムに対する考え方そのものが大きく変化したという事実である。コミュニズムの樹立がマルクスの生涯を通じての最重要課題であったことは周知の通りだが、将来社会という問題は、これまでの文献ではザスーリチへの手紙との関連で論じられたことはなかった。けれども、1881年のマルクスはこの機会を利用して、農耕共同体の集中的な研究を通じて学んだことに基づいて、ポスト資本主義社会の展望も定式化しているのである[22]。まさにこれこそが先行研究によって見逃されてきた点なのだ。

マルクスが晩年にコミュニズムに対する考え方を変化させた可能性は、『資本論』第二巻と第三巻の出版が大幅に遅れた事実にも示唆されている。エンゲルスが一刻も早い完成を強く望んだにもかかわらず、マルクスは自然科学と前資本主義社会についての研究にこだわった。けれども、マルクスが『資本論』を完成させずに、どうしてこれらのテーマに多くの時間を費やしたのかは、長い間謎のままであった。あたかも、プレッシャーと体調の悪化に苦しんだマルクスが、『資本論』の執筆という苦しい仕事から逃げ出したかのようにも見える。

例えば、ルド・カイバースは、マルクスの「一貫性のない」関心について否定的な評価をくだしている。「マルクスの完璧主義は知識に対する広範で一見すると一貫性のない関心と結びついており――これは1870年代に彼がロシア語、数学、地質学、民族学などを研究したことも説明できる――、『資本論』を未完成のままにしておくことに大いに貢献したのであろう」(Cuyvers 2020: 33)。しかし、カイバースの主張は、1870年代のノートの内容を検討していない以上、説得力に欠ける。これに対して、以下では、マルクスは深刻な健康状態にもかかわらず、知的能力と情熱を失ったわけではなく、『資本論』を完成させるためにこそ新しい領域を研究したことを示していきたい[23]。

この謎を解くヒントはやはり、マルクスの経済学体系の理論的支柱としての物質代謝論にある。つまり、マルクスが物質代謝論を深めていく過程で、自然科学や前資本主義社会・非西欧社会への集中的な取り組みが不可欠になったのである。だからこそ、非西欧社会・前資本主義社会の問題を、共同所有、農業、労働といった観点から扱うだけでは十分ではない。

そもそも、農業こそ、資本主義における「掠奪」と「物質代謝の亀裂」がもっともはっきりと現れる領域であった。だとすれば、マルクスの非西欧社会に関する研究で問題になっているのは、たんに植民地支配による共同所有の解消にとどまらない。むしろ、それはエコロジカルな意味合いを持つのである。というのも、植民地支配や市場拡大による中核部と周縁部とのあいだの不等価交換が掠奪を国境を越えて広めていく。資本の生産力の発展が掠奪を増幅し、地球規模で物質代謝の亀裂を深めていく、これこそリービッヒが警告していた近代の矛盾であった。

だが、それと同時に、マルクスはより持続可能な生産方法についての考察を深めようとした。その際に、前資本主義社会と非西欧社会における人間と自然との物質代謝が、資本主義とはまったく異なるやり方で取り仕切られている点にマルクスは着目した。マルクスは、それが共同体の長期にわたる生命力の源泉だと考えるようになる。要するに、その生命力の根底には、持続可能性の問題があるということにマルクスは気がついていたのである。

このように「物質代謝」という概念を手がかりにすると、この二つの研究分野が互いに密接に関連している可能性が浮かび上がってくる。実際、晩期マルクスが前資本主義社会と非西欧社会の研究を始めた理由を思い出せばいい。マルクスは、１８６８年初頭にフラースの環境研究を読んで触発され、マウラーのゲルマン共同体に関する分析に取り掛かる。ゲルマンの「マルク協働体 Markgenossenschaft」とその持続可能な農業に関するフラースの議論が、マウラーの分析に依拠していたからだ。つまり、環境と前資本主義社会の問題は、マルクスのなかで最初からつながっているのである。けれども、「マルクスのエコロジー」は長きにわたって否認されてきたために、自然科学研究と前資本主義社会の研究が合わせて論じられることはなかったのだった。

もちろん、マルクスは、フラースを読む以前から環境への関心を持っていた。だが、フラースの著作を読むことでその射程が拡張され、過剰な森林伐採に対するフラースの批判に「社会主義的傾向」を見出しただけでなく、前資本主義社会における物質代謝の具体的あり方にも、エコロジカルな観点からより注意を払うようになったのである[24]。そして、これらの社会における協同的生産とそれに対応する共同所有が、より持続可能な形での人間と環境の物質代謝に関係していることを認識したのだ。実際、マルクスは、マウラーがゲルマン共同体におけるラディカルな「平等主義」に言及しているところにも、フラースと同じ「社会主義的な傾向」を見出している。

第二の反動――そしてそれは社会主義的な傾向に対応している、といっても、かの学者たちは自分たちがこの傾向と関連があるとは夢にも思ってはいないのだが――、この反動は、中世を越えて遠く各民族の原始時代を見つめる、ということだ。それからそこで彼らは、最古のもののなかに最新のものを見いだして、しかもプルードンもそのまえでは身ぶるいするであろうほどの平等主義をさえも見いだして、驚いているのだ。(『全集』第三二巻、43－44頁)

マウラーもフラースも同じ「社会主義的傾向」を持っていると特徴づけることで、マルクスは持続可能性と社会的平等の関連性を暗に示していた。しかし、両者は具体的にどのように関連しているのだろうか。マウラーからの抜粋ノートにその関連を知るためのヒントがある。

マウラーによれば、マルク協働体は遊牧生活から農耕生活への過渡期にある［25］。マルクの基礎として私的所有の存在を主張したユストゥス・メーザーとは対照的に、マウラーはゲルマン的所有形態が根本的に共同体的性格を持っていることを強調している。この点について、マルクスはノートに以下のように記録している。

> 協働的紐帯をいっさい欠く個別ホーフなど最初は存在しなかったのである。親族協同体および部族協同体はむしろ定住が確立する以前から存在していたし、それらはすでにそのような協同体として定住したのであり、定住後に初めて協同体が生み出されたのではない。（MEGA IV/18: 544; 強調原文）

ゲルマン民族は土地を共同所有として扱っており、一個人に帰属するものではなかった。ゲルマン民族は少数の手に富が集中することなくその果実が平等に分配されるように、土地の配分を注意深く定期的に行っていたのである。

> 分割されない耕地マルク。耕地マルクのうち、耕作可能であり、さしあたり、各構成員の扶養のために必要とされる限りでのみ、分割されたのだった。残りのすべての耕作に適していないか、現状では

耕作する必要がない土地は分割されない共同体に残された。そこには、さしあたり、森林、牧草地、荒地、沼地などが含まれていた（84頁）。ガリアやその他の征服された地域においても、すでに耕作、栽培されている土地のみが分配に処された。それに対して、そのような地域においてさえも、多くの耕地や森林（silvia indivisa, silva communis）などは分割されない共同体に残された。（87頁）（MEGA IV/18: 544; 強調原文）

マルクスは、マウラーの『序説』の一節を注意深くたどりながら、マルク協働体が放牧用の共有牧草地を確保していたことだけでなく、メンバー間の土地割り当てに「籤引き」を導入していた事実にも注意を払っている。

これらの共同体のすべてにおいて、村落マルクは、庭、耕地、牧草地、牧場および森林の全体とともに、ユリウス・カエサルの時代からすでにそうであったように、共同体構成員の分割されない共有物として存在していた。個々人は、共有マルクスが分配された場合には、一定の年限を限ってそれにたいする自分の持ち分を受け取ったが、しかしそれはあくまで共有マルクの耕作と利用にたいする持ち分にすぎなかった。庭、耕地および牧草地にたいする各人の持ち分がそれぞれに割り当てられた。こうした持ち分の全体は、籤割り地と呼ばれた。個別利用のために定められた年限が経過すると、持ち分全体が再び共同体に返却され、その後再び、測量され、再度、個々人に分配された。牧草地は共同で使用された。森林の収穫物から共同体の必要や支出を賄った後、残った部分はすべての構成員のあ

いだに、彼らに割り与えられた籤割り地に比例して分配されたのだ。(6、7頁)(MEGA IV/18: 545)

籤引きは、富の集中によってメンバー間に支配と従属の関係が形成されるのを防ぐための有効な手段であった。このような土地の共有は、古代ローマにおける奴隷労働を伴う大規模な土地所有制度であるラティフンディウムとは対照をなすが、マウラーによれば、ローマ法の影響下でマルクにおいてもこの籤引き制度が次第に私的所有制度に取って代わられていったという(Maurer 1865: 98)。

マルクの土地は誰のものでもない。そのことが、特定の個人が土地を任意に使用したり、その生産物を販売したりすることを防いでいた。マウラーは、フラースが『農業危機とその治癒手段』で言及した『村落制度史』の一節で、マルク協働体の閉鎖的な性格を記している。

村落マルクから木材を持ち出したり、マルクの外部へと販売することは、自由な共同体においても同様に禁止されていた。〔…〕同じ理由から、家屋、納屋、倉庫やほかの建物も村落マルクから売却することは許されなかった。〔…〕同様の禁止令は、肥料、堆肥、藁、干草やその他の飼料、さらには、篝やその他の村落マルクスの生産物についても適用されている。〔…〕最後に、村落マルクで獲られた魚や甲殻類の販売についても同様である。〔…〕同じやりかたで、村落マルクで育てられた果実や動物は、可能な限り、マルク内で消費されるか、生産物は少なくともそこで加工されるべきであった。〔…〕同じ理由から、村落マルクで肥育された豚は、村落の外部で販売してはならない。〔…〕したがって、マルクで栽培された作物やワインもマルク内で挽き、焼き、食べ、飲まれるべきであった。その結果、

多くの村落マルクでは、様々な罰令権が生じた。（Maurer 1865: 313-16）〔26〕

リービッヒの議論を知っていれば、このような土地に対する共同体の規制が土壌養分の循環を保証し、「充足律」を守ることで持続可能な農業を実現したことにすぐに気が付くはずだ。だからこそ、フラースはマウラーの分析に基づき、「最初のゲルマン人の村落の形成はすでに」土壌の掠奪ではなく、「常に地力の増大の必要性の法則に従った」と結論付けたのだ（Fraas 1866: 209）。このように、マウラーとフラースは、共同体の規制が持続可能性と社会的平等の両原理に基づいて実際に成り立っていると考えたのである。リービッヒの議論に親しんでいたマルクスがこの点を見逃したはずがない。むしろ、１８６８年3月にマルクスがマウラーとフラースからの抜粋を作成した理由は、まさにこの2つの側面が密接に結びついていたからだと考えるのが自然だろう。

事実、マルクスがフラースとマウラーを同じ「社会主義的傾向」で特徴づけていることは、彼の社会主義のプロジェクトにとって「社会的平等」と「持続可能性」が中心的テーマであることを示している。両者の連関を把握することは、晩期マルクスの議論を理解する上で不可欠である。たしかにマルクスは、フラースやマウラーを読む以前に、前資本主義的共同体が現代社会よりも平等主義的であることを十分に認識していた。『資本論』は原始共同体社会を「自然発生的なコミュニズム」（『資本論』第三巻、１０６５頁）として特徴づけているのだ。だが、当時のマルクスはまだ、そのエコロジカルな側面を十分に考慮せず、その排他的で固定的な性格をしばしば否定的に捉えていた。それに対して、１８６８年以降、彼が「自然発生的なコミュニズム」を再評価したのは、環境問題に対する意識の深まりと関係があるのであり、その傾向は１８８０－８

1年にモーガンの「生活のなかのコミュニズム」に注目するまで、ずっと続いたのだ[27]。

先にも引用したようにマルクスは、1868年3月の手紙の中で、「最古のもののなかに最新のものを見いだし」(『全集』第三二巻、44頁)たことへの驚きをエンゲルスに記している。ジョーンズにとっては、これはたんにマルクスのロマン主義の発露にすぎない。だが、この発言は1868年になされたものである。なぜマルクスは『資本論』第一巻の出版からわずか数ヵ月後に突然「ロマン主義」に陥ったのだろうか。自分の主著が出版されたばかりで、マルクスは社会主義革命の可能性に相当な情熱を燃やしていたに違いない。

ここで持続可能性と社会的平等の相互連関性に注目すると、まったく違う話が浮かび上がってくる。1868年以降にマルクスが前資本主義社会と自然科学を同時に研究することの必然性が判明するからである。このように考えると、マルクスは1870年代にロシアの農耕共同体を研究した際に、「最古のもののなかに最新のものを見いだして」再び驚いたに違いない。実際、マルクスは1876年にマウラーの『序説』と他の2冊の著書を再読し、抜粋を作成している。

ザスーリチへの手紙の「第三草稿」で、マルクスは再びマウラーに言及し、1868年3月の手紙で指摘したマルクス協働体の安定的性格について、同じ点を繰り返している。

しかしながら、もっと重要なことは、この「農耕共同体」が、それから生まれでた新しい共同体にきわめてはっきりと刻印を押していることが見られ、そのため、マウラーは、後者の意味を読みとくことによって前者を復元することができたほどだということである。この新しい共同体——耕地は耕作者の私的所有となっているが、同時にまた森林や牧地や荒蕪地などは依然として共同体的所有のままになっているこの共同体は、ゲルマン人によって、その征服したすべての国々に導入された。自己の原型から受けついだ諸特質のおかげで、この共同体は、全中世をつうじて自由と人民生活の唯一のかまどとなっていた。（『全集』第一九巻、405頁、強調原文）

農耕共同体の「自然の生命力」は非常に強く、他の共同体が戦争や侵略によって崩壊し消滅したのに対し、農耕共同体はドイツでもマルクスの時代まで「新しい共同体」として長く存続した[28]。ロシアでは農耕共同体はより強固に存在したので、それを社会主義革命の基盤として活用できるというわけだ。

しかし、これは話の一部分に過ぎないことに注意しなければならない。ザスーリチが突然ロシアの革命について尋ねてきたので、マルクスは「純粋理論からロシアの現実へ降りていく」（『全集』第一九巻、394頁）ことを余儀なくされ、手紙でロシア革命の道筋についての見解を述べた。しかし、マルクスは単にロシアの共同体を研究していたわけではなく、非西欧の「自然の生命力」を西欧の革命のためにどのように活用できるかというより一般的な問題に関心を持っていたはずだ。マルクスが西欧の革命家である以上、農村共同体や自然科学に長く取り組んだ主目的は、非西欧的共同体の革命的ポテンシャルそのものではなく、むしろそれらが西欧の資本主義にとって持つ意味であったと言っても過言ではないだろう。このことは、マルクスのザスーリチへの手紙にも暗示されている。

先に述べたように、マルクスは1860年代に入ってから、資本主義的発展がもたらした自然環境の劣化や周縁部からの掠奪を前にして、それまでの楽観的な理論枠組みを再考するよう迫られた。「物質代謝の亀裂」は、資本主義による共同体的生産・所有の破壊が生み出す「自然の生命力」の劣化の現れにほかならないのだ。この意味で、プロレタリアートの形成と環境破壊の問題は同根である(第七章)。この関連に気がついたマルクスは、「より高い」生産力を持つ西欧が、非西欧社会や前資本主義社会よりも本当に優れているのかどうかを疑うようになっていく。

マルクスがザスーリチ宛の手紙のなかで、前資本主義的共同体の「経済的優位性」を認めているのは、この疑念の表明にほかならない。例えば、マルク協働体の生産力が西欧資本主義社会よりはるかに低いとしても、自然との物質代謝的相互作用をはるかに意識的に制御し、社会的平等と土壌の肥沃度を同時に確保していたという点で、そちらの方が優れているのである。事実、これこそが共同体を長く持続させる「自然の生命力」の源であった。さらに、「資本の生産力」はポスト資本主義社会の基盤を提供しない以上、マルクスは、西欧社会はこれらの農耕共同体から物質代謝を組織する別の方法を学ぶ必要があると考えるようになっていったのだ。まさにこうした態度の転換こそ、晩年のマルクスがそれ以前の西欧中心主義から完全に決別したことを示しているのである。

こうして、マルクスの西欧資本主義の分析とコミュニズムの展望は、晩年に大きく変化していく。ザスーリチへの手紙で、マルクスが西欧における資本主義の「危機」を指摘した一節にも、この理論的修正が見て取れる。

> 現在、資本主義制度は西ヨーロッパにおいても合衆国においても、労働者大衆とも科学とも、またこの制度の生みだす生産諸力そのものとも、闘争状態にあるのを、一言でいえば、それが危機のうちにある[…]。(『全集』第一九巻、393頁)

注目すべきは、マルクスが資本主義の「闘争状態」と「危機」を労働者階級の運動との関係だけでなく、「科学」と「生産諸力」との関係でも論じている点である。この点について、伝統的なマルクス・レーニン主義では、科学と技術のさらなる発展が最終的に資本主義を吹き飛ばし、危機を終結させる、という生産力主義的な解釈が行われてきた。しかし、『資本論』以降の環境への関心の深まりを考えると、この一節のプロメテウス主義的な読み方には整合性がない。

ところが、生産力主義の批判者としてのマルクスの視点からこの一節を読むと、その意味は正反対になる。資本主義が永続的な「危機」の渦中にあるのは、資本主義が持続可能な生産力の維持・発展の障害になっているという「科学」からの厳しい批判にさらされているからなのだ。例えば、リービッヒとフラースは、資本主義のもとでの新しい技術の発展は自然からの掠奪を強化するだけだと主張した。自然科学がこのような資本主義の目的に奉仕させられると必然的に搾取的で浪費的になる。資本主義の持続不可能性は、リービッヒとフラースが使う意味での近代科学の「合理的」な適用とはほど遠い。彼らは自然を服従させ、操作するという近代プロメテウス主義のプロジェクトの失敗を明らかにし、資本主義の正当性に疑問を投げかけたのである。

地球は共有財であり、この地球の独占による不合理な扱いは容認できないとマルクスも考えていた。「資本主義的生産の全精神が直接眼前の金もうけに向けられているということ、このようなことは、互いにつながっている何代もの人間の恒常的な生活条件の全体をまかなわなければならない農業とは矛盾している」(『資本論』第三巻、798頁)。資本主義の私的所有制度は、個人による共有財の恣意的な使用を正当化する。しかも、アトム化された個人の利己的な悪い振る舞いがもたらす損害は外部化されて、社会全体に不均等な形で波及する。これに対してマルクスは、「アソシエートした生産者が、人間と自然の物質代謝を合理的に規制する」(『資本論』第三巻、1051頁)ことを要求した。ここでの「合理性」の要求は、用語選択も含めて、リービッヒやフラースのやり方とまったく同じであり、未来に向けた持続可能性を意味する。こうした科学の批判が資本主義の正当性の危機を増幅させたのである。

では、この危機はどのように終結するのだろうか。マルクスは手紙の「第一草稿」で、資本主義の危機は「資本主義制度の消滅によって終結し、また、近代社会が集団的な所有および生産の「原古的な」型のより高次な形態へと復帰することによって終結するであろう」(『全集』第一九巻、393頁、強調筆者)と続けて主張している。ここでもまた、「最新のものは最古のもの」なのだ。つまり、マルクスは可能な限り資本主義の発展を推し進めた先にコミュニズムが樹立されると主張したのではない。驚くべきことに、西欧が前資本主義社会に「復帰する」必要があると主張したのである。これはジョーンズが批判するように、老マルクスのロマン主義の発露なのだろうか。原古的な型のより高次な形態に「復帰する」ために、西欧が非西欧社会から、いったいどのような原理を取り込む必要があるのだろうか。

私たちは、いよいよ晩期マルクスの理論的核心に迫っている。先に見たように、マルクスは1870年代に持続可能性と社会的平等の結びつきについて思索した後、ザスーリチからの問いかけをきっかけとして、西欧やアメリカにおける人間の自然との物質代謝を「合理的に規制する」可能性を定式化しようとした。その際、マルクスは「資本の生産力」がもたらす環境的破局を理由に、西欧社会が優れているという前提を修正した。それに合わせて、将来社会においても、西欧社会が原古的な共同体の優れた要素を復活させることを求めるようになったのだ。つまりザスーリチへの手紙で本当に重要なのは、歴史的経過の「複線化」や「ヨーロッパの地方化」ではなく、マルクスが西欧型コミュニズムの展望そのものを大きく変更した点なのである。

「より高次な形態へと復帰する」という表現は、ルイス・H・モーガンの『古代社会』の影響を受けている。モーガンは、近代西欧社会の主目的が「生涯の財産だけ mere property career」になってしまったと批判している。そして彼はまた、自由、平等、友愛を「より高次の形態」で再生させるために、民主的な共同体生活へ立ち戻ることを主張したのだ。マルクスは次の一節をノートに記録している。

> しかし、人間の知性が財産を支配するようになる時が来るだろう〔…〕。人類の最終的な運命は、生涯の財産だけ mere property career ではない。文明が始まってから過ぎ去った時間は、人間存在の過ぎ去った期間の断片（しかも非常に小さい）に過ぎず、まだ来ていない時代の断片に過ぎない。社会の解体は、財産が目的であり目標である生涯 career の終了となるのが妥当である。なぜならば、そのような生涯 career は自己破壊の要素を含んでいるからである〔…〕。それ（社会のより高次な計画）は、古代ゲンスの自由、平等、友愛を、より高次の形態で復活させるものである。（『全集』補巻四、319－320頁、強調原文）

モーガンは、この高次の社会のあり方を詳細に展開したわけではないが、資本主義社会との対比で、「生活のなかのコミュニズム」という言葉を繰り返し使用した。それがマルクスの注意をひいたことは疑いようがない。特にイロコイ連邦の対偶婚を取り上げた際に、マルクスが、ロシアの農耕共同体との類似性について括弧書きでコメントを加えていた点は注目に値する。

> 生活のなかのコミュニズムは、血縁家族の必要性に端を発し、プナルア婚で継続され、アメリカ先住民のもとでの対偶婚に伝えられ、その先住民が発見される時代まで慣習として残ったようだ――（南スラヴ人も？　またある程度はロシア人さえ？）（『全集』補巻四、285頁、強調原文）

マルクスは別の箇所でも再び括弧付きのコメントを挿入して同じ点を繰り返しており、その際にはかつては否定的だった1861年のロシアの農奴制廃止に関するハクストハウゼンの分析から影響を受けている。

> ［南スラヴ人のように、そしてある程度は、農奴解放前後のロシアの農民のように］共同的家庭を形成し、生活のなかでのコミュニズムの原則が実践された。この事実は、単独で生活上の苦難に立ち向かうには、家族はあまりにも弱々しい組織であったことを証明している（『全集』補巻四、285頁、強調原文）

自然環境の厳しさに迫られたロシア人は、「万人の万人に対する闘争」に基づくダーウィン的な自然淘汰のモデルではなく、後にピョートル・クロポトキンが提唱したような相互扶助に頼らなければならなかった。それこそが、「生活のなかのコミュニズム」の自然的基盤だったのである。

土地や財産の共同体的規制を通じて、「生活のなかのコミュニズム」は基本的に毎年同じ生産を繰り返した。つまり、その長く続く伝統的な生産方法は経済成長のない定常循環型経済を実現していたわけだが、かつてのマルクスはそのような経済のあり方を歴史のない原始社会の停滞だと断じたのだった。もちろん、このような農耕共同体の定常型経済の原理は、終わりなき資本蓄積と経済成長を追い求める資本主義とは根本的に異なるものである。

マルクスはこの違いを意識しながら、モーガンの『古代社会』におけるカエサルのゲルマン共同体に関する記述に注目している。

彼らは農耕には熱心でない。そしてその食料の大部分は乳とチーズと肉から成っている。しかも、だれも決まった大きさの耕地や、自分の地所をもってはおらず、役職者たちや首長たちが、毎年、一つに結合した氏族や、同族者に、適当な場所に、適当な大きさの耕地を割り当てるのであって、しかもその翌年には別のところへ移動させるのである。これについては多くの理由が挙げられている。すなわち、不断の慣習にとらわれて、戦争への熱意を耕作のいとなみと取りかえることのないようにとか、広い地所の獲得に熱中して、有力者が弱小な人々をその保有地から駆逐することのないようにとか、寒さやまた暑さを避けようとして、あまりにも念入りに建築をすることのないようにとか、党争や不和を生みだすもとである金銭欲が起こらないようにとか、自分が財産の点で最も有力な者と等しくされているのを見て、平民が心の安らかさをたもつようにとかの理由である。(『全集』補巻四、473頁、強調原文)[29]

社会の再生産には共同体の規制と制限が強くかかっていて、技術が「持続的 persistent」であったため、生産力の発展は非常に遅かった。マルクスは次のように記録している。「未開人が生活を維持するための術は驚くほど持続的である」(Krader 1974: 143)。しかし、生産力の水準が低く、経済が定常的であったのは、その人々が「野蛮」で科学に「無知」であったからではない。引用文中にあるように、生産力を高める可能性や長時間労働をする可能性があったとしても、これらの共同体は意図的にそうするのを避けたのである。定常状態を維持することで、支配と従属の関係を生み出す権力と富の集中を防いでいたのだ(Clastres 1989)。

こうした議論を展開していたのは、モーガンだけでない。ハクストハウゼンもロシアの農耕共同体を既存のコミュニズムと比較している。

> サン・シモンの教えは、私的所有と相続権(少なくとも土地の相続)の廃絶と放棄である。〔…〕ロシアでは、そのような制度が現実にある。〔…〕このことからわかるのは、ロシアは、今この瞬間にヨーロッパを脅かしている革命的傾向、つまり、困窮、プロレタリアート、コミュニズムや社会主義の教条を恐れる必要はないということだ。というのも、ロシアはそのような方向に向けて、現存する組織を呈示しているからである。(Haxthausen 1842: 154-6)

ここでも、西欧とロシアのあいだにある共時性が時間を「脱臼」させて、西欧がすでに失ったものが、現在の矛盾を克服するためのヒントになっている。そのような発想はサン・シモンだけでなく、オーウェンやフーリエの協同組合的な社会主義にも見られる当時の一つの傾向性であった。

しかし、1870年代にマルクスがハクストハウゼンについての評価を改めるようになったのは、ナロードニキの創始者の一人とされるチェルヌイシェフスキーから強い影響を受けたからである。チェルヌイシェフスキーは、ロシアの共同体を基盤とした社会主義革命を唱えていたが、その際に、ゲルツェンのようなスラブ主義者のように、共同体をスラブ精神の体現として理想視するロマン主義を採用しなかった。むしろ、チェルヌイシェフスキーは、共同体が解体された西欧資本主義における労働者階級の惨状を前にして、ロシアに資本主義が侵入しつつある時代に、その共同体の重要性を擁護したのである。

しかも、この共同体は、西欧で現れている「新しい志向」としての社会主義運動と呼応する。だからこそ、ロシアの伝統的な共同体は西欧資本主義の果実を取り入れつつ、他方で、西欧の社会主義運動は共同体的生産から学ぶことで、新しい未来を切り拓けると訴えたのだ。

「共同体的所有に対する哲学的偏見の批判」において、チェルヌイシェフスキーは次のように述べている。

いたるところで、発展の最高段階は、形態的には発展の中間段階で対立した形態と交代したところの原始的形態への復帰であり、いたるところで、内容の非常に強力な発展は、内容のあまり強力でない発展によって放棄されたところのまさにその形態の復活に導く。（チェルヌイシェフスキー1983、92頁）

ザスーリチへの手紙を踏まえれば、チェルヌイシェフスキーの理論は明快だろう。晩年のマルクスの議論は、チェルヌイシェフスキーの革命論からかなり強い影響を受けて、展開されているのである［30］。

以上のことを考えれば、ザスーリチへの手紙でマルクスが原古的な型へ立ち戻ることを呼びかけたのは、決して無頓着な気まぐれではないことがわかるだろう。1880年代までにマルクスは、経済成長を伴わない共同体の持続的な安定こそが、人間と自然の持続可能平等主義的な物質代謝的相互作用を実現するための基盤であることを認識していたのだ。これは、マルクスが1850年代、さらには『資本論』第一巻においてそれまでアジアの共同体の定常性と不変性に否定的な発言をしていたのと比較すれば、大きな立場の転換である[31]。

このように、自然科学と共同体という一見無関係に見える2つの研究分野が密接に絡み合いながら、マルクスはそれまでの史的唯物論を放棄する。そして、14年間の研究の末、定常型経済に基づく持続可能性と平等が資本主義に抵抗する力の源泉であり、だからこそロシアの共同体が資本主義の段階を飛び越えてコミュニズムに到達しても何ら不思議ではないという結論を出したのだ。さらに、西欧社会が資本主義の危機を解決するために原古的な型のより高次な形態に意識的に「復帰する」のが必要なのも、定常型経済のもとでの持続可能性と平等を実現するためである。この意味で、マルクスのポスト資本主義の最終展望は脱成長コミュニズムなのである。

非資本主義社会へ「復帰する」ことを求める脱成長コミュニズムは、西欧社会が非西欧社会から学び、定常型経済の新しい原理を組み込むことを要求する。だが、マルクスの生産力主義の否定は「田園的生活への回帰」というロマン主義ではない。むしろ、マルクスはチェルヌイシェフスキーにならって、ロシアの共同体も資本主義的発展の積極的な果実を吸収しなければならないと繰り返し述べている。同様に、「資本の生産力」をさらに発展させてもポスト資本主義社会の樹立にはつながらないとしても、西欧はこれまでの自らの発展の成果をすべて放棄すべきではない。そのうえで、資本主義的発展の果実と非西欧社会における定常型経済の原理の組み合わせこそが、西欧社会が原古的な共同体の「高次な形態」としてのコミュニズムへの飛躍を可能にするのだ。「生活のなかのコミュニズム」を「脱成長コミュニズム」として復活させることは、20世紀における伝統的マルクス主義の生産力主義とはまったく異なる新しいコミュニズムへの道を切り開くのである。

脱成長コミュニズムの考え方が若きマルクスのプロメテウス主義の対極にあるのは自明だろう。だが、リービッヒの掠奪農業批判を受け入れて『資本論』で提唱した環境社会主義の立場とも同一ではない。環境社会主義は、資本主義的生産が克服されれば持続可能な経済成長をさらに追求できるという可能性を排除しないからだ。それに対して、脱成長コミュニズムは社会主義においても、無限の経済成長は持続可能ではなく、望ましいものでもないと主張する。それは、社会的物質代謝がさまざまな資源やエネルギーのフローからなることを考えれば、本来、自明のことである。

したがって、脱成長コミュニズムはエンゲルスのポスト資本主義の構想とも異なる。エンゲルスは、資本主義が克服されれば、社会主義が労働者階級のために生産力を完全に解放するだろうと信じていた。社会主義は、「生産力が不断に、たえず速度をくわえつつ発展してゆく〔こと〕〔…〕また生産そのものが実際上無制限に上昇してゆく」(『全集』第二〇巻、291頁、強調筆者)ことを実現するとされたのだ。これに対して、1881年にマルクスは、無限の成長の支持から距離を置き、「生活のなかのコミュニズム」という原理に基づく社会的平等と持続可能な生産の必要性を指摘した。この大転換はアルチュセール的な意味での「認識論的切断」(Althusser 2005)に匹敵するものである。

マルクスは生産力主義とヨーロッパ中心主義を完全に放棄して初めて、定常型経済の原理を未来社会の基盤として完全に組み込むことができた。脱成長コミュニズムは、マルクスがナロードニキを熱烈に支持していたことを考えれば、決して恣意的な解釈ではない。そもそも、あたかも人間の経済活動に実質的な限界がないかのような「無限の成長」という考え方が支配的になるのは、20世紀の発明である（Schmelzer 2017）。それに対して、19世紀には、将来の技術革新に対する楽観的な論調の裏では、むしろ無限の成長の不可能性がいつも痛切に感じられていたのである。

例えば、リカードやマルサスは、収穫逓減の法則に関する議論において乗り越えられない自然の限界を絶えず意識していたし、ジョン・スチュアート・ミルも先進資本主義における利潤率の低下により「最終的に定常状態を回避することは不可能である」（Mill 1849: 326）とさえ述べている[32]。さらに、クロポトキンやエリゼ・ルクリュといったアナーキスト・コミュニストたちは、ウィリアム・モリスなどの環境社会主義者とともに、無限に増え続ける物質的消費に基づかない豊かな未来社会を構想していた（Ross 2015: 104）[33]。この意味で、マルクスがパリ・コミューンや非西欧社会の農耕共同体を高く評価したことは、けっして突飛なことではない[34]。

しかし、マルクスが脱成長コミュニストであるという可能性は、エンゲルスでさえも認識することができなかった。そして20世紀のソビエトの国家社会主義や西欧の社会民主主義もそのような可能性を否定し、両者とも果てしなき近代化と経済成長を目指したのである。その結果、マルクスの歴史観は単線的で生産力主義的なものに還元され、皮肉にも無限の成長という資本主義の目標に酷似した開発の道を追求することになり、環境問題を周縁化し、他の解放的想像力も抑圧することになったのだ[35]。

20世紀社会主義の呪縛は強く、多くの人はいまだにマルクス主義と脱成長は水と油で、互いに相容れないと信じている。マルクス主義者は労働者階級の生活条件を改善するためにさらなる経済成長が必要であるという信念に固執しているのだ（Huber 2021）。その結果、環境社会主義者でさえ脱成長の考え方を受け入れるのをためらっている。代表的な論者であるミシェル・レヴィ（Löwy 2020）も脱成長について「これらやそれと似たような厳格な緊縮策はかなりの不人気を被る危険があるため、その一部は〔…〕一種の「エコロジー独裁」のアイデアで遊んでいるのだ」と述べている。

そのような流れに迎合せずに、地球環境の崩壊を避けるために高所得国が定常型経済へと移行する必要性を指摘しているのは、フォスターである。彼はルイス・マンフォードの「基盤的コミュニズム」に言及しながら、次のように述べる。

したがって社会は、とりわけ豊かな国は、定常型経済へと移行しなければならない。そのためには、純資本形成のない経済、つまり太陽からのエネルギー収支に収まる経済へと移行することが必要である。発展は、とりわけ豊かな経済圏においては、質的、集団的、文化的という新しい形態をとらなければならない——それはマルクス独自の社会主義の見解と調和した持続可能な人間の発展を強調するものである。（Foster 2015: 9）

ただし、普段はマルクスのエコロジーの一貫性を熱心に擁護するフォスターでさえ、定常型経済がマルクス自身のポスト資本主義像と両立するのかどうかは明言していない。だが、本章の議論はそのような道を遂に切り開くものであった〔36〕。

このように晩期マルクスの理論的可能性を再解釈することで、資本主義のオルタナティブの想像力を豊かにする新しい道が人新世の時代に再び見えてくる。そのことをより説得力をもって示すために、最終章では、マルクスの未完の資本主義批判を脱成長コミュニズムの観点から再検討し、新しいポスト稀少性経済の姿を構想していきたい。

第七章
脱成長コミュニズムと富の潤沢さ

ヴァルター・ベンヤミンは、『歴史の概念について』の「補遺」の中で、マルクス主義の労働観に、「自然の搾取」(Benjamin 2003: 393) という特徴が染み付いていることを指摘し、批判している。それに続けて、マルクス主義の革命につきもののプロメテウス主義を克服する試みとして、次のように書いたのだった。

> マルクスは、革命は世界史の機関車であると言っている。しかし、おそらくそれは全く別のものであろう。おそらく革命とは、この列車の乗客、すなわち人間という種が非常ブレーキを作動させようとする試みなのである。(Benjamin 2003: 402)

「非常ブレーキ」のメタファーは、今、かつてないほど重要である。資本主義の絶え間ない労働者の搾取と自然の掠奪が引き起こす生態系の破局を前にして、無限の経済成長に終止符を打つことが求められるようになっているからである。実際、現代の「非常ブレーキ」は、「脱成長」という形で政治的な支持を広げるようになっている[01]。ここには、人新世の新しい革命の可能性があるのだろうか。

ところが多くのマルクス主義者たちは、この脱成長の声に適切に応答することができないでいる。それどころか、脱成長のような「緊縮的」発想には政治的な魅力がなく、労働者階級の利害関心に敵対しているとして、受け入れようとしない（Huber 2021）。その代わりに、彼らは、資本主義のもとでの市場競争の無秩序性を超越しさえすれば、社会主義のもとでより効率的で、持続的な成長が可能になると訴えるのである（Vergara-Camus 2019）。

それゆえ、環境社会主義というプロジェクトが、緑と赤の間の長らく続いた対立を和らげるようになった後にも、環境社会主義と脱成長の間には緊張関係が続いてきた。けれども、そうした状況もようやく変わりつつある。脱成長の最も重要な提唱者の一人であるセルジュ・ラトゥーシュ（Latouche 2019: 65; 邦訳78頁）が、脱成長の基礎として環境社会主義の理念を受け入れ、「次の時代のためにエコロジカル社会主義のプロジェクトの諸目標と合致する政治形態を提案することが重要だ」と述べるようになっているのだ。

脱成長が資本主義と社会主義の両方に代わる第三の道としてしばしば打ち出されてきた事実〔02〕を考慮すると、ラトゥーシュの発言は一つの転機になり得る。実際、脱成長の支持者の間では近年、反資本主義的な方向への力点の変化が顕著になっている（Schmelzer et al. 2022）。このことは、資本主義からの決別を訴えない脱成長の折衷的態度を批判してきたマルクス主義者との、新たな対話の空間を開いてくれるはずだ。だからこそ、「成長なき社会主義」（Kallis 2017）や「環境社会主義的な脱成長」（Löwy et al. 2022）が、マルクス自身のポスト資本主義のヴィジョンといかなる形で両立するのか（あるいは、しないのか）を、より仔細に検討するべきなのだ。

そこで本章では、晩期マルクスの脱成長コミュニズムの理念に基づき、長く続いた赤と緑の対立を完全に止揚し、マルクスの理論的遺産を人新世に蘇らせるための新たな言説空間を創出することを目指したい。たしかに、マルクスは脱成長コミュニズムの姿を展開することができなかった。その限りで、本章は、これまでのマルクス主義のみならず、マルクスを大きく超えるものである。つまり、『資本論』の未完のプロジェクトを脱成長コミュニズムの観点から遡及的に再検討し、その内容をアップデートしていく。これはいわば、『資本論』を超えて、マルクスの最終的なポスト資本主義のヴィジョンを具現化するための試みである。以下で見るように、そのような再構成の土台となるのは、『資本論』第一巻の最も有名な一節で論じられている「否定の否定」の議論である。『資本論』第2版と第3版との間で、マルクスがこの一節に手を加えていたという事実が示すように、この一節は晩年のマルクスが最後まで細心の注意を払っていた重要な箇所であり、晩年の理論的発展を追想可能にしてくれる。

そこで本章では、人間と自然との物質代謝に根本的変容をもたらす「第一の否定」としての、マルクスの本源的蓄積論から考察を始めたい。その際、本源的蓄積に関するこれまでの文献が、人間の生活への破壊的影響に焦点を当てる傾向があったのに対し、マルクスの物質代謝論への視座は、自然への負の影響にも注意を払う。というのも、資本の本源的蓄積に関するマルクスの議論の理論的射程をしっかりと把握することでのみ、エコロジカルな観点から、人間と自然との本源的統一の再生としての「第二の否定」をより具体的に描くことができるようになるからだ（第一節）。

また、マルクスの本源的蓄積論は、資本主義が結局のところ、生産力の絶え間ない増大によって富の潤沢さを生み出すのではなく、むしろ、富の希少性を人工的に増大させる社会システムであることを明らかにしてくれる。この逆説を理解するためには、『資本論』第一巻の「商品」章冒頭で展開されている「富」の概念を再検討しなくてはならない。そこでは、現実のさまざまな次元を価値の一元的な論理に還元していく資本主義的な「富」の狭隘な把握の仕方が、社会と自然の豊かさを破壊する危険性がすでに示唆されているのである（第二節）。

マルクスによれば、資本主義的な「富」は、人間の自然との物質代謝の持続的発展のための物質的条件と相容れない。資本主義的な「富」の範疇に対する批判を通じて、マルクスは「潤沢さ」を、非消費主義的、非生産主義的な方法で再定義していく。こうした「富」の再概念化を手がかりにすれば、「潤沢さ」と「富」に関連する様々な箇所を、より整合的な新しいやり方で再解釈できるようになるだろう。これには、『ゴータ綱領批判』における「協働的富 genossenschaftlicher Reichtum」の潤沢さに関するマルクスの議論も含まれる。この箇所は、マルクスの著作の中で最も有名なコミュニズムの記述であるにもかかわらず、環境社会主義を扱う先行研究は、この一節がプロメテウス的に見えるという理由で、扱うことを避けてきた箇所である。だが、そのような沈黙は、あまりにも不自然だろう。それに対して、「富のパラドックス」を正しく理解すれば、この一節も脱成長と整合的な形で解釈できるようになるのだ（第三節）。

このような再解釈は、マルクスが『資本論』で解答を与えていない根本問題、すなわち、ポスト資本主義社会における人間と自然環境との物質代謝の管理が、平等を実現しつつ、「修復不可能な亀裂」をどのように修復するのかという難問へのヒントを与えてくれる。つまり、経済成長を伴わないポスト希少性社会としての脱成長コミュニズムが、いかにして、生産力を高めることなしに、「必然性の国」を縮小し、「自由の国」を拡大できるのかを示してくれる。そしてこれこそ、最晩年のマルクスがたどり着いた新しい思想の境地なのである（第四節）。

第一節　経済的・生態学的な破局としての本源的蓄積

資本主義的生産の前史を扱ういわゆる資本の「本源的蓄積」の典型例は、イギリスで行われた「囲い込み（エンクロージャー）」である。資本主義経済の形成は、金銭を貯め、それを注意深く運用して増やす勤勉な資本家によって開始されたというアダム・スミスの物語をマルクスは批判した。そしてマルクスは、資本の本源的蓄積は、「生産者と生産手段との歴史的分離」（『資本論』第一巻、934頁）を強制する暴力的で血生臭い過程だと指摘したのだ。ハーヴィーが簡潔に要約しているように、本源的蓄積は、「土地を取り上げ、それを囲い込み、居住者を追放して土地なきプロレタリアートを創出し、その土地を資本蓄積の私有化された本流に投下する」(Harvey 2005: 149)。少数者による土地の独占によって生産手段と生活手段を失った農民は、自らの労働力を売ることが生活に必要な金銭を得る唯一の方法である不安定な賃金労働者になることを強いられたのだった［03］。

この暴力的な過程が多数の人々に与えた破壊的な影響の悲劇を強調することは、もちろん重要である。だが、マルクスが「労働」を人間と自然の間の絶え間ない物質代謝の意識的な媒介活動として定義していたことをここでは思い出そう［04］。この観点からすると、生産者とその客観的な生産条件との「本源的統一」を解体する本源的蓄積は、労働者の生活のみならず、彼らの自然との関わり方にも大きな変容をもたらす［05］。

事実、マルクスは『要綱』の中で、資本の本源的蓄積によって人間と自然との間に歴史的に特異な裂け目が形成されることを強調している。

> 生きて活動する人間たちと、彼らが自然とのあいだで行なう物質代謝の自然的、非有機的諸条件との統一、だからまた彼らによる自然の取得は、説明を要するものではなく、あるいはどんな歴史的過程の結果、でもないのであって、説明を要するもの、歴史的過程の結果であるのは、人間的定在のこの非有機的諸条件とこの活動する定在とのあいだの分離、すなわち、賃労働と資本との関係においてはじめて完全なかたちで措定されるような分離である。（『資本論草稿集』②、１４０頁、強調原文）

前資本主義社会では、人間は自然との「統一」を保持していた。たしかに、奴隷や農奴は、主人や領主に支配され、搾取されていた。彼らは不自由であり、それどころか物のようにさえ扱われていた。言い換えれば、彼らは家畜に次ぐものとして、生産と再生産の客観的条件の一部に還元されていたのである。しかし、このような存在の仕方には自由が欠如しているとしても、主人が自分の家畜を餓死させないように、奴隷や農奴の基本的欲求の充足は多かれ少なかれ保証されていた。つまり、彼らの存在を家畜のような非有機的な自然の一部に還元することで、マルクスが「労働者と労働条件との本源的統一」（『資本論草稿集』⑧、５３１頁）と呼んだものを前資本主義社会は皮肉にも実現していたのである。そして、まさにこのことが、自然との物質代謝のうちに「亀裂」が生じることを妨げていたのだ。

けれども、この本源的統一の解体こそが労働力の商品化の前提条件である。自らの生産手段を失い、圧倒的多数の生活手段が商品となった時にはじめて、人々は自らの労働力を商品として売らざるを得なくなるからだ〔06〕。この歴史的過程の根底にあるのは、近代資本主義社会に特有の、人間と自然との物質代謝における「分離」、すなわち、「疎外」である〔07〕。このような自然からの疎外の結果、人間と自然との相互作用の媒介としての労働は、まったく異なる方法で行われるようになる。生産過程全体が、資本の価値増殖の最大化を目的として徹底的に再編成されるため、人間的労働の支出と人間と自然との物質代謝もまったく異なる形態をとり始めるのだ。

しかも、この労働過程の変容は、自然を巻き込むものである以上、経済の領域だけでなく、生態学的領域にも強力な影響を及ぼすことになる。サミール・アミンは次のように言う。「マルクスは『資本論』におけるラディカルな批判を、あらゆる富の基盤であるところの人間とその自然環境の破壊の上に資本主義的蓄積が成り立っているという断言で締めくくっている」(Amin 2018: 85)。ステファニア・バルカもまた、本源的蓄積による生活条件の悪化と自然環境の悪化との間の密接な相互関係を指摘している。「史的唯物論の観点からすると、労働者階級あるいはプロレタリアートおよび物質代謝の亀裂は、人々を自らの生活手段から暴力的に分離し、生物圏を混乱させる独自のグローバルな過程に起因している。それゆえ、環境危機は階級形成の直接的な帰結なのである」(Barca 2020: 42)。経済と環境の問題を切り離すことはできないというのが、物質代謝論の立場なのである。

また、そのような洞察に依拠して、マルクスの未来社会像は、資本主義が作り出す自然からの疎外を乗り越えて、「本源的統一」を再建するよう求めたのだ。「資本が創造する物質的な基礎の上で、そしてこの創造の過程のうちで労働者階級および全社会が経験する諸革命によって、はじめて本源的統一は再び回復されうるのである」(『資本論草稿集』⑧、531頁)。『資本論』第一巻における有名なマルクスの「否定の否定」という定式化も、人間と自然との物質代謝における疎遠な分離を克服する「本源的統一」の「回復」と論理的に対応している。

しかし、コミュニズムにおいて、何が「回復」されるのか。この点を明確化するためには、まず、本源的蓄積を通じた「本源的統一」の解体を通じて何が破壊されなければならなかったかを、より注意深く理解しなければならない。端的に言えば、コミュニズムが目指すのは、資本主義が破壊して、著しく貧しくなった社会と自然の「富」の再建なのだ。資本主義が生産力の著しい増大を生み出し、私たちの身の回りにはこれほど大量の商品が溢れているにもかかわらず、資本主義が「富」を破壊するというのは、逆説的に聞こえるかもしれない。しかし、この豊かさの中の貧困が「富のパラドックス」(Foster and Clark 2020: 152) を構成するのである。

第二節　マルクスの「富」の概念と『資本論』の真の始まり

このパラドックスを理解するためには、まず「富」のカテゴリーをしっかりと理解する必要がある。そのためには、『資本論』第一巻の冒頭が重要だ。ようやく知られているように、『資本論』の論理構成は「商品」の分析から始まる。一方でその記述は、資本の本源的蓄積という歴史的過程を前提としている。この歴史的前提を念頭に置くと、冒頭の商品をめぐる一節が、人間と自然の「物質代謝の亀裂」という資本主義社会の根本的矛盾をすでに示唆していることに気がつくことができるだろう。

マルクスは、『資本論』第一巻第一章「商品」についての議論を、次のように始める。

資本主義的生産様式が支配的に行なわれている社会の富は、一つの「巨大な商品の集まり」として現われ、一つ一つの商品は、その富の基本形態として現われる。それゆえ、われわれの研究は商品の分析から始まる。（『資本論』第一巻、47頁）

これが『資本論』の始まりである。そして、それが「商品の分析」から始まるのはたしかに事実だ。だが、ジョン・ホロウェイはその真の始まりに注意を促す（Holloway 2015: 5）。初めの一文の主語は、「商品」ではなく、社会の「富 Reichtum」である。つまり、『資本論』の本当の始まりは、「富」なのである（ただしホロウェイは、「富」を資本主義に属するカテゴリーとして、むしろ低く評価しており、本書の用語法とは異なることを注意されたい）。

ここでは、この文章の動詞も重要である。社会の富は資本主義において「巨大な商品の集まり」として「現われる erscheint」とされる。動詞の「現われる」は、富と商品の「本質 Wesen」が実際には非同一的な仕方で「存在する Wesen」ことを意味している。実のところ、非資本主義社会の富の大部分は、非資本主義的な富が市場での交換という媒介なしに生産、分配、消費される限り、商品として「現われる」ことはない。特定の社会関係のもとでのみ、社会の富は商品として「現われる」のであり、マルクスの用語でいえば、労働生産物が「商品形態」を獲得するのである。このように「本質」と「現象」を区別することで、マルクスは『資本論』の冒頭から「素材」と「形態」の方法論的二元論に忠実な仕方で一貫して議論を進めているのだ。この見解によれば、「富」は労働生産物の「素材」的側面であり、「商品」はその「経済的形態規定」として現われる。

それゆえ富と商品は、資本主義においては同一に見えるとしても、本質的には非同一であり、根本的な緊張を孕んでいる。カール・ポランニー（Polanyi 2001［1944］）はかつて、「土地」「労働」「貨幣」は「擬制商品」であり、完全に商品化され、市場の指示に従属することがあってはならないと警告した。仮にそうなれば、社会的再生産は適切に機能しなくなり、社会は深刻な脅威にさらされることになる、とポランニーは言う。これら3つのカテゴリーは、資本主義のもとにおける完全な商品化とは両立不可能な、「富」の典型的な形式とみなすことができる。

マルクスの問題意識も共通しているが、「富」のカテゴリーは、ポランニーよりもさらに広く、他の種類の労働生産物も含んでいる。けれども、その意図は一見わかりにくいかもしれない。なぜなら、現代の「富」のイメージはしばしば資本主義的なものに矮小化され、「裕福である reich」ことは、多くのお金や不動産を持つことと同義になっているからだ。

しかし、富は必ずしもこのような形で理解される必要はない。ホロウェイ（Holloway 2015: 5）が論じているように、ドイツ語の「富 Reichtum」は、形容詞である reich が「豊かな rich」という意味なので、「豊かさ richness」という形でも訳すことができる。もちろん、「リッチであること」は、多額の金銭的な富を所有していることを意味する場合も多い。しかし、それだけではなく、味や香りの芳醇さ、自然や経験の豊かさなど、より広い意味合いも持っている。かくして、Reichtum という名詞は、それに付加された資本主義的な制約を取り払うことができれば、金銭的な富ではなく、より広い「豊かさ」を表すカテゴリーとして理解することができるのである。

これは恣意的な概念の拡張ではない。例えば、マルクスは『要綱』で、非資本主義的な富の広大な可能性について、次のように書いている。

しかし実際には、偏狭なブルジョア的形態が剝ぎ取られれば、富は、普遍的な交換によってつくりだされる、諸個人の諸欲求、諸能力、諸事楽、生産諸力、等々の普通性、でなくてなんであろう？　富は、自然諸力にたいする、すなわち、いわゆる自然がもつ諸力、ならびに、人間自身の自然がもつ諸力にたいする、人間の支配の十全な発展、でなくてなんであろう？　富は、先行の歴史的発展以外にはなにも前提しないで、人間の創造的諸素質を絶対的に表出することでなくてなんであろう？　この歴史的発展は、発展のこのような総体性を、すなわち、既存の尺度では測れないような、あらゆる人間的諸力そのものの発展の総体性を、その自己目的にしているのではないのか？〔…〕ブルジョワ的経済学では——またそれが対応する生産の時代には——、人間の内奥のこうした完全な表出は完全な空疎化として現われ、こうした普遍的対象化は総体的疎外として現われ、そして既定の一面的目的のいっさいを破棄することが、まったく外的な目的のために自己目的を犠牲に供することとして現われている。（『資本論草稿集』②、137−138頁、強調原文）

マルクスは、文化、技能、自由な時間、知識の豊かさを、社会の富と考えた。換言すれば、社会の富や豊かさは、生産される商品の量の増加やその貨幣的表現だけでは測れず、むしろ、人間の潜在性の完全かつ全面的な発展と実現——まさに「生産諸力」——によって測られるものである。しかし、資本主義のもとでは、人間の能力と創造性の発展は大きく制約されざるを得ない。なぜなら、人間の能力も、常に「既存の尺度」、すなわち、利潤追求のためにどれだけ利用できるかを基準に測定されるからである。その結果、儲からないことに時間や資源は投下されないのである。

資本主義的な生産は、資本の価値増殖だけのために、生産者に「まったく外的な目的」を課し、「総体的疎外」と人間性の「完全な空疎化」が社会的富の発展を犠牲にする。マルクスは、資本のこのような傾向を、「巨大な商品の集まり」のもとで生じる社会的富の貧困化として問題化したのだ。このような資本主義の傾向に対して、人間の創造的潜在性を実現するためには、富を閉じ込める「商品」という「ブルジョア的形式」を撤廃する必要があるとマルクスは主張したのだった。

さらに、富は「社会の富」に限定されない。マルクスはまた、生産と再生の自然的・物質的条件として「自然の富 natürlicher Reichtum」という表現を用いているからだ。例えば、彼は『資本論』第一巻で次のように書いている。

> 外的な自然条件は経済的には二つの大きな部類に分かれる。生活手段としての自然の富、すなわち土地の豊かさや魚の豊富な河海などと、労働手段としての自然の富、例えば勢いのよい落流、航行可能な河川、樹木、金属、石炭、等々とに、分かれる。（『資本論』第一巻、664頁）

土地、水、森林といった地球が提供する自然の「富＝豊かさ」は、当然ながら、生活と生産の手段として、社会の繁栄と、健康な生に不可欠なものである。「地球はその内臓からもぎ離されるべき使用価値の貯蔵庫である」（『資本論草稿集』⑥、349頁）とマルクスは述べている。この発言は、生産過程に対する自然の本質的な貢献というマルクスの認識と合致している。「労働はすべての富の源泉ではない。自然もまた労働と同じ程度に、使用価値の源泉である（そして、物的富は、たしかにそういう使用価値からなりたっているのだ！）」（『全集』第一九巻、15頁、強調原文）。

しかし、社会や自然の富が商品化されていくなかで、「富」と「商品」の間にますます緊張が生じていく。なぜなら、商品は労働生産物の「価値」ばかりを一面的に焦点化し、「既存の尺度」が無価値とみなすものを周縁化するからである。周縁化とは無関心ではない。むしろ、自然の力は「無償の贈り物」として資本によって徹底的に利用されるのだ。「費用を要しないで能因として生産に参加する自然要素は、それが生産でどんな役割を演じようとも、資本の成分として生産に参加するのではなく、資本の無償自然力として、すなわち労働の無償自然生産力として生産に参加するのである」（『資本論』第三巻、958頁）。自然は労働過程に入り、労働者と共に商品の生産を助けるが、それ自体は労働生産物ではないので、「価値増殖過程」には入らない。だからこそ資本は自然の力を可能な限り利用しようとする。資本の「既存の尺度」は自分にだけ都合良く作用するのである。

こうして資本による自然の取り扱いは、資本の絶え間ない価値増殖のために、自然の豊かさを浪費し、破壊していく。とはいえ、自然は、価値のみならず、富の素材的な「担い手」であることに変わりはない。富は資本が自ら創造できないものであり（資本は知識も文化も土地も水も創造しない）、富には資本の目的とは無関係で存在し、資本とは相容れない独自の素材的性質や再生産条件がある。にもかかわらず、そうした特性に無関心の価値増殖の論理のもとで、使用価値が価値へと従属させられるとき、その矛盾は最終的に「物質代謝の亀裂」として現れるのだ。

だが、それだけではない。野生の自然はそのままでは価値がないため、自然はますます商品化されていく。ここでの本章のポイントはその商品化が、社会的・自然的な富の潤沢さを解体するということだ。例えば、囲い込みはコモンズを解体し、土地を商品化し、そこに住む人々を追い出した。自然をケアしてきた農民が追い出されたことで、自然は荒廃していく。さらに農場経営者は、短期的な利益のみを求めることで、土地の荒廃はさらに加速していく。

マルクスは『資本論』第一巻、とりわけフランス語版において、さまざまな報告を引用しながら、スコットランドで最も肥沃な土地が、囲い込みの後、完全に放棄されてしまったという事実を指摘している。これらの土地は、狩猟というより収益性の高い使い方をするために、意図的に荒れ果てた状態に放置されたのである。

広大な地帯が、異例な豊かさと広さとをもつ牧場としてスコットランドの統計に現われていたのであるが、それが今では耕作からも改良からもまったく閉め出されて、ただわずかばかりの人々の狩猟道楽――それも一年のうちでわずかな期間だけのものである――だけにささげられている。（『資本論』第一巻、958頁）

こうした土地利用の変容は、18世紀の第二次囲い込みを通じた人々の生活条件の全般的な貧困化に見られるように、農村部で暮らす人々の日常生活に多大な影響を及ぼした。ノーフォーク農法に基づく農業革命によって小麦の生産量が大幅に増加した一方で、農民は共有の土地や森へのアクセスを失っていく。かつて、人々は、森のドングリで豚を育て、キノコや薪、果実を採取し、鳥を捕まえていた。また、川で魚を捕ったり、綺麗な水にアクセスすることもできた。

ところが、囲い込みによって都市部へと追いやられると、そのような自然の富へのアクセスをほとんど完全に失ってしまう。こうして、肉や魚の消費量も大きく減ってしまったのだ。たとえ彼らが農村部に残ったとしても、それまで日常的に行っていたコモンズでの活動は、不法侵入や窃盗として犯罪化されるようになっていった。さらに、囲い込みは、より少数の資本家農民の手のうちに土地を集中させる。農場経営者は農民を繁忙期だけ雇い、その後は解雇するので、農村は廃れていく。すると村人たちが営んでいた小さな菜園が食卓に新鮮な野菜を提供することもなくなった。さらに、労働者階級の家庭は、無料で豪華な食事が振舞われてきた農村の祭礼や儀式の場に参加することもなくなり、伝統的家庭料理の調理法や味を身につけることもできなくなった。

それにたとえ料理の技術を身につけることができたとしても、無駄だっただろう。そもそも都会で生計を立てるためには、家族全員が工場で働かなければならず、家庭に家で手の込んだものを調理する余裕はどこにも残っていなかった。コモンズへのアクセスが失われたことで、あらゆる生活手段を市場から買わなければならなくなって、家計の負担が増大したためである。また、市場で売られている野菜は、誰がどのように育てたものなのかがわからない。だから、牛や鶏の排泄物が付着しているかもしれない。野菜は加熱調理しないと食べられなくなり、新鮮なサラダはメニューから消えてしまったのだ。もちろん高価な肉などの食材を買うことはできず、街で売られている安いジャガイモやパンを食べるしかない。その結果、農村で手に入る食材を使った伝統的なイギリス料理のレシピは、大都市に住む労働者階級の家族には役に立たないものとなってしまった。こうして一つの文化的な社会の富は失われたのである。

だがそれだけではない。イギリスの労働者階級の食文化は不純物混入によっても破壊されたのだ。マルクスは『資本論』第一巻で、この慣習を記録し、アーサー・ヒル・ハッサールの著作に基づいて、パンへの、ミョウバン、石鹼、不純な炭酸カリウム、チョークの混入について論じている。当時、生産費用を下げるために不純物混入はかなり広く見られた。労働者は、「毎日そのパンとして、明礬や砂やその他のけっこうな鉱物性成分は別としても、腫れものの膿や蜘蛛の巣や油虫の死骸や腐ったドイツ酵母をまぜ込んだいくらかの量の人間の汗を食わなければならないということは知らなかったのである」（『資本論』第一巻、325頁）。問題はパンだけではない。ハッサールは、牛乳、バター、野菜、ビールといった飲食物に様々な不純物が混入していることを報告している（Hassall 1861）。これらの食品は明らかに不健康で危険なものであったが、安価であったため、貧しい労働者階級は空腹を満たすために、食べざるを得なかったのだ。

要するに、資本主義の発展とともに、世界はますます商品化されるなかで、文化、技能、知識は貧困化し、労働者階級の家庭の経済的負担は増大し、社会や自然の富は犠牲となったのである。しかし、資本の側から見れば、同じ状況はまったく違って見える。労働者を市場の商品にますます依存させる富の窮乏化という過程によって、資本主義は離陸し、飛躍的な資本蓄積を実現していったのだ。

富と商品との間にあるこの緊張関係が「ローダーデールのパラドックス」（Daly 1998: 22）を織りなす。第8代ローダーデール伯爵ジェームズ・メイトランドは、「公富 public wealth」と「私財 private riches」との間に逆相関があることを指摘した。すなわち、一方が増加すれば、他方は減少するというのである。ローダーデールによれば、これはアダム・スミスが「国富」を「私財」の総和であると考えることで見過ごしたパラドックスであるという。この点について、ローダーデールは、「公富」という第三の概念を導入することで、資本主義の矛盾を突いたのだ。

ローダーデールは、「公富」を「人間が自分にとって有用または快をもたらすものとして欲するすべてのもの」からなると定義している。これに対して、「私財」は、「人間が自分にとって有用または快をもたらすものとして欲するすべてのものだが、希少な状態で存在するもの」(Lauderdale 1819: 57-8) からなる。要するに、この二つの概念の差異は、「希少性」である。マルクス的な用語で表現するなら、「公富」は「使用価値」を持つが、「価値」は持たない。なぜなら、それは自然界に潤沢に存在し、自らの欲求を満たすためにそれを使用したいと望むすべての人が利用できるからである。例えば、「公富」には本来、大気、共有地、森林、河川の水などが含まれる。しかし、「公富」は、それが希少になると「私財」へと転化するのだ。

ここで重要なのは、ローダーデールが、希少性が必ずしも天然資源の枯渇から生じるのではないと述べている点である。それは囲いを建てたり、人々を強制的に土地から追い出すことによって、人工的に創出されうる。言い換えれば、土地や水や食料を人為的に希少化させることで、金銭的に表現される所有者の「私財」（そして、個人の豊かさの総和である国富も）を増大させることができるという。だが、ここで問題となるのは、そのような形での「私財」の増大は、必然的に社会における希少性の増大、すなわち大多数の人々にとっての無償で潤沢な「公富」の減少を伴うということである。資本の本源的蓄積に見られるように、共有地や森林が柵で囲われ、農民がアクセスできない希少なものとなり、大衆の惨状と自然環境の荒廃を創出する一方で、この人工的希少性の創出過程は少数者の「私財」を増大させたのである。

ローダーデールは人工的希少性の具体例として、商品価格を高く保つために市場の供給を制限しようとして、まだ食べられるものが意図的に廃棄されたり、耕作地が意図的に荒廃させられる事例を紹介している。ここには、「富」と「商品」との間の根本的な緊張がはっきりと現れているのがわかるだろう。そして、これこそが資本主義システムの歴史的な特殊性を示す「富のパラドックス」(Foster and Clark 2009) なのである。

その際、耕作地や利用可能な水といった「自然的」希少性が人間とは独立して存在するのは明らかだが、資本主義が生み出す希少性とは性質が異なる。後者は「社会的」なものだからだ。社会的・自然的な富は、もともと価値を持たず、共同体の構成員が誰でも利用できるという意味で「潤沢」だったのだから、この社会的希少性は「人工的」に生み出されたものである。たとえ経済的・生態学的な意味で悲惨な状況をもたらすとしても、この希少性はコモンズを徹底的に破壊することで、資本主義のために創出されなければならなかったのだ。

このパラドックスを念頭に置いて、「潤沢さ」と「希少性」の対立を論じる必要がある。このパラドックスがある限り、資本主義がいくら生産力を増大させても、人工的希少性は絶え間なく作り出され、強化される。つまり、潤沢さの約束は実現されることがない。そして、そのことが希少性を乗り越えるために、さらに「資本の生産力」を上げ、技術革新を求めることを正当化していくのである。

だが、このような人工的希少性を克服するために、生産力を最大化する必要は本来ないはずだ。ポスト希少性社会は、前資本主義社会で見られたコモンズの潤沢さを、資本主義が生み出す人工的希少性を廃棄する――これが第二の否定をなす――ことで、再生できるはずなのである。マルクスの脱成長コミュニズムは、「否定の否定」を通じて、「ローダーデールのパラドックス」を超えた社会的・自然的富の非消費主義的な「潤沢さ」の再建を目指す。さらに、そうすることで、「修復不可能」な物質代謝の亀裂を修復しようとするポスト資本主義のプロジェクトなのだ。

第三節　「否定の否定」とコミュニズムの潤沢さ

資本の本源的蓄積は、第一の否定として、みずからの労働に基礎を置いた個人的所有を解体する。それに対して、コミュニズムは「否定の否定」を目指し、これを通じて「収奪者は収奪され」、人間と自然の本源的統一を再建しようとする。マルクスは、『資本論』第一巻における有名な一節で、この点について次のように書いている。

しかし、資本主義的生産は、一つの自然過程の必然性をもって、それ自身の否定を生みだす。それは否定の否定である。この否定は、私的所有を再建しはしないが、しかし、資本主義時代の成果を基礎とする個人的所有をつくりだす。すなわち、協業と土地の共有と労働そのものによって生産される生産手段の共有とを基礎とする個人的所有をつくりだすのである。（『資本論』第一巻、９９５頁）

実はこの箇所は、マルクスが『資本論』第2版の自家用版に付したコメントに基づいて、第3版でエンゲルスによって修正されている。マルクスは、死の直前の１８８０年代にこの箇所を修正していたのである。もともと第2版では、こう書かれていた。

それは否定の否定である。この否定は、個人的所有を再建するが、資本主義時代の成果にもとづいて、すなわち、自由な労働者の協業とその労働者による土地の共有と労働によって生産される生産手段の共有とを基礎とする個人的所有をつくりだすのである。（江夏美千穂訳『第二版 資本論』、幻燈社書店、1985年、887頁）

ここでは「私的所有」という言葉は使われていない。以上の変更からもわかるように、マルクスは第3版でこの箇所を修正し、「私的所有」と「個人的所有」の区別をより明確にしたのである。はたして、この変更は何を意味するのだろうか。

マルクスがこの区別を確立したのは、1871年に出版された『フランスにおける内乱』においてである。「収奪者の収奪」という表現にもはっきりと見られるように、マルクスは、コミュニズムにおけるこの「個人的所有」の問題を同じ観点から扱っている。

〔…〕コミューンは、多数の人間の労働を少数の人間の富と化する、あの階級的所有を廃止しようとした。それは収奪者の収奪を目標とした。それは、現在おもに労働を奴隷化し搾取する手段となっている生産手段、すなわち土地と資本を、自由なアソーシエイトした労働の純然たる道具に変えることによって、個人的所有を事実にしようと望んだ。〔…〕もし協同組合的生産が欺瞞やわなにとどまるべきでないとすれば、もしそれが資本主義制度にとってかわるべきものとすれば、もし協同組合の連合体が一つの共同計画にもとづいて全国の生産を調整しこうしてそれを自分の統制のもとにおき、資本主義的生産の宿命である不断の無政府状態と周期的痙攣とを終わらせるべきものとすれば――諸君、それこそはコミュニズム、「可能な」コミュニズムでなくてなんであろうか！（『全集』第一七巻、319－320頁）

パリ・コミューンは、「否定の否定」によって「個人的所有を事実」にしようとする試みであった。引用箇所の後半で説明されているように、「協同組合的生産 genossenschaftliche Produktion」は、共通の計画と生産手段の共同管理を通じて、社会的生産を規制することを目指す。民主的かつ共同的な管理を通じて、構成員の間に個人的な取り分を割り当てる。それが「個人的所有」を再建するというのである。その限りで、「個人的所有」は「協同的な genossenschaftlich」財産に等しい。しかも、マルクスにとって、これこそが「「可能な」コミュニズム」なのである。ここでのコミュニズムをめぐる考察を通じて、マルクスは、「私的所有」と明確に区別される「個人的所有」の概念を確立し、その後、『資本論』第3版で関連する表現を修正したのである〔08〕。

しかし、修正の理由は、パリ・コミューンの出来事だけではない。1880年代に『資本論』第3版のためにコミュニズムに関する箇所をマルクスが修正した事実を考える時、それは、同時期のザスーリチへの手紙との関連においても検討される必要がある。マルクスは、手紙の中で、このテーマに戻って次のように書いている。

資本主義的生産が最大の飛躍をとげたヨーロッパおよびアメリカの諸国民のただ一つの願いは、協同的生産〔production cooperative〕をもって資本主義的生産に代え、原古的な型の所有のより高次な形態、すなわちコミュニズム的所有をもって資本主義的所有に代えることによって、おのが鉄鎖を打ち砕くことにほかならない。(『全集』第一九巻、４０１頁、強調原文)

ここで再び、マルクスは、発展した資本主義社会は、資本主義における私的所有を超克した後、「原古的な型の所有のより高次な形態」に回帰する必要があると主張している。だがマルクスはここで、『フランスにおける内乱』のときよりもさらに踏み込んだことを述べている。マルクスが『フランスにおける内乱』で「協同組合の連合体」として要求したものは、原古的な共同体に内在的な定常経済の原理を通じて実現されるべき「コミュニズム的所有」であるということが明記されているからである。

だとすれば、「コミュニズム的所有」は、単に「協同組合 cooperative / genossenschaftlich」的生産に基づくだけでなく、マウラーが言う「マルク協働体 Markgenossenschaft」の意味における富の共有を復活させようとするものだと言えないだろうか。

前章で論じたように、原古的な共同体は、「集団主義」と「個人主義」という「二元論」によって特徴づけられる。この二元論は、村落共同体における孤立した小規模生産に戻るのではなく、資本主義下で発展した大規模生産を「協同的生産」に転換することによって、西欧で再建されなくてはならない。その結果、「私的所有」は「個人的所有」に変わるが、その内容は、原古的な型のより高次な形態としての「協働体的」所有として把握されるべきものなのである。実際、この理解は、マルクスが『ゴータ綱領批判』の中でコミュニズムについて述べた有名な記述に登場する「協働体的な富 genossenschaftlicher Reichtum」という用語を解釈する上で、決定的なものとなる。

『資本論』における「否定の否定」の一節には、もう1つ注目すべき重要な用語がある。先の引用で使われている「土地」という言葉は、ドイツ語では「Erde」である。これは「地球」という意味をもつ言葉だ。実際、マルクスはこの表現を使って、土地以外の自然資源も表している。そして、マルクスは、地球（自然資源）は「共有」で管理されなければならない、つまり、将来の世代の利益に配慮して慎重に使用されなければならないと述べている。マルクスは、『資本論』第三巻で、こう書いている。

より高度な経済的社会構成体の立場から見れば、地球にたいする個々人の私的所有は、ちょうど一人の人間のもう一人の人間にたいする私的所有のように、ばかげたものとして現われるであろう。一つの社会全体でさえも、一つの国でさえも、じつにすべての同時代の社会をいっしょにしたものでさえも、土地の所有者ではないのである。それらはただ土地の占有者であり土地の用益者であるだけであって、それらは、よき家父として、土地を改良して次の世代に伝えなければならないのである。（『資本論』第三巻、995頁）

地球は今の世代が前の世代から引き継いだものであり、現在の世代はそれを破壊することなく、次の世代に引き渡す義務がある。しかし、資本主義は、私財を無限に増大させるという一面的な目標を目指すため、この義務を果たすことができない。資本主義が利潤追求、私有財産、無秩序な競争のシステムである以上、社会的・自然的な富を守るためには、社会的計画、協働、そして持続可能性の視点が不可欠である。だからこそ資本による「商品化 commodification」の論理に抗して、コミュニズムは富の「コモン化 commonification」を求めるのだ。

当然、そのようなプロジェクトは、世界の富を何の制約もなく享受したいという人間の欲望を完全に実現しようとするプロメテウス主義とは正反対のものである。マルクスは、自然的な富の利用可能性は必然的に制約されており、資本主義の無制限の欲望を満たすために十分ではないことをよく知っていた。「否定の否定」は人工的希少性を超越するものであって、自然的な希少性そのものを超越するものではないのである。

この脱成長コミュニズムの洞察は、社会主義の一般的なイメージと対比されなければならない。一般的なイメージによれば、物質的な潤沢さはほとんど無限になり、労働者階級は自然的な制約なしに資本家たちと同様の贅沢な生活を楽しむことができるとされている。「各家庭にプライベート・ジェットを！」というわけだ。

G・A・コーエンは『自己所有権・自由・平等』の中で、コミュニズムのもとでの潤沢さをそのような形で典型的に理解している。その左派リバタリアン解釈によれば、平等な社会というマルクスの構想は、依然として「一定のラディカルなブルジョア的価値」(Cohen 1995: 116) に囚われているという。マルクスは、「産業の進歩は、すべての人が豊かで満たされた生活を送るために必要なものを供給することが可能であるような、溢れ出る潤沢さという条件を社会にもたらすという信念」(Cohen 1995: 10) を持っていた。けれども、無限の物質的な潤沢さを万人の物質的平等の条件とし、未来社会の自然制約を生産力主義的な形で否定する態度は、環境保全と両立不可能である。したがって、コーエンは、「マルクスの贅沢な、環境への視点を欠く唯物論的楽観主義を維持する」ことはもはや不可能であり、そのような「潤沢さのヴィジョンを放棄する」

(Cohen 1995: 10) ことが必要だと結論づける。

コーエンが、社会主義における社会的・経済的平等の贅沢で生産力主義的な発想を拒絶する必要性を強調するのは、たしかに正しい。しかし、この拒絶は、マルクスの資本主義批判における「潤沢さのヴィジョン」の放棄を必ずしも要求しないのだ。実際、マルクスが、「ブルジョア的価値観」に沿った潤沢さをこれほど素朴に支持するだろうか。それでは、マルクスの「経済学批判」はまったくもって矛盾した凡庸なものになってしまうだろう。

むしろ「経済学批判」の方法にならって、「希少性」というカテゴリーを、本質的に社会的なカテゴリーとして理解する必要がある。マルクスの二元論によれば、「希少性」には「社会的なもの」と「自然的なもの」という二つの側面がある。繰り返せば、自然的な希少性は、どれほど技術が進歩しても、完全に克服することはできない。

これに対して、社会的な希少性は、無制限の拡張を目指す資本主義においてのみ、深刻な問題として現れてくる。無限の増大を目指す資本主義では、あらゆるものが定義上、希少だからである。「資本は常に希少であり、それを克服することはできない。ある条件のもとで過剰生産されたとしても、矛盾ではない。資本はシステム内的な規定の問題として、常に希少であり続けなくてはならないのだ。この点は強調しすぎることがない」(Mészáros 2012: 304; 強調原文)。資本が、自ら課した希少性を克服するために発展すればするほど、システム全体はより破壊的になっていくが、資本が生み出す潤沢さは、資本自らが作り出した人工的希少性を決して克服できない。これが資本主義における根本的な「富のパラドックス」である。

コーエンの想定によれば、マルクスは資本主義社会の潤沢さを基礎としたポスト資本主義社会の潤沢さ、すなわち、自然的な希少性さえも克服した万人のための「私財」の潤沢さを欲している。だがもし本当にそうだとすれば、マルクスの主張は、『要綱』における富のブルジョア的な形態を「剝ぎ取る」という『要綱』の要求と矛盾することになる（331頁参照）。だから、ポスト資本主義社会で克服すべきは、希少性それ自体ではなく、「社会的に特種な資本蓄積がもたらす希少性の客観的条件」（Mészáros 2012: 269; 強調原文）だと考える方が、はるかに整合的なのである。

とはいえ、『要綱』の段階には、ある種の両義性がある。マルクスは、「いわゆる自然がもつ諸力、ならびに、人間自身の自然がもつ諸力にたいする、人間の支配の十全な発展」（『資本論草稿集』②、138頁）と述べているからだ。このような発言は、マルクスのブルジョア的価値観のもとで、技術による自然の支配を素朴に支持していることを示す証拠となってしまう。とりわけ、マルクスが「資本の偉大な文明化作用」（『資本論草稿集』②、18頁）を賞賛してもいるからなおさらだろう[09]。

しかし、本書を通じてみてきたように、1860年代になると、マルクスはより注意深く自然や環境問題を取り扱うようになる。このような『資本論』の環境社会主義的な理解を念頭に置きながら、コーエンの批判を再検討する価値がある。未来社会の潤沢さについて、マルクスが生産力主義的な考え方をしていたことの証拠として、コーエンは『ゴータ綱領批判』の有名な箇所を挙げている。

コミュニズム社会のより高度の段階で、すなわち個人が分業に奴隷的に従属することがなくなり、それとともに精神労働と肉体労働との対立がなくなったのち、労働がたんに生活のための手段であるだけでなく、労働そのものが第一の生命欲求となったのち、個人の全面的な発展にともなって、またその生産力も増大し、協同的富〔*genossenschaftlicher Reichtum*〕のあらゆる泉がいっそう豊かに湧きでるようになったのち――そのときはじめてブルジョワ的権利の狭い視界を完全に踏みこえることができ、社会はその旗の上にこう書くことができる――各人はその能力におうじて、各人にはその必要におうじて！（『全集』第一九巻、21頁、強調筆者）

こうした批判を向けるのは、コーエン一人ではない。定常型経済の第一人者であるハーマン・デイリーも同様に、「唯物論的決定論者であるマルクスにとって、経済成長は、新しい社会主義者の出現の客観的条件である圧倒的な物質的潤沢さを提供するために不可欠である」（Daly 1992: 196）と主張している。成長の環境的な制限は、生産力の発展に依拠した史的唯物論の「歴史的必然性」と矛盾するというわけだ。事実、『ゴータ綱領批判』のこの箇所は、生産力の発展による無限の富と自然の支配を目指すプロメテウス主義が70年代にまで続いていることの証拠に見えるかもしれない。マルクスが未来社会を直接論じた数少ない箇所の一つであるにもかかわらず、フォスターやバーケットのような優れた環境社会主義者が、ここに言及するのを避けているのは偶然ではないのだ。

しかし、そのような沈黙は許されない。そもそも、『資本論』の環境社会主義的な背景を考慮すれば、この箇所を生産力主義的な自然支配の称賛として読むことはできないはずだ。加えて、コーエンが左派リバタリアニズムとその自己所有の原理をここでのマルクスの議論に割り当てるのもおかしい。なぜならそのような読み方ではマルクスが、コミュニズムにおける富の潤沢さが「ブルジョア的権利の狭い視野」を「完全に踏みこえる」ことができると考えた理由をまったく説明できないからだ〔10〕。むしろ、自己所有権に基づいた物質的な豊かさだけを求めるコーエンの議論は極めてブルジョア的なのである。

マルクスが、人間と自然との間の物質代謝を資本蓄積の圧力から解放し、自由にアソシエートした生産者たちがより合理的に調節することを要求したのは、まさに彼が、自然の普遍的な物質代謝が、社会主義においても超越できない様々な生物物理学的な過程からなるという事実を認識していたからである。自然的な希少性はなくならないという本源的制約が、ポスト資本主義社会においても、社会的・自然的な富をより意識的に調節することを要求するのだ。

要するにマルクスの「潤沢さ」の構想が、無限の欲望の充足を要求していたとする議論には説得力がない[11]。ではここで、別の種類の、つまり、「コモンとしての富 commonwealth」の潤沢さを基盤とする富の潤沢さを想像することはできないだろうか。ここでは、「ローダーデールのパラドックス」、すなわち、人工的希少性を作り出す資本主義のやり方を思い出そう。「否定の否定」、すなわち、私財の人工的希少性を超越することは、貨幣交換を介さずに誰もが利用可能な公富の潤沢さを再建することを目指す。だが、ここでのポイントは、このコモンとしての富の潤沢さの再建は、自然的な希少性を否定することを必要としない、ということである。

注目すべきは、『ゴータ綱領批判』のこの箇所でマルクスが、「協同的富 genossenschaftlicher Reichtum」を、あらゆる富の泉が湧き出るポスト資本主義的な潤沢さとして、言及している点だ。マルクスはこの表現をここ以外の場所で使っていないが、その意義を過小評価してはならない。

まず、この表現は、『経済学批判』（１８５９年）の冒頭の一文と対比すべきである。『資本論』と同様、『経済学批判』も「商品」の分析から始まる。その際、マルクスは、「一見したところでは、ブルジョア的富

〔der bürgerliche Reichtum〕は一つの巨大な商品の集まりとして現われ、個々の商品はその富の要素的定在として現われる」（『資本論草稿集』③、２１３頁）と書いている。

ここでマルクスは、商品を「ブルジョア的な富」としていることに注目してほしい。これは、ポスト資本主義的な富、すなわち商品としては現れない「協同的富」と対比させることができる。「協同的富」は、アソシエートした生産者たちによって民主的に管理され、彼らの能力に応じて生産され、また彼らの必要に応じて分配される。これはまさに、『フランスにおける内乱』で議論された、「協同組合的生産 genossenschaftliche Produktion」に基づいた「個人的所有」を再建する仕方である。マルクスは無限の富を生み出すことができるとは考えていなかったが、資本主義が克服されれば、すべての人を養うのに十分な富が生まれると確信していた。つまり、マルクスの潤沢さは、技術的な閾値ではなく、社会的な関係性なのである。この洞察は、「ブルジョア的な富」という人工的な希少性を超えて再確立されるべき、「コモンとしての富」の潤沢さにとって、決定的なものである。

クリスティン・ロスは、「資本主義が浪費、貯蓄、私有化を通じて生み出す希少性の終焉」を要求しながら、それに取って代わる「コモンとしての富」の潤沢さを「共同の贅沢 communal luxury」と呼んでいる（Ross 2015: 127）。同様に、ジェイソン・ヒッケルは、「コモンとしての富」に内在する潤沢さの形態が、絶えざる技術革新と大量生産・消費に基づいた「ブルジョア的富」の形態とはラディカルに異なることから、それを「ラディカルな潤沢さ」（Hickel 2019）と名付けた。「共同の贅沢」と「ラディカルな潤沢さ」は、消費主義的な仕方で、潤沢な財を私的所有として無制限に貯め込もうとする態度とは一線を画す。これこそマルクスの考える「協同的富」の湧き出る豊かさのモデルなのだ。そうでなければ、コミュニズムは、単に、富のブルジョア的な形態を維持し、資源の浪費によって、自然環境のさらなる劣化に寄与するだけだろう。

ここまでの考察で、「否定の否定」が目指すものがはっきりしたはずだ。本源的蓄積は人工的に希少性を生み出したので、「否定の否定」は、ローダーデールのパラドックスを逆転させることで、「私財」を犠牲にして、誰もが平等にアクセスできる「コモンとしての富」(=「公富」)の「ラディカルな潤沢さ」を回復する。言い換えれば、「コモンとしての富」の潤沢さとは、社会の構成員の間で富と負担の双方をより平等かつ公正に分配することを目指して、共有し、協働することである。この点を認識することによってのみ、「ブルジョア的権利の狭い視界を完全に踏みこえる」ことができるようになるのだ。

ここで重要なのは、ポスト希少性社会への希望をかつてない技術革新に託す加速主義とは異なり、マルクスはトマス・モア、エチエンヌ・カベ、ピョートル・クロポトキンといった理論家と並んで、労働からの解放や富の潤沢さのために生産の完全自動化を求めることはしなかったということだ(Benanav 2020, 83)。

この意味で、マルクスが『ゴータ綱領批判』において生産力の「増大」について述べたことは、単なる生産性の向上と同義ではない。第五章でも述べたように、生産力概念は、量的かつ質的だからだ。例えば、コミュニズムの高次の段階においては、「個人が分業に奴隷的に従属することがなくなり」、「精神労働と肉体労働との対立」、すなわち「構想」と「実行」の分離に基づく「資本の生産力」が消失し、「個人の全面的な発展」の機会として労働がより魅力的になり、労働自体が「第一の生命欲求」になる。このような労働過程のラディカルな再編は、過度の分業を廃止し、労働をより民主的なものにすることによって、時としては、現在よりも生産性を低下させるかもしれない。それでも、個々の労働者の自由で自律的な活動を保証するものであるから、社会的労働の生産力の「増大」に数えられるのだ。

この理解に基づけば、有名な「各人はその能力におうじて、各人にはその必要におうじて！」というスローガンも、非プロメテウス主義的に解釈することができる。マルクスは、画一的な平等社会を求めているわけではない。むしろ、個人間の能力や才能の自然的・社会的な差異が、社会的・経済的不平等として現れるのではなく、相互に補完し合い、個人のユニークさとして現れるような社会を構想していた。ある人がうまくできないこと——全面的な発展にもかかわらず個人の能力差は常に残る——は、他の人がうまくできることかもしれない。運動が苦手だが、プログラミングが得意な人もいれば、歌が苦手だけれど、農業が得意な人もいる。そして、自分が得意なことで、代わりに他の人を助けることができる。

一方、誰もがやりたがらないこと——不快で退屈な仕事を完全に根絶することはできない——は、より公正な形で全員で共有し、ローテーションすることができる。この意味で、コミュニズムは、平等のためにすべての人に画一性や単一性を強制するのではなく、能力やスキルの差異を経済的不平等と結びつけたり、特定の社会集団に不快な仕事を押し付けるのを止めるのである。

こうした脱成長コミュニズムの観点からの『ゴータ綱領批判』の解釈によって、多数者のためにコモンズの囲い込みを廃止し、「コモンとしての富」の拡張を目指す「否定の否定」の意味がより明確になるだろう。マルクスは、将来的な連関した生産様式を示すために「genossenschaftlich」という用語を使用した。この語は単に「協同的」と訳すこともできるが、その意味は生産力主義の否定に伴い、次第にMarkgenossenschaften の原古的な型に移行する。つまり、「genossenschaftlich」という言葉は「協働体的な」という意味を持つようになる。

もちろん、それは、前資本主義的な共同体の孤立した小規模生産に戻ることではない。「コモンとしての富」をより高次の形で再建することを目指すなら技術の発展は不可欠だ。けれどもそのような生産力の増大を浪費のために使う資本主義とは異なり、脱成長コミュニズムは無限の経済成長を目指すのを止め、贅沢な消費を促すような部門の生産を減少させるための社会計画と規制を導入する。その代わり、基本的なサービスの脱商品化や公共支出を通じて「コモンとしての富」を拡張していくことによって、人々は、長時間働いたり昇進したりすることで、より高収入を常に求めなくても、基本的な欲求を満たすことができるようになる。アトム化した際限のない競争へのプレッシャーを軽減していくことで、市場外での自由な選択の可能性を拡大していくのである。

このような仕方で、「自由」と「必然性」の領域の区別に関する、『資本論』第三巻におけるマルクスの有名な議論を再訪すると、新しい解釈の可能性が開けてくる。

〔人間〕の発達につれて、この自然必然性の領域は拡大される。というのは、欲望が拡大されるからである。しかしまた同時に、この欲望を充たす生産力も拡大される。自由はこの領域のなかではただ次のことにありうるだけである。すなわち、社会化された人間、アソーシエイトした生産者たちが、盲目的な力によって支配されるように自分たちと自然との物質代謝によって支配されることをやめて、この物質代謝を合理的に規制し自分たちの共同的統制のもとに置くということ、つまり、力の最小の消費によって、自分たちの人間性に最もふさわしく最も適合した条件のもとでこの物質代謝を行なうということである。しかし、これはやはりまだ必然性の国である。この領域のかなたで、自己目的として認められる人間の力の発展が、真の自由の国が、始まるのであるが、しかし、それはただかの必然性の国をその基礎としてその上にのみ花を開くことができるのである。労働日の短縮こそは根本条件である。（『資本論』第三巻、1051頁）

『ゴータ綱領批判』の一節と同様に、ここは、マルクスが労働時間を短縮することによって「自由の国」を拡大できるよう、完全自動化による生産力の無制限の増大を支持し、自然に対する絶対的支配を促している箇所だと評価されることがある。

繰り返しになるが、このような解釈は、『資本論』の環境社会主義的な性格と両立しない。だが、「ラディカルな潤沢さ」と「脱成長コミュニズム」の観点からすると、「自由の国」の拡大は、生産力の絶えざる増大に依存する必要はない。むしろ、資本主義の人工的希少性が克服されれば、人々は、「コモンとしての富」の拡大のおかげで、お金を稼がなければならないという恒常的な圧力から解放され、生活の質の低下を心配することなしに働く量を減らすという魅力的な選択肢を手にすることができるだろう。具体的には、教育、医療、公共交通機関、インターネットなどを無償化し、水、電力、住居の公営化を進めていくことで、商品や貨幣への依存は下がり、自由な選択肢が増えるのだ。

ヒッケルもこの点を指摘している。「人工的な希少性の圧力から解放された時、増え続ける生産性を競うという人々の強迫観念は消え失せるだろう。私たちは、増え続ける生産、消費、環境破壊のジャガーノートに、自身の時間とエネルギーを費やす必要はなくなる」（Hickel 2019: 66）。市場競争と資本蓄積への果てしない圧力がなければ、自由にアソシエートした労働によって、1日の労働時間をわずか3〜6時間にまで短縮できるかもしれない。そうなれば、人々は余暇やスポーツ、勉強や恋愛といった非消費主義的活動に十分な時間を割くことができるようになる。言い換えれば、賃労働に従属することなく、より安定した生活を送ることを可能にするような「共同の贅沢」を回復することによって、「必然性の領域」を大きく縮小することが可能なのである。

脱成長コミュニズムは、所得と資源のより公平な（再）分配によって、自由時間を増やすだけでなく、自然環境への負荷を軽減するために、不要なものの生産量も減らす。加えて、広告、マーケティング、コンサルティング、金融といった分野における不要な生産を削減することで、本来は不要な労働をなくしていき、過剰な生産と消費を抑制することも可能である。モデルチェンジ、計画的な陳腐化、絶え間ない市場競争に常に晒されることから解放されれば、それがウェルビーイング増大をもたらすはずだ。

マルクスが、人間は環境との物質代謝を意識的に制御できると主張した時、それは、単に自然法則を認識するだけでなく、人間が意識的に自分の社会的欲求を振り返り、必要があれば、それを取捨選択できることを意味している。この「自己制限」（Kallis 2020）の行為は、現在の「必然性の国」を意識的に縮小することに寄与する。というのも、いまやこの「必然性の国」は、社会のウェルビーイングと持続可能性の観点からすれば、実際には不必要な物や活動で溢れているからである。それらは、終わりのない資本蓄積と経済成長のためにのみ「必要」であり、「個人の全面的な発展」のためには必ずしも必要ない。「資本の社会的物質代謝の再生産の様式という観点から許容できるような、生産的追求を自己制限する同定可能な目標が完全に不在である」（Mészáros 2012: 257; 強調原文）ため、資本主義社会における人間の「自己制限」は真に革命的なポテンシャルを持つのだ。

同時に、ソーパー（Soper 2020）が主張するように、たとえ現在の生活様式がかつてない技術的発展のおかげで近い将来のうちに完全に持続可能になったとしても、そのような社会が善き生を実現できる望ましい世界にはならないだろう。というのも、資本主義社会には、競争的な仕事と消費に従事することへの恒常的な強い圧力があり、市場外における満足のいく経験やより有意義な生をもたらすだろうその他の機会を周縁化・貧弱化させる傾向があるからである。

その限りでポスト資本主義は、まったく異なる価値基準や社会的行動を発明する必要があり、中産階級になるというありふれた願望を新しい感性で置き換える必要がある。その際ソーパーの言うポスト成長社会における「オルタナティブな快楽主義」(Soper 2020) は、GDPに反映されるとは限らない様々な非商業的・消費主義的活動を豊かにすることを目指しているため、清貧や緊縮、貧困を意味しない。

むしろ、人々は基本的サービスへのアクセスが保障されることで、現在の社会では抑圧されているさまざまな新しい欲求を持つことができるようになる。破壊的で贅沢で無駄な製品を欲しがるのではなく、人々はより健康的で、連帯した、民主的な生き方を望むようになるのだ。このように、脱成長コミュニズムは、生産性の向上だけに依存することなしに、さらには生産を縮小することによっても、「自由の国」を拡大する。こうして「否定の否定」は、20世紀に実際に存在した社会主義の失敗を繰り返すことなしに、「コモンとしての富」のラディカルな潤沢さを再建し、自由で持続可能な人間的発展の可能性を高めるのである。

第四節——脱成長コミュニズムへの道

マルクスの脱成長コミュニズムの理念は、「協同的富」の「ラディカルな潤沢さ」を基盤としている。商品と貨幣がもたらす人工的希少性を廃棄し、社会的・自然的な富を他者と共有することによって、「コモンとしての富」の潤沢さを増大させる。そうすれば、無限の経済成長は必要でなくなるのだ。

この理念は、『資本論』第三巻において「修復不可能な」ものとして特徴づけられた「物質代謝の亀裂」を修復する方法のヒントを与えてくれる。フォルグラーフは、『資本論』第三巻でのマルクスの言葉使いは「終末論的なメタファー」(Vollgraf 2016: 130) に取り憑かれており、もし第三巻を完成させることができたなら、最終稿では同じ表現を用いなかっただろうと結論づけている。フォルグラーフの懸念はわからなくはない。『資本論』第三巻を読んでも、「自由にアソシエートした生産者たち」が、どのようにして「人間と自然との物質代謝を合理的な方法で支配し、盲目的な力として自然に支配されることなしに、彼らの集団的コントロール下に置く」ことができるかについてのマルクスの具体的な説明を見つけることができないからである。マルクスの沈黙は、『資本論』第三巻がまだ不完全な状態であったことを示している。

旧来の生産力主義的な読み方によれば、「盲目的な力としての自然に支配されるのではなく」、「最小限のエネルギーで(人間と自然との物質代謝の調整 regulation)を達成する」という表現は、技術のさらなる進歩によって自然を操作することだとされる。もちろん、労働を首尾よく遂行するためには、自然法則を合理的に制御することが不可欠である。しかし、人間と自然との物質代謝が「盲目的な力」に支配されるようになったのは、自然科学的知識の不足のせいだけでなく、資本主義の下での社会関係の物象化のせいであることも忘れてはならない。

実際、資本主義における労働が、今日の技術水準を考慮しても、「その人間的自然に最も値し、適切である条件で」実施され得ない最大の理由は、物象化にあるのだ。資本の疎遠な力は非常に強く、自然法則の認識だけでは、人間が環境との物質代謝を「合理的な」（すなわち持続可能な）仕方で調節できない。むしろ、無限の資本蓄積のために膨大なエネルギーと資源を浪費し、亀裂を深めていく。要するに、資本主義下における人間と自然との物質代謝は、「最小限のエネルギー消費で」社会的ニーズを満たすにはほど遠く、「不合理」なのだ。だからこそ、物象化された事物の盲目的な力による支配が続く限り、「物質代謝の亀裂」は「修復不可能」であり続ける。

しかし、社会主義のもとで生産手段や生存手段を意識的に管理することによって、より合理的な自然との物質代謝が実現できると期待されるのは、どうしてなのだろうか。この点について、『資本論』は必ずしも明確な答えを与えておらず、ソ連や中国を見ればわかるように、いわゆる「社会主義」の持続可能性を自明視することは到底できない。

実際、社会主義であっても、人間のあらゆる欲求を満たすために生産力を上げ続ければ、それは環境にとって破局をもたらすことになる。より平等な社会が、自動的に、より持続可能な社会だとは限らない。地球には生物物理学的な制約があるが、社会的な欲求は潜在的に無限だからだ。こうして晩年のマルクスは持続可能性という観点から、定常経済の原理を西欧社会に導入する必要があることを認めるにいたったのである。しかし、その洞察は、１８６０年代に執筆された『資本論』には見当たらない。そこで、『資本論』を脱成長コミュニズムの視点から再訪し、乗り越えていくことが、より持続可能な未来を思い描くために求められる［12］。

資本主義的生産に比べて、脱成長コミュニズムの方が「物質代謝の亀裂」を修復する可能性を高めると考えられる理由は、少なくとも５つある。

第1に、社会的生産の主目的が、「剰余価値」から「使用価値」の生産に変わる。資本主義的生産は、利潤の最大化を果てしなく追求し、拡大し続けるが、資本が使用価値を考慮するのは、それが価値の担い手であり、価値を増殖するのに必要な範囲に限られる。使用価値が二次的なものにされてしまうことで、社会的再生産に不可欠ではない製品や、人間や環境を破壊する製品――例えばSUVやファストファッション、工場畜産――が、売れさえする限りで、いくらでも大量に生産される。それに対して、利潤を生みにくい財やサービス――教育、芸術、介護――は、それがどんなに暮らしにとってエッセンシャルなものであっても、過小生産される。

資本を廃棄することによって、社会的生産は無限の経済成長の恒常的な圧力から解放され、その焦点をより使用価値の高い生産に移すことが可能になる。資本主義において、多くのエッセンシャルな部門が不十分な状態で放置されてきた以上、そうした分野はむしろ「成長」するだろう。より良い教育、ケア労働、芸術、スポーツ、公共交通、再エネを提供するために、資金と資源をより多く再配分することになるからである。しかし、これらの部門は、無限の成長を目指すわけではない。ある意味、エッセンシャルな部門は、今日、すでに定常的な経済を実現しているのである――年率3％で成長する大学など、馬鹿げているし、教育の質的向上も、GDPでは測ることはできないのだ。

そもそも、エッセンシャルな部門は生産性を向上させるのに必ずしも適していない[13]。多くのエッセンシャル・ワークは自動化に向いておらず、労働集約的である。その結果、機械化によって資本集約的になっていく他の産業部門と比較して、「非生産的」なものとして扱われることが増えていく。新しい機械の導入で生産量が2倍、3倍になっていく産業部門とは異なり、看護や教育などのケア労働の生産性は同じように上昇することはない。それどころか、これらのケア部門においては、使用価値を劣化させ、事故や虐待のリスクを増大させることなしには、生産性を高めることができないことが多々ある。ケア労働の性質上、生産力の向上には大きな限界があり、これが「ボーモル病」と呼ばれる問題を生み出してきた。それゆえ、社会が基本的な使用価値の生産を重視したエッセンシャル・ワークにシフトすればするほど、経済成長は鈍化することになる。一方で、ケア労働に代表されるエッセンシャル・ワークは環境負荷が低い。したがって、使用価値経済は、脱成長と親和的であるとともに、環境負荷も下げるはずだ。

第二に、マルクスは、「自由の国」を拡張するために「労働時間の短縮が基本的な前提条件」であると述べている。しかし、資本主義がいかに生産力を発展させても、20世紀から21世紀にかけて労働時間が減少することはなかった。それどころか、近年では、不安定で低賃金の仕事が増えているため、人々はこれまで以上に長時間働くことを強いられている。また、資本の価値増殖のための大量生産は、広告、マーケティング、金融、コンサルティングなどの非エッセンシャルな仕事を増やす。マルクスは、資本主義の発展とともに必然的に増加する、無駄な仕事について、次のように書いている。

> 資本主義的生産様式は、各個の事業では節約を強制するが、この生産様式の無政府的な競争体制は、社会全体の生産手段と労働力との最も無限度な浪費を生みだし、それとともに、今日では欠くことができないにしてもそれ自体としてはよけいな無数の機能を生みだすのである。（『資本論』第一巻、686頁）

単に利潤を追求するためだけに生産される非エッセンシャルな生産を減らすことで、コミュニズムは労働時間を大幅に削減することができる。言い換えれば、不要な労働を削減し、残った仕事を皆で共有することで、「必然性の領域」の縮小と、それに対応する「自由の領域」の拡大が実現できるのだ。

資本主義的生産のパラドクスは、労働力の再生産費に対応する「必要労働時間」が、実際には膨大な量の不必要な製品の生産に費やされているということである。言い換えれば、社会的・生態学的な視点からすれば、「必要労働」の大部分はすでに「不必要労働」なのである。このことは、「ブルシット・ジョブ」(Graeber 2018)、つまり労働者自身さえも社会にとって無意味だと自覚しているような仕事が蔓延していることからも明らかである。

将来社会においてこうした無意味な仕事が除去されたとしても、それらは最初から無意味で使用価値を生まない非生産的な仕事であるため、社会の繁栄や人々のウェルビーイングに否定的な影響を与えることはない。むしろ、ウェルビーイングは上昇しさえするだろう。なぜなら、人生の大部分を無意味な仕事に費やすことはメンタル・ヘルスにとって極めて有害であり、これらの仕事はまた、過剰な広告、スラップ訴訟、株の高速取引といった無意味な営為を大量に生み出しているからである。さらに、この種の無意味な労働は、多くのエネルギーと資源だけでなく、彼らの活動を支えるためのケア労働をも浪費する。要するに、ブルシット・ジョブを除去すれば、社会的労働時間を短縮し、将来の技術革新を待つことなく、環境負荷を即座に軽減することができるのである。

もちろん、予期せぬ自然災害や戦争、飢饉に備えるために、剰余労働や剰余生産物はある程度必要である[14]。しかし、社会的生産の目的が、無限の資本蓄積の圧力から解放されれば、これほど膨大な剰余生産物を生産する必要性はどこにもなくなる。過剰な剰余生産物の削減は、定常経済の原理と整合的だ。これは、ポスト希少性経済において自由の領域が真に開花するための「根本条件」である。

実際、ポスト希少性経済のユートピアを掲げる論者はしばしば、週の労働時間を15〜25時間に減らすことが可能だと述べているが、これは必ずしも労働過程の完全自動化を必要としない（Benanav 2020）。ブルシット・ジョブを廃止し、残りのエッセンシャル・ワークを社会のすべての構成員で共有することで、環境負荷を減らしながら、ポスト労働社会を実現することができるのだ。しかし、こうした労働時間の短縮が、利潤追求や経済成長の原理とは両立不可能なのは明らかだろう。

第三に、脱成長コミュニズムは、労働者の自律性を高め、仕事の内容をより魅力的なものにするために、「必然性の国」の内実を変容させる。資本主義を廃棄しても、「必然性の国」は完全にはなくならない。だが、そのことについて悲観する必要はないだろう。先に見たように、マルクスは、「個人の分業への従属、ひいては精神労働と肉体労働のアンチテーゼ」を廃止し、労働を通じた「個人の全面的な発展」に重きを置くことを主張した［15］。そうすることで、労働は「第一の生命欲求」（『全集』第一九巻、21頁）になるのである。ここでのマルクスは、解放された労働についての「より楽観的な見方」（Klagge 1986: 776）を採用している。

労働が資本に従属することによって、協働と分業は、労働者に対する支配と規律を強化し、「資本の専制」（『資本論』第一巻、834頁）を確立してきた。それに対して、脱成長コミュニズムが目指すのは、過度な分業の廃止である。他者と自律的に協力して生産を行うことができない部分的な存在になってしまった状態から、より多面的な活動に従事できる存在になるために、職業訓練や働き方改革を行うのである。

ここでのマルクスの戦略は、完全自動化による労働からの解放とは大きく異なっている［16］。資本主義的生産の問題は、技術や自律性のない単純作業の退屈な繰り返しによって労働がその内容を失っていることである。だが、完全自動化という解決策は、労働を「生の最たる欲求」とすることなしに、資本主義の傾向をむしろ強化してしまうことがありうる。それゆえ、労働の疎外を終わらせるために、マルクスは「分業に対する個人の奴隷的従属」を廃止することを主張した。労働の脱分業化と、労働過程における労働者の自律性を奪う機械の追放は、経済を減速させるかもしれないが、代わりにより魅力的な仕事をより多くの人のために生み出すのである[17]。

マルクスは、「魅力的な労働、言い換えれば個人の自己実現」（『資本論草稿集』②、340頁）を重視したが、これは、かつてシャルル・フーリエが唱えたように、ポスト資本主義社会において、労働が「遊び」になるという意味ではない。実際、マルクスは、「このことは、フーリエが浮気なパリ娘のように素朴に考えているのとはちがって、労働がたんなる楽しみ、たんなる娯楽だということをけっして意味しない」と注意を促している。そして、次のように述べた。

真に自由な諸労働、例えば作曲は、まさに同時に、途方もなく真剣な行い、全力をふりしぼった努力なのである。物質的な生産の労働がこのような性格をもつことができるのは、ただ、第一に、労働の社会的性格が措定されていること、第二に、労働が科学的な性格をもち、同時に一般的労働であること（『資本論草稿集』②、340頁）

ポスト資本主義においても退屈で疲れ、苦しみや不快感を引き起こす労働が完全にはなくならないことをマルクスは認めている。この種の労働は、新技術の助けを借りて可能な限り削減する必要がある。その上で、公正な社会は、キツい仕事や不快な仕事を、弱い立場の人々に押し付けるのではなく、ローテーションを通じて公平に分配する必要がある[18]。過度に細分化された分業が、より公平なローテーションや作業内容の自己決定権に置き換えられていくなら、こうした「一般的労働」の普及は、生産を減速させることになるだろう。だが、脱成長コミュニズムにおいては、これは公平性と自律性のために歓迎されなくてはならない。

第4に、脱成長コミュニズムにおいては、利潤追求のための過剰な市場競争が廃止されることによっても、経済は減速していく。これは比較的自明のことだろう。

> 市場の強制力が存在しないのだから、必要性の領域は、自由の領域におけるイノベーションを導入しながら、ゆっくりと変化していく可能性が高い。このようなイノベーションを導入するには時間がかかるかもしれないが、それはプロセスの変化がもはや市場における競争によって強制されるのではなく、様々な委員会の調整を踏まえて決定される必要があるであろうからである。(Benanav 2020: 92; 邦訳180頁)

こうしてアーロン・ベナナフも、ポスト資本主義社会においては、「ビルトインされた成長曲線は存在しない」と結論づけている[19]。

最後に、マルクスが『ゴータ綱領批判』において、「精神労働と肉体労働との対立」の廃止を要求したことが重要である。この対立の廃棄は、物質的労働と非物質的労働との区別をなくすことと混同してはならない。マルクスの「精神労働」と「肉体労働」の用法は、むしろハリー・ブレイヴァマンの「構想」と「実行」の概念に対応しているからだ（Braverman 1998）。「資本の専制」のもとで、労働者の「構想」という主体的な能力は完全に剝奪され、労働者たちの意志や欲求とは無関係に、何を、どのように、どれだけ生産するかを決定する資本の命令に従属させられてしまう。その結果、労働者は、資本の命令と指令に従って、ただ「実行」するだけの存在になる。それとは対照的に、「構想」と「実行」の再統一は、市場交換における形式的な平等を超えて、生産過程における生産者間の実質的な平等を確立する。

マルクスは、このような観点から共同社会の生産について書いている。

> 生産の共同体的性格が初めから生産物を共同体的、一般的なものにすることになろう。本源的に生産の内部で行なわれる交換――諸交換価値の交換ではなくて、共同体のもろもろの必要によって、共同体の諸目的によって規定されている諸活動の交換――が、初めから個々人の共同体的な生産物世界への参与を含んでいるであろう。（『資本論草稿集』①、１６０頁、強調筆者）

このような共同性を再建する際に重要なのは、何を、どのように、どれだけ生産するかの決定に、労働者たちが能動的に参与することである。この民主的生産が、資本主義的生産の「専制的」性格を置き換えるのだ。少数者の意思を押し付けることなしに、アソシエートした生産者がより能動的に意思決定プロセスに参加する。ヒエラルキーの存在は、アソシエートした生産者により多くの自律性を与えるというマルクスの目的とは両立不可能である。だが、ヒエラルキーがなければ、異なる意見を仲介し、合意形成をするためには、より多くの時間がかかる。

資本主義のもとでの生産力の増大は、少数者に権力が集中する生産過程の非民主的でトップダウンの性格に依存してきた。それゆえ、職場における民主的な参加型の意思決定は、必然的に生産過程全体を減速させることになる。ソ連はそのような減速を受け入れることができず、社会的生産の意思決定に官僚的支配を導入した。それに対してコミュニズムの集団的な意思決定プロセスは、生産物の必要性、階級、性別、人種の平等、環境への影響などについて考えることを重視する。こうして、ヨルゴス・カリスは次のように結論づけている。「本物の民主社会主義は資本主義と同じペースでは成長できない。資本主義は自らを減速させるものを周縁化したり、破壊したりするからだ」(Kallis 2017: 12)。

このように、マルクスが将来社会の条件として要求したこれら5つの転換を考慮に入れるなら、コミュニズムと脱成長との親和性が浮かび上がってくる。また、コミュニズムが資本主義よりも物質代謝の亀裂を修復する可能性が高い理由も、まさに脱成長によって説明できるのだ(Kallis 2017)。

そもそも、社会主義になったからといって経済成長がグリーンになるわけではない。経済成長が生産と消費の生物物理学的なプロセスに基づいている限り、どのような社会においても、ある時点から成長は持続可能ではなくなる。だからこそ、マルクスの環境社会主義も、脱成長の思想を取り入れる必要があるのだ。これはマルクスが1868年以降、自然科学や前資本主義的な社会を真剣に研究した結果、到達した結論なのである。

同時に、脱成長にとっても、コミュニズムの洞察は欠かすことができない。コミュニズムへの移行こそが、脱成長経済の実現を促進するからである。コミュニズムは、資本の価値増殖を規制し、労働時間を短縮し、環境への影響を軽減する施策をより多く実施していく。労働者は、市場競争から解放されて自律性を高めることによって、労働と消費の意味について反省する機会を得る。社会計画は、過剰で環境負荷の高い部門を禁止し、基本的な社会的必要を満たしながら、プラネタリー・バウンダリー内にとどまるための調整を行う。脱成長コミュニズムは、より持続可能で平等主義的な経済を実現するために、経済の速度を落とし、市場規模を縮小することを目指す。マルクスの脱成長コミュニズムは、20世紀においては誰にも認識されることはなかったが、人新世における人間の生存の可能性を高めるため、今こそかつてないほどに重要な未来社会の理念なのである。

結論

ヨーゼフ・シュンペーター（Schumpeter 1951: 293）はかつて、「資本主義は過程であり、静止した資本主義は形容矛盾であろう」と述べた。この認識は正しいし、その意味で、脱成長は資本主義とは両立不可能である。つまり、脱成長というのは、本来、反資本主義的なプロジェクトなのである。しかし、これまで脱成長とマルクス主義との対話や協働は、後者のプロメテウス主義のせいで、ほとんど行われてこなかった。けれども、この状況は早急に変わる必要がある。そして、幸いなことに、「環境社会主義的な脱成長 ecosocialist degrowth」（Löwy, Akbulut, Fernandes and Kallis 2022）の提案によって、事態はすでに変わり始めている。

本書でも繰り返し見たように、「マルクスのエコロジー」の存在は、もはや否定できない合意事項となりつつある。特に「物質代謝の亀裂」概念は、脱成長を含む、環境保護主義やポリティカル・エコロジーの他の伝統と批判的に協働するための言説空間を切り開いた。しかも、近年、脱成長理論への注目が高まっており、ポスト稀少性経済をめぐるマルクスの構想を再検討し、アップデートする絶好の機会になっている。そこで、ＭＥＧＡに由来する新しい知見を用いることで、本書は、晩年のマルクスを「脱成長コミュニスト」として再解釈し、マルクス主義を生産力主義的な社会主義像から解放しようと試みたのである。

本書がマルクスの将来社会像を積極的に描こうとしたのは、抜粋ノート研究の成果に懐疑的な人々への応答をしたかったという理由もある。たしかに、「マルクスのエコロジー」がノートのうちに存在すると示すだけでは、その洞察が現代においても役立つと言うことはできない。21世紀の状況はマルクスの時代とはもちろんまったく異なるし、科学的知識のレベルも比較にならないからだ。だからこそ、「マルクスのエコロジー」は現代資本主義の分析に適用できないのではないかという懸念を表明する批判者が絶えないのである。また、マルクスの資本主義批判をこのように「緑化」することは、マルクスのテクストに対する「我々の」関心事の押し付けに過ぎず、マルクスの理論の深い欠陥や限界を無視していると異議を唱える人もいる。マルクスの理論は「時代遅れ」だとして、批判者たちは、「マルクス主義は理論的に周縁的なものになったのであり、『エコロジカルなマルクス』への希望は今や幻想と見なした方がよい」(Boggs 2020: 83) とさえ結論付けている。

たしかに、マルクスの態度や見解は常に一貫していたわけではなく、多くの点で両義的であった。だが、これはなんら驚くべきことではない。当然のことながら、彼の発想は、個人的な経験や、19世紀西欧の社会・経済構造、支配的な価値基準や規範によって、必然的に制約されていた。だから、マルクスの著作の中に生産力主義的、ヨーロッパ中心主義的な発言を見出し、それを批判することはもちろん可能である。しかし、歴史的、理論的、政治的文脈やマルクスの意図を十分に考慮せずに、いくつかの個別的な発言をもとにして、マルクスの理論全体を否定するのは、やはり不適切である。このような矮小化が特に問題なのは、マルクスがしばしば欠陥のある前提を反省し、自らの見解を修正していたからである。本書を通じて明らかにしたように、マルクスは1860年代以降、自らの以前の生産力主義的、ヨーロッパ中心主義的な立場をはっきりと放棄したのだった。

この理論修正の過程を丁寧に追うことで、マルクスの正しさを独断的に擁護したり、あるいはその逆に、若きマルクスの未熟な見解を過度に一般化してその有用性を盲目的に否定したり、といった不毛な議論を避けることができる。前者の態度が不適切なのは自明であるが、後者のような拒絶の姿勢も不幸なことである。なぜなら、マルクスは資本主義システムに対する批判を体系的に展開した数少ない理論家の一人だからだ。その知的遺産をあまりにも性急に否定することによって、資本主義を批判することがますます難しくなっている――無限の資本蓄積が今日の環境危機の明白な原因であることが明らかなのに、「資本主義リアリズム」を再生産し、強化してしまうのだ。

重要な点なので強調しておきたいが、MEGAを通じてマルクスの未公刊の著作を掘り起こすことは、人新世の環境崩壊を完璧に予測した彼の全能の世界観を神格化するための試みではない。以前の著作である『大洪水の前に』の抜粋ノート研究も、マルクスが環境問題に関心を持っていたという「単なる」事実を示すことで、マルクスを救うことを目指したわけではない。そもそも、マルクスの経済学体系は本質的に未完である以上、『資本論』が全てを説明したなどということはありえないのである〔01〕。

その限りで、マルクスの分析が人新世の状況にそのまま適用することはできないとしても、それでも、抜粋ノートに含まれているさまざまな情報は有益である。なぜなら、抜粋ノートはマルクスの未完の研究プロジェクトをどのようにしてさらに発展させることができるかの道筋を示唆しているからである。未完のプロジェクトだからこそ、それをさらに拡張していき、現代の科学的知見を取り込みながら、経済学批判のプロジェクトをさらに発展させることもできるのだ。これこそ、今日のマルクス研究者が取り組むべき課題である。なぜなら、そのような取り組みだけが、ソ連崩壊後の時代に、新しいポスト資本主義像を描くことを可能にするからである。

その意味で、『大洪水の前に』は、『資本論』を超え、人新世における他の環境保護主義の潮流と新たな対話の場を開き、ポスト資本主義の未来をより具体的に思い描くための準備的著作であったと言える。そして、本書が、その成果を踏まえて実際に、ポスト資本主義の未来を描き直す試みである。しかし、『資本論』を超えるということは、『資本論』を否定することと同義ではない。『資本論』は、資本主義の環境破壊を批判的に理解するために不可欠な方法論的基礎づけを提供している。この方法論のおかげで、地球システム、土壌・海洋エコロジー、気候変動に関するより最近の科学的発見を、マルクスの環境社会主義を補完するために利用することができるのだ。そうすることで、脱成長コミュニズムという理念が21世紀に浮かび上がってくる。

残念ながら、マルクスは脱成長コミュニズムの理念を具体的に描くことはなかった。マルクスは最期まで、さまざまな理論的非一貫性や限界、とりわけ生産力の発展に関係する諸問題に悩まされていたのである。結局、『資本論』第二巻と第三巻でそれまでの見解を修正して、新しい議論を展開することは十分にできず、生産力主義的・ヨーロッパ中心主義的な思想家にとどまったという印象が広まってしまった。マルクス主義の創始者であるエンゲルスでさえ、『資本論』の先にマルクスが探求していたものを十分に理解できず、マルクスの死後、一面的な印象はますます強まったのだった。

もちろん、これは、マルクス主義の歴史におけるエンゲルスの偉大な功績を否定するものではない。エンゲルスなしには、20世紀におけるマルクス主義の大きな成功は不可能だったからだ。ただし、エンゲルスが成功した理由は、具体的な社会的・政治的出来事に対する鋭い分析に加えて、マルクスの理論を「通俗化」したことが大きい。これは歴史の後知恵でしかないが、マルクスが予言したような、資本主義の胎内での新しい社会のための諸条件の成熟は、ようやく21世紀において達成されるかもしれないものであり、19世紀ないし20世紀の初頭においてそのような条件は存在し得なかった。エンゲルスの理論的努力の本質は、そのような状況において、マルクスの理論の主要な要素を、同時代の社会主義運動や労働者運動と両立可能な形へと意図的に「再構成」することであった。エンゲルスにとっての「マルクス主義」は、近代化という資本主義のイデオロギーに対する対抗イデオロギーとして、労働者階級に包括的な世界像を提供したのだ。しかし、この試みにおいて、エンゲルスは、「合理主義」、「実証主義」、「進歩的歴史観」、「生産力主義」、「ヨーロッパ中心主義」といったマルクスの理論——とりわけ初期マルクスには濃厚であった——のいくつかの近代主義的な側面を過剰に強調することになってしまったのである。

エンゲルスの成功の秘密が、近代化に対する無批判的な肯定であった限りで、「マルクス主義」は、近代資本主義社会を真に超えるために必要な理論を提供することができなかった。ウォーラーステイン（Wallerstein 1979）が指摘したように、「マルクス主義」は資本主義世界システムの中核部では代議制民主主義のもとで資本主義経済の修正を求める社会民主主義に転化した。また革命が成功した半周縁および周縁部では近代的政治権力の担い手となることで国際的な主権国家体制のなかに封じ込められ、中核部の資本主義とは異なる開発独裁型の国家資本主義という形態での近代化を正当化するためのイデオロギーとして機能するにとどまったのだ[02]。

このような歴史的推移のなかで、エンゲルスの理論的介入が「マルクス主義」の政治的ドグマ化の源泉としてみなされるようになると、このようなエンゲルスの理論的介入はマルクスの「歪曲」として厳しく批判されるようになる。エンゲルスは、マルクスと多くの見解を共有していたが、両者の間にはそれでも理論的な違いがあった。結局のところ、彼らは二人の異なる人間なのだから、これは驚くべきことではない。エンゲルスの哲学的プロジェクトは、マルクスの後期の理論的試みと両立可能なものではなかったのである。だからこそ、マルクスとエンゲルスを区別することは、『資本論』を超えるために不可欠な条件なのである。

本書で論じたように、1920年代にはすでにエンゲルスを批判し、西欧マルクス主義の形成に貢献したルカーチをこの文脈で再検討する価値がある。ルカーチのエンゲルス批判は、その不用意な定式化によって重大な誤解を招き、矛盾や曖昧さを批判されたが、ルカーチは後の西欧マルクス主義者とは異なり、マルクスの「物質代謝」概念に着目し、独自の議論を展開したのだ。ルカーチが『追従主義と弁証法』で精緻化した「方法論的二元論」——「存在論的二元論」ではない——は、資本主義下における人間と自然との緊張関係を主題化するために欠かせない。また、「同一性と非同一性の同一性」という概念も、価値の同一化の論理に抗う自然の非同一性をもとにして、人新世における資本蓄積の限界を批判的に理解するために不可欠である。

マルクス主義の「方法論的二元論」は、人間と自然の間のポスト・デカルト的な存在論へのオルタナティブとして、人新世においてこそ、大きな意義を持つ。デカルト的二元論が、人新世の複合危機、すなわち自然的なものと社会的なものとの絡み合いを特徴とする危機の分析のために不十分なのはたしかにそうだ。しかし、平坦な存在論やハイブリッド的一元論は、デカルト的二元論に代わる唯一の選択肢ではない。社会と自然の分析的な区別は必ずしもデカルト的二元論を意味しないので、マルクス主義にしばしば帰されるデカルト的二元論は藁人形論法であり、しかも、より生産的な「二元論」アプローチの可能性をア・プリオリに排除するという意味で悪質である。ジェイソン・W・ムーアの「亀裂」批判はその典型であり、マルクスの「素材」と「形態」の方法論的二元論を捉え損なっている。社会的なものと自然的なものは現実において深く絡み合い、手つかずの自然はもはや存在しないが、それでも社会的なものと自然的なものを分析的に区別し、資本主義的生産の歴史的特殊性とその矛盾をしっかりと把握することが、持続可能な生産の物質条件を明らかにするためには必要なのである。

ホアンボーやマルムは、すでにラトゥールらに対して「分析的二元論」を擁護しているが、本書はさらに踏み込んで、「方法論的二元論」がポスト資本主義像に理論的な影響を与えることを示そうとした[03]。近年の『要綱』に依拠した左派加速主義の生産力主義とは対照的に、マルクスは1860年代初頭に、「方法論的二元論」と整合的な形で「資本の生産力」批判を行うようになった。その結果、後期マルクスは、民主的、自律的で、さらには持続可能な生産を実現するためには、「資本の生産力」を解体しなければならないが、そのことが、社会的生産力の低下をもたらす可能性を意識するようになった。この洞察が、それまでの史的唯物論に大きな修正を迫ることになり、ポスト資本主義の構想にも大きな変化をもたらすことになっていく。

1870年代のマルクスにとって、ポスト稀少性社会の実現は、生産力の技術的発展だけに基礎を置く必要がなくなっていく。とりわけ、『ゴータ綱領批判』に登場する「協同的富」の潤沢さは、「脱成長」という理念をマルクスのポスト資本主義社会像に統合することを可能にしてくれる。だが、そうした解釈の可能性は長い間、プロメテウス主義のせいで完全に無視されてきたのだ。その限りで、本書の最終章における『資本論』の再解釈は、より平等で持続可能な社会を確立するために、これまでのマルクス像を解体し、『資本論』を超えるものなのである。

もちろん、「脱成長コミュニズム」という理念が現在、政治的に不人気な現状は認めなければならない。けれども、そのことは、この理念が役立たずであることを意味するわけではない。むしろ、脱成長コミュニズムの理念は、「緑の資本主義」や「緑の近代化」だけでなく、左派加速主義的な環境社会主義やエコモダニズムの問題点を浮かび上がらせ、真に公正で持続可能な未来を思い描くために必要なのだ。環境社会主義であっても、緑の資本主義と同様に、それが経済成長の原理によって駆動される限りで、持続可能なものになり得ない。それに対して、脱成長コミュニズムは、経済成長なきポスト稀少性社会を目指す。資本が作り出す人工的稀少性を克服し、コモンとしての富の潤沢さを取り戻せば、社会の繁栄は可能だからである。

そうだとすれば、この気候危機の時代に求められているのは、価値、物象化、階級、社会主義、エコロジーについてのマルクスの理論を否定することではなく、脱成長という立場からマルクス主義の遺産を徹底的に再解釈することではないだろうか。ソ連崩壊後の停滞を乗り越え、ポスト資本主義のビジョンを大胆に刷新することは、環境保護主義のさまざまな潮流との対話をより豊かで実りあるものにし、人新世の危機における人類の生存可能性を追求するために不可欠な仕事になりうる。そのような仕事は本書だけでなく、世界中のいたるところで、理論的・実践的に生まれつつある。だからこそ、脱成長コミュニズムの政治プロジェクトが本当に幻想的でしかないかどうかは、歴史の審判を待つことにしよう。

日本語版あとがき

本書は2023年2月にケンブリッジ大学出版から刊行された *Marx in the Anthropocene: Towards the Idea of Degrowth Communism* の日本語版である。翻訳原稿の下準備は、竹田真登さん、持田大志さん、高橋侑生さんが行なってくれた。ただし、日本語としての読みやすさを優先して、その後私自身が表現や内容の修正をかなり施している。そのため、英語版と対応していない箇所が多々あり、日本語訳というよりは、日本語版であることをご承知願いたい。

英語版のタイトルは日本語にすれば、『人新世のマルクス　脱成長コミュニズムの理念に向けて』であり、『人新世の「資本論」』（集英社新書）と並行して準備していた2冊目の学術書である。1冊目の学術書である『大洪水の前に　マルクスと惑星の物質代謝』（角川ソフィア文庫）と同様、本書も先に英語で刊行されている。そのため前著同様、日本国内よりも、英米圏での論争や社会運動を強く意識して書かれている点に注意されたい。

このことは、人文社会科学におけるエコロジーをめぐる左派の議論が、英米圏において現在進行形で活発に行われているという理由が大きい。実際、このあとがきの執筆時点で刊行からまだ半年ほどだが、すでにいくつもの書評が刊行され、現在進行中の論争にも重大な変化が生じており、そのいくつかを紹介することで、日本語版のあとがきに代えたい。

『大洪水の前に』の原著タイトルは、『カール・マルクスの環境社会主義』であるが、本書はこの間の研究成果を踏まえ、マルクスのポスト資本主義は単なる「環境社会主義」ではなく、「脱成長コミュニズム」であることを明示化したことに大きな違いがある。本文でも述べているように、「環境社会主義」そのものは、経済成長の可能性を排除するものではない。それゆえ、経済成長は一定点を超えると持続可能ではないということをはっきりと認める「脱成長コミュニズム」を打ち出すことには意義がある。実際、英米圏では、グリーン・ニュー・ディールを支持するマルクス主義のマット・ヒューバー(Huber 2023)やデイヴィッド・シュワルツマン(Schwarzmann 2023)らを中心に、本書への批判が行われており、今後はエコモダニズム的な環境社会主義との論争が展開されることになるだろう。

本書の読者であればすでに知っているように、「脱成長コミュニズム」としての晩期マルクスというテーゼは、『人新世の「資本論」』で打ち出したものである。ただし『人新世の「資本論」』では、現代の気候危機との関連で脱成長の必要性を論じることに力点を置いていた。それに対して、本書の第三部では、より詳細に抜粋ノートの内容を扱い、マルクスが脱成長という考えを受け入れるようになった過程を丁寧に論じた。さらに、本書第二部では、英米圏の左派の議論を分析しながら、近年、アクター・ネットワーク理論やマルチスピーシーズ人類学の影響で、マルクス主義でも影響を広げている一元論に対しての批判を行っている。この点は、今後一つの大きな論点となるだろう。実際、マルクスの「素材」と「形態」の二元論に対しては、英国ガーディアン紙で好意的な書評(‘A greener Marx?’)が寄せられている。

この間でのもっとも大きな変化は、『マンスリー・レビュー』6・7月号で、編集長であるフォスターがはじめて明示的に脱成長の必要性を認め、「脱成長」特集を組んだことである(Foster 2023)。そこには、ヒッケルに代表される脱成長派からも論文が寄せられている。私も寄稿を求められていたが、残念ながらスケジユールの都合で引き受けることは叶わなかった。けれどもまさに、このような対話が行われることが、「脱成長コミュニズム」を掲げた本書執筆の狙いであり、歓迎すべき前進なのは間違いない。

それでも、「脱成長コミュニズム」などというものをわざわざ掲げることへの疑念を感じる読者もいるかもしれない。なぜ、今日そのような作業が必要かといえば、社会変革の指針となるようなグランド・セオリーの不在が言われて久しいからである。その結果、社会変革のビジョンがAIのシンギュラリティとか、電気自動車と太陽光のグリーン革命のような、技術論になってしまっているのだ。けれども、技術革命論は保守的である。なぜなら、「資本の生産力」としての技術は、資本蓄積と相容れない技術は排除し、環境負荷などの矛盾を外部化することで、グローバル・ノースにおけるこれまで通りの生活を維持することに貢献するからである。

むしろ今必要とされているのは、現代の技術が前提としているパラダイムそのもののラディカルな批判である。資本主義の停滞が格差や環境問題といった問題を引き起こしているからこそ、「自由」や「豊かさ」などをめぐって、新しい考えを積極的に提起すべきなのだ。そのために、21世紀の新しい基盤となるような理論が求められる。それが、各人のさまざまな持ち場での個別の新しい実践につながっていくだろう。本書による旧来のマルクス像の「解体」が、そのような新しい「発展」や「解放」のビジョンに貢献できることを心から願っている。

フランス語版では、マルクスはその箇所を「私的所有」と訂正している（林直道訳『資本論第１巻フランス語版』、大月書店、1976年、203頁)。エンゲルスは、この修正をドイツ語版第３版に反映させなかった。このことは、エンゲルスがこれらの概念の違いについて、敏感でなかったことを示唆している。

09 ジョン・ベラミー・フォスター（Foster 2008: 96）は『要綱』におけるマルクスのエコロジカルな資本主義批判の存在を強調しているが、当時のマルクスが十分にエコロジカルであったかどうかは必ずしも明らかではない。

10 「左翼リバタリアニズム」という解釈は、1868年以降において、マルクスが前資本主義的共同体に集中的に取り組んでいたこととも両立不可能である。

11 エルネスト・マンデル（Mandel 1992: 206）は「潤沢さ」を「需要の飽和」と定義している。彼は続けて、「比較的豊かな国々では、大富豪だけでなく、人口の大半にとっても、すでに多くの財がこのカテゴリー〔需要の飽和〕に分類される」と主張している。潤沢さはすでに存在するが、資本主義のもとではそのように感じることはできないのだ。

12 資本の物象化された力を廃止するだけでは、持続可能な生産の実現は保証されない。なぜなら、生産は物質的な過程であり、化石燃料を燃やすことは、それが資本主義で起ころうと社会主義で起ころうと、気候に対して同じ影響をもたらすからである。ポイントは、非資本主義社会が資本の無限の競争と無限の蓄積から解放されることで、生産と消費のより意識的な制御の余地が広がるということである。

13 その結果、これらの部門には資本主義の中でどうしても十分なリソースが投下されず、低賃金と長時間労働が蔓延する。

14 マルクスは、剰余労働と剰余生産物は、どのような社会にも常に存在することを強調していた。しかし、資本主義の下でのみ、それらはほとんど無限に拡張されるのである。

15 「労働」は再生産労働を含む必要がある。それは、「賃労働」という資本主義のカテゴリーに還元されるべきではない。

16 ここで提唱されている立場は、抽象的労働の廃棄（Postone 1993）とは異なるものである。抽象的労働は資本主義的生産様式に特有なものではなく、私的労働とともに「価値」が超克されることはあっても、抽象的労働までが廃棄されることはありえない。ポスト資本主義社会においては具体的労働と抽象的労働の両方が残存するが、「価値」がもはや社会的再生産の組織原理ではなくなるため、抽象的労働の存続が労働者たちの支配をもたらすことはないのである。

17 生産過程における全員の自律性を重視した経済の減速は、労働時間の短縮に限界を課すことになる。そのため、労働の内容を魅力的なものに変容させることがより重要となってくる。もちろんその際には、誰もがより自由に、自律的に労働できるような新しい技術を導入する可能性は排除されない。

18 資本主義では、高スキルの労働はしばしば高収入によって特徴づけられ、それが経済格差を生む。コミュニズムでは、これらの仕事は、際限のない高給という形ではなく、労働時間を短くするという仕方でも、対価が払われるのだ。

19 ただし、これは、脱成長経済にとって必然的な帰結ではない。利潤追求の恒常的な圧力から解放されれば、自由にアソシエートした生産者が、より革新的で独創的なアイデアを生み出すことができるかもしれない。例えば、学術機関の研究者は、利潤追求ではなく、知的好奇心や喜びを原動力にして、画期的な発見をしていることからも、その可能性は否定できないだろう。

結論

01 マルクスのエコロジーが19世紀の時代遅れの科学に過度に依存しているという印象は、『資本論』におけるリービッヒ受容ばかりを一面的に強調した結果である。しかし、リービッヒの掠奪農業に対する批判を絶対視する必要はない。マルクスは『資本論』第２版において、リービッヒに対する過大評価を修正しているからだ(Saito 2017)。

02 同じ点を最近、中国についてブランコ・ミラノヴィッチ（Milanović 2019）が提唱している。この意味において、彼の「政治的資本主義」という発想は、マルクス主義にとって何も新しいものではない。

03 ホアンボー（Hornborg 2020）も脱成長を擁護しているが、ポスト資本主義的な未来のヴィジョンについては抽象的なままである。一方、マルム（Malm 2021）は、この点に関して沈黙したままだ。

章で論じている。

34 クリスティン・ロスは「アナーキスト・コミュニズム」(Ross 2015: 104)と呼んでいるが、これは本書で私が脱成長コミュニズムと呼んでいるものとよく似ている。この点については、次章でも立ち返る。

35 マルクスは1872年に出版された『共産党宣言』ドイツ語第二版において、「労働者階級は、できあいの国家機構をそのまま掌握して、自分自身の目的のために行使することはできない」(『全集』第18巻、87頁)と付け加えている。この発言は、コミューンの経験が国家による中央集権化というそれまでの戦略を見直すきっかけとなったことを示すものである。

36 例外としてマックス・コッホ(Koch 2019)は脱成長とマルクス経済学の接合可能性を支持しているが、彼も脱成長がマルクス自身の見解と両立するかどうかを問うていない。ただマルクスの終わりなき資本蓄積に対する批判を脱成長理論へのインスピレーションとして利用しているだけである。

第七章

01 新型コロナウイルスの世界的流行は、人間の命を守るために経済活動に緊急ブレーキをかける可能性を示したものでもある。当然、そのような緊急ブレーキは、継続的な経済成長を前提とする経済システムの下では深刻な混乱を引き起こした。脱成長はより計画的なブレーキをかけることを目指すのだ。

02 セルジュ・ラトゥーシュ(Latouche 2006)がその一例である。加えて、Herman E. Daly(1992)は、後述するようにマルクスの社会主義を支持することからは程遠い。また、Tim Jackson(2021)も、やや論調の変化は見られるが、社会主義やコミュニズムを支持するまでにはいたっていない。

03 マルクスも述べているように、この本源的な収奪過程は、「この分離を維持するだけでなく、絶えず規模を拡大させつつ、それを再生産する」(『資本論』 I: 874)ため、今日でも続いている。

04 ハーヴィー(Harvey 2004)は、マルクスの本源的蓄積の概念を、「掠奪による蓄積」として拡張し、新自由主義を分析している。ハーヴィーは、資本家階級のために労働者階級から富を奪うという政治的プロジェクトに焦点を当てているが、自然の問題は依然としてほとんど言及していない。この点については、第四章も参照。

05 これは、1844年以来のマルクスの一貫した立場である(Saito 2017)。

06 「無保護の」プロレタリアートは、自動的に、勤勉な労働者になるわけではなかった。罰と規律訓練によって資本の指導に服従させるには、長い時間が必要だったのである。この意味で、本源的蓄積は一回限りのプロセスではなく、繰り返されなければならない。しかし、いったん資本のレジームが確立されると、状況は資本にとって有利になる。奴隷や農奴は、その客観的存在が基本的に確保されているので、直接的な人格支配のもとで、恐怖からしか労働しなかった。それに対して資本主義社会の労働者は自らの必要に駆られて「自由に」労働するので、肉体的暴力という外的脅威がないにもかかわらず、より生産的になる。「奴隷に比べれば、この労働は、強度が高くなり、持続性が増すので、より生産的になる。というのは、奴隷はただ外的な恐怖に駆り立てられて労働するだけであって、彼のものではない彼の生存のために労働するのではないが、これに反して、自由な労働者はみずからの欲求に駆り立てられて労働するのだからである。自由な自己決定の——自由の——意識は、一方を、他方に比べてはるかに良い労働者にする。責任感もまたそうである」(『資本論草稿集』⑨、374‐375頁)。

07 賃金労働を奴隷制と対比し過ぎて、両者の類似性を忘れてはならない。マルクスはこの点を強調するために「賃金奴隷制」という表現を使った。マルクスは、賃金労働のシステムは「ベールに包まれた奴隷制」にほかならない、とさえ論じている。綿工業はイギリスには児童奴隷制をもちこんだが、それは同時に、合衆国の以前は多かれ少なかれ家長制的だった奴隷経済を商業的搾取制度に転化させるための原動力をも与えた。一般に、ヨーロッパでの賃労働者の隠された奴隷制は、新世界での文句なしの奴隷制を脚台として必要としたのである。(『資本論』第一巻、991頁)

08 マルクスは、『資本論』第2版では、「私的所有」と「個人的所有」を完全に区別してはおらず、「個人的所有」は第25章で全く異なる意味で登場している(江夏美千穂訳『第二版 資本論』、幻燈社書店、1985年、891頁)。1875年の

22 この意味で、ジョーンズの想定とは異なり、マルクスがロシアの共同体の生命力を資本に対する抵抗の場として認めたことは、共同体社会を「理想化」したことと同じではないのである。実際、マルクスはザスーリチへの手紙のなかで西欧諸国における農耕共同体への回帰を求めたわけでも、その農村生活を無批判に支持したわけでもなかった。マルクスは、伝統的な共同体の排他的、家父長制的、保守的な特徴をつねに懸念していた。ザスーリチへの手紙の実際の内容がマルクスの西欧におけるポスト資本主義社会の定式化と関係があると主張しているのは、私の知る限りでは福冨正美（1970: 172）だけである。しかし、福冨もその姿については具体的に展開していない。

23 先に述べたように、マルクスが書いた『資本論』第二巻の草稿は現在MEGA Ⅱ/4.3およびⅡ/11で読むことができる。マルクスは『資本論』第二巻のために第８稿まで用意し、最後の草稿は1881年の前半にザスーリチへの手紙と同じ紙を使って書かれた。内容的には、マルクスは第８稿で第二巻に残された問題、特に再生産表式に関する問題をほぼ解決した（MEGA Ⅱ/11）。ところがジョーンズ（Stedman Jones 2016）は、1880年代のマルクスがすでに知的能力を失い、ロマン主義的なノスタルジーに陥っていたとの印象を読者に与えるために、この草稿にも言及しないのである。

24 リービッヒも掠奪の批判において前資本主義社会を論じているが（Liebig 1862）、マルクスはこれに注目せず、1864年に『農芸化学』を読んだ際には、これらの関連箇所について抜粋していない。ここに1868年以降の関心の拡大がうかがえる（Saito 2017）。

25 マルクスはその後1870年代にマウラーからの抜粋を２度行っている。このことは、彼にとってマウラーがいかに重要な存在であったかを示している。未公刊ではあるが、マルクスの関心の変化をより詳細にたどるためには、この後期のノートの研究が必要であろう。

26 マルクスは1876年にマウラーの『村落制度史』を読んでいる。

27 平子友長（2016）が指摘するように、『要綱』と比較してマウラーの著作を読んだ後のマルクスのゲルマン協働体における所有概念にも変化が見られる。こうした変化はエコロジー的な観点からも再検討される必要がある。これらの抜粋はMEGA Ⅳ/24で公刊される予定である。

28 マウラーは、これらの農耕共同体のいくつかの側面が19世紀にまで残っていると主張している（MEGA Ⅳ/18: 544）。

29 カエサルが論じているように、無駄な土地の存在さえも共同体の力を他者に示すための意図的なものだったのである。
「いくつかの州にとって、周囲にできるだけ広い砂漠があることは最大の栄光であり、その辺境は荒れ果てたものである。人々は、その土地から隣人を追い出してその地が放棄され、誰も自分たちの近くに定住する勇気がないことが、自分たちの腕前の本当の証拠だと考えている。同時に、突然の侵入の心配がなくなるので、その分より安全になると考えている」

30 アンドレ・ヴァリツキも、マルクスのザスーリチ宛の手紙がチェルヌイシェフスキーの議論を踏襲していると指摘している。「マルクスの推論は、ニコライ・チェルヌイシェフスキーの『土地の共同体的所有に対する哲学的偏見の批判』に非常に類似している」（Walicki 1969: 189）。

31 和田（1975）は、西欧における革命よりも、ロシアにおける一国革命の先行性をマルクスが唱えるようになったと述べる。この点に関して、本書は異議を唱えたい。1880年代のマルクスの問題意識の核心は、西欧における原古的な共同体への「回帰」としての脱成長コミュニズムなのである。

32 マルクスはミルを厳しく批判しており、ミルの「定常状態」を直接論じることはなかった。ここでの比較は、定常型経済という考え方が古典派経済学にとって異質なものではなかったことを示すに過ぎない。チェルヌィシェフスキーの『「Ｊ・Ｓ・ミル経済学原理」への評解』もミルの定常型経済に関する議論を扱っていないので、1870年にマルクスが同書に取り組んだことが資本主義の将来についてのミルの予測に対する彼の見方を変えることに貢献したとは考えにくい。

33 ポスト資本主義の想像力に関して本書で分析できていないことは、マルクスがパリ・コミューンと出会ったことで、彼の思考に「多大な創造性」（Ross 2015: 77）が与えられた出来事である。パリ・コミューンの体験がどのように彼の認識の枠組みを変え、可能性の新しい領域を切り開いたのかは、『ゼロからの『資本論』』第６

14 コヴァレフスキーも「西ヨーロッパ的な用法での封建主義」をインドに適用していた限りで、マルクスは距離を置いている。マルクスは、コヴァレフスキーが封建主義の本質的な要素である「農奴制」がインドには存在しないことを見落としていると指摘しているのだ(Krader 1975: 383)。

15 ここでは、これら三つの草案の執筆順序が実際には第二、第一、第三の順番だったと主張する日南田(1975)に従う。

16 かつてマルクスは、「アジア的またはインド的な所有形態がどこでも端緒をなしている」(『全集』第32巻、37頁)と主張していたが、ここでその見解を訂正したのだ。

17 和田(1975: 206)は、ここでも、マルクスとエンゲルスの違いを強調している。マルクスはエンゲルスよりもロシア革命の可能性に熱心であったというのだ。エンゲルスは1875年に、次のように書いている。

「ロシアの農民がブルジョア的分割地所有という中間段階を経過せずともすむような仕方で、この社会形態をこのより高次の形態に移しいれる可能性があることは、否定できない。だが、そうしたことが起こりうるのは、共同体所有がまだすっかり解体してしまわないまえに、西ヨーロッパでプロレタリア革命が勝利のうちに遂行され、それがロシアの農民に、この移行のための前提諸条件、ことに〔…〕農民が必要とする物質的な諸条件をも、提供する場合に限られる。」(『全集』第18巻、561頁)

しかし、『共産党宣言』のロシア語版序文はエンゲルスによって書かれているにもかかわらず、革命のイニシアチヴはロシアに置かれている。和田はここにマルクスの介入を見出す。マルクスとエンゲルスは、当時ロシアが西欧とは異なる社会主義への道を歩むことができるという見解を共有していたが、エンゲルスはロシア革命成功の条件として西欧のプロレタリア革命の必要性を強調した。エンゲルスはまた、マルクスの死後、農耕共同体に基づくロシア革命の時期はすでに過ぎ去ったと判断した。

18 「アジアでも、アフガン人などのあいだで、やはりこの「農村共同体」に出くわすが、しかし、それはどこでも、社会の原古的構成の最近の型として、いわばその最後のことばとして現われている。」(『全集』第19巻、406頁、強調原文)

19 これは必ずしも事実ではない。マルクスはマクシム・M・コヴァレフスキーから大きな影響を受けているが、コヴァレフスキーはマウラーやモーガンよりも若い世代であり、「時代遅れの」文献学的研究にのみ焦点を当てていたわけではなかった。ジョーンズは、コヴァレフスキーに関するマルクスのノートの重要性を意図的に周縁化し、短い文章で彼の仕事に言及するにとどめている。さらにリントナー(Lindner 2010: 36)が主張するように、ロシアの農耕共同体に関する分析の一部が誤った情報に基づいているとしても「すべての重要性を失うわけではない」。たとえば『要綱』の「資本主義的生産に先行する諸形態」についても、その記述は、アジア、ローマ、ゲルマン社会に関する不正確な歴史的前提を含んでいるとして批判されている。けれども、理論的な狙いが明らかになれば、歴史的事実に関する誤りのためにマルクスの洞察を放棄する必要はない。エレン・M・ウッドは次のように主張する。

「マルクスは、その歴史的考察において実際に重大な誤りを犯していた。その理由は、彼自身の欠点というよりも『要綱』執筆当時の歴史学の状況と関係がある。しかし、マルクスがこの誤った知識を基礎として構築した体系は、マルクスが構想した史的唯物論の弱点ではなく力を明らかにするものであり、マルクスは既存の学問の限界を超えていたのである。」(E. Wood 2008: 79)

晩期マルクスはさらに進んでいく。マルクスはたんに資本主義の特殊性を認識するためにこれらの地域を研究していたのではなく、非西欧の共同体が有する革命的生命力を理解するために研究していたのであり、それにより西欧における革命も再考を迫られたのである。

20 1881年に作られた書籍リストには、マルクスが重要視した115冊のロシア語の本が挙げられている。また、マルクスの蔵書には、ロシアに関する67冊の本があった。

21 アンダーソンやステッドマン・ジョーンズだけでなく、リントナー(Lindner 2010)やマルチェロ・ムスト(Musto 2020)も、マルクスの非西欧社会との関わりを論じる上で環境問題の扱いに注意を払っていない。先行研究は晩期マルクスのノートの重要性を、ポストコロニアル研究が投げかける疑問や批判に答えるための道具に還元してきたのである。

釈で読んでいる。その際、フォスターはマルクスを1840年代以降一貫したエコロジストとして扱うのだが、私見では、マルクスが環境問題に対して強い関心を持つようになったのは1860年代に入ってからである。

04 フラースはこんにちではほとんど知られていないが、彼の影響はアメリカにおける近代の保全運動の立ち上げに貢献したジョージ・パーキンス・マーシュの『人間と自然』(1864年)にも見て取れる。

05 MEGA第Ⅳ部は現在オンラインで一部公開されている。ジェヴォンズの著書からの抜粋を含むノート「London. 1868」は次のリンクから見ることができる。
https://megadigital.bbaw.de/exzerpte/detail.xql?id=M0004847&sec=1.

06 ジェヴォンズはイギリスの資本主義にとっての安価な石炭の重要性を強調するにあたってリービッヒに言及している。「リービッヒ男爵が言うように、文明とは力の経済であり、私たちの力は石炭である」(Jevons 1865: 105)。

07 ジョエル・コヴェル(Kovel 2001: 80)はマルクスが自然に固有の価値を認識していたかどうかについて疑っている。コヴェルからすればマルクスは自然をたんに人間の道具として扱っていたということになるが、この種の批判はマルクスのノートに記録された発言によって反証されうる。その代わりにコヴェルは、ヤコブ・ベーメが提案したような自然の価値に対する美的直観を支持しているが、それが理想主義やロマン主義への後退を示しているのである。これは、ディープ・エコロジー(Næss 1973)に代表されるように、人間中心主義を超えようとする環境保護主義にしばしば見られる傾向である。

08 マルクスは『資本論』第二巻の草稿で、ウィリアム・ウォルター・グッドの『政治・農業・商業に関する謬見』(1866)から引用して、飼育時間の短縮をつねに迫られるという畜産の例も出している(MEGA Ⅱ)。生産時間の短縮には生物物理学的限界が存在し、資本主義の利潤追求は動物の早すぎる屠殺につながるのだ。

09 ティエリー・ドラポー(Drapeau 2017)は、より早い転換を主張する。具体的には、すでに1853年の段階で、マルクスは反植民地主義・奴隷制廃止論の立場をとっていたと論じるのである。その理由は、イギリス帝国主義を非難し、抵抗運動を労働者階級が支援する必要性について論じたアーネスト・ジョーンズの主張にマルクスが感銘を受けたからだという。ドラポーが論拠として挙げるのは、マルクスが「イギリスのインド支配の将来の結果」という記事において、イギリスのインド支配を「ブルジョワ文明に内在する野蛮さ」の例として非難した箇所である。しかし、ドラポーは先に引用したマルクスによるイギリス帝国主義の進歩的性格に関する一節について説得力のある説明を与えていない。それ以外にも、ドラポーが見落としている点がある。たとえば、エンゲルスは1847年のポーランドに関する演説で、「一民族は他民族を圧迫しつづけながら同時に自由になることはできない」(『全集』第4巻、431頁)と述べている。もしマルクスが1850年代初頭にジョーンズから共同作業を通じて多大な影響を受けたのだとすれば、エンゲルスは1840年代にすでにマルクスにもっと強い影響を与えたのではないだろうか。

10 本章で論じたように、マルクスが著作でこれらの点を詳しく展開していないというのは事実だ。また、マルクスの歴史が「歴史1」と「歴史2」から構成されているというチャクラバルティの議論には同意したい。実際、そのような歴史の把握法はマルクスの方法論上の核心を構成するものである。

11 マルクスのハクストハウゼンに対する評価もかなり否定的であった。彼は1858年に次のように書いている。「私たちは、けなげな政府顧問官ハクストハウゼンが、およそ〔ロシアの〕諸「官庁」により、そしてまた官庁によって訓練された農民により、いかにまんまと欺されたかの証明を入手するだろう。」(『全集』第29巻、282頁)

12 ハクストハウゼンは、ロシア共同体はゲルマン共同体と異なるとしていたが、彼は分析を通して明らかに2種類の共同体を似たものとして扱っている。

13 一般に、マルクスが『オテーチェストヴェンヌィエ・ザピスキ』編集委員会に宛てた手紙は、ミハイロフスキーの論文発表直後の1877年11月に書かれたとされている。しかし、1878年11月15日付のダニエルソンへの手紙にある「他はたしかミハイロフの論文」という表現は、マルクスがそれまでミハイロフスキーの主張をよく知らなかったことを示している。そこで、ここでは、和田(1975)の年代推定に従う。

働者にとって完全に疎遠なものとして現れるのだ。例えば、従来のタクシー運転手であれば、運転手としての経験に基づく一定の知識を持っている。たとえば、どの道を通れば乗客が増えるのか、混雑を避けることができるのか、といった知識である。その知識によって、仕事における一定の自律性が生み出されているのだ。しかし、タクシーに搭載されたGPSがドライバーの行動に関するデータを収集し始めると、企業はどのように運転し、どの道路を利用するのかについてのビッグデータを分析することができるようになる。すると、プラットフォーマーはタクシー運転手の知識を独占することができるのだ。ビッグデータから算出されたアルゴリズムに基づき、企業は各ドライバーに命令する新システムを構築し、導入することができる。そうすることで、資本は、自律的な知識を持つ古いタクシー運転手を何の経験もない運転免許を持つだけの人に置き換え、スマートフォンのディスプレイに表示される指示に従うだけの状態にすることができる。情報技術の時代にも「構想」と「実行」の分離は進んでいるのである。

25 原子力とジオ・エンジニアリングは、「閉鎖的技術」の例である。それらの技術を民主主義的に制御することは不可能なのだ。むしろ、先進国の政治的決定が気候システムや海洋システムに対する不可逆的な介入を決定し、将来、人間と自然との物質代謝を組織する自律的な方法を取り戻す可能性を排除してしまう。

26 ゴルツは、資本主義における「開放的技術」の可能性を否定していない。しかし、インターネットを「開放的技術」としてみる彼の楽観的な見解は、「監視資本主義」(Zuboff 2019)の形成に直面している現状を鑑みると、純朴に映る。

27 スルネックとウィリアムズ(Srnicek and Williams 2016: 15)が「素朴政治」と呼ぶものは、直接民主主義の理念に基づく小規模かつ水平的な集会を特徴とする。「アセンブリー」は、市民的正義の即時的達成を目指す。彼らによれば、「素朴政治」は一般的に世界規模の問題やグローバルな経済システムへの挑戦をあきらめ、代わりに顔の見えるローカルなレベルの直接民主主義を目指すという。このような政治的野心の縮小は、ソ連型社会主義の失敗と新自由主義的な常識形成の結果だとされる。スルネックとウィリアムズは、ローカルフード運動やウォール街占拠運動は、解決しようとする問題がグローバル資本主義システムと地球システムに関係するため、何の効果もないと主張する。彼らは、進歩と解放のための普遍的なプロジェクトこそが必要だと訴える。しかし問題は、彼らが提唱する完全自動化がそうした変革の主体性を損なってしまうところにある。

28 加速主義がコミュニズム版の選挙主義であるのに対し、エコモダニズムは資本主義市場への国家の規制と介入を提唱する「社会民主主義」版の選挙主義と言えるだろう。ジョナサン・シモンズ(Simons 2019: 12)も、国家が「そのような役割を担う能力と社会的使命を持つ唯一の行為者」であることから「国家主導のイノベーション」の重要性を主張している。気候危機を緩和する過程における国家の中心的重要性を否定する理由はないが、国家権力の活用方法はエコモダニズムという形だけではない。本書も「素朴政治」を擁護するつもりはない。とはいえ、技術ばかりに一面的に注目すると、しばしば現在のシステムの不合理で搾取的な性格が神秘化されてしまう。「素朴政治」は少なくとも、グローバル・サウスの人々との「連帯的生活様式」を求めて、グローバル・ノースにおける現在の生活様式に挑戦している点できちんと評価されるべきである(Brand and Wissen 2021)。

29 こうした政治的決定は、既存の権力の非対称性を強化することになる。先に述べたように、このような形でジオ・エンジニアリングが導入されると、地球のスチュワードシップの名の下に権力による意思決定は正当化される。その代償として多くの人々――グローバル・サウスの人々――は技術による他律的な支配に隷属させられることになる。

30 マルム(Malm 2020)は「環境レーニン主義」を主張する。彼の意図は十分に理解できるが、レーニン主義もまた「資本の生産力」の問題を解決するものではない。

第六章

01 また、エンゲルスがマルクスの草稿を編集する際に読み上げたものを書き留めたテキストを使用したことも、こうした草稿の痕跡が一掃されてしまった大きな理由である。

02 最新の動向は、*Marx-Engels-Jahrbuch*によって追うことができる。

03 フォスター(Foster 1998: 171)は、これらの箇所を、マルクスとエンゲルスを擁護する別の解

である。

15 大野はこのノートを利用できなかったが、ここでの私の議論は基本的に彼の考察に従っている。この抜粋ノートを収録したMEGA Ⅳ/17は現在、私を含む日本チームが編集中である。また、マルクスのノートをデジタル化したものはオンラインで閲覧可能である。https://search.iisg.amsterdam/Record/ARCH00860/ArchiveContentList#A072e534c62

16 この一節は、後にマルクスが『1861－63年の経済学草稿』で利用している（MEGA Ⅱ/3: 251）。

17 この伝統的な見解は、マルクスのテキストの誤った解釈ではない。つまり、「序言」の解釈としては正しいが、それに固執するだけでは、その後のマルクス自身の見解の変化を見逃すことになるのだ。

18 マルクスとエンゲルスは、「あらゆる従来の歴史的段階上に存在するところの生産力によって条件づけられているとともに、またこれら生産力を条件づけもするところの交通形態〔すなわち生産関係〕は市民社会である」（『全集』第三巻、32頁、強調原文）と述べている。彼らは続けて次のように主張する。「生産力の発展においてある段階に達すると、そこに出てくる生産力と交通手段は現存の諸関係のもとではただ災いのもととなるだけでなんらの生産力でももはやなく、かえって破壊力となる」（『全集』第三巻、65頁）。ここでマルクスとエンゲルスは、生産力が人間社会の歴史的段階を決定するという見解を示し、「足枷」が取り除かれれば、社会主義社会でも生産力の発展が続くという可能性を支持した。問題は当時のマルクスとエンゲルスが、社会主義が生産力を自動的に持続可能にするのではなく、引き続きその発展が「破壊力」にしかならない可能性を認めなかったことである。

19 「直接的形態における労働が富の偉大な源泉であることをやめてしまえば、労働時間は富の尺度であることを、だからまた交換価値は使用価値の〔尺度〕であることを、やめるし、またやめざるをえない。大衆の剰余労働はすでに一般的富の発展のための条件であることをやめてしまったし、同様にまた、少数者の非労働は人間の頭脳の一般的諸力の発展のための条件であることをやめてしまった。それとともに交換価値を土台とする生産は崩壊する。」（『資本論草稿集』②、490頁）

20 この問題は、マルクスが「資本の偉大な文明化の影響力」という悪名高いヨーロッパ中心主義を支持したこととも関連している（Löwy 2019）。この問題については次章で論じる。

21 マルクスにならって、平子（Tairako 2017）はこの経済的形態の物的側面への浸透を「物化」（Verdinglichung）と呼び、「物象化」（Versachlichung）とは区別している。

22 マルクスはこの文脈で直接言及していないが、資本主義的生産様式には、科学技術を下支えする資源とエネルギーの歴史的に特殊な編成方法も含まれる。当然、これについても、「資本の生産力」を解体する過程で根本的に変化させる必要がある。まさにそれこそが持続可能な生産の条件なのである。

23 当然、生産規模の縮小は従来のマルクス主義者にとって選択肢にはなり得なかった。その場合残された選択肢は、「資本の生産力」の官僚的管理となり、これこそがソ連の失敗という道につながっている。本書の残りの２章の中心的な話題となるのは、生産を縮小し減速する「脱成長」という道である。

24 生産力主義のもう一つの問題は、生産量の最大化は人間の主体性を剝奪し、主体と客体の転倒を強化する技術によって可能になるという点にある。量的な潤沢さという基準だけではポスト資本主義がどのような技術を積極的に採用すべきかはわからない。実際、「実質的包摂」の分析は、まさに労働過程全体を再編し生産性を高めることによって、資本の専制的な体制が労働者の自律性を奪うことを示したのだった。環境社会主義は、資本主義による監督・指揮の機能が消滅した後に、労働過程を規制し調整する自律的な能力を労働者に授けることを目的とした新技術を発展させる必要がある。そうでなければ、少数の手に権力が集中する危険性があるからだ。その場合、人々は平等になるかもしれないが、けっして自由ではない。生産手段の国有化は平等を実現する目的で導入されうるが、その結果、画一主義がもたらされた。同じことはユートピア社会主義者が称賛する情報技術の発展という文脈でも起こりうる。アルゴリズムが社会的協業を効果的に調整・指示することで生産性は大幅に上昇する。しかし、ビッグデータに基づくアルゴリズムに、労働者は従属することになる。労働者はこのアルゴリズムがどのように導かれているかを知らないため、命令は労

朴なヒューマニズムの擁護とがどのように両立しうるかは明らかではない。

06 この草稿の流行はいまにはじまったことではなく、以前よりアントニオ・ネグリ、マリオ・トロンティ、パオロ・ヴィルノといったイタリアのマルクス主義者たちにとって重要なテキストであった。現代のユートピア社会主義者たちはこの伝統を情報技術の時代に合わせて論じ直しているのである。

07 マルクスは、労働力の再生産に「必要」とされるものが生産力の発展とともに変化することを認識していた。それゆえ、一方的に、生産力の上昇とともに、必要労働時間が減っていくわけではない。彼は『要綱』で次のように書いている。

「以前には奢侈として現われていたものが、いまでは必要なものとなっており、いわゆる奢侈的欲求が、たとえば最も自然生的な、また最も純粋な自然的必要性のうちに成立した産業にとっての必要事として現われる、ということである。このようにどの産業の基盤からも自然生的な基盤を奪い、それらの生産諸条件をそれらの外へ、つまり一般的関連のなかへ移すこと——それゆえ、かつては不必要であったものを必要なものへと、歴史的に生みだされた必要事へと転化すること——、これは資本の傾向である」(『資本論草稿集』②、197–198)

08 マテオ・パスクィネッリ(Pasquinelli 2019)は、マルクスの「一般的知性」の概念がウィリアム・トンプソンの『富の分配の諸原理』(1824年)に由来することを突き止めた。さらに彼は、この概念が『資本論』において「総労働者Gesamtarbeiter」の概念に置き換えられたと主張する。もちろん、その可能性はあるが、『要綱』と『資本論』の間でマルクスの資本主義的発展の見方が大きく変化したことを考えると、単に用語選択を変えたというだけではないはずだ。

09 G・A・コーエン(Cohen [1978] 2000: 104)やカッセゴール(Cassegård 2021: 5)は、マルクスの経済学批判において、「形態」と「素材」の分離が果たす中心的役割を適切に把握している。

10 マルクスは、『1861–63年の経済学草稿』でも労働強度の増大を「絶対的剰余価値」の生産に組み込んでいるが、『資本論』では「相対的剰余価値」との関係でこの問題を論じている。私見では、この変更は適切である。というのも、労働強度の増大は、労働の「実質的包摂」に基づいてのみ可能だからである。

11 もちろん、マルクスは「生産力」概念を「生産性」の意味でも使っている。

12 さらに、『要綱』におけるマルクスの次の発言も挙げることができる。

「最も単純で、分業から最も独立している形態は、資本が、自立し散在して住んでいるさまざまな手織り工、紡ぎ工等々を雇うという形態である(この形態は、いまなお、工業と並んで存在している)。つまりここでは、生産様式そのものは、まだ資本によって規定されてはおらず、資本によってその眼前に見いだされているのである。」(『資本論草稿集』②、298頁、強調原文)

このような発言から、マルクスは『要綱』の段階ですでに「資本の生産力」という概念を有しており、「実質的包摂」と「形態的包摂」を区別していたと主張したくなるかもしれない。しかし、それは『要綱』以降のマルクスの理論的発展を過小評価することになるだろう。つまり、同じ用語がマルクスにとって異なる重要度、異なる役割を持つ可能性があるため、たんに特定の用語が使われていることを指摘しただけでは不十分なのだ。

13 ラーヤ・ドゥナエフスカヤ(Dunaevskaya 1973: 80)は、マルクスが旧理論と決別するようになったのは、労働日短縮のための闘いの重要性を強調するために、『資本論』第一巻に労働日に関する長い章を含めることを決めた時だと述べている。しかし、マルクスはつねにそのような章を書くことを計画していた。また、彼女の主張は「相対的剰余価値」ではなく「絶対的剰余価値」の生産に変化をめぐる議論の焦点を合わせることにつながるので、これは必ずしも説得力があるものではない。マルクスが労働過程の実際の組織化により注意を払うようになった結果として、彼の協業論に決定的な変化が生じた点こそが重要なのである。

14 もちろん、マルクスは『要綱』でも「協業」の概念を用いていたし、『哲学の貧困』でもそうであった。このことは、本章での主張と矛盾するものではない。協業は明らかに歴史貫通的な次元をもつからだ。重要なのは、マルクスは1860年代初頭まで協業を資本主義的生産の基本形態として明確に扱っていなかったということえるべきかは、人間の決定にかかっている。

21 ムーアは、このような見方は「人間例外主義の論理に囚われたままだ」(Moore 2015: 77) と主張するだろうが、必ずしもそういうわけではない。重要なのは、人間にとって非人間的な視点そのものを得ることは不可能だということである。

22 繰り返すが、ここでも資本が物質的条件に本質的に依存し、条件づけられていることを否定しているわけではない。

23 不思議なことに、ムーアは『生命の網のなかの資本主義』において無関係な文脈でオコナーに1度言及するだけである。もちろん、オコナーは自然のアクタンを認めていないため、ムーアに言わせれば、人間中心主義的すぎるのだろう。

24 たとえば労働力も、利潤率を高めるために内延的にも外延的にもさらに搾取することができるという点で弾力的である。需要が急激に増加した場合には新しい労働者を雇う代わりに、現在の労働者を賃金の追加なしにより長い時間働かせることができる。労働者をより高い強度で使うこともできる。労働者の活動内容も固定的ではなく、絶えず変化する市場の需要に応じてさまざまなタスクをこなすことができるという点で弾力的なのである。

25 ムーアが論じていないもう一つの可能性は、クリーンな技術を通した資本蓄積である。特に太陽光発電は限界費用をゼロにすることで安価な自然の理想的な供給源となる可能性がある(Rifkin 2014)。この問題については次章で議論する。

26 技術とポスト資本主義の問題については、次章で議論する。

27 「人新世における世界が、資本主義のもとでの疎外された社会的物質代謝の再生産によって極めて現実的な分岐に直面する最中に、結局のところ世界はすべて一つであり、人間の生産は必然的に人間と自然のつながりの新しいハイブリッド形態を生み出す(まるでそれ自体が自然の過程や自然法則を超越しているかのように)という自明の理に焦点を当てることは、世界がいま置かれている危機の真の深さを軽視することになる。」(Foster 2016: 407)

28 一元論の危険性は、環境保護主義者の間にもみてとれる。「マルチスピーシーズの環境正義」のための「種をまたぐコミュニケーション」に基づく「ケア」の実践は試みる価値があるだろうが、一方で「フォレストゼンシップ forestzenship」(Barca 2020: 58)、「バイオタリアートbiotariat」(Moore 2019)、「ハイブリッド労働」(Battistoni 2017: 5) といった一元論的概念は自然の非同一性を消し去る危険性を孕んでいる。それらはむしろ、「人間以外の自然を家畜化することと自然を「ケアする」ことを同一視したり、人間以外の自然の中に人間的価値を読み込むこと」(Hailwood 2015: 151) の危険性を思い起こさせるのである。

29 自然の多様性を考えれば、多元論が必要かもしれない (Malm 2016)。けれども、二元論批判に応えるという目的からすると、一元論を否定できればひとまず十分である。

第五章

01 本章に登場する人物が必ずしも「加速主義者」を自認しているわけではないため、「左派加速主義」ではなく「ユートピア社会主義」という言葉も用いている。クリスティアン・フックス(Fuchs 2016) は、ポール・メイソンのポスト資本主義の展望を特徴づけるために「ユートピア社会主義2.0」という用語を使っている。もちろん、現代のユートピア社会主義者たちの間にはさまざまな理論的な違いがあり、第六章と第七章で論じる本書のポスト資本主義の展望と重なる側面もある。

02 完全自動化の脅威の誇張に対して説得力のあるマルクス主義の側からの批判については、ベナナフ (Benanav 2020) を参照。ベナナフは、加速主義者のユートピア的展望に一定の共感を示しながらも、それとは異なる「ポスト稀少性社会」の展望を描いており、その姿は第六章と第七章で論じる私自身の見解とも親和的である。

03 この漠然とした「レーニン主義」のイメージは、実際のところ、レーニンの思想とは何の関係もない。むしろ、「デジタル・スターリニズム」と呼ぶ方が適切だろう。

04 そうした労働者は、資本主義の労働倫理に従うために、必死に職を探し、失業のスティグマで苦しまないように低賃金で不安定な仕事を引き受ける。強い労働倫理は、まさに現代の賃労働者を前近代の奴隷や農奴よりも「生産性を高く」している。

05 ちなみに、『ポストキャピタリズム』(2015年)におけるメイソンの情報技術への熱心な賛美と、『明晰で明るい未来』(2019年) における素

人間以外のエージェンシーが生産する価値についてもっと明示的に「自然価値説」(Yaşın 2017: 397) を主張する者もいるが、これはただ重農主義に回帰するだけだろう。

13 さらにこのことは、ジジェク (Žižek 2020b) が私の自然の理解と同様に「抽象的労働」の理解を批判することにもつながっている。ジジェクは——決して彼一人ではないのだが——、抽象的労働が歴史的に資本主義に固有なものであると主張する。しかし、この議論は価値と抽象的労働を混同している。価値は純粋に社会的であり、資本主義に固有のものであるが、抽象的労働は人間労働の一側面を捨象したものであり、人間が労働する限り存在する。マルクスの方法論によれば、抽象的労働の歴史貫通的な次元を、資本主義のもとでの価値増殖における社会的に固有な機能から切り離すことになんの問題もないのである。

14 一方で、ボヌイユとフレソズは「資本主義が生み出した地球と社会との間の物質代謝の亀裂」(Bonneuil and Fressoz 2015: 176) の分析におけるマルクスの貢献も認め、しばしばフォスターの議論を肯定的に参照している。言い換えれば、「世界エコロジー」の枠組みのなかで「物質代謝の亀裂」を用いることが本当に可能なのかどうかを真剣に問うていないのだ。

15 実際、「世界エコロジー」という用語もウォーラーステイン (Wallerstein 1974: 44) に由来する。

16 エコフェミニズムの伝統も、再生産労働がマルクス主義の言説から周縁化されてきた長い歴史を理解するのに不可欠である。しかし、マルクス主義フェミニストの第一人者であるシルヴィア・フェデリーチ (Federici 2004) が一元論的な立場をとっていないことは注目すべきだ。さまざまな種類の働きが「生産的」労働から排除されていることを認識するにあたっても、一元論は必然ではないのである。

17 ここでは、ムーアもriftとshiftの語呂合わせを意識している。けれども、shiftの意味は第一章で見た時の内容とは大きく異なっているため、ここでは「転嫁」ではなく、「転換」と訳すことにした。ジジェク (Zižek 2020b) はまた、私のアプローチが反ヘーゲル主義的であると論じている。西欧マルクス主義に対する私の批判がこの印象を強めているかもしれない。しかし、「形態」と「素材」の方法論はヘーゲル哲学を継承するものである。

18 カストリー (Castree 2002: 138) はANTを批判する際にこの点を認識している。にもかかわらず、ハーヴィーとスミスを擁護しようとするあまり、この洞察を十分に展開できなくなっているのである。

19 ムーアが「物質代謝の亀裂」を「自然内存在としての人間の単一的な物質代謝」(Moore 2015: 83) における「物質代謝の転嫁」として再概念化する際、「労働」のカテゴリーは注目に値する役割を何も担っていない。彼の一元論は、価値生産における固有のカテゴリーとしての労働力の重要性を損なっているのだ。たしかに自然力の貢献により生産費用が安価になるため、自然も価値を生産しているように見えるが、ムーアは「不払いの働き」の役割を過度に強調することで、価値概念と価値を生産する私的労働の特殊歴史性を曖昧にしている。自然もまた「働く」という彼の表現は、自然にもエージェンシーを帰属させる彼の傾向と一致する。しかしマルクスは、自然が「働く」とは決して言わなかった。なぜならば、そのような立場は重農主義への後退となるからである。彼は、『資本論』で農業を扱う際に、アダム・スミスの議論に重農主義が残存していることを批判する。スミスは『国富論』でこう書いている。「農業においても同様に、自然は人間とともに労働し、その労働には費用がかからないが、その生産物は最も高価な労働者のものと同様の価値をもつ」(A. Smith 1937: 344)。スミスの考えでは、「労働する家畜」も同様に価値を生む。これは、ムーアが「自然の働き」と「エコロジー的剰余」を価値生産的要素として捉えたことと驚くほど似ている。こうして価値は歴史貫通的で非人間中心主義的なカテゴリーとなる。しかしこのとき、なぜ人間の労働が資本主義においてのみ価値を生み出すのか、なぜ価値のカテゴリーが資本主義において普遍的かつ客観的なものになるのかをムーアは説明することはできないのだ。

20 同じことはさらに、自然に対するさらなる技術介入を唱える論者にも当てはまる。ジオ・エンジニアリングをどのように、どの程度の規模で導入すべきかを決めるためには、まず現在の地球システムのあり方を認識する必要がある。そのためにはまた、分離と統合の作業が必要である。自然の限界を超えたさらなる介入を行うべきか、それとも一定の境界を尊重するために控ながら、「資本新世」の概念を提唱しているからである。

04 マッキベンの議論も自然に触れることと自然の終わりを混同していたところに問題があった。ここに彼のデカルト的二元論を見て取ることができる。

05 ヴォーゲルは、自然を「ショッピングモール」のようなものとして扱うべきだと結論づけているが（Vogel 2015）、これは前提と同じように受け入れることができないものである。

06 しかしアドルノ自身は、エコロジーの観点から否定弁証法を発展させることはなかった。ゲルクのプロジェクトは、フランクフルト学派の第一世代の試みを批判的に拡大させたものである。アドルノがエコロジーを十分に展開しなかった理由の一つは、彼がマルクスの物質代謝概念に注意を払わなかったことである。シュミット（Schmidt［1971］2014）は、マルクスの自然概念を仔細に扱ったにもかかわらず、むしろマルクスを技術決定論者として批判したのだった。カッセゴール（Cassegård 2017）はアドルノやシュミットの自然への関心を擁護しており、その点には同意しないが、しかし「自然の批判理論」の基礎として「自然の非同一性」を重視するカッセゴールの姿勢には共感できる。また、カッセゴール（Cassegård 2021）も、マルクスの「形態」と「素材」の弁証法についての私の理解を支持している。

07 マルクスは、労働の役割を人間と自然の間の物質代謝を「媒介」する活動として定義した。「媒介」という表現は、いかに労働が非人間的自然を操作できるようにみえても自然そのものは消し去ることができず、独立性を保つということをマルクスが認識していたことを意味する。

08 ハーヴィー（Harvey 2011: 94）は、「もちろん資本が過去にこれを成功させたからといって、永久にそうなる運命にあるわけではない」と付け加えている。しかし、フォスターに関する前述の発言と合わせて考えると、彼がどれほど真剣にそう考えているかは疑問である。とはいえ、2019年になって、ようやくハーヴィーも環境危機を黙示録だとみなさずに、現実の危機としてその深刻さを認めるようになったが、遅すぎると言わざるをえない。

09 このマルサス主義への恐怖は、マルクス主義の伝統にも長らく影響を及ぼしてきた。実際、若きマルクスも自然の限界の存在を否定する生産力主義的な考え方に陥っていたのである（Saito 2017）。

10 マルクスはまた、自然は恣意的に改変できないことを強調している。労働だけでは生産することはできず、労働はさまざまな目的に応じて対象の形状を改変できるだけである。彼は、労働は「自然的実体」に「外的形態」を与えると書いている（『資本論草稿集①』、456頁）。たとえば、木材という「自然的実体」に労働が与える机の「形態」は、生命が持つ「再生産の内在的法則」に従わないため、もとの実体に対して「外的」なままにとどまる。つまり、自然に内的な法則は木材を木という特定の形態においては維持するが、机という新しい形態は同じようにその実体を再生産することができないので、自然の分解力にさらされ始める。労働の生産物を自然の物質代謝の力から守るためには、生産的消費を通じて物質代謝を目的に合わせて制御することが必要であるが（メンテナンスなど）、それでも自然力に完全に打ち勝つことはできないのである。

11 ムーアは「アクタン」という言葉を一度しか使っていないし、彼の見解はラトゥールの「平坦な存在論」と同一ではない、と答えるかもしれない。また、「一元論」という用語も一度しか使っておらず、『生命の網のなかの資本主義』では「ソフトな二元論」（Moore 2015: 85, 13）という表現を使っているから、自分の理論は一元論ではない、と付け加えるかもしれない。しかし、ムーアがこれらの用語を何回使ったのかは実際には重要ではない。結局、彼は自分の見解がラトゥールの平坦な存在論や他の種類の一元論とどう違うのか、デカルト的二元論を断固として拒絶した後の彼の存在論が実際どうなっているのかを説明しないのだ。実際、もし彼が本当に「ソフトな二元論」を受け入れているのなら、「世界エコロジー」と「物質代謝の亀裂」の間に大きな違いはなくなってしまうはずなのである。

12 「しかしながら、脱価値化され無価値化されたすべてのはたらきの形態は、価値形態（商品）の外にある。それらは直接に価値を生み出すことはない。だが――この「だが」はきわめて大きな意味を持つ――抽象的労働としての価値は対価の支払われないはたらき／エネルギーなしに生産されることはない」（Moore 2015: 65）。

適用するのだ、と言っているのはおもしろい。あたかも、マルサス氏にあっては、その説が動植物には適用されないで、ただ動植物とは反対に人間だけに——幾何級数をもって——適用される、ということが核心だったのではなかったかのように。ダーウィンが、分業や競争や新市場の開拓や「諸発明」やマルサス的「生存競争」を伴う彼のイギリス社会を、動植物界のなかでも再認識しているということは、注目に値する。それは、ホッブズの言う万人の万人にたいする闘争だ。そして、それは『現象学』のなかのヘーゲルを思い出させる。そこではブルジョア社会が「精神的な動物界」として現われ、他方、ダーウィンでは動物界がブルジョア社会として現われるのだ」(『全集』第三〇巻、203頁)。

11 ヤーコプ・モレスコットによる、すべてを「物質 Stoff」の永遠の循環に還元し、その結果、唯物論から歴史的次元を奪うという(低俗な)唯物論的な物質代謝理解とは大きく異なるものである(Saito 2017)。

12 「精神と世界が互いに一致する」というルカーチの「観念論」に対するホネットの批判(Honneth 2008: 27)は、この点を見落としている。

13 アンドリュー・フィーンバーグも同様の点を指摘している。「ルカーチが自然科学的な自然研究と社会との対比で取り組んだ問題は、方法論的なものだ。それは一般に自然と社会の二元論を制定することを意図したものではなく、自然科学の方法を社会的な領域に適用しないようにすることだけを意図していた」(Feenberg 2017: 121)。また、フィーンバーグは、労働過程の自然を自然科学における自然と混同して、「ルカーチの自然・社会の方法論的区別をルカーチ自身の意図よりもはるかに実体的に」(Feenberg 2015: 234)して、存在論的区別に転嫁してしまうことを戒めている。このように述べる時、フィーンバーグは、この「歴史と自然の方法論的分裂」のせいでルカーチが「現実の矛盾」を抱えているという以前の見解を変えたようである。フィーンバーグはそれまで、このような分裂が存在する限り、「いかなる境界も認めない『英雄的合理主義』」というルカーチの観念論的な目標は決して達成されないと主張していたからだ(Feenberg 1981: 210 - 1)。もちろん、あたかもヘーゲルが世界全体を「絶対精神」に吸収させようとしたかのようなドイツ観念論解釈は誤読に過ぎず、ルカーチがそうした見解を採用していたと考えることもナンセンスである。

14 マルクス自身は、英語の「reification(物象化)」という用語の二つの側面を区別していた。実際に彼はVersachlichungとVerdinglichungという二つの用語を使い、Versachlichungは主体と客体の逆転を表し、Verdinglichungは経済的形態とその素材的担い手の癒合を意味していた。

15 『歴史と階級意識』は、ヘーゲル的な「総体性」を肯定し、プロレタリアートは主体と客体の絶対的統一を実現すると仮定される。このような理論的枠組みにおいては、社会と自然の統一と和解さえ、近代的な自然からの疎外を越えて確立されなくてはならない。このような社会と自然の非現実的な和解は明らかに問題含みであり、だからこそテオドール・W・アドルノ(Adorno 1990［1966］)は、主体と客体、そして社会と自然の「非同一性」を強調した。一方、後期ルカーチも『歴史と階級意識』の立場から距離を置き、自然の還元不可能な非同一性を強調するようになった。

16 エコモダニズムも、第五章で論じるように、自然の非同一性を排除する。

第四章

01 このようなアプローチでは社会システムを分析することができず、そのせいで、環境危機に対する解決策も、「自然に帰る」、さらには自然との親密さを取り戻すために「更新世に帰る」という原始主義的なものとなってしまう。

02 実際、地球環境への過剰な負荷のほとんどはグローバル・ノースに住む人々の経済活動に起因しているにもかかわらず、その開発モデルは自明なものとして受け入れられている。そのため、経済成長と技術革新こそが、人新世の複合危機に対する唯一の解決策となる。しかし、この解決策は偽善的だろう。なぜなら、危機を作り出した人々が、自分たちの従来のルールや生き方を正当化するために、危機に対する解決策を提案し、それを自画自賛しているからである。しかし、彼らのこれまでのやり方は、問題の一部なのであって、解決策を提示するものではない。

03 マルム(Malm 2018)はその後、「資本新世」の概念から距離を置くようになっている。マルムは一元論を強く批判しているが、ムーア(Moore 2015)が一元論的アプローチを採用し

ていた。「都市と農村の間の対立関係の撤廃は単に可能であるだけでない。それは工業生産そのものに直接必要なものになり、同様に農業生産、さらには公衆衛生に対しても必要なものになる……。たしかに、巨大都市では、文明が私たちに遺産を遺したが、それを取り除くには多くの時間と労力が必要であろう。しかし、それを取り除くことは、どんなに時間がかかろうとも、しなければならないし、そうするものなのである」。(『全集』第二〇巻、304-305頁)

16 エンゲルスが植民地支配下の環境破壊に深い関心を寄せていたことも忘れてはならない。「キューバのスペイン人農耕夫たちは気に留めなかったのだろうか。彼らは山の斜面の森を焼き払い、その灰から、非常に収益性の高いコーヒーの木を一世代分作るのに十分な肥料を手に入れていた。その後、熱帯の大雨が無防備な土壌の上層を洗い流し、裸の岩だけが残ることを彼らは気にも留めなかったのだ！自然との関係においても、社会との関係においても、現在の生産様式は、目先のもっとも確実的な結果のみに関心を集中させている。そしてその結果、しばしば当初のものからかけ離れた影響が、まったく異なる、まったく逆の性質であることがわかると驚きを示すのである」(『全集』第二〇巻、494頁)。

17 この問題については、第六章でより詳しく論じる。

18 マルクスは資本主義以前の社会はすべて持続可能であり、資本主義こそ諸悪の根源である、という見解を取ってはいない。

19 1850年代のマルクスはリービッヒの楽観主義に影響されてそのような見解を持っていたが、両者ともその後そのような楽観主義から距離を置いた（Saito 2017)。

20 事実、『資本論』にはマルクスがエンゲルスの影響を受けている箇所がある（『資本論』第一巻、521頁)。

第三章

01 第一章で見たように、メサーロシュは、資本という「究極的に制御不可能な社会的物質代謝の制御様式」(Mészáros 1995: 41）に対する批判の必要性を早い段階から認識していた。このことは、メサーロシュがルカーチの同僚であったことが影響していると考えることができる。

02 西欧マルクス主義のもうひとつの基本的な特徴は、ヘーゲル哲学に依拠することである。この点も本章の後半で重要な役割を果たす。

03 「方法論的二元論」という特徴付けはフランツ・ペトリ（Petry 1916）による。

04 この傾向は今日も続いている。アクセル・ホネット（Honneth 2008）が典型的であり、ルカーチの物象化論を、相互承認とその忘却の問題に還元している。

05 ドイツ語タイトルChvostismusは、レーニンが『なにをなすべきか』のなかで用いたロシア語由来である（Löwy 2013: 69)。ルカーチの狙いは、人間の意識とは無関係に進行する客観的な歴史の流れに受動的に従う──「追従する・尾行する」──マルクス主義者たちを批判することだった。

06 この事実だけでも、これまでの文献と比較するとかなり興味深い。AratoとBreines（Arato and Breines 1979: 190）は、ルカーチが1924－26年には、すでに『歴史と階級意識』でのそれまでの立場から「実質的な転換」を行ったと主張していた。ところが、これは事実ではなく、当時ルカーチはまだ以前の見解を擁護していたのである。

07 ルダシとルカーチの関係については、Congdon (2007）を参照。

08 この意味で、『歴史と階級意識』をマルクス主義への「非現実的で反科学的な伝統の最初で最大の侵入」(Jones 1971: 44）と特徴づけるのは誤りである。

09 その結果、ルダシも、ルカーチの脚注を批判した際に、デカルト的二元論に陥った。ルダシは「主体＝人間（社会)」と「客体＝自然」と考えたので、「社会発展の歴史的過程」の産物はすべて「主観」となり、それから独立したものだけが「真の客観性」を持っているとみなした。その結果、ルダシの方法論では、すべての社会的形態は単なる主観的なものとして扱われることになる。この融通の利かない分離が、自然の永遠的客観性を想定する機械論的な自然理解の原因となっているのだ。

10 ルカーチはダーウィンの自然淘汰の理論が、近代のアトム化した個人間の競争を投影したものであることを指摘している。これは、マルクスのエンゲルス宛の手紙の内容に依拠している。1862年6月18日付の手紙には次のように書かれている。「ダーウィンをもう一度読んでみたが、彼が、自分は「マルサスの」理論を動植物にも

07 エンゲルスは同じ序文で、『反デューリング論』で展開された思想はマルクスの思想と完全に互換性があると強調し、マルクスに「印刷前に草稿全体を読み上げた」(『全集』第二〇巻、9頁)うえで、全面的な賛同を得たことを挙げている。しかし、この「証拠」はマルクスの死後に公開されたものであるため、エンゲルスの発言は必ずしも文字通りに信用することができないとカーヴァーは批判するのだ(Carver 1983: 123)。

08 このことは、環境問題、とりわけエントロピーと熱力学第二法則の問題に関連するエンゲルスの貢献を否定するものではない(Foster and Burkett 2016; Foster 2020; Royle 2020)。本章の目的は、あくまでもマルクスとエンゲルスの違いを理解することである。

09 もちろん、すべての西欧マルクス主義者に同程度の批判が向けられるべきではない。ルカーチは当初、弁証法の自然への適用を非難していたが、マルクスが「社会」と「自然」の関係を完全に分離したわけではなく、両者を一体的に理解していたことを認めている。次章で述べるように、ルカーチ(Lukács 1996)は『追従主義と弁証法』において、「自然弁証法」の存在を認めながらも、「物質代謝」概念がこの一体性を表現していることを認めた。また、ヘルベルト・マルクーゼは、「歴史もまた自然に根ざしている。そしてマルクス主義の理論が、人間と自然との物質代謝を無視する正当性はどこにもない」(Marcuse 1978: 16)と述べ、晩年は環境危機への関与をより積極的に行うに至った(Marcuse 1992)。これは偶然ではなく、前章で見たように、「物質代謝」は、マルクス主義における資本主義に対するエコロジカルな批判についての根本概念だからである。このことは、同じフランクフルト学派でも、マルクスを批判し、ルートヴィヒ・フォイエルバッハのロマン主義に依拠することでしかエコロジカルな批判を統合できないアルフレート・シュミット(Schmidt 2014［1971］)の哲学的アプローチと明確な対照をなす(Saito 2017: 85)。しかし、アドルノの「非同一性の哲学」に基づいた自然に対する批判理論の可能性もある(Cassegård 2021)。この問題については、第四章でまた触れる。

10 マルクスの草稿の第五章は、エンゲルスが編集した現行版の第五部(二一〜三六章)に相当する。

11 この一節の重要性を考えると、マルクスの草稿からの『資本論』第三巻の近年の英訳(Marx 2015)が、過去にペンギン社から出版されたエンゲルス版のベン・フォークスの訳に大きく依存していることは非常に嘆かわしい。新訳はしばしばマルクスの原文の違いを見落としており、この翻訳プロジェクトの根底的な意味を台無しにしている。「序文」を書いたフレッド・モスリーも、こうした変更点を考慮していない。このような「些細な」変更に注意を払わないのであれば、草稿をわざわざ読む必要性はなく、単にエンゲルス版を読んでいればよいのだ。それに、これらの変更点を注意深く読まなければ、必然的にエンゲルス版とマルクスのオリジナル草稿との間に重要な違いはないという結論に至ってしまう。この翻訳に対するさらなる批判は、佐々木隆治による書評(Sasaki 2018)を参照されたい。

12 このことは、エンゲルスの資本主義についての理解も、いわゆる崩壊論と結びついていることと関係がある。第五章で論じる「資本の生産力」と「資本のもとの労働の実質的包摂」といったマルクスの概念をエンゲルスは十分に理解していなかったのである。

13 もちろん、リービッヒもまったく無邪気な生気論者であったわけではない。当時の化学者としての彼の偉大な功績は、馬尿酸という有機化合物を発見し、「二種の王国」、すなわち植物と動物の領域を越境する可能性を示したことであった(Goodman 1972)。というのも、動物は植物が提供するものを単に消費するだけとされていたが、リービッヒは馬(もちろん他の動物も)が物質代謝の過程で有機化合物を生成することを発見したのだ。実際リービッヒの物質代謝論は、当時の支配的な生気論的二元論に対してきわめて批判的である。とはいえ、リービッヒも生命力の観念を完全に放棄することはできなかったのだ(Brook 1997: 313)。

14 ルカーチも、人間から独立した「自然弁証法」から出発しているが、彼は「物質代謝」概念を用いて、社会の領域における弁証法のさらなる発展を追究している。詳しくは、第三章を参照。

15 エンゲルスは、社会主義における技術発展と計画経済が大都市への集中を不要にし、その結果、都市と農村の対立関係を克服すると予測し

21 さらに、食糧システムから出る温室効果ガスは、世界の排出量の4分の1を占めると言われている。

22 日本では、水俣病で健康被害をもたらす排水の影響を企業が否定し続け、工場との因果関係を証明することに被害者が多くの苦しみを負った事例がわかりやすいだろう。

23 これこそ技術革新だけで環境問題を解決できるかのような「オランダの誤謬」(Ehrlich and Ehrlich 1990: 39) が生じる原因である。この誤謬は、「物質代謝の亀裂」によって引き起こされる負の影響を絶えず外部化していることを無視した結果生まれる。また、不等価交換は、「空間と時間の領有」(Hornborg 2006) によって特徴づけられる。例えば、綿花を輸入することで、別の場所で消費される時間と土地を代償として自国の時間と土地を節約し、工業化に特化することが可能になるのだ。

24 今日のグローバル資本主義のもとでも、生態学的不等価交換がさまざまな形態で継続している。気候危機の解決策として太陽光パネルと電気自動車は欠かせないが、それに付随するバッテリー技術は資源集約的である (Aronoff et al. 2019)。皮肉なことに、北半球の緑化はかえって南半球のリチウム、コバルト、ニッケル、銅の掠奪的な採掘を強化している (Arboleda 2020)。

25 この問題は、現代の左派にも見られる。この点については、第五章で論じる。

26 ただし、ウォーラーステインの世界システム論が環境の次元に十分な注意を払っていなかったことも事実である。その点で、ムーア (Moore 2000) は「世界エコロジー」という形で、「世界システム」論と「物質代謝の亀裂」論を統合し、重要な理論的貢献を果たしたのである。ところが、第四章でも論じるように、近年のムーアは「亀裂」批判という形で議論の力点を大きく変えるようになっており、その転換がむしろさまざまな問題含みの理論的帰結をもたらすようになっている。

27 この批判はエンゲルス、カウツキー、リープクネヒトが表明した環境問題への関心を否定するものではない。重要なのは、彼らが「物質代謝」概念を使って「マルクスのエコロジー」を体系的に展開しなかったために、環境問題に対してマルクスはほとんど関心を持たなかったという印象を与えてしまった、ということだ。

第二章

01 「エンゲルスの功績も、しばしばマルクスの功績の陰に隠れてはいたが、並外れた輝きを放っていた。この二人の思想家は同一ではなく、互いに区別されなければならないが、近年、西欧マルクス主義の一部集団で一般的になっているような、両者を完全に分離しようとする試みは、われわれの見解では、自滅的で見当違いだ。資本主義のエコロジカルな批判との関連では、どちらも重要な功績を残した人物なのである。」(Foster and Burkett 2016: 10)

02 たとえば、1932年にMEGAの一部として、いわゆる『経済学哲学草稿』が出版されたことで、ソ連マルクス主義に対する「ヒューマニズム」批判が生じた。しかし、(マルクスには出版する意図が一切なかったにもかかわらず、) ソ連側がこのテキストの束を「草稿」として扱い、体系的な性格を付与しようとしたことは注目すべきことである。ユルゲン・ローヤーン (Rojahn 2002) が示すように、このテキストはむしろ、マルクスが経済学を研究する過程で自然に思いついた考えを書き留めたノートであった。

03 『自然の弁証法』も未完のままだったが、あたかもエンゲルスの哲学は完成したかのように議論が進められた。カーン・カンガル (Kangal 2020) は、この広く共有された、多かれ少なかれ完成した作品という推定を問題視して、エンゲルスの哲学をよりニュアンス豊かに再構成し評価しようと試みている。

04 この表現自体は、もともとカール・コルシュの『マルクス主義と哲学』(Korsch 1966: 63) に由来している。コルシュの当該パラグラフは英訳されておらず、そのためメルロ゠ポンティが英語圏で参照されるようになったのだろう。

05 いわゆる「ルカーチ問題」(Foster, York and Clark 2010: 224) については、第三章を参照。

06 本書は「伝統的マルクス主義」と「古典的マルクス主義」とを区別している。この二つの学派はともに、『資本論』で練り上げられたマルクス的アプローチの一般的な妥当性を主張している。前者は「弁証法的唯物論」というソ連の世界観に近く、後者は決定論や還元主義に陥ることなく、「労働価値説」、「物象化」、「階級」、「社会主義」といったマルクスの基本概念を支持している。

質代謝の亀裂」という画期的な定式化は日本に根づかなかった。その結果、日本のマルクス主義者は1991年以降の理論的・実践的影響力の衰退を防ぐ絶好の機会を逃してしまったのである。

06 「マルクスのエコロジー」が周縁化されてきたもう一つの理由は、エンゲルスや西欧マルクス主義によるマルクス理論の受容に関係している。この点については第二章で議論する。

07 例えば、マルクスの自然科学に関するノートは、現在、MEGA Ⅳ/18, 26, 31で刊行されている。もちろん、このことはマルクスがすべての環境問題を正しく理解していたことを意味するものではない。

08 第三章で論じるように、マルクスの物質代謝概念に注目する環境社会主義者のうちルカーチの知的遺産をもとにマルクスの方法を最も適切に把握しているのは、メサーロシュである。

09 第四章では、「自然の生産」を主張する社会構築主義者が「第一の自然」と「第二の自然」の違いを消し去り、人間と自然の関係を適切に扱えなくなる問題を扱う。

10 この基本的見解は、唯物論的分析が人間独自の生産行為としての「労働」の問題から出発する必要があることをマルクスが明確にした『ドイツ・イデオロギー』以来一貫している。

11 「第二階層の媒介」に着目するメサーロシュの方法は、彼がマルクスの疎外論の分析のなかですでにこの用語を用いていた時から一貫している。当時は「物質代謝」という表現をまだ使っていなかったが、「存在論的に根源的な人間の自然との自己媒介という特殊歴史的な媒介」(Mészáros 1970: 79)という表現は、基本的に同じ事態を指している。

12 これらの資本主義の歴史的側面が「その歴史貫通的次元と密接に絡み合っている」(Mészáros ［1972］ 2014: 73)ため、第一階層の媒介と第二階層の媒介を区別することは必ずしも容易でない。ここで、マルクスの経済学批判が物神批判であることを思い出す必要がある。第一階層と第二階層の次元を適切に区別しなければ、分析はたやすく資本主義の「歴史的必然性」を「自然的必然性」として混同する物神的な見方に陥ってしまう。この物神批判は、ポリティカル・エコロジーにおける最近の一元論的アプローチの広がりを扱う第四章において重要な役割を果たすことになる。

13 ここでローマ・クラブのような「ネオ・マルサス主義」に陥るリスクを恐れる必要はない。この点を考えるためには、「自然的な稀少性」と「社会的な稀少性」を区別する必要がある。この点については、第七章で詳しく扱う。

14 本書の第三部ではマルクスがまさにそのような研究の結果として『資本論』を完成できなくなってしまう過程を明らかにしていく。

15 詳しくは、『大洪水の前に』第三章を参照されたい。

16 この引用部分は、エンゲルスによって追記されている。彼が1845年の先駆的な著作で都市における劣悪な労働者階級の生活環境の問題に取り組んでいたことを考えれば、この追記は全面的に妥当だといえよう。また、エンゲルスは『住宅問題』において、都市化による環境悪化についても注意を払っている。

17 ティモシー・ミッチェル (Mitchell 2013) はこの分離が20世紀になると石油パイプラインによってなおさら強化されたと指摘している。石炭の採掘では多くの労働者を鉱山に集める必要があり、団結と抵抗のリスクが高まるが、石油の採掘と輸送はそうしたリスクを大幅に低減させる。

18 マルクスとジェヴォンズの関わりについては第六章で論じる。

19 これは、オコナーや最近ではジェイソン・W・ムーアが資本主義的蓄積の矛盾として強調していることである。この問題については、第四章で詳しく論じる。

20 マルクスは『要綱』において、制限の「現実的」克服と「観念的」克服を対比している。

「だが、資本がそのような限界のすべてを制限として措定し、したがってまた観念的にはそれらを超えているからといって、資本がそれらを現実的に克服したということにはけっしてならない。そして、そのような制限はいずれも資本の規定に矛盾するので、資本の生産は、たえず克服されながら、また同様にたえず措定される諸矛盾のなかで運動する」(『資本論草稿集』②、18頁)。

「観念」は資本の側を表し、「現実」は素材的世界の側を表す。現実の世界では、素材的な「限界」は克服できない。それは社会的に生産されたものではないからだ。たとえ「弾力的」であっても、素材的な限界は客観的に存在するのである。

註

はじめに

01 ビル・マッキベンは、1990年代以前には手つかずの自然が存在したと主張しているわけではない。自然は人間の介入から独立して存在しているという「発想」が、人間の影響力の増大によってもはや有効な概念でなくなっていることを強調しているのだ。こうした状況は、第四章で論じるように近年の一元論の広がりと関係があるが、マッキベンはこの議論に参加していない。

02 ユージン・F・ストーマーが1980年代にすでに「人新世」という用語を使用していたが、彼は別の意味で使っていた。またロシアの地球化学者であるウラジミール・I・ヴェルナツキーは1920年代に、惑星レベルで人間が有機生命体に与える影響を強調するために「生物圏」という概念を提唱していた（Vernadsky［1926］1997; Steffen et al. 2011: 844）。

03 ナオミ・クライン（Klein 2020）はその後も「民主社会主義」を掲げている。トマ・ピケティ（Piketty 2020）もまた、社会的平等のためだけでなく、持続可能性という視点からも「参加型社会主義」を提唱している。こうした「社会主義」への支持の広がりは一般的な論調が左傾化していることの表れである。

04 「物質代謝の亀裂」というアプローチを用いる最近の文献としては、Moore（2000、2002）、Mancus（2007）、McMichael（2008）、Gunderson（2011）、Weston（2014）などがある。

第一章

01 すべてのマルクス主義者が環境問題をずっと無視していたわけではない。マルクスの資本主義批判は、カール・ウィリアム・カップ（Kapp［1963］2000）、バリー・コモナー（Commoner 1971）、宮本憲一（1967）、都留重人（1989）などの環境経済学者にも影響を与えてきた。マルクス主義が反エコロジー的であるというステレオタイプから明らかになるのは、古典的マルクス主義の伝統が忘却されているという事実だ。この忘却の理由を明らかにするのが、本書第一部の目的である。

02 いわゆる「ポスト・マルクス主義」は、マルクスの経済学を脇に置くことで、彼の社会哲学の理論的遺産を救おうとした。そうした試みは、マルクス主義の土台・上部構造論における経済決定論を断固として否定し、理論的焦点を経済的土台から「政治的なものの自律性」（Laclau and Mouffe 1985; Rancière 1998）に移すことになった。だがポスト・マルクス主義による力点の変更は、マルクス主義のアジェンダから自然の問題を排除することに貢献した。このことは、ポスト・マルクス主義が西欧マルクス主義の後継者であることを考慮すれば納得できる。この点については、第二章で論じる。

03 リードマンによれば、その理由はマルクスが「資本主義に取って代わる社会は、農業における人間と自然のバランスをも回復しうると想像していた」からである。この批判は理解し難い。なぜなら、今日の環境運動の大部分も、人間と自然とのバランスを「回復」させようとする以上、彼の定義に従えば、「現代的な意味で」エコロジー的ではないことになってしまうからである。リードマンの定義に照らして、どのような環境運動が「環境問題を意識した」とみなせるかは明らかではない。

04 ただし、『マンスリー・レビュー』と『資本主義 自然 社会主義』との間には論争がある。フォスターとバーケットがマルクスの環境思想の有効性を擁護するのに対し、オコナーらはマルクス自身が資本主義に対するエコロジカルな批判を体系的に展開したわけではないと主張する。私自身のアプローチはフォスターやバーケットに近い。しかし同時に、宮本憲一、都留重人、岩佐茂、平子友長、佐々木隆治ら日本のマルクス研究者の議論からも大きな影響を受けている。

05 日本での文脈は大きく異なる。1960年代に都留重人（1989）や宮本憲一（1967）といったマルクス経済学者によって環境経済学という分野が切り開かれたからである。またマルクスのリービッヒ受容は、すでに1970年代に吉田文和、椎名重明、福冨正実らの著作で論じられていた。2004年にフォスターの『マルクスのエコロジー』が邦訳されたとき、日本の研究者はマルクスのリービッヒへの関心をよく知っていたため、フォスターの議論から強い印象を受けることはなかったのだろう。フォスターによる「物

———. 2008. 'Historical Materialism in "Forms which Precede Capitalist Production"'. In *Karl Marx's Grundrisse Foundations of the Critique of Political Economy 150 Years,* edited by Marcello Musto, 79–92. London: Routledge.

Yaşın, Zehra Taşdemir. 2017. 'The Adventure of Capital with Nature: From the Metabolic Rift to the Value Theory of Nature'. *Journal of Peasant Studies* 44 (2): 377–401.

Žižek, Slavoj. 2008. *In Defense of Lost Causes.* London: Verso.（ジジェク『大義を忘れるな』中山徹 他 訳、青土社、2010年）

———. 2009. 'Ecology'. In *Examined Life: Excursions with Contemporary Thinkers,* edited by Astra Taylor, 155–83. New York: The New Press.

———. 2017. *The Courage of Hopelessness: Chronicles of a Year of Acting Dangerously.* London: Allen Lane.（ジジェク『絶望する勇気――グローバル資本主義・原理主義・ポピュリズム』中山徹 他 訳、青土社、2018年）

———. 2020a. *Pandemic!: COVID-19 Shakes the World.* Cambridge: Polity.（ジジェク『パンデミック 世界をゆるがした新型コロナウイルス』斎藤幸平 他 訳、Pヴァイン、2020年）

———. 2020b. 'Where is the Rift? Marx, Lacan, Capitalism, and Ecology'. *Res Pública. Revista de Historia de las Ideas Politicas* 23: 375–85.

Zuboff, Shoshana. 2019. *The Age of Surveillance Capitalism: The Fight for a Human Future at the New Frontier of Power.* New York: PublicAffairs.

植村邦彦 2016.『ローザの子どもたち、あるいは資本主義の不可能性』平凡社

内田義彦 1966.『資本論の世界』岩波書店

大谷禎之介 2016.『利子生み資本論』全 4 巻、桜井書店

大野節夫 1983.「マルクスにおける社会構成体と生産様式」『経済』1983年 5 月号所収

大野節夫・佐武弘章 1984.「マルクス『引用ノート』の作成過程――1859-1861年――」『経済学論叢』第34号

斎藤幸平 2023.「「自治」の力を耕す、〈コモン〉の現場」『コモンの「自治論」』集英社

佐々木隆治 2012.『私たちはなぜ働くのか』旬報社

————. 2016.『カール・マルクス―「資本主義」と闘った社会思想家』筑摩書房

ザスーリチ、ヴェラ「ヴェラ・ザスーリチのマルクスへの手紙」『經濟學雑誌』67 (1)

平子友長 1991.『社会主義と現代世界』青木書店

————. 2016.「マルクスのマウラー研究の射程：MEGA第Ⅳ部門第18巻におけるマルクスのマウラー抜粋の考察」『マルクス抜粋ノートからマルクスを読む：MEGA第Ⅳ部門の編集と所収ノートの研究』2013年、桜井書店

竹永進 2016.「『資本論』草稿研究の日本における最近の動向」『経済研究』第29号

チェルヌィシェフスキー、ニコライ 1983.『農村共同体論』未来社

都留重人 1989.『公害の政治経済学』講談社

福冨正美 1970.『共同体論争と所有の原理』未来社

マルクス、カール. 1970.『直接的生産過程の諸結果』岡崎次郎訳、大月書店

————. 1976.『資本論第一巻フランス語版』林直道訳、大月書店

宮本憲一 1967.『社会資本論』有斐閣

吉田文和 1980.『環境と技術の経済学――人間と自然の物質代謝の理論』青木書店

ルカーチ、ジュルジ 1968.『ルカーチとの対話』池田浩士訳、合同出版

和田春樹 1975.『マルクス・エンゲルスと革命ロシア』勁草書房

Srnicek, Nick. 2016. *Platform Capitalism.* Cambridge: Polity.（スルネック『プラットフォーム資本主義』大橋完太郎 他 訳、2022年、人文書院）

Srnicek, Nick and Alex Williams. 2016. *Inventing the Future: Postcapitalism and a World Without Work,* revised and updated edition. London: Verso.

Stanley, John L. 2002. *Mainlining Marx.* Piscataway. NJ: Transaction.

Steffen, Will, Jacques Grinevald, Paul Crutzen and John McNeill. 2011. 'The Anthropocene: Conceptual and Historical Perspective'. *Philosophical Transactions of the Royal Society* 369: 842–67.

Symons Jonathan. 2019. *Ecomodernism: Technology, Politics and The Climate Crisis.* Cambridge: Polity.

Sweezy, Paul. 1973. 'Cars and Cities'. *Monthly Review* 24 (11): 1–18.

Tairako, Tomonaga. 2017. 'Versachlichung and Verdinglichung: Basic Categories of Marx's Theory of Reification and their Logical Construction'. *Hitotsubashi Journal of Social Studies* 48: 1–26.

Tanuro, Daniel. 2003. *Green Capitalism: Why It Can't Work.* London: Merlin.

Therborn, Göran. 2009. *From Marxism to Post-Marxism?* London: Verso.

Thomas, Paul. 1976. 'Marx and Science'. *Political Studies,* 24 (1): 1–23.

Thomas, Peter. 1998. 'Nature and Artifice in Marx'. *History of Political Thought* 9 (3): 485–503.

———. 2008. *Marx and Scientific Socialism: From Engels to Althusser.* London: Routledge.

Toscano, Alberto. 2011. 'The Prejudice Against Prometheus'. *Stir Magazine* https://stirtoaction.wordpress.com/2011/08/15/the-prejudice-against-prometheus/

Vergara-Camus, Leandro. 2019. 'Capitalism, Democracy and the Degrowth Horizon'. *Capitalism Nature Socialism* 30 (2): 217–33.

Venable, Vernon. 1945. *Human Nature: The Marxian View.* New York: Alfred A. Knopf.

Vernadsky, Vladimir I. [1926] 1997. *Biosphere* edited by Mark A. S. McMenamin. New York: Copernicus.

Vogel, Steven. 1996. *Against Nature: The Concept of Nature in Critical Theory.* Albany: SUNY Press.

———. 2015. *Thinking Like a Mall: Philosophy After the End of Nature.* Cambridge, MA: MIT Press.

Vollgraf, Carl-Erich. 2016. 'Marx über die sukzessive Untergrabung des Stoffwechsels der Gesellschaft bei entfalteter kapitalistischer Massenproduktion'. *Beiträge zur Marx-Engels-Forschung Neue Folge,* vol. 2014/15: 106–32.

Walicki, Andrzej. 1969. *The Controversy Over Capitalism: Studies in the Social Philosophy of the Russian Populists.* Oxford: Clarendon.

Wallace-Wells, David. 2019. *The Uninhabitable Earth: A Story of the Future.* London: Allen Lane.

Wallerstein, Immanuel. 1974. *The Modern World-System I: Capitalist Agriculture and the Origins of the European World-Economy in the Sixteenth Century.* New York: Academic Press.（ウォーラーステイン『史的システムとしての資本主義』川北実訳、岩波文庫、2022年）

———. 1979. *The Capitalist World Economy.* Cambridge: Cambridge University Press.

———. 1983. *Historical Capitalism.* London: Verso.

———. 1999. 'Ecology and Capitalist Costs of Production: No Exit'. In *Ecology and the World System,* edited by Walter L. Goldfrank, David Goodman, and Andrew Szasz, 3–11. Westport, CT: Greenwood Press.

———. 2013. 'Structural Crisis, Or Why Capitalists May No Longer Find Capitalism Rewarding'. In *Does Capitalism Have a Future?,* edited by Immanuel Wallerstein, Randall Collins, Michael Mann, Georgi Derluguian and Craig Calhoun, 9–36. Oxford: Oxford University Press.

Welty, Gordon. 1983. 'Marx, Engels and 'Anti-Dühring''. *Political Studies* 31 (2): 284–94.

Wendling, Amy E. 2009. *Karl Marx on Technology and Alienation.* New York: Palgrave.

Weston, Del. 2014. *The Political Economy of Global Warming: The Terminal Crisis.* London: Routledge.

White, Hylton. 2013. 'Materiality, Form, and Context: Marx contra Latour'. *Victorian Studies* 55 (4): 667–82.

White, James. 2019. *Marx and Russia: The Fate of a Doctrine.* New York: Bloomsbury.

Wood, Allen. 1981. *Karl Marx.* London: Routledge and Kegan Paul.

Wood, Ellen Meiksins. 1986. *The Retreat from Class: A New 'True' Socialism.* London: Verso.

———. 1995. *Democracy against Socialism: Renewing Historical Materialism.* Cambridge: Cambridge University Press.

Rifkin, Jeremy. 2014. *The Zero Marginal Cost Society: The Internet of Things, the Collaborative Commons, and the Eclipse of Capitalism.* New York: St. Martin's Press.（リフキン『限界費用ゼロ社会 〈モノのインターネット〉と共有型経済の台頭』柴田裕之訳、2015年、NHK出版）

Rojahn, Jürgen. 2002. 'The Emergence of a Theory: The Importance of Marx's Notebooks Exemplified by those from 1844'. *Rethinking Marxism,* 14 (4): 29–46.

Rosa, Harmut, Christoph Henning, and Arthur Bueno, eds. 2021. *Critical Theory and New Materialisms.* London: Routledge.

Ross, Kristin. 2015. *Communal Luxury: The Political Imaginary of the Paris Commune.* London: Verso.

Roth, Regina. 2002. 'The author Marx and his editor Engels: different views on volume 3 of *Capital*'. *Rethinking Marxism* 14 (4): 59–72.

Royle, Camilla. 2020. 'Engels as an Ecologist'. In *Engels's Legacy in the 21st Century,* edited by Kohei Saito, 171–93. New York: Palgrave.

Rudas, Ladislaus. 1924. 'Orthodoxer Marximsus?'. *Arbeiter-Literatur* (9): 493–517.（ルダシ「正統マルクス主義？」池田浩士編訳『論争・歴史と階級意識』所収、河出書房新社、1977年）

Said, Edward. 1979. *Orientalism.* New York: Vintage.（サイード『オリエンタリズム』（上・下）今沢紀子訳、1993年、平凡社）

Saito, Kohei. 2017. *Karl Marx's Ecosocialism: Nature, Capital, and the Unfinished Critique of Political Economy.* New York: Monthly Review Press.（斎藤『大洪水の前に』2022年、角川ソフィア文庫）

———. 2018. 'Elasticity, Nature, and Profit'. In *The Unfinished System of Karl Marx: Critically Reading Capital as a Challenge for our Time,* edited by Judith, Dellheim and Frieder Otto Wolf, 187–217. New York: Palgrave.

Salleh, Ariel, Goodman, James and Hosseini, S. A. Hamed. 2015. 'From Sociological Imagination to "Ecological Imagination"'. In *Environmental Change and the World's Futures: Ecologies, Ontologies, Mythologies,* edited by Jonathan Paul Marshall, Linda H. Connor. London: Routledge: 96–109.

Sartre, Jean-Paul. 2004. *The Transcendence of the Ego: A Sketch for a Phenomenological Description.* London: Routledge.

Sasaki, Ryuji. 2018. 'Karl Marx: Economic Manuscript of 1864–1865. Translated by Ben Fowkes. Edited and with an Introduction by Fred Moseley'. *Marx-Engels Jahrbuch,* vol. 2017: 238–45.

———. 2021. *A New Introduction to Karl Marx: New Materialism, Critique of Political Economy, and the Concept of Metabolism.* New York: Palgrave Macmillan.

Schmelzer, Matthias. 2017. *The Hegemony of Growth: The OECD and the Making of the Economic Growth Paradigm.* Cambridge: Cambridge University Press.

Schmidt, Alfred. [1971] 2014. *The Concept of Nature in Marx.* London: Verso.

Schneider, Mindi and Philip McMichael. 2010. 'Deepening, and Repairing, the Metabolic Rift'. *The Journal of Peasant Studies* 37 (3): 461–84.

Schumpeter, Joseph. 1951. *Essays.* Cambridge, MA: Addison-Wesley.

Schwartzman, David. 1996. 'Solar Communism'. *Science and Society* 60 (3): 307–31.

———. 2023.

Shanin Teodor. 1984. *Late Marx and the Russian Road: Marx and the Peripheries of Capitalism.* New York: Monthly Review Press.

Shiva, Vandana. 2015. 'We Are Soil'. In *Dirt: A Love Story,* edited by B. Richardson, 173–7. Lebanon: University Press of New England.

Smith, Adam. 1937. *An Inquiry into the Nature and Causes of the Wealth of Nations.* New York: The Modern Library.

Smith, David Norman. 2002. 'Accumulation and the Clash of Cultures: Marx's Ethnology in Context'. *Rethinking Marxism* 14 (4): 73–83.

Smith, Neil. [1984] 2008. *Uneven Development,* third edition. Athens: University of Georgia Press.

Soper, Kate. 1995. *What is Nature? Culture. Politics and the non-Human.* Oxford: Blackwell.

———. 2020. *Post-Growth Living: For an Alternative Hedonism.* London. Verso.

———. 2017b. 'Metabolic Rift or Metabolic Shift? Dialectics, Nature, and the World-Historical Method'. *Theory and Society* 46 (4): 285–318.

———. 2019. 'Capitalocene & Planetary Justice'. *Maize* 6: 49–54.

Moseley, Fred. 2015. 'Introduction'. In *Marx's Economic Manuscript of 1864–1865,* edited by Fred Moseley, 1–44. Leiden: Brill.

Mouffe, Chantal. 2018. *For a Left Populism.* London: Verso.

Musto, Marcello. 2020. *The Last Years of Karl Marx, 1881–1883: An Intellectual Biography.* Redwood City: Stanford University Press.

Naess, Arne. 1973. 'The Shallow and the Deep, Long-Range Ecology Movement. A Summary'. *Inquiry* 16: 95–100.

Napoletano, Brian M., John Bellamy Foster, Brett Clark, Pedro S. Urquijo, Michael K. McCall and Jaime Paneque-Gálvez. 2019. 'Making Space in Critical Environmental Geography for the Metabolic Rift'. *Annals of the American Association of Geographers* 109 (6): 1811–28.

Neckel, Sighard. 2021. 'Scholastic Fallacies? Questioning the Anthropocene'. *Thesis Eleven* 165 (1): 136–44.

Negri, Antonio. 1992. *Marx beyond Marx.* London: Pluto Press.

Neyrat, Frédéric. 2019. *The Unconstructable Earth: An Ecology of Separation.* New York: Fordham University Press.

Nordhaus, William D. 1991. 'To Slow or Not to Slow: The Economics of the Greenhouse Effect'. *The Economic Journal* 101 (407): 920–37.

Noys, Benjamin. 2014. *Malign Velocities: Accelerationism and Capitalism.* Winchester, UK: Zero Books.

O'Connor, James. 1998. *Natural Causes: Essays in Ecological Marxism.* New York: The Guilford Press.

O'Rourke, James J. 1974. *The Problem of Freedom in Marxist Thought: An Analysis of the Treatment of Human Freedom by Marx, Engels, Lenin and Contemporary Soviet Philosophy.* Dordrecht: Reidel.

Otani, Teinosuke. 2013. 'Das *Kapital* in Marx' Selbstverständnis'. *Marx-Engels-Jahrbuch* vol. 2012/13: 134–43.

———. 2018. *A Guide to Marxian Political Economy What Kind of a Social System Is Capitalism?* New York: Springer.

Pasquinelli, Matteo. 2019. 'On the Origins of Marx's General Intellect'. *Radical Philosophy* 2 (6): 43–56.

Pepper, David. 2002. *Eco-Socialism: From Deep Ecology to Social Justice.* London: Routledge.（ペパア『生態社会主義エコロジーの社会』小倉武一訳、1996年、食料・農業政策研究センター）

Perry, Marvin. 2015. *Western Civilization: Ideas, Politics, and Society* volume II. Boston: Cengage Learning.

Petry, Franz. 1916. *Der soziale Gehalt der Marxschen Werttheorie*. Jena: G. Fischer.

Phillips, Leigh. 2015. *Austerity Ecology and the Collapse-Porn Addicts: A Defence Of Growth, Progress, Industry And Stuff.* Winchester, UK: Zero Books.

Piketty, Thomas. 2020. *Capital and Ideology.* Cambridge MA: Harvard University Press.

———. 2021. *Time for Socialism.* New Haven: Yale University Press.（ピケティ『21世紀の資本』山形浩生訳、みすず書房、2014年）

Plumwood, Val. 2002. *Environmental Culture: The Ecological Crisis of Reason.* London: Routledge.

Polanyi, Karl. [1944] 2001. *The Great Transformation: The Political and Economic Origins of Our Time.* Boston: Beacon Press.（ポランニー『[新訳] 大転換』野口建彦訳、2009年、東洋経済新報社）

Popper, Karl. 1967. *Open Society and Its Enemies.* Vol. 2. *The High Tide of Prophecy: Hegel, Marx, and the Aftermath.* Princeton: Princeton University Press.（ポパー『開かれた社会とその敵』小河原誠訳、2023年、岩波文庫）

Postone, Moishe. 1996. *Time, Labour and the Social Domination: A Reinterpretation of Marx's Critical Theory.* Cambridge: Cambridge University Press.（ポストン『時間・労働・支配：マルクス理論の新地平』白井聡他 訳、2012年、筑摩書房）

Pradella, Lucia. 2016. *Globalization and the Critique of Political Economy: New Insights from Marx's Writings.* London: Routledge.

Purdy, Jedediah. 2015. *After Nature: A Politics for the Anthropocene.* Cambridge, MA: Harvard University Press.

Rancière, Jacques. 1998. *Disagreement: Politics and Philosophy.* Minneapolis: University of Minnesota Press.

Raupach, Michael R. and Josep G. Canadell. 2010. 'Carbon and the Anthropocene'. *Current Opinion in Environmental Sustainability* 2: 210–18.

Marcuse, Herbert. 1958. *Soviet Marxism: A Critical Analysis.* New York: Columbia University Press.
———. 1969. *An Essay on Liberation.* London: Allen Lane.（マルクーゼ『解放論のこころみ』筑摩書房、1974年）
———. 1978. *Aesthetic Dimension.* Boston: Beacon Press.（マルクーゼ『美的次元—マルクス主義美学の批判に向けて』河出書房新社、1981年）
———. 1992. 'Ecology and the Critique of Modern Society'. *Capitalism Nature Socialism* 3 (3): 29–37.
Martinez-Alier, Joan. 2002. *Environmentalism of the Poor: A Study of Ecological Conflicts and Valuation.* New York: Edward Elgar.
Marx, Karl. 1973. *Grundrisse.* London: Penguin.
———. 1976. *Capital,* vol. 1, London: Penguin Books.
———. 1976a. *Results of the Immediate Process of Production.* In *Capital,* vol. 1. London: Penguin Books.
———. 1978. *Capital,* vol. 2, London: Penguin Books.
———. 1981. *Capital,* vol. 3, London: Penguin Books.
———. 2015. *Marx's Economic Manuscript of 1864–1865.* Leiden: Brill.
Marx, Karl and Friedrich Engels. 1975. *Marx-Engels-Gesamtausgabe.* Sections I–IV. Berlin: Dietz Verlag, Akademie Verlag, De Gruyter.
———. 1975–2004. *Marx Engels Collected Works.* 50 vols. New York. International Publishers.
Mason, Paul. 2015. *PostCapitalism: A Guide to Our Future.* New York: Penguin Books.
———. 2019. *Clear Bright Future: A Radical Defence of the Human Being.* New York: Allen Lane.
Maurer, Georg Ludwig von. 1865. *Die Geschichte der Dorfverfassung.* Vol. 1. Erlangen: Verlag von F. Enke.
McKibben, Bill. 1989. *The End of Nature.* New York: Random House.
———. *Deep Economy: The Wealth of Communities and the Durable Future.* New York: Henry Holt and Company.
McLellan, David. 1977. *Engels.* London: Fontana/Collin, 1977.
McMichael, Philip. 2008. 'Agro-fuels, Food Security, and the Metabolic Rift'. *Kurswechsel* 3: 14–22.
McNeil, J.R. and Peter, Engelke. 2016. *The Great Acceleration: An Environmental History of the Anthropocene since 1945.* Cambridge MA: Belknap Press.
Merleau-Ponty, Maurice. 1973. Adventures of the Dialectic. Evanston, IL: Northwestern University Press.
Mészáros, István. 1970. *Marx's Theory of Alienation.* London: Merlin Press.
———. 1986. *Philosophy, Ideology and Social Science: Essays in Negation and Affirmation.* Brighton: Wheatsheaf Books.
———. 1995. *Beyond Capital: Toward a Theory of Transition.* New York: Monthly Review Press.
———. 2012. *The Work of Sartre: Search for Freedom and the Challenge of History.* New York: Monthly Review Press.
———. [1972] 2014. *The Necessity of Social Control.* New York: Monthly Review Press.
Milanović, Branko. 2019. *Capitalism, Alone: The Future of the System That Rules the World.* Cambridge, MA: Harvard University Press.
Mill, John Stuart. 1849. *Principles of Political Economy with Some of Their Application to Social Philosophy.* Second edition. London: John W. Parker West Strand.
Mitchell, Timothy. 2013. *Carbon Democracy: Political Power in the Age of Oil.* London: Verso.
Moore, Jason W. 2000. 'Environmental Crises and the Metabolic Rift in World-Historical Perspective'. *Organization and Environment* 13 (2): 123–57.
———. 2002. 'The Crisis of Feudalism: An Environmental History'. *Organization and Environment* 15 (3): 301–22.
———. 2014. 'Toward a Singular Metabolism: Epistemic Rifts and Environment-Making in the Capitalist World-Ecology'. *New Geographies* 6: 10–19.
———. 2015. *Capitalism in the Web of Life: Ecology and the Accumulation of Capital.* New York: Verso.（ムーア『生命の網のなかの資本主義』山下範久監訳、2021年、東洋経済新報社）
———, ed. 2016. *Anthropocene or Capitalocene? Nature, History, and the Crisis of Capitalism.* Oakland: PM Press.
———. 2017a. 'Anthropocenes and the Capitalocene Alternative'. *Azimuth* 9 (1): 71–79.

Lebowitz, Michael A. 2005. *Following Marx: Method, Critique and Crisis.* Leiden: Brill.

Levine, Norman. 1975. *The Tragic Deception: Marx contra Engels.* Oxford: Clio Books.

Lessenich, Stephan. 2018. *Neben uns die Sintflut: Wie wir auf Kosten anderer leben.* Munich: Piper Verlag.

Lichtheim, George. 1961. *Marxism: An Historical and Critical Study.* New York: Frederick A. Praeger.

Liebig, Justus von. 1859. *Familiar Letters on Chemistry,* 4th edition, edited by John Blyth. London: Walton and Maberly.

Liedman, Sven Eric. 2017. *A World to Win: The Life and Works of Karl Marx.* London: Verso.

Lindner, Kolja. 2010 'Marx's Eurocentrism: Postcolonial Studies and Marx Scholarship' *Radical Philosophy* 161 (3): 27–41.

Lipietz, Alain. 2000. 'Political Ecology and the Future of Marxism'. *Capitalism Nature Socialism* 11 (1): 65–85.（リピエッツ『レギュラシオンの社会理論』若森章孝 他 訳、青木書店、2002年所収）

Loftus, Alex. 2012. *Everyday Environmentalism: Creating an Urban Political Ecology.* Minneapolis: University of Minnesota Press.

Longo Stefano, Rebecca Clausen and Brett Clark. 2015. *The Tragedy of the Commodity: Ocean Fisheries, and the Aquaculture.* New Brunswick: Rutgers University Press.

Löwy, Michael. 1998. 'Globalization and Internationalism How Up-to-date is the Communist Manifesto?'. *Monthly Review* 50 (6): 16–27.

———. 2013. 'Revolutionary Dialectics against "Tailism": Lukács' Answer to the Criticisms of History and Class Consciousness'. In *Georg Lukács Reconsidered: Critical Essays in Politics, Philosophy and Aesthetics,* edited by Michael J. Thompson, 65–72. New York: Continuum.

———. 2015. *Ecosocialism: A Radical Alternative to Capitalist Catastrophe.* Chicago: Haymarket Books.

———. 2017. 'Marx, Engels, and Ecology'. *Capitalism Nature Socialism* 28 (2): 10–21.

———. 2019. 'From Marx to Ecosocialism'. *New Politics* XVII (2).

———. 2020. 'Ecosocialism and/or Degrowth?' *RISE.* https://www.letusrise.ie/rupture-articles/2wl71srdonxrbgxal9v6bv78njr2fb

Löwy, Michael, Bengi Akbulut, Sabrina Fernandes, and Giorgos Kallis. 2022. 'For an Ecosocialist Degrowth'. *Monthly Review* 73 (11): 56–8.

Lukács, Georg. 1971. *History and Class Consciousness.* London: Merlin Press.（ルカーチ『歴史と階級意識』城塚登 他 訳、白水社、1991年）

———. 1975. *Conversations with Lukács.* Cambridge, MA: MIT Press.

———. 1984. *Prolegomena. Zur Ontologie des gesellschaftlichen Seins.* Vol. 1. Darmstadt: Luchterhand Verlag.

———. 1986. *Prolegomena. Zur Ontologie des gesellschaftlichen Seins.* Vol. 2. Darmstadt: Luchterhand Verlag.

———. 2002. *A Defence of History and Class Consciousness: Tailism and Dialectic.* London: Verso.

Luxemburg, Rosa. [1913] 2015. *Accumulation of Capital* in *The Complete Works of Rosa Luxemburg Volume II: Economic Writings 2.* London: Verso.（ルクセンブルク『資本蓄積論：帝国主義の経済的説明への一つの寄与　第３篇（蓄積の歴史的諸条件）』小林勝訳、御茶の水書房、2013年）

Magdoff, Fred and Harold van Es. 2010. *Building Soils for Better Crops: Sustainable Soil Management.* College Park, MD: SARE Outreach.

Malm, Andreas. 2016. *Fossil Capital: The Rise of Steam Power and the Roots of Global Warming.* London: Verso.

———. 2018. *Progress of This Strom: Nature and Society in a Warming World.* London: Verso.

———. 2020. *Corona, Climate, Chronic Emergency: War Communism in the Twenty-First Century.* London: Verso.

———. 2021. *How to Blow Up a Pipeline: Learning to Fight in a World on Fire.* London: Verso.

Malm, Andreas and Alf Hornborg. 2014. 'The Geology of Mankind? A Critique of the Anthropocene Narrative'. *The Anthropocene Review* 1 (1): 62–9.

Mancus, Philip. 2007. 'Nitrogen Fertilizer Dependency and its Contradiction'. *Rural Sociology* 72 (2): 269–88.

Mandel, Ernest. 1995. *Long Waves of Capitalist Development: A Marxist Interpretation.* Cambridge University Press, London.

———. 1992. *Power and Money: A Marxist Theory of Bureaucracy.* London: Verso.

Keynes, John Maynard. [1930] 1971. 'Economic Possibilities for our Grandchildren'. In *The Collected Writings of John Maynard Keynes,* vol. IX, *Essays in Persuasion,* edited by Donald E. Moggridge, 321–32. London: Macmillan.

Klagge, James C. 1986. 'Marx's Realms of "Freedom" and "Necessity"'. *Canadian Journal of Philosophy* 16 (4): 769–77.

Klein, Naomi. 2007. *Shock Doctrine: The Rise of Disaster Capitalism.* New York: Picador.（クライン『ショック・ドクトリン　惨事便乗型資本主義の正体を暴く』（上・下）、幾島幸子 他 訳、岩波書店、2011年）

———. 2014. *This Changes Everything: Capitalism vs. the Climate.* New York: Simon & Schuster.（クライン『これがすべてを変える——資本主義VS.気候変動』幾島幸子 他 訳、岩波書店、2017年）

———. 2017. *No is Not Enough: Resisting Trump's Shock Politics and Winning the World We Need.* Chicago: Haymarket Books.（『NOでは足りない——トランプ・ショックに対処する方法』幾島幸子 他 訳、岩波書店、2018年）

———. 2019. *On Fire: The (Burning) Case for a Green New Deal.* London: Allen Lane.（クライン『地球が燃えている：気候崩壊から人類を救うグリーン・ニューディールの提言』中野真紀子 他 訳、大月書店、2020年）

———. 2020. 'Democratic Socialism for a Climate-Changed Century'. In *We Own the Future: Democratic Socialism–American Style,* edited by Kate Aronoff, Peter Dreier and Michael Kazin, 78–91. New York: The New Press.

Kliman, Andrew. 2011. *The Failure of Capitalist Production: Underlying Causes of the Great Recession.* London: Pluto Press.

Kloppenburg, Jack R., Jr. 1988. *First the Seed: The Political Economy of Plant Biotechnology, 1492–2000.* Cambridge: Cambridge University Press.

Koch, Marx. 2019. 'Growth and Degrowth in Marx's Critique of Political Economy'. *Towards a Political Economy of Degrowth,* edited by Ekaterina Chertkovskaya, Alexander Paulsson and Stefania Barca, 69–82. London: Rowman & Littlefield.

Kołakowski, Leszek. 1978. *Main Currents of Marxism: Its Rise, Growth and Dissolution.* Vol. 1. New York: Oxford University Press.

Korsch, Karl. 1966. *Marxismus und Philosophie.* Berlin: Europa Verlag.

Kovel, Joel. 2001. 'A Materialism Worthy of Nature'. *Capitalism Nature Socialism* 12 (2): 73–84.

———. 2007. *The Enemy of Nature: The End of Capitalism or the End of the World?* 2nd ed. London: Zed Books.

Krader Lawrence. 1974. 'Introduction'. In *The Ethnological Notebooks by Karl Marx,* trans. And ed. Lawence Krader. Assen, Netherlands: Van Gorcum.

———. 1975. *The Asiatic Mode of Production: Sources, Development and Critique in the Writings of Karl Marx.* Assen, Netherlands: Van Gorcum & Comp. B.V.

———. 1976. Die ethnologischen Exzerpthefte. Frankfult am Main. Suhrkamp.

Laclau, Ernesto and Chantal Mouffe. 1985. *Hegemony and Socialist Strategy.* London: Verso.

Lamb, Peter. 2015. *Marx and Engels' 'Communist Manifesto': A Reader's Guide.* New York: Bloomsbury.

Latour, Bruno. 1993. *We Have Never Been Modern.* Cambridge, MA: Harvard University Press.（ラトゥール『虚構の「近代」—科学人類学は警告する』川村久美子 訳、新評論、2008年）

———. 2004. *Politics of Nature: How to Bring the Sciences into Democracy.* Cambridge, MA: Harvard University Press.

———. 2011. 'Love Your Monsters: Why we must Care for our Technologies as we do our Children'. In: *Love Your Monsters: Postenvironmentalism and the Anthropocene,* edited by Ted Nordhaus and Michael Shellenberger. Breakthrough Institute.

———. 2014. *Facing Gaia: Eight Lectures on the New Climatic Regime.* Cambridge: Polity.

Latour, Bruno and Vincent Antonin Lépinay. 2009. *The Science of Passionate Interests: An Introduction to Gabriel Tarde's Economic Anthropology.* Cambridge: Prickly Paradigm Press.（ラトゥール『科学が作られているとき—人類学的考察』川崎勝 他 訳、産業図書、1999年）

Latouche, Serge. 2006. *Le pari de la décroissance.* Paris. Fayard.

———. 2019. *La décroissance.* Paris: Humensis.（ラトゥーシュ『脱成長』中野佳裕訳、白水社、2020年）

Lauderdale, James Maitland. 1819. *An Inquiry into the Nature and Origin of Public Wealth.* 2nd edition. Edinburgh: Archibald Constable & Co.

Capitalism. New Haven: Yale University Press.

Holloway, John. 2015. 'Read Capital: The First Sentence: Or Capital Starts with Wealth, not with the Commodity'. *Historical Materialism* 23 (3): 3–26.

Holloway, John and Sol Picciotto. 1978. 'Introduction: Towards a Materialist Theory of the State'. In *State and Capital: A Marxist Debate,* edited by John Holloway and Sol Picciotto, 1–31. London: Edward Arnold.

Honneth, Axel. 2008. *Reification: A New Look at an Old Idea.* Oxford: Oxford University Press.

———. 2017. *The Idea of Socialism: Towards a Renewal.* Cambridge: Polity Press.

Horkheimer, Max. [1947] 2005. *Eclipse of Reason.* New York: Continuum.

Horkheimer, Max and Theodor W. Adorno. [1944] 2007. *Dialectic of Enlightenment: Philosophical Fragments.* Redwood City CA: Stanford University Press.

Hornborg, Alf . 2012. *Global Ecology and Unequal Exchange: Fetishism in a Zero-Sum World.* London: Routledge.

———. 2015. 'The Political Ecology of the Technocene Uncovering Ecologically Unequal Exchange in The World-System'. *The Anthropocene and the Global Environmental Crisis: Rethinking Modernity in a New Epoch,* edited by Clive Hamilton, Christophe Bonneuil and Francois Gemenne, 57–69. London: Routledge.

———. 2016. *Global Magic: Technologies of Appropriation from Ancient Rome to Wall Street.* New York: Palgrave.

———. 2020. *Nature, Society, and Justice in the Anthropocene: Unravelling the Money-Energy-Technology Complex.* Cambridge: Cambridge University Press.

Hornborg, Alf and Joan Martinez-Alier. 2016. 'Ecologically Unequal Exchange and Ecological Debt'. *Journal of Political Ecology* 23 (1): 328–33.

Huber, Matt. 2022. *Climate Chang as Class War: Building Socialismon a Warming Planet.* London: Verso.

———. 2023.'The Problem With Degrowth'. *Jacobin*

Illich, Ivan. 1977. 'Disabling Professions'. In *Disabling Professions,* edited by Ivan Illich, Irving Kenneth Zola, John McKnight, Johnathan Caplan and Harley Shaiken, 11–40. London: Marion Boyars.

Infranca, Antonio and Miguel Vedda. 2020. 'Ontology and Labor in Lukács' Late Thought'. In *Georg Lukács and the Possibility of Critical Social Ontology,* edited by Michael J. Thompson, 13–27. Leiden: Brill.

Jackson, Tim. 2021. *Post-Growth: Life After Capitalism.* Cambridge: Polity.

Jacoby, Russell. 1983. 'Western Marxism'. In *A Dictionary of Marxist Thought,* edited by Tom Bottomore, 581–4. Oxford: Blackwell.

Jahn, Thomas und Peter Wehling. 1998. 'Gesellschaftliche Naturverhältnisse-Konturen eines theoretischen Konzepts'. In *Soziologie und Natur: Theoretische,* edited by Karl-Werner Brand, 75–93. Opladen: Leske + Budrich,.

Jameson, Fredric. 2011. 'Dresden's Clocks'. *New Left Review* 71: 141–52.

———. 2016. *An American Utopia Dual Power and the Universal Army,* edited by Slavoj Žižek. London: Verso.

Jani, Pranav. 2002. 'Karl Marx, Eurocentrism, and the 1857 Revolt in British India'. In *Marxism, Modernity, and Postcolonial Studies,* edited by Crystal Bartolovich and Neil Lazarus, 81–97. Cambridge: Cambridge University Press.

Jay, Martin. 1984. *Marxism and Totality: The Adventures of a Concept from Lukács to Habermas.* Berkeley: University of California Press.

Jevons, W. Stanley. 1865. *An Inquiry Concerning the Progress of Nation, and the Probable Exhaustion of Our Coal-Mines.* London: Macmillan and Co.

Jones, Gareth Stedman. 1971. 'The Marxism of the Early Lukács: An Evaluation'. *New Left Review* I/70: 27–64.

———. 2016. *Karl Marx: Greatness and Illusion.* Cambridge MA: Belknap Press.

Jordan, Zbigniew A. 1967. *The Evolution of Dialectical Materialism.* London: Macmillan.

Kallis, Giorgos. 2017. 'Socialism Without Growth'. *Capitalism Nature Socialism* 30 (2): 189–206.

———. 2020. *Limits: Why Malthus Was Wrong and Why Environmentalists Should Care.* Redwood City CA: Stanford University Press.

Kangal, Kaan. 2020. *Friedrich Engels and the Dialectics of Nature.* New York: Palgrave.

Kapp, Karl William. [1963] 2000. *Social Costs of Business Enterprise.* Nottingham: Russell Press.

Görg, Christoph. 2011. "Societal Relationships with Nature: A Dialectical Approach to Environmental Politics". In *Critical Ecologies. The Frankfurt School and Contemporary Environmental Crises,* edited by Andrew Biro, 43–72. Toronto: University of Toronto Press.

Gorz, André. 1980. *Ecology as Politics.* Boston: South End Press.

———. 2010. *The Immaterial: Knowledge, Value and Capital.* Calcutta: Seagull Books.

———. 2018. *ecologica.* Calcutta: Seagull Books.

Gouldner, Alvin W. 1980. *The Two Marxisms.* New York: Seabury Press.

Graeber, David. 2018. *Bullshit Jobs: A Theory.* New York: Simon & Schuster.

Gramsci, Antonio. 1971. *Selections from the Prison Notebooks of Antonio Gramsci.* New York: International Publishers.

Griese, Anneliese and Gerd Pawelzig. 1995. 'Why did Marx and Engels Concern Themselves with Natural Science?'. *Nature, Society, and Thought* 8 (2): 125–37.

Gunderson, Ryan. 2011. 'The Metabolic Rifts of Livestock Agribusiness'. *Organization and Environment* 24 (4): 404–22.

Hailwood, Simon. 2015. *Alienation and Nature in Environmental Philosophy.* Cambridge: Cambridge University Press.

Haraway, Donna. 2015. 'Anthropocene, Capitalocene, Plantationocene, Chthulucene: Making Kin'. *Environmental Humanities* 6 (1): 159–65.

Hardt, Michael and Antonio Negri. 2005. *Multitude: War and Democracy in the Age of Empire.* New York: Penguin Books.

Harvey, David. 1974. 'Population, Resources, and the Ideology of Science'. *Economic Geography* 50 (3): 256–77.

———1990. 'Between Space and Time: Reflections on the Geographical Imagination'. *Annals of the Association of American Geographers* 80 (3): 418–34.

———. 1996. *Justice, Nature and the Geography of Difference.* Oxford: Wiley-Blackwell.

———. 1998. 'Marxism, Metaphors, and Ecological Politics'. *Monthly Review* 49 (11): 17–31.

———. 2004. 'The "New" Imperialism: Accumulation by Dispossession' *The Socialist Register,* edited by Leo Panitch and Colin Leys, 63–87. London: Merlin Press.

———. 2011. 'The Enigma of Capital and the Crisis This Time'. In *Business as Usual: The Roots of the Global Financial Meltdown,* edited by Craig Calhoun and Georgi M. Derluguian, 89–112. New York: NYU Press.

Harstick, Hans-Peter, ed. 1977. *Karl Marx über Formen vorkapitalistischer Produktion: Vergleichende Studien zur Geschichte des Grundeigentums 1879–80.* Frankfurt am Main: Campus Verlag.

Haxthausen, August von. [1847–52] 1972. *Studies on the Interior of Russia.* Chicago: The University of Chicago Press.

Hassall, Arthur Hill. 1861. *Adulterations Detected, or Plain Instructions for the Discovery of Frauds in Food and Medicine,* 2nd edition. London: Longman, Green, Longman, and Roberts.

Hegel, G.W.F. 1977. *Phenomenology of Spirit.* Oxford: Clarendon Press.

Heilmann, Sebastian. 2016. 'Leninism Upgraded: Xi Jinping's Authoritarian Innovations'. *China Economic Quarterly* 20 (4): 15–22.

Heinrich, Michael. 2012. *An Introduction to the Three Volumes of Karl Marx's Capital.* New York: Monthly Review Press.

Heinrich, Michael. 2013. 'Marx' Ökonomiekritik nach der MEGA Eine Zwischenbilanz nach dem Abschluss der II. Abteilung'. *Marx-Engels-Jahrbuch,* vol. 2012/13: 144–67.

———. 2016. '*Capital* after MEGA: Discontinuities, Interruptions, and New Beginnings", *Crisis and Critique* 3 (3): 92–138.

Hennig, Christoph. 2020. 'The Politics of Nature, Left and Right: Comparing the Ontologies of Georg Lukács and Bruno Latour'. *Georg Lukács and the Possibility of Critical Social Ontology,* edited by Michael J. Thompson, 289–317. Leiden: Brill.

Hickel, Jason. 2019. 'Degrowth: A Theory of Radical Abundance'. *Real-World Economic Review* 87: 54–68.

Hinada, Shizuma. 1975. 'On the Meaning in Our Time of the Drafts of Marx's Letter to Vera. Zasulich. 1881. With Textual Criticism'. *Sulavu Kenkyu* 20: 69–80.

Holleman, Hannah. 2018. *Dust Bowls of Empire Imperialism, Environmental Politics, and the Injustice of "Green"* by Michael R. Redclift and Graham Woodgate. Northampton: Edward Elgar: 119–37.

Ford, Martin. 2015. *Rise of the Robots: Technology and the Threat of a Jobless Future.* New York: Basic Books.

Foster, John Bellamy. 1998. 'The Communist Manifesto and the Environment'. In *The Socialist Register,* edited by Leo Panitch and Colin Leys, 169–89. London: Merlin Press.

———. 2000. *Marx's Ecology: Materialism and Nature.* New York: Monthly Review Press.（フォスター『マルクスのエコロジー』渡辺景子訳、こぶし書房、2004年）

———. 2008. 'Marx's *Grundrisse* and the Ecological Contradiction of Capitalism'. In *Karl Marx's Grundrisse: Foundations of the Critique of Political Economy 150 years later*. ed. Marcello Musto, 93–106. London: Routledge, 2008.

———. 2013. 'Marx and the Rift in the Universal Metabolism of Nature'. *Monthly Review,* 65 (7): 1–19.

———. 2014. 'Paul Burkett's Marx and Nature Fifteen Years After'. *Monthly Review* 66 (7): 56–62.

———. 2015. 'Marxism and Ecology: Common Fonts of a Great Transformation. In: *Monthly Review* 67 (7): 1–13.

———. 2016. 'Marxism in the Anthropocene: Dialectical Rifts on the Left'. *International Critical Thought* 6 (3): 393–421.

———. 2017. 'The Return of Engels'. *Monthly Review* 68 (10): 46–50.

———. 2020. *The Return of Nature: Socialism and Ecology.* New York Monthly Review Press.

———. 2023. 'Planned Degrowth: Ecosocialism and Sustainable Human Development'. *Monthly Review* 75 (3): 1-29.

Foster, John Bellamy and Ian Angus. 2016. 'In Defence of Ecological Marxism'. *Climate and Capitalism. https://climateandcapitalism.com/2016/06/06/in-defense-of-ecological-marxism-john-bellamy-foster-responds-to-a-critic/*

Foster, John Bellamy and Paul Burkett. 2016. *Marx and the Earth: An Anti-Critique.* Leiden: Brill.

Foster, John Bellamy and Brett Clark. 2009. 'The Paradox of Wealth: Capitalism and Ecological Destruction'. *Monthly Review* 61 (6): 1–18.

Foster, John Bellamy and Brett Clark. 2020. *The Robbery of Nature: Capitalism and the Ecological Rift.* New York: Monthly Review Press.

Foster, John Bellamy, Hannah Holleman and Brett Clark. 2019. 'Imperialism in the Anthropocene'. *Monthly Review* 7 (3), 70–88.

Foster, John Bellamy, Richard York and Brett Clark. 2010. *The Ecological Rift: Capitalism's War on the Earth.* New York: Monthly Review Press.

Fraas, Carl. 1847. *Klima und Pflanzenwelt in der Zeit. Ein Beitrag zur Geschichte beider.* Wölfle: Landshut.

———. 1866. *Ackerbaukrisen und ihre Heilmittel.* Leipzig: Brockhaus.

Fracchia, Joseph. 2013. 'The philosophical Leninism and eastern 'Western Marxism' of Georg Lukács'. *Historical Materialism* 21 (1): 69–93.

Fraser, Nancy. 2014. 'Beyond Marx's Hidden Abode: For an Expanded Conception of Capitalism'. *New Left Review* 86: 55–72.

Frey, Carl Benedikt and Michael A. Osborne. 2017. 'The Future of Employment: How Susceptible Are Jobs to Computerisation?'. *Technological Forecasting and Social Change* 114: 254–80.

Fuchs, Christian. 2016. 'Henryk Grossmann 2.0: A Critique of Paul Mason's Book *PostCapitalism: A Guide to Our Future*'. *TripleC* 14 (1): 232–43.

Fukuyama, Francis. 1992. *The End of History and the Last Man.* New York: Free Press.（フクヤマ『歴史の終わり』（上・下）、渡部昇一訳、三笠書房、1992年）

Gabriel, Markus. 2019. *I am Not a Brain: Philosophy of Mind for the 21st Century.* Cambridge: Polity.（ガブリエル『「私」は脳ではない 21世紀のための精神の哲学』姫田多佳子訳、講談社、2019年）

Ghosh, Suniti. 1984. 'Marx on India'. *Monthly Review* 35 (8): 39–53.

Giddens, Anthony. 1981. *Contemporary Critique of Historical Materialism.* Berkeley: University of California Press.

Goodman, David C. 1972. 'Chemistry and the Two Organic Kingdoms of Nature in the Nineteenth Century'. *Medical History* 16 (2): 113–30.

———. 2010. 'The Dialectic of Social and Ecological Metabolism: Marx, Mészáros, and the Absolute Limits of Capital'. *Socialism and Democracy* 24 (2): 124–38.

Clark, Brett and Richard York. 2005. 'Carbon Metabolism: Global Capitalism, Climate Change, and the Biospheric Rift'. *Theory and Society* 34 (4): 391–428.

Clark, Brett and Richard York. 2008. 'Rifts and Shifts: Getting to the Root of Environmental Crisis'. *Monthly Review* 60 (6): 13–24.

Clark, John. 1984. *The Anarchist Moment Reflections on Culture, Nature, and Power.* Montréal: Black Rose Books.

Clastres, Pierre. 1989. *Society Against the State: Essays in Political Anthropology.* New York: Zone Books.

Cohen, G. A. 1995. *Self-Ownership, Freedom, and Equality.* Cambridge: Cambridge University Press.

———. [1978] 2000. *Karl Marx's Theory of History: A Defence.* Princeton: Princeton University Press.

Colletti, Lucio. 1973. *Marxism and Hegel.* London. NLB.

Commoner, Barry. 1971. *The Closing Circle.* New York: Knopf.（コモナー『なにが環境の危機を招いたか エコロジーによる分析と回答』安倍善也 他 訳、講談社、1972年）

Congdon, Lee. 2007. 'Apotheosizing the Party: Lukács's "Chvostismus und Dialektik"'. *Studies in East European Thought* 59 (4): 281–92.

Cook, Deborah. 2011. *Adorno on Nature.* London: Routledge.

Crutzen, Paul J. 2006. 'Albedo Enhancement by Stratospheric Sulfur Injections'. Climate Change 77: 211–19.

Crutzen, Paul J. and Eugene F. Stoermer. 2000. 'The "Anthropocene"'. *Global Change Newsletter* 41: 17.

Cushman, Gregory T. 2013. *Guano and the Opening of the Pacific World,* Cambridge: Cambridge University Press.

Cuyvers, Ludo. 2020. 'Why Did Marx's Capital Remain Unfinished? On Some Old and New Arguments'. *Science and Society* 84 (1): 13–41.

Daly, Herman E. 1991. *Steady-State Economics: Second Edition with New Essays.* Washington DC: Island Press.

———. 1998. 'The Return of Lauderdale's Paradox'. *Ecological Economics* 25 (1): 21–3.

Dellheim, Judith and Frieder Otto Wolf, eds. 2018. *The Unfinished System of Karl Marx: Critically Reading Capital as a Challenge for our Time.* New York: Palgrave

Deborin, Abram. 1924. 'Lukács und seine Kritik des Marxismus'. *Arbeiler-Literatur* (10): 615–40.

Deutscher, Isaac. 1967. *The Unfinished Revolution: Russia 1917–1967.* London: Oxford University Press.

Drapeau, Thierry. 2017. 'Look at our Colonial Struggles': Ernest Jones and the Anti-Colonialist Challenge to Marx's Conception of History. *Critical Sociology* 45 (7–8): 1195–1208.

Drucker, Peter. 1993. *Post-Capitalist Society.* New York: HaperBusiness.

Dunayevskaya, Raya. 1973. *Philosophy and Revolution: from Hegel to Sartre and from Marx to Mao.* New York: Columbia University Press.

Ehrlich, Paul R. and Anne H. Ehrlich. 1990. *The Population Explosion,* New York: Simon & Schuster.

Engel-Di Mauro, Salvatore. 2014. *Ecology, Soils, and the Left: An Ecosocial Approach.* New York: Palgrave.

Extinction Rebellion. 2019. *This Is Not a Drill: An Extinction Rebellion Handbook.* London: Penguin.

Federici, Silvia. 2004. *Caliban and the Witch: Women, the Body and Primitive Accumulation.* New York: Autonomedia.（フェデリーチ『キャリバンと魔女』小田原琳 他 訳、以文社、2017年）

Feenberg, Andrew. 1981. *Lukács, Marx, and the Sources of Critical Theory.* Totowa NJ: Rowman and Littlefield.

———. 2015. 'Fracchia and Burkett on Tailism and the Dialectic'. *Historical Materialism* 23 (2): 228–38.

———. 2017. 'Why Students of the Frankfurt School Will Have to Read Lukács'. *The Palgrave Handbook of Critical Theory,* edited by Michael J. Thompson. New York: Palgrave, 109–33.

Ferkiss, Victor. 1993. *Nature, Technology, and Society: Cultural Roots of the Current Environmental Crisis.* New York: New York University Press.

Ferraris, Maurizio. 2014. *Manifesto of New Realism.* Albany: SUNY Press.

Fisher, Mark. 2009. *Capitalist Realism: Is There No Alternative?* Winchester, UK: Zero Books.（フィッシャー『資本主義リアリズム』河南瑠莉 他 訳、2018年、堀之内出版）

Fischer-Kowalski, Marina. 1997. 'Society's Metabolism'. In *International Handbook of Environmental Sociology,* edited

Benton, Ted. 1989. 'Marxism and Natural Limits: An Ecological Critique and Reconstruction'. *New Left Review* I/178 (November/December): 51–86.（ベントン「マルクス主義と自然の限界 エコロジカルな批判と再構築」植村恒一郎訳、『唯物論』第68号、1994年）

Berlin, Isaiah. [1948] 2013. *Karl Marx*. Princeton: Princeton University Press.（バーリン『カール・マルクス その生涯と環境』倉塚平 他 訳、中央公論社、1974年）

Blackledge, Paul. 2020. 'Engels vs. Marx? Two Hundred Years of Frederick Engels'. *Monthly Review* 72 (1): 21–39.

Boggs, Carl. 2020. 'Was Karl Marx an Ecosocialist?' *Fast Capitalism* 17 (2): 67–94.

Bonneuil, Christoph and Jean-Baptiste Fressoz. 2016. *The Shock of The Anthropocene: The Earth, History and Us*. London: Verso.（ボヌイユ＆フレゾス『人新世とは何か：〈地球と人類の時代〉の思想史』野坂しおり訳、青土社、2018年）

Boyd, William, W. Scott Prudham and Rachel A. Schurman. 2001. 'Industrial Dynamics and the Problem of Nature'. *Society and Natural Resources* 14 (7): 555–70.

Brand, Ulrich, and Markus Wissen. 2021. *Imperial Mode of Living*. London: Verso.（ブラント＆ヴィッセン『地球を壊す暮らし方 帝国型生活様式と新たな搾取』中村健吾 他 訳、岩波書店、2021年）

Braverman, Harry. 1998. *Labour and Monopoly Capital: The Degradation of Work in the Twentieth Century*. 25th anniversary edition. New York: Monthly Review Press.（ブレイヴァマン『労働と独占資本 20世紀における労働の衰退』と三沢賢治訳、1978年、岩波書店）

Brassier, Ray. 2014. 'Prometheanism and Its Critics'. In *#Accelerate: The Accelerationist Reader*, edited by Robin Mackay and Armen Avanessian, 467–87. Falmouth: Urbanomic.

Breakthrough Institute. 2015. *The Ecomodernist Manifesto*. http://www.ecomodernism.org/.

Brock, William H. 1997. *Justus von Liebig: The Chemical Gatekeeper*. Cambridge: Cambridge University Press.

Brownhill, Leigh, Salvatore Engel-Di Mauro, Terran Giacomini, Ana Isla, Michael Löwy, and Terisa E. Turner, eds. 2022. *The Routledge Handbook of Ecosocialism*. London: Routledge.

Buck-Morss, Susan. 1977. *The Origin of Negative Dialectics: Theodor W. Adorno, Walter Benjamin, and the Frankfurt Institute*. New York: The Free Press.

Burkett, Paul. 1999. *Marx and Nature: A Red and Green Perspective*. New York: Palgrave.

———. [2001] 2013. 'Lukács on Science: A New Act in the Tragedy'. *Historical Materialism* 21 (3): 3–15.

———. 2005. 'Marx's Vision of Sustainable Human Development'. *Monthly Review* 57 (5): 34–62.

———. 2006. *Marxism and Ecological Economics: Toward a Red and Green Political Economy*. Leiden: Brill.

Cassegård, Carl. 2017. 'Eco-Marxism and the Critical Theory of Nature: Two Perspectives on Ecology and Dialectics'. *Distinktion* 18 (3): 314–32.

———. 2021. *Toward a Critical Theory of Nature: Capital, Ecology, and Dialectics*. New York: Bloomsbury.

Carver, Terrell. 1983. *Marx and Engels: The Intellectual Relationship*. Brighton: Wheatsheaf.（カーヴァー『マルクスとエンゲルスの知的関係』内田弘訳、世界書院、1996年）

Castree, Noel. 2001. 'Socializing Nature: Theory, Practice, and Politics'. In *Social Nature: Theory, Practice, and Politics*, edited by Noel Castree and Bruce Braun, 1–21. Malden, MA: Blackwell Publishers.

———. 2002. 'False Antitheses? Marxism, Nature and Actor-Networks'. *Antipode* 34 (1): 111–46.

———. 2005. *Nature*. London: Routledge.

———. 2013. *Making Sense of Nature*. London: Routledge.

Césaire, Aimé. 2000 [1955]. *Discourse on Colonialism*. New York: Monthly Review Press.

Chakrabarty, Dipesh. 2009. 'The Climate of History: Four Theses'. *Critical Inquiry* 35 (2): 197–222.

———. 2010. *Provincializing Europe: Postcolonial Thought and Historical Difference*. Princeton: Princeton University Press.

Clark, Brett. 2002. 'The Indigenous Environmental Movement in the United States: Transcending Borders in Struggles against Mining, Manufacturing, and the Capitalist State'. *Organization and Environment* 15 (4): 410–42.

Clark, Brett and John Bellamy Foster. 2009. 'Ecological Imperialism and the Global Metabolic Rift: Unequal Exchange and the Guano/Nitrates Trade'. *International Journal of Comparative Sociology* 50 (3–4): 311–34.

参考文献

Adamiak, Richard. 1974. 'Marx, Engels, and Dühring'. *Journal of the History of Ideas* 35 (1): 98–112.

Adorno, Theodor W. 1974. *Philosophische Terminologie zur Einleitung.* Vol. 2. Frankfurt am Main: Suhrkamp.

———. [1966] 1990. *Negative Dialectics.* London: Routledge.（『否定弁証法』木田元 他 訳、作品社、1996年）

———. 2006. *History and Frendom: Lectwes 1964-1965*. Cambridge, Polity.

Akashi, Hideto. 2016. 'The Elasticity of Capital and Ecological Crisis'. *Marx-Engels-Jahrbuch* 2015/16 (1): 45–58.

———. 2021. 'Rate of Profit, Cost Price, and Turnover of Capital: An Examination of the Manuscript for *Capital* in MEGA II/4.3'. *Marxism 21* 18 (3): 140–76.

Althusser, Louis. 2001. *Lenin and Philosophy and Other Essays.* New York: Monthly Review Press.（アルチュセール『レーニンと哲学』西川長夫訳、人文書院、1970年）

———. 2005. *For Marx.* London: Verso.

Amin, Samir. 2018. *Modern Imperialism, Monopoly Finance Capital, and Marx's Law of Value.* New York: Monthly Review Press.

Anderson, Kevin B. 2010. *Marx at the Margins: On Nationalism, Ethnicity and Non-Western Societies.* Chicago: Chicago University Press.（アンダーソン『周縁のマルクス　ナショナリズム、エスニシティおよび非西洋社会について』平子友長訳、社会評論社、2015年）

Anderson, Perry. 1976. *Considerations on Western Marxism.* London: NLB.（アンダースン『西欧マルクス主義』中野実訳、新評論、1979年）

Anguélov, Stéfan. 1980. 'Reflection and Practice'. In *Contemporary East European Marxism*. vol. 1., edited by Edward D'Angelo, David H. DeGrood, Pasquale N. Russo and William W. Stein, 125–34. Amsterdam: B. R. Grüner Publishing Co.

Arato, Andrew and Paul Breines. 1979. *The Young Lukács and the Origins of Western Marxism.* London: Pluto Press.

Arboleda, Martin. 2020. Planetary Mine Territories of Extraction under Late Capitalism. London: Verso.

Aronoff, Kate, Alyssa Battistoni, Daniel Aldana Cohen and Thea Riofrancos. 1969. *Karl Marx on Colonialism and Modernization: His Despatches and Other Writings on China, India, Mexico, the Middle East and North Africa.* New York: Anchor Books.

———. 2019. *A Planet to Win: Why We Need a Green New Deal.* London: Verso.

Avineri, Shlomo. 1970. *The Social and Political Thought of Karl Marx.* Cambridge: Cambridge University Press.（アヴィネリ『終末論と弁証法 マルクスの社会・政治思想』中村恒矩訳、法政大学出版局、1984年）

Badiou, Alain. 2008. 'Live Badiou: Interview with Alain Badiou'. In *Alain Badiou: Live Theory,* edited by Oliver Feltham, 136–39. London: Continuum.

Ball, Terence. 1979. 'Marx and Darwin: A Reconsideration'. *Political Theory* 7 (4): 469–83.

Barca, Stephania. 2020. *Forces of Reproduction: Notes for a Counter-Hegemonic Anthropocene.* Oxford: Oxford University Press.

Bastani, Aaron. 2019. *Fully Automated Luxury Communism: A Manifesto.* London: Verso.（バスターニ『ラグジュアリーコミュニズム』橋本智弘訳、2021年、堀之内出版）

Battistoni, Alyssa. 2017. 'Bringing in the Work of Nature: From Natural Capital to Hybrid Labor'. *Political Theory* 45 (1): 5–31.

Beck, Ulrich. 1992. *Risk Society: Towards a New Modernity*. London: Sage.（ベック『危険社会』東廉 監訳、二期出版、1988年）

Benanav, Aaron. 2020. *Automation and the Future of Work.* London: Verso.（ベナナフ『オートメーションと労働の未来』佐々木隆治 監訳、2022年、堀之内出版）

Benjamin, Walter. 2003. *Selected Writings: 1938–1940.* Cambridge, MA: The Belknap Press of Harvard University Press.

斎藤幸平（さいとう・こうへい）
一九八七年生まれ。東京大学大学院総合文化研究科准教授。
ベルリン・フンボルト大学哲学科博士課程修了。博士（哲学）。専門は経済思想、社会思想。
Karl Marx's Ecosocialism: Capital, Nature, and the Unfinished Critique of Political Economy
（邦訳『大洪水の前に』角川ソフィア文庫）によって「ドイッチャー記念賞」を日本人初、
歴代最年少で受賞。同書は世界9ヵ国で翻訳刊行されている。
日本国内では、晩期マルクスをめぐる先駆的な研究によって「日本学術振興会賞」受賞。
『人新世の「資本論」』（集英社新書）で「新書大賞２０２１」大賞を受賞。
他の著書に『ゼロからの『資本論』』（ＮＨＫ出版新書）、
『ぼくはウーバーで捻挫し、山でシカと闘い、水俣で泣いた』（KADOKAWA）など。

マルクス解体《かいたい》　プロメテウスの夢《ゆめ》とその先《さき》

二〇二三年一〇月二四日　第一刷発行
二〇二三年一二月　五　日　第三刷発行

著者　斎藤幸平《さいとうこうへい》
訳者　斎藤幸平《さいとうこうへい》　竹田真登《たけだまさと》　持田大志《もちだたいし》　高橋侑生《たかはしゆうせい》

発行者　髙橋明男
発行所　株式会社講談社
東京都文京区音羽二―一二―二一
郵便番号　一一二―八〇〇一
電話　出版　〇三―五三九五―三五〇四
販売　〇三―五三九五―五八一七
業務　〇三―五三九五―三六一五
本文データ制作　講談社デジタル製作
印刷所　株式会社ＫＰＳプロダクツ
製本所　株式会社若林製本工場

ISBN978-4-06-531831-7

造本設計　大崎善治（SakiSaki）
装画　マツダケン
編集　小林えみ（よはく舎）

KODANSHA